中国社科
哲思集
岳金西学术研究

岳金西◎著

光明日报出版社

图书在版编目（CIP）数据

哲思集：岳金西学术研究 / 岳金西著. -- 北京：光明日报出版社，2024.11. -- ISBN 978－7－5194－8306－7

Ⅰ.C53

中国国家版本馆 CIP 数据核字第 2024JP2490 号

哲思集：岳金西学术研究
ZHESIJI：YUEJINXI XUESHU YANJIU

著　　　者：岳金西	
责任编辑：宋　悦	责任校对：刘兴华　乔宇佳
封面设计：中联华文	责任印制：曹　净

出版发行：光明日报出版社
地　　址：北京市西城区永安路 106 号，100050
电　　话：010-63169890（咨询），010-63131930（邮购）
传　　真：010-63131930
网　　址：http://book.gmw.cn
E - mail：gmrbcbs@gmw.cn
法律顾问：北京市兰台律师事务所龚柳方律师

印　　刷：三河市华东印刷有限公司
装　　订：三河市华东印刷有限公司

本书如有破损、缺页、装订错误，请与本社联系调换，电话：010-63131930

开　　本：170mm×240mm
字　　数：332 千字　　　　　　　印　　张：18.5
版　　次：2025 年 1 月第 1 版　　印　　次：2025 年 1 月第 1 次印刷
书　　号：ISBN 978-7-5194-8306-7
定　　价：98.00 元

版权所有　　翻印必究

序

毛佩琦

我和金西先生相识在明史的学术研讨会上，我们之间更多的接触，是因为共同的高拱研究。

高拱是明代政治家，隆庆年间的内阁首辅，其地位相当于宰相。高拱是新郑人，金西先生也是新郑人，那么高拱就是金西先生的乡先贤了。研读历史，对家乡出了这样的大人物，还是会感到亲切和给予更多的关注的。然而，我发现金西先生研究高拱却并不完全是因为乡情。高拱确实是个值得研究的大政治家，然而，流行的史书对他的地位和分量则显得评价不足。高拱有点是被"冤屈"了。因此，读史至此，不免会愤愤然，颇为高拱感到不平。

治史之要义，是实事求是，是还原历史的本来面目。那么，纠正历史上的不实之词，给历史人物以客观公正的评价，就是历史家的责任了。作为历史研究者，金西先生一定是感到了责任所在。

人们都知道明朝历史上有个张居正，称颂他辅佐神宗小皇帝，开启了万历新政，推动了明朝的中兴，延长了明朝的国祚。对此，社会舆论以至于学术界都给予了充分评价。著名政治家、新史学的开山梁启超甚至说："明代有种种特点，政治家只有一个。"这就有些偏颇了。细按当时之历史，张居正绝不是偶然出现，他是时代的产物。从嘉靖到隆庆、万历，政治家、军事家，治国能臣群星灿烂，他们共同促成了所谓"嘉万中兴"，张居正只是其中的一个。继续嘉靖以来的努力，到隆庆年间，明朝解决了一直困扰朝政的"南倭北虏"两大危机，对外解除了倭患，全面解除了海禁，海外贸易爆炸式发展；对内实现了"俺答封贡"，解除了北部边疆边患，这都为社会稳定、经济繁荣提供了条件。张居正的功业，实际是朝廷上下数十年经营的总结和发展，他是总收获者。他的许多举措，都开始于前朝，大有萧规曹随的意味，而其间的重要人物就是高拱。高拱在经济、边政、人才选拔等方面都有建树，有许多独到的见解。我常常引用高拱为官时的一个细节。他曾担任礼部尚书、国子监祭酒，一次视察书斋，"偶遇一学究，见其壁上有宋真宗《劝学文》云：'书中自有黄金屋，书中自有千钟粟，书中车马多如簇，书中有女颜如玉。'予取笔书其后云：'诚如此训，则其所养成者，固皆淫泆骄侈、残民蠹国之人。使在位皆若人，丧无日矣。而乃以为帝王之劝学，悲夫！'"在一个科举专一为培养官僚的时代，在一个做官图利的时代，这番言语岂非振聋发聩！

金西先生，很早就开始了高拱研究。金西、天雷父子于2006年就出版了《高拱全集》，并获得全国古籍整理优秀成果一等奖。《高拱全集》的整理是一件极为严肃、极为烦琐的工作，但它为高拱及其时代的研究，提供了大大的方便。金西先生对高拱的研究很深入，对高拱有独到的认识。金西先生曾经要求我为他书写高拱的诗词文字，我选了高拱表达执政理念的两段文字；但金西先生还要我书写高拱的诗《君子有所思》："西河有蛟，北山有虎，渔樵不敢窥，行人心独苦。心独苦兮奈若何，湛卢倒柄将奈何！"鉴古知今，金西先生的心与高拱是相通的。他们期盼为人间除尽恶虎猛蛟，还人间以太平世界。但湛卢之剑却不在自己手中，只能徒唤奈何。金西先生是有大志向之人，研究高拱，也是为了抒其心志。金西先生把我书写的三张条幅推荐发表在《华夏源》上，成了我们之间友情的一个纪念。

金西先生生于1928年，经历丰富，为国为民做了很多工作，曾被评为优秀共产党员、优秀科技干部。他善学习肯钻研，有许多学术著作发表。金西先生长于马克思主义哲学研究，明代历史和高拱研究是他晚年给予更多关注的领域。不论从事什么工作，进行什么研究，他都展现出了大视野、大格局、大担当。如今哲人已去，令人不胜唏嘘叹惋。我们阅读他的著作，更怀念他的精神和品格。

云山苍苍，江水泱泱。先生之风，山高水长！

是为序。

2023年7月1日于北京昌平之墅上

目　录
CONTENTS

马克思哲学研究

青年马克思唯心主义无神论观点的形成及其哲学论证 …………… 3
马克思革命民主主义观点的形成及其哲学论证
　　——读马克思的《博士论文》 …………………………………… 13
马克思唯物史观的发端
　　——读《黑格尔法哲学批判》 …………………………………… 34
马克思主义哲学的产生（1837—1848） …………………………… 47

明代高拱研究

高拱著作版本考证 …………………………………………………… 91
高拱的实学思想和改革功绩 ………………………………………… 101
高拱的惩贪对策及其代价 …………………………………………… 136
王世贞《高拱传》史实探析 ………………………………………… 168
高拱《病榻遗言》考论
　　——与赵毅教授商榷 …………………………………………… 199
高拱缺失相材吗？
　　——与赵毅教授商榷之二 ……………………………………… 214

综述与书评

高拱研究述评 ………………………………………………………… 237

《高拱论著四种》点校举疑 ·················· 251
《看了明朝不明白》所述史实考辨
　　——与熊召政先生商榷 ················ 256

附录

《高拱全集》评价（五篇） ·················· 271
高拱研究的奠基者
　　——追忆家父岳金西教授 ·············· 274

主要参考文献 ··························· 279
编后 ································· 284

马克思哲学研究

青年马克思唯心主义无神论观点的
形成及其哲学论证

国内外有些马克思主义哲学史著作在论述马克思世界观转变时，往往把青年马克思描绘成一个天生的革命民主主义者和唯心主义无神论者。其实，马克思学生时代的革命民主主义观点和唯心主义无神论思想，都经历了一个逐步发展和形成的过程。本文仅就青年马克思唯心主义无神论观点的形成及其哲学论证作一初步探讨，就教于大方之家。

一、一个宗教观念淡薄的有神论者

马克思于1818年5月5日生于德国莱茵省特里尔城。当马克思出生的时候，德国社会的主要矛盾是资本主义同封建制度的矛盾。这个矛盾表现在思想领域则是神学与科学、迷信与进步的矛盾。以这些矛盾为特点的历史时代和社会环境，对马克思青少年时代的思想状况产生了重大影响。

马克思的故乡特里尔，19世纪初是一座只有12000人的"古老的宗教小巢"①。中世纪以来，它是一个天主教大公国的所在地。这座小城，拥有许多教会机构和教会建筑。这里有著名的海特维斯大教堂、小礼拜堂、修道院、修士会、神学院、骑士团体、教友组织等等。这个特点充分说明，特里尔人过去和当时是过着何等迷信的宗教生活。马克思在这里生活了整整十七个年头，度过了他的童年和少年时代。

马克思的家庭是一个犹太法学家的家庭。他的父亲和母亲都是犹太人血统。母亲罕丽达·马克思是荷兰犹太人，受过相当教育，善于操持家务。父亲亨利希·马克思是特里尔一位著名律师，曾荣获律师顾问称号，并担任当地律师公会主席。尽管马克思的父亲对宗教信仰比较淡漠，但仍然摆脱不了宗教传统的

---

① 中共中央马克思恩格斯列宁斯大林著作编译局. 马克思恩格斯全集：第40卷［M］. 北京：人民出版社，1982：888.

束缚。马克思的父母原来信仰的是犹太教，但在1815年，普鲁士政府采取反动政策，掀起了一场排犹运动。他们禁止犹太人担任公职，取消犹太人从事自由职业的权利。有的地方取消犹太人的公民权和政治权，有的地方把犹太人驱逐出境，疯狂迫害犹太人。在这种情况下，马克思的父亲为了保住自己的职业，并考虑到子女的前途，于1817年全家放弃了犹太教，改信官方支持的路德新教。在父亲的安排下，马克思六岁时就跟母亲和姐弟们一起接受了新教洗礼。可见，马克思从童年起就成为一名正式新教徒了。

为了向青少年灌输宗教迷信思想，当局政府把神学规定为中学的一门必修课。1830年10月，十二岁的马克思进入特里尔中学上学。这所中学的宗教课主要是讲授圣经和基督教的历史，宣扬上帝创造万物的谬论邪说。马克思在这所中学读了六年书，比较系统地接受过宗教神学的教育。这对少年马克思来说，无疑是会有很大影响的。这种影响集中表现在马克思临近中学毕业时的两篇作文中。一篇是《论信徒和基督的一致》的作文。总的来看，这篇作文是论证宗教问题的，但他在父亲思想影响下，不是从福音迷信角度，而是从伦理道德角度来论证的。他当时认为，人的道德是有局限性的，是世俗的道德；只有神的道德，基督教的道德，才是最高尚的。一切道德行为都表现为对基督的爱，对上帝的爱。正是根源于对神的纯洁的爱，"道德才摆脱了一切世俗的东西而成为真正神性的东西"①。一个人一旦达到了这种道德，便和基督一致了。同基督一致，他将会正确对待各种欲望的冲动，在苦难中得到安慰，使内心变得高尚。这种论证无疑带有浓厚的神学色彩。另一篇中学作文是《青年在选择职业时的考虑》，尽管马克思在这篇文章里十分强调青年要根据理性道德去选择职业，但他仍然没有脱离宗教神性的藩篱。他说："神也给人指定了共同的目标——使人类和他自己趋于高尚，但是，神要人自己去寻找可以达到这个目标的手段；神让人在社会上选择一个最适合于他、最能使他和社会得到提高的地位。""神决不会使世人完全没有引导的人；神总是轻声而坚定地作启示。""我们狂热地追求我们以为是神本身给我们指出的目标。"②

1835年9月，马克思在特里尔中学毕业。他的毕业证书上"宗教知识"一栏的评语是："他对基督教教义和训诫认识明确，并能加以论证；对基督教教会

---

① 中共中央马克思恩格斯列宁斯大林著作编译局. 马克思恩格斯全集：第40卷［M］. 北京：人民出版社，1982：822.
② 中共中央马克思恩格斯列宁斯大林著作编译局. 马克思恩格斯全集：第40卷［M］. 北京：人民出版社，1982：3.

的历史也有相当程度的了解。"① 在特里尔中学毕业的前一年，即1834年3月，在家庭的安排下，十六岁的马克思还举行了一次坚信礼，以坚定其信念。可见，马克思在少年时代是受过系统神学教育，并行过坚信礼的新教信徒。

尽管宗教神学思想对少年马克思产生过重要影响，但由于他更多的是接受父亲把宗教信仰和伦理道德结合在一起为特点的家庭思想教育，因而他从来不是一个狂热的虔诚的宗教信徒，而是一个宗教观念比较淡薄的一般的有神论者。那种认为马克思从小就不信神的看法，是不符合历史事实的。

二、唯心主义无神论观点的逐步形成

马克思在学生时代经历了一个同传统的神学思想决裂，走向战斗的唯心主义无神论的过程。在中学时期，少年马克思一方面受到宗教神学的影响，另一方面也受到了当时德国政治思想领域斗争的现实教育，以及现代科学知识和无神论思想的教育。

1830—1835年，马克思在特里尔中学，耳闻目睹了德国政治风云的变化，看到了自由主义势力同封建反动势力之间的矛盾和斗争，使他初步受到了自由民主思想的启蒙教育。当时德国自由主义运动的浪潮汹涌澎湃，资产阶级自由派的请愿和示威，农民、手工业者的起义和暴动，此起彼伏，不断发生。1834年初，特里尔的一个进步团体——"文学俱乐部"举行了一次欢迎莱茵省几位自由派议员的宴会，十几天后又举行了一次怀念法国大革命的游行示威。马克思的父亲亨利希参加了"文学俱乐部"的这两次活动，在宴会上发表了一篇措辞温和、暗示要求改革的演说，遭到反动当局的审讯和监视。马克思的校长维滕巴赫和两位进步老师因参加"文学俱乐部"的这两次活动，受到了反动当局的严厉申斥，当局采取反动措施，加紧对学校进行政治监视。政治思想领域发生的这些严峻斗争，父亲和老师受到的政治迫害，使少年马克思懂得了爱憎，他开始怀疑圣经上宣扬的虚幻迷信不过是骗人的空洞说教而已，而眼前发生的种种政治迫害事件才是最有说服力的事实。马克思在政治上受到的启蒙教育，为他的无神论思想萌芽初步打下了政治基础。

马克思无神论思想因素的增长，同他接受老师的进步思想影响及其传授的科学文化知识也是分不开的。校长维滕巴赫是一个坚定的康德信徒，开明的无神论者。他讲授历史和哲学入门课，大力宣传理性主义，竭力使学生摆脱蒙昧

---

① 中共中央马克思恩格斯列宁斯大林著作编译局. 马克思恩格斯全集：第40卷[M]. 北京：人民出版社，1982：828.

主义的统治。数学和物理老师施泰宁格"信仰唯物主义和无神论",他在讲授自然科学的同时,自然要宣传他的无神论观点。马克思对进步老师的授课是用心学习的。通过六年的学习,马克思不仅从老师那里受到了无神论思想的影响,而且在文化知识方面,也为他接受这种思想奠定了科学基础。

少年马克思在中学毕业作文中,一方面认为青年选择职业是神给我们指出目标,是神的"启示和召唤";一方面又认为青年选择职业又有自己的自由,必须认真考虑神的召唤是不是一种自欺。这种自相矛盾的思想认识,反映了少年马克思对宗教神学的动摇和怀疑。马克思还认为青年选择职业的自由也不是无条件的绝对的自由,而是要决定于各种社会关系。他说:"我们并不总是能够选择我们自认为适合的职业;我们在社会上的关系,还在我们有能力对它们起决定性影响以前就已经在某种程度上开始确立了。"① 这时的马克思还不可能理解他后来提出的"社会关系"这个科学概念的含义,但他已经感觉到人与人之间存在着一种不以他们主观愿望为转移的客观关系。当时德国存在着的等级制的现实,使青年选择职业的自由受到了各种关系的限制。在这里,马克思已经用社会关系取代了神的召唤和启示,这不能不说是他的无神论思想的重要萌芽。

马克思进入大学以后,他的无神论思想萌芽得到了迅速的成长。在波恩大学一位信仰无神论的法学教授伯金的思想影响下,开始怀疑宗教信仰对人是否必要。马克思进入波恩大学不久,他的父亲亨利希于1835年11月18日给儿子写信道:"你是纯洁无瑕的,这点我确实毫不怀疑。但毕竟对上帝的虔诚信仰是道德的巨大动力。你知道,我远非狂热的宗教信徒。但是,这种信仰迟早都会成为一个人的真正需要,生活中往往有这种时候,甚至一个无神论者也会不知不觉地拜倒在至高无上的神面前。这通常之所以会这样,是因为每一个人都有可能崇拜牛顿、洛克和莱布尼茨所信仰过的东西。"② 马克思的父亲以牛顿、洛克和莱布尼茨信仰宗教为例,劝说儿子要保持宗教信仰,但是这怎么能够阻挡马克思无神论思想的发展呢?1837年11月10日,马克思在给他父亲的回信中表示他要抛弃宗教信仰的念头,转向现实本身去寻求思想。他说:"我这个不知疲倦的旅行者着手通过概念本身、宗教、自然、历史这些神性的表现从哲学上

---

① 中共中央马克思恩格斯列宁斯大林著作编译局. 马克思恩格斯全集:第40卷 [M]. 北京:人民出版社,1982:5.
② 中共中央马克思恩格斯列宁斯大林著作编译局. 马克思恩格斯全集:第40卷 [M]. 北京:人民出版社,1982:832.

辩证地揭示神性。"① 马克思公开申明，他要用哲学的辩证方法去批判宗教神学了。

马克思参加青年黑格尔派运动，是他转向无神论迈出的重大的一步。这派人想从黑格尔哲学中做出无神论的结论来。鲍威尔说黑格尔的上帝同基督教的上帝不是一码事，黑格尔的上帝只是无神论的盾牌，因而黑格尔哲学论证的不是有神论，而是无神论。鲍威尔从主观唯心论出发，对无神论进行论证：既然关于上帝的意识只能在人的意识中存在，那么离开人的意识上帝便不存在。在人的意识之外，没有任何东西存在，当然也没有作为上帝观念形式的宗教的存在。因此，宗教只不过是自我意识的产物。马克思当时深受其好友鲍威尔无神论思想的影响，积极参与批判宗教的现实斗争。他在大学曾写过一首讽刺诗，嘲笑一个基督教牧师攻击歌德"不信神"的布道文章。1840年，他批判谢林信徒费舍的《神的观念》一书，写成了一本名为《该受鞭挞的费舍》的小册子。他把批判矛头指向神学家海尔梅斯的门徒，写成一本批判海尔梅斯学派的书，揭露这个学派把康德哲学和天主教神学结合起来的企图。后来，马克思同鲍威尔还打算创办一个《无神论文库》的杂志，在柏林开辟一块批判宗教神学的阵地。这个计划未能实现。

在鲍威尔等人批判宗教的带动下，青年马克思开始研究古代希腊哲学史。他认为，只有批判有神论，才能宣传无神论；只有深入批判基督教，才能正确理解黑格尔哲学。而要批判任何一种宗教教义，都必须了解这种宗教产生和发展的历史。为了深入批判基督教教义，他重点研究了伊壁鸠鲁派、斯多葛派和怀疑派的哲学。因为后两个哲学流派为基督教的产生提供了材料和根据。只有了解基督教产生后是如何同这些哲学流派结合的，才能对基督教文献做出批判性的历史考察。1839年，马克思写了七本《关于伊壁鸠鲁哲学的笔记》。在这些笔记里，他做了大量的摘录和评论，充分表达了他的无神论思想。他研究伊壁鸠鲁哲学，并不是出于赞同他的朴素唯物论，而是因为这个哲学可以论证他的政治观点和无神论观点。马克思对伊壁鸠鲁派的无神论思想倍加赞扬，予以肯定。伊壁鸠鲁从他的原子论出发，认为神并不是神秘的东西，它也是由原子构成的。神同自然界和人没有任何联系，它从来不过问人间事，人要自由地生活，必须同对神的恐惧进行斗争。马克思站在客观唯心论的立场上，在笔记中写道："在伊壁鸠鲁那里，概念的最一般形态是原子"，"原子是一种如个人、哲

---

① 中共中央马克思恩格斯列宁斯大林著作编译局. 马克思恩格斯全集：第40卷［M］. 北京：人民出版社，1982：15.

人、神的抽象的自在的存在。这是同一概念的更高的、更进一步的质的规定","神是由更精微的原子构成的"①。伊壁鸠鲁哲学使"人们通过偶然上升为必然性、任意性上升为规律那样的途径来回避决定论。神回避世界,世界对他来说是不存在的,所以它才是神"②。马克思认为"伊壁鸠鲁作为哲学家一般地考察了人类灵魂的本质关系"③。在马克思看来,伊壁鸠鲁是古代真正的启蒙者,是罗马无神论的奠基者。马克思对斯多葛派和怀疑派宗教神学思想,予以无情地揭露和批判。他痛斥哲学神学家普鲁塔克,认为他的著作《论信从伊壁鸠鲁不可能有幸福的生活》,"是在瞎说,他评论起来像个学徒工"④,"他完全无能力进行哲学批判"⑤。

三、对唯心主义无神论观点的哲学论证

马克思广泛利用七本《关于伊壁鸠鲁哲学的笔记》,1841年春在柏林大学毕业时写成了他的博士论文。这篇论文标志着他从有神论到唯心无神论转变的完成。在论文中他宣称,无神论是他坚定不移的信念。论文贯穿着战斗的无神论精神,充满着对宗教迷信的无比憎恨。他把哲学和神学对立起来,认为进步的哲学必须批判神学,决不能用哲学来论证神学,使哲学研究服从于宗教神学的要求和利益。马克思的博士论文,实际上是一篇声讨宗教神学的战斗檄文。

马克思在论文中高度评价了伊壁鸠鲁的无神论思想。他把伊壁鸠鲁和亚里士多德对立起来,围绕天体问题,论证了无神论对有神论的驳斥。"对于天体的崇敬,已经成为所有希腊哲学家遵从的一种崇拜。"⑥亚里士多德说:"人人都有一个关于神的观念并把最高的处所划给神;无论是异邦人或是希腊人,总之

---

① 中共中央马克思恩格斯列宁斯大林著作编译局. 马克思恩格斯全集:第40卷[M]. 北京:人民出版社,1982:168-169.
② 中共中央马克思恩格斯列宁斯大林著作编译局. 马克思恩格斯全集:第40卷[M]. 北京:人民出版社,1982:120.
③ 中共中央马克思恩格斯列宁斯大林著作编译局. 马克思恩格斯全集:第40卷[M]. 北京:人民出版社,1982:85.
④ 中共中央马克思恩格斯列宁斯大林著作编译局. 马克思恩格斯全集:第40卷[M]. 北京:人民出版社,1982:63.
⑤ 中共中央马克思恩格斯列宁斯大林著作编译局. 马克思恩格斯全集:第40卷[M]. 北京:人民出版社,1982:62.
⑥ 中共中央马克思恩格斯列宁斯大林著作编译局. 马克思恩格斯全集:第40卷[M]. 北京:人民出版社,1982:233.

凡是相信神的存在的人莫不如此。"① 古代人把天和最高的地方划给神，是因为唯有天是不死的。"天是不可毁灭的、没有起始的、不遭受生灭世界一切灾祸的。这样一来，我们的概念就同时符合关于神的启示。"② 与此相反，伊壁鸠鲁则说："人心的最大迷乱起源于人们把天体当作有福祉的和不可毁灭的。同时认为天体具有与这些特性相矛盾的愿望和行为；同样还起源于对于神话的恐惧。说到天体现象，应当认为，运动、位置、亏蚀、升起、降落以及诸如此类现象的发生，完全不是因为有一个享有一切福祉和不可毁灭的存在物在支配它们、安排它们——或已经安排好它们。"③ "关于日月出没的学说，关于星辰的位置和亏蚀的学说，本身并不包含有关幸福的特殊根据；不过恐惧却支配着那些看见这些现象但不认识它们的性质及其主要原因的人。"④ 这就从认识论方面揭示了人对天体产生恐惧的根源。伊壁鸠鲁还认为宗教神灵的社会根源，是人的愚昧和迷信。伊壁鸠鲁关于原子在虚空中由于自身偏斜运动而产生宇宙万物的学说，从根本上打破了宗教宣扬的神灵创造世界的谎言。马克思指出："当天体被说成是原子的偶然复合，天体中发生的过程被说成是这些原子的偶然运动时，斯多葛派的迷信和他们的整个宇宙观便已经被驳倒了。"⑤ 在两千多年前，伊壁鸠鲁就发表了那样精彩的无神论思想，是多么了不起啊！所以，马克思称赞"伊壁鸠鲁是最伟大的希腊启蒙思想家"⑥。

在论文附录中，马克思阐述了普鲁塔克对伊壁鸠鲁的一场有神论同无神论的论战。马克思坚决捍卫受到普鲁塔克攻击的伊壁鸠鲁的无神论观点，批判了普鲁塔克的宗教观和伦理观。普鲁塔克攻击说，信从伊壁鸠鲁不可能有幸福生活，因为他的幸福说教是把人从某种恐惧和对神灵的敬畏中解救出来。普鲁塔克认为，只有信仰和敬畏神灵，才能摆脱忧虑，获得幸福；神的本性就是创造和助长幸福。用一句话来概括，普鲁塔克的神学理论就是，畏神使人不敢作恶。

---

① 中共中央马克思恩格斯列宁斯大林著作编译局. 马克思恩格斯全集：第40卷 [M]. 北京：人民出版社，1982：234.
② 中共中央马克思恩格斯列宁斯大林著作编译局. 马克思恩格斯全集：第40卷 [M]. 北京：人民出版社，1982：235.
③ 中共中央马克思恩格斯列宁斯大林著作编译局. 马克思恩格斯全集：第40卷 [M]. 北京：人民出版社，1982：235.
④ 中共中央马克思恩格斯列宁斯大林著作编译局. 马克思恩格斯全集：第40卷 [M]. 北京：人民出版社，1982：236.
⑤ 中共中央马克思恩格斯列宁斯大林著作编译局. 马克思恩格斯全集：第40卷 [M]. 北京：人民出版社，1982：239.
⑥ 中共中央马克思恩格斯列宁斯大林著作编译局. 马克思恩格斯全集：第40卷 [M]. 北京：人民出版社，1982：242.

马克思反驳说，真正的恶，在于人从自身中排除了自己天生的本性，而把恶看作是人自身之外的神。普鲁塔克视为神灵信仰的基础的畏神，其实就是真正的恶。马克思认为对神的畏惧是人性自我异化的表现，他在批判普鲁塔克的基础上，充分肯定了伊壁鸠鲁带有无神论性质的伦理学。伊壁鸠鲁认为，为了使人自由地享受人间生活，必须同对神的恐惧进行斗争。生活的目的就在于追求幸福、追求快乐，快乐就是身体的无痛苦和心灵的无纷扰，达此目的的重要手段就是研究哲学和自然科学，伊壁鸠鲁早就把哲学和神学对立起来了。

马克思旗帜鲜明地捍卫伊壁鸠鲁的无神论思想，是为了鞭挞现实世界中的宗教辩护士。他在论文附录中指名道姓批判了反动哲学家谢林，揭露谢林背叛了自己的早期无神论思想，而现在却堕落为可耻的宗教辩护士。马克思还批判了黑格尔用自己的哲学证明上帝存在的结论。马克思说："关于神的存在的证明，黑格尔曾经把这一个神学证明完全弄颠倒了，也就是说，他推翻了这一证明，以便替它作辩护。"① 如果说神学家是用偶然的东西真实存在来证明上帝存在的话，那么黑格尔则是用偶然的东西不存在来证明上帝的绝对存在。他推翻上帝存在的神学证明，只是用另一种方式来证明上帝存在。黑格尔曾经断言，宗教和哲学在本质上是相同的，从他的哲学中做出了神学结论，实际上也变成了宗教神学的辩护士。

在马克思看来，一切关于证明上帝存在的说法都是荒谬的，都"不外是空洞的同义反复"②。证明上帝存在的所谓本体论说，凡是我表象的东西，对我来说就是真实的；上帝存在是我的表象，因此上帝存在是真实的。按照这种逻辑推论来说，则一切神灵，不管基督教异教所信的神，就都是一种真实的存在。但是，任何一种宗教都自称是唯一真实的，并把其他宗教视为一种迷信，你信仰一种神灵，我信仰另一种神灵，彼此之间就都会证明说对方受了幻想和抽象观念的支配，由此就只能得出这样的结论来：神的存在的证明不外是对人的本质的自我意识的存在的证明，对自我意识的存在的逻辑说明。马克思机智地说道："在这个意义上，对神的存在的一切证明都是对神不存在的证明，都是对于一切关于神的观念的驳斥。"③

---

① 中共中央马克思恩格斯列宁斯大林著作编译局．马克思恩格斯全集：第40卷［M］．北京：人民出版社，1982：284．
② 中共中央马克思恩格斯列宁斯大林著作编译局．马克思恩格斯全集：第40卷［M］．北京：人民出版社，1982：284．
③ 中共中央马克思恩格斯列宁斯大林著作编译局．马克思恩格斯全集：第40卷［M］．北京：人民出版社，1982：285．

按照马克思当时的看法，神灵是非理性的，它和理性是根本对立的。他认为宗教是荒谬的，但却是奴役人的现实力量，绝不可低估宗教观念对人们生活的影响作用。因此要克服这种影响，战胜宗教，不仅要推翻宗教教条，而且还要解释宗教的根源及其流传的原因。他认为对神的信仰反映了人类意识发展的低级阶段，反映了思维的低级水平，反映了人类意识还不能理解和说明周围世界，因而宗教观念具有超自然的非理性的特征。马克思试图在人的周围条件中寻找宗教的根源。他明确提出，具有理性的人是不会相信神的存在的；只有丧失理性的人才会认为神是存在的；无理性就是神的存在。因此，对于神的存在的真正证明是这样的："因为无理性的世界存在，所以神才存在"。"因为思想不存在，所以神才存在"。可见神的存在是以非理性观念为依据的，而非理性观念又是以非理性的世界为依据的，因此反对宗教也就是反对非理性的现实生活。马克思以他当时唯心论的理性世界观，否定了上帝的存在，批判了宗教神学。

把理性同非理性对立起来，也就是把哲学同神学对立起来。因为马克思认为，哲学是理性的，神学是非理性的，二者是不能相提并论的。从马克思的观点看来，无神论是哲学的重要原则，哲学应从宗教结束的地方开始。当时马克思还没有关于社会压迫的物质根源和消灭这种压迫的物质力量的思想，而认为宗教是人奴役人的根源，因此哲学的使命就是批判宗教，扫清宗教散布的迷信毒雾，解放被压迫的人类。马克思提出："哲学，只要它还有一滴血在它那个要征服世界的、绝对自由的心脏里跳动着，它就将永远用伊壁鸠鲁的话向它的反对者宣称：渎神的并不是那抛弃众人所崇拜的众神的人，而是同意众人关于众神的意见的人。"① 马克思认为先进哲学就应该像普罗米修斯那样，敢于反抗一切神灵，传播真理的火种。马克思认为，哲学和神学，人性和神性，自我意识和上帝神灵，科学知识和宗教信仰是互相排斥的，要把它们调和起来是不可能的。

应该指出，马克思当时虽是一个无神论者，但又是一个唯心论者。这时，他不了解有神论同唯心论彼此不可分离的血缘关系，还没有真正发现宗教迷信的社会历史根源，以及消灭宗教迷信的物质力量。马克思把无神论同有神论对立起来是完全正确的，但把唯心论同有神论对立起来则是缺乏科学根据的。当时马克思也不了解哲学有唯心论同唯物论的区别，因而把哲学同神学对立起来。他把哲学同神学的对立看作是理性同非理性的对立，但是这种对立仍然是唯心

---

① 中共中央马克思恩格斯列宁斯大林著作编译局. 马克思恩格斯全集：第40卷［M］. 北京：人民出版社，1982：189.

论范围内的对立。马克思明白说过:"理想主义不是幻想,而是真理。"① 并对这种理想主义真理的作用作了片面夸大的理解。这里的"理想主义",实际上就是唯心主义。马克思当时在哲学上是一个客观唯心主义的无神论者。这是他早期无神论思想的历史局限性。但是,决不能低估这种无神论的战斗作用和进步意义。马克思正是在思想上成为一个反宗教的无神论者,才为他后来从唯心主义和革命民主主义者转变为唯物主义和共产主义者创造了有利条件。

(原文刊载于《文史哲》1986 年第 4 期)

---

① 中共中央马克思恩格斯列宁斯大林著作编译局. 马克思恩格斯全集:第 40 卷[M]. 北京:人民出版社,1982:187.

马克思革命民主主义观点的形成及其哲学论证

——读马克思的《博士论文》

马克思在柏林大学毕业的时候,写成了他的博士论文《德谟克利特的自然哲学和伊壁鸠鲁的自然哲学的差别》。从 1839 年起,马克思就着手研究古代希腊伊壁鸠鲁派、斯多葛派和怀疑派的哲学,写了七本《关于伊壁鸠鲁哲学的笔记》。他原来打算写一部著作,来论述这三派哲学的相互关系。但是,这个计划未能实现。于是,他选择了一个较小的题目,对德谟克利特和伊壁鸠鲁自然哲学的差别进行了深入的探究。从 1840 年下半年到 1841 年 3 月,他完成了这篇学术论文。当时,因为反动思潮在柏林大学占据统治地位,马克思便把这篇论文连同应考学位的申请书送交耶拿大学哲学系。1841 年 4 月 13 日,耶拿大学的哲学系主任巴赫曼签署了对马克思博士论文的推荐书,其中推荐评语写道:"该候选人才智高超、见解透彻、学识渊博,本人认为该候选人实应授予学衔。"[①] 耶拿大学没有通过考试,便于 1841 年 4 月 15 日函授马克思以哲学博士的学位并发给证书。

列宁在谈到马克思博士论文时说道:"马克思按其观点来说,当时还是一个黑格尔唯心主义者。在柏林,他加入过'黑格尔左派'(布鲁诺·鲍威尔等人)小组,这派人想从黑格尔哲学中作出无神论的和革命的结论。"[②] 列宁的指示是我们研究马克思博士论文的重要指导思想。根据这个指导思想来探究马克思在论文中表明的革命民主主义观点及其哲学论证,对弄清马克思早期哲学思想的发展,有着重要的价值和意义。

---

① 中共中央马克思恩格斯列宁斯大林著作编译局. 马克思恩格斯全集:第 40 卷[M]. 北京:人民出版社,1982:899.
② 中共中央马克思恩格斯列宁斯大林著作编译局. 列宁选集:第 2 卷[M]. 北京:人民出版社,1976:576.

一、革命民主主义观点的形成

马克思在大学求学期间，正值德国资产阶级势力同封建专制势力的矛盾日益尖锐的时期。在这种阶级斗争的形势下，由于进步老师的影响，由于青年黑格尔运动的推动，马克思逐步形成了他的革命民主主义的政治观点。

1835年秋，马克思进入波恩大学法律系时，德国的民主主义运动在封建反动势力的镇压下，正在转入低潮。波恩大学的进步学潮也惨遭镇压。原先仅有的一点"大学自由"早已烟消云散了，进步团体被取缔，进步师生被监视。马克思亲眼看到，经常有老师和学生被安上"煽动者"的罪名，遭到逮捕和监禁。但是，白色恐怖并没有吓倒青年马克思。1835年底，马克思毅然决然地参加了波恩大学一个进步的文学团体——花环社。后来，他和盖贝尔、格律恩等人成为花环社的主要成员。当时他们都是一些不满现状、要求改革的有为青年。他们除了经常在一起举行赛诗会进行文学活动外，还经常在一起讨论政治问题。

1836年秋，马克思转入柏林大学法律系。在这里，马克思一开始就同时接受两位著名法学教授的讲课，一位是萨维尼，一位是爱·甘斯。他们是二个互相对立的法学学派的代表人物，萨维尼是历史法学派，甘斯是黑格尔学派。这两个学派之间的争论，不仅具有法学性质，而且具有政治性质。两派之间的争论反映了反动势力同民主势力之间的矛盾。萨维尼为了替现存制度辩护，提出了法的历史观点。这种观点认为，法的渊源是历史上长期存在的传统性和习惯性，凡是历史上已经形成的习惯法都是合理的。这个学派以历史发展的原则为名，主张习惯法，反对自然法，维护现存制度，反对民主自由思想。历史法学派在政治上是反动的，在哲学上是反历史主义的。马克思大学毕业后，曾经专门撰写论文批判过历史法学派的创始人胡果及其代表人物萨维尼。甘斯出身于黑格尔学派，他把黑格尔的辩证思想运用于法学和历史学，是一位具有自由主义和民主主义思想的法学家。但他主要不是从哲学或法学观点，而是从政治观点来反对历史法学派的。甘斯在讲台上猛烈抨击封建专制主义和宗教蒙昧主义，启发学生关心社会问题，要求学生研究圣西门的学说。他极为同情工人阶级，无情地批判资本主义制度。他认为，正如先前是主人和奴隶，稍后是贵族和平民，后来又是领主和家仆相互对立一样，目前则是游手好闲的人和劳动者的对立。奴隶制在本质上并没有被消灭，只是改变了形式而已。他问道，当你去到工场看到许多男人和女人只是为了一点微薄的工资，像牲口一样为主人做工而受剥削的时候，难道这不是奴隶制吗？马克思在大学十分尊敬甘斯教授，多次选修他开设的课程，甘斯教授也经常称赞马克思学习"异常勤奋"。当时甘斯的讲课和著作，给了马克思极大的影响。这种影响不仅促使马克思迅速转向黑格尔哲学，而且促使马克思初步树立了革命民主主义的观点。可以说，甘斯是青年马克思接触圣西门社会主义学说的第一个启蒙老师。

青年马克思进入柏林大学后，由于受到甘斯教授进步思想的影响，他的法学观点变得更加激进了。马克思的父亲为儿子过于激进的学术观点感到担心。他写信规劝儿子说："你的法律观点不是没有道理的，但如果把这些观点建成体系，它们却可能引起一场学术风暴，而你还不知道，学术风暴是何等剧烈。如果在这件事情上那些易受指摘的论点不能全部取消，那么至少在形式上也应当弄得比较缓和、令人中意一些。"① 从这段话中就可以看出，马克思当时已把革命民主主义观点贯穿运用于法学领域之中。他的激进的法学观点反映了他的革命民主主义的政治立场。

马克思在柏林大学还积极参加进步的学生运动。1838年3月22日是甘斯教授的四十寿辰。当晚，马克思同六百多名学生一起来到甘斯的住宅，向老师致敬。参加祝寿活动的还有汉诺威王国哥丁根大学的七位教授。这七名教授曾因拒绝向国王效忠，被免去职务。学生们也向这七位教授欢呼致意。这次祝寿活动实际上是一次政治示威。1839年5月5日，甘斯病逝，柏林大学及柏林学术界的进步人士为甘斯举行了隆重的葬仪，送葬队伍绵延数里之长。这些送葬队伍实际上是对反动当局的又一次抗议游行。马克思参加甘斯老师的祝寿和送葬活动，给他留下了极为深刻的印象，使他受到了一次民主主义斗争的洗礼。

在思想斗争形势的推动下，在进步老师的影响下，马克思在大学深入地研读了黑格尔哲学，并参加了青年黑格尔派运动。他在大学学的专业本来是法律，但研究得最多的却是历史和哲学。1837年春，他在柏林郊区斯特拉劳村养病期间，他的老师甘斯也住在这里，显然是受到甘斯的影响，他开始研究黑格尔哲学。他把黑格尔的著作从头到尾读了一遍，并看了黑格尔学生的一些著作。他陷进了黑格尔这位哲学大师的著作里，"发现了最崇高的智谋，领会了它深邃的奥秘。……我长久地探索着，漂游在汹涌的思想海洋里，在那儿我找到了表达的语言，就紧抓到底。"② 从此，他成了黑格尔哲学的信徒。正当青年马克思深入钻研黑格尔哲学的时候，黑格尔学派开始明显地分裂为左右两大派。马克思在柏林结识了布·鲍威尔、卡·科布和阿·鲁滕堡等黑格尔左派分子，并参加

---

① 中共中央马克思恩格斯列宁斯大林著作编译局. 马克思恩格斯全集：第40卷 [M]. 北京：人民出版社，1982：851-852.

② 中共中央马克思恩格斯列宁斯大林著作编译局. 马克思恩格斯全集：第40卷 [M]. 北京：人民出版社，1982：651.

了左派激进分子代表小组——"博士俱乐部"。他们经常聚会,讨论哲学、宗教和政治问题,力图从黑格尔哲学中寻找批判宗教神学和封建专制的武器。但是,在普鲁士统治集团严格禁止议论政治的情况下,他们首先把批判矛头指向宗教神学,举起了批判宗教的旗帜。正如恩格斯后来所说的那样:"政治在当时是一个荆棘丛生的领域,所以主要的斗争就转为反宗教的斗争;这一斗争,特别是从1840年起,间接地也是政治斗争。"①

1840年初,普鲁士国王弗里德里希·威廉四世即位。新国王比他父亲更加反动。他上任不久便撕去了"开明君主"的面纱,背弃了登基前许下的实行立宪政体的诺言,梦想建立一个基督教君主专制的国家。他宣称,他的权力完全是上帝所赐,并且应该永远享受上帝的恩典。说什么父权式的制度就是德意志的统治方法,他的统治权就是他的世袭财产、世袭领地。他对资产阶级民主自由的要求极端仇视,不仅采取严厉措施制裁政治上的反对派,而且残酷镇压思想上的反对派。威廉三世在他统治的末期,就已经抛弃了黑格尔主义。威廉四世上台不久,就一方面聘请谢林到柏林大学担任批驳黑格尔学说的讲课任务,另一方面把著名的青年黑格尔分子从各大学中开除出去,剥夺他们的讲课权利。比如,反动当局不准施特劳斯到哈雷大学任教,把鲍威尔从柏林大学撵到波恩大学,最后赶出大学讲台,把给自由主义报刊撰稿的鲁滕堡革职,等等。整个德意志笼罩着一片恐怖的气氛。

反动统治者的迫害,不仅没有使青年黑格尔分子屈服,反而更加激起了他们的战斗勇气。他们不仅在宗教方面进行深入批判,而且开始在政治方面展开了公开批判。卢格在政治批判方面起了带头作用。卢格像黑格尔一样,把普鲁士国家看成是绝对精神的体现;但与黑格尔不同的是,他认为普鲁士国家还没有完成其最高使命,必须按照自由和理性的精神加以改造。在他看来,由于反动统治者更加反动,把批判仅仅局限于哲学和宗教领域是不够的,还必须在政治方面进行批判斗争。这样才能解决自由倾向同反动势力之间的矛盾,达到争取进步和自由的目的。从1840年起,卢格在他主办的《哈雷年鉴》上发表了几篇政治论文,首先举起了政治批判的旗帜。他在论文中公开地把批判矛头对准普鲁士政府,主张把普鲁士改造成一个自由民主的国家。对青年黑格尔派来说,这是从宗教批判转向政治批判的标志。因此卢格主办的《哈雷年鉴》,也成了青年黑格尔派批判宗教神学和专制政体的刊物。

---

① 中共中央马克思恩格斯列宁斯大林著作编译局. 马克思恩格斯选集:第4卷 [M]. 北京:人民出版社,1972:217.

青年马克思对封建专制政体无比仇恨，对青年黑格尔分子受到的打击和迫害甚为同情。这时，马克思基本上是一个青年黑格尔分子，但他在这个学派中又占有特殊的地位。在哲学观点上，多数青年黑格尔分子都是主观唯心主义者，马克思则是客观唯心主义者；在政治立场上，一般青年黑格尔分子都是自由民主主义者，马克思则是革命民主主义者。前者同革命民主主义在本质上是不同的。列宁说过："两者都在实行历史上已经成熟的资产阶级改革，但有一个害怕实行这种改革，由于害怕而阻止这种改革，有一个对资产阶级改革的后果，往往存有许多幻想而把自己的全部精力和身心都放在实行这个改革上面。"① 鲍威尔、卢格等青年黑格尔分子，是自由资产阶级的代表。他们要求对社会生活实行资产阶级的民主改革，但却把希望寄托在现存的专制国家身上，否认人民群众反封建斗争的必要性，否认革命暴力的必要性。他们的所谓政治批判，不过是用空洞的抽象的纯粹理论来批判现存制度，而根本不触动现存制度的本质。他们以为通过纯理论批判，就可以改变现存制度。他们的所谓改革，实际上是资产阶级的改良主义。马克思与一般青年黑格尔分子不同，不是把民主改革的希望寄托在专制国家身上，而是寄希望于人民群众的斗争；不是用纯粹批判来改变现存国家，而是强调要用革命手段来否定现存国家；不是要限制和改良现存的专制制度，而是要彻底消灭现存的专制制度。

青年马克思初步形成的革命民主主义观点，集中表现在他的博士论文里。他在论文的献词中颂扬他那未来的岳父路德维希·冯·威斯特华伦先生："这位老人用真理所固有的热情和严肃性来欢迎时代的每一进步；他深怀着令人坚信不疑的、光明灿烂的理想主义，唯有这种理想主义才知道那能唤起世界上一切心灵的真理；他从不在倒退着的幽灵所投下的阴影前面畏缩，也不被时代上空常见的浓云迷雾所吓倒，相反，他永远以神一般的精力和刚毅坚定的目光，透过一切风云变幻，看到那在世人心中燃烧着的九重天。"② 在这里，马克思不仅是赞颂他那未来的岳父，而且是明确宣布了自己革命民主主义的政治立场。欢迎时代的每一进步，决不被时代上空的浓云迷雾所吓倒，表明了自己要同反动的普鲁士王朝进行毫不妥协的斗争，并对胜利充满着信心。

在博士论文的序言里，马克思借用神话中英雄人物普罗米修斯的话，表示"我痛恨所有的神"。马克思指出：哲学的自白和格言，就是"它反对一切天上

---

① 中共中央马克思恩格斯列宁斯大林著作编译局. 列宁全集：第17卷［M］. 北京：人民出版社，1988：85.

② 中共中央马克思恩格斯列宁斯大林著作编译局. 马克思恩格斯全集：第40卷［M］. 北京：人民出版社，1982：187.

的和地上的神，这些神不承认人的自我意识具有最高的神性。不应该有任何神同人的自我意识相并列。"① 在这里，马克思的政治观点是在哲学外衣掩盖下间接表达的。所谓"反对一切天上的和地上的神"，意思是说他要站在人民大众的立场上，反对天国和人世的一切统治者。马克思认为，先进的哲学就应该像普罗米修斯那样，成为传播真理的火种，照亮人们前进的道路。对于那些以为哲学在社会中的地位似乎已经恶化因而感到欢欣鼓舞的懦夫们，哲学再度以普罗米修斯对众神的使者海尔梅斯所说的话来回答他们：

> 你好好听着，我绝不会用自己的痛苦
> 去换取奴隶的服役；
> 我宁肯被缚在崖石上，
> 也不愿作宙斯的忠顺奴仆。
> 普罗米修斯是哲学日历中最高尚的圣者和殉道者。②

这充分表达了一个坚定的献身于民主主义革命的无畏战士的决心和意志。

从1839年到1841年3月，马克思在精心研究古希腊哲学史的基础上，充分利用了七本关于伊壁鸠鲁哲学的笔记和摘录，写成了他的博士论文。他以两千多年前德谟克利特和伊壁鸠鲁这两位哲学家的自然哲学作为自己的研究对象，绝不是出于在故纸堆中猎奇的癖好，也不是以哲学史的研究来回避现实的斗争，恰恰相反，马克思研究哲学史，正是出于进行革命民主主义政治斗争的需要，正是为了从哲学史上论证他的革命民主主义的政治观点。1857年12月21日，马克思在《致斐迪南·拉萨尔》的信中，曾经回顾他当年研究古希腊哲学史的情况说："在古代的哲学中，……伊壁鸠鲁（尤其是他）、斯多葛派和怀疑论者，我曾专门研究过，但与其说出于哲学的兴趣，不如说出于（政治的）兴趣。"③这就充分说明，马克思研究哲学史，正是为了论证他的政治观点。

二、对政治观点的哲学论证

青年马克思确定写作以伊壁鸠鲁哲学为主题的博士论文，绝不是为学术而

---

① 中共中央马克思恩格斯列宁斯大林著作编译局.马克思恩格斯全集：第40卷［M］.北京：人民出版社，1982：190.
② 中共中央马克思恩格斯列宁斯大林著作编译局.马克思恩格斯全集：第40卷［M］.北京：人民出版社，1982：189-190.
③ 中共中央马克思恩格斯列宁斯大林著作编译局.马克思恩格斯全集：第29卷［M］.北京：人民出版社，1972：527.

学术，为哲学而哲学，而是同青年黑格尔派对普鲁士现存制度进行批判，从政治上论证人的个性自由分不开的。作为青年黑格尔派的一员猛将，马克思和他的朋友一样，相信精神的绝对的创造力量，极力推崇政治的自由与民主。他在论文中运用唯心辩证的观点，对伊壁鸠鲁同德谟克利特自然哲学的关系和差别进行了详尽而深刻的考察，解决了古希腊哲学史上一个从未解决的重大问题，从哲学史上阐明了他的政治观点。在马克思看来，伊壁鸠鲁自然哲学的主要特征，就是原子脱离直线的偏斜运动，这样原子就离开了那种不自由的存在方式，而确立了自己的自由和独立性。古代希腊这种自我意识的哲学，其中包含着自由与民主精神的合理内核。从社会学说来讲，这种脱离直线的偏斜运动，无疑可以论证人的个性自由与解放的合理性。这样就可以从哲学上间接地抨击普鲁士毫无民主自由的封建专制主义。

德谟克利特是古希腊最著名的原子唯物论者，他认为在自然界中存在的只有原子和虚空。原子是一种最小的、不能再分裂的物质粒子。各个原子没有性质上的不同，只有形状、次序和方位的不同。虚空是原子运动的场所，为原子运动提供条件；虚空并不是虚无，它也是一种非常实在的存在。原子在虚空中进行急速而零乱的直线下降运动，彼此发生碰撞和排斥，形成了"原子旋涡"，构成物质世界的多样性。宇宙万物都是由原子和虚空构成的，原子的结合和分离使万物显现出生灭的变化运动。这就是德谟克利特关于物质世界的根本见解。

伊壁鸠鲁继承和发展了德谟克利特的原子论。他认为原子不仅有形状、次序和位置的不同，而且有性质和重量的不同；原子不仅作直线下落运动，而且由于原子本身内部的原因，还会产生脱离直线的偏斜运动。正是这种偏斜运动，原子才会互相碰撞，互相结合，从而产生出万物来。伊壁鸠鲁从他的原子论出发，论证了人的行动自由并提出了无神论思想，同当时的唯心论和宗教神学进行了坚决斗争。所以，他跟德谟克利特一样，在历史上受到许多唯心论者和神学家的仇视和攻击。

马克思在博士论文中列举了许多唯心论哲学家对伊壁鸠鲁原子论的传统抨击。从古代的西塞罗到近代的莱布尼茨，从哲学史家到教会神父，无不异口同声地责难伊壁鸠鲁，说他把德谟克利特的原子学说和亚里斯提卜的快乐学说当作自己的学说加以宣扬；斥责他剽窃和抄袭了德谟克利特的基本原则，在修改和补充的地方却歪曲了原意；攻击他是按照德谟克利特的精神进行哲学思考的人，从希腊哲学里吸收的是错误的东西，对于坏的东西有一种天生的偏爱；如此等等。把伊壁鸠鲁的原子论同德谟克利特的原子论等同看待，这种根深蒂固的传统偏见是哲学史中一个古老的问题。

马克思不迷信权威的结论，敢于独立思考，决心解决这个"在希腊哲学史上至今尚未解决的问题"①。马克思认为，德谟克利特与伊壁鸠鲁虽然都主张同一学说，但是，伊壁鸠鲁的原子论对德谟克利特的原子论，并不是简单地抄袭和剽窃，而是有着重大的修正和发展。这两种原子论不仅有重大差别，而且彼此截然相反。马克思对两者截然相反的地方做了概括的论证。

首先，从理论方面阐述了德谟克利特同伊壁鸠鲁的差别。马克思指出，德谟克利特关于人的知识的真理性是有矛盾的。他把认识的对象分为两种：一种是"按照真理的存在"，即原子和虚空；一种是"按照意见的存在"，即冷热色香味等。而后者却不是原子本身所固有的东西。他一方面承认感性现象是真正的客体，感觉能够揭示真理；另一方面又认为原子和虚空这个构成事物的原则，感觉是不能达到的。马克思认为，德谟克利特是不能避免和解决这种二律背反的。而在伊壁鸠鲁看来，冷热色香味等也是对象本身所固有的属性，感性现象具有客观性，对感性现象的认识是真理的认识。他认为感知本身无所谓错误，错误只发生在对感知所做的解释和判断中。他断言，感知是真理的准则，"一切感官都是真实东西的报道者"，"没有什么东西能够驳倒感性知觉"②。这表明他已经把感知和理性在一定程度上统一了起来。

其次，从实践活动方面阐述了德谟克利特同伊壁鸠鲁的差别。德谟克利特认为，感性知觉的世界是现象世界，它是唯一真实的客体，认识这个现象世界是科学的任务。如何认识这个现象世界呢？他不满足于哲学，而采取经验的观察，投入实证知识的怀抱。于是他一生走遍了半个世界，向各种人求教学习，以便增进经验、寻求知识。反之，伊壁鸠鲁虽然承认感性世界的客观性，但他轻视实证科学，而醉心于哲学。他在哲学里感到满足和幸福。他说："要得到真正的自由，你必须为哲学服务。凡是倾心降志地献身于哲学的人，他用不着久等，他立即会变得自由，因为服务于哲学本身就是自由。"③ 青年人和老年人都要研究哲学，老年人通过研究可以"回忆过去的愉快"，青年人通过研究就能"对将来无所畏惧"。他一生从来没有请教过老师，他以一个自学者而感到自豪。他不要任何人的帮助而靠自己的努力去寻求真理。马克思认为，这些差别不可

---

① 中共中央马克思恩格斯列宁斯大林著作编译局. 马克思恩格斯全集：第40卷[M]. 北京：人民出版社，1982：188.

② 中共中央马克思恩格斯列宁斯大林著作编译局. 马克思恩格斯全集：第40卷[M]. 北京：人民出版社，1982：200.

③ 中共中央马克思恩格斯列宁斯大林著作编译局. 马克思恩格斯全集：第40卷[M]. 北京：人民出版社，1982：202.

以归结为两位哲学家偶然的个性，它们所体现的是两个相反的方向。

最后，从反思的形式即思想对存在的相互关系方面考察了德谟克利特和伊壁鸠鲁的差别。德谟克利特把必然性看作现实性的反思形式，他把一切都归结为必然性，断言"一切均由必然性而产生，旋风式的旋转是一切事物产生的原因，而他就把这种旋转叫作必然性。"① 在他看来，一切事物都由必然性而产生，必然性是命运，是法律，是天意，是世界的创造者。物质的运动和撞击就是这个必然性的实体。德谟克利特认为给一切事物寻找原因或根据是极端重要的，世界上没有一种事物是没有原因而产生的，一切都是在因果的联系中由于必然性而产生的。他说："我发现一个新的因果联系比获得波斯国的王位还要高兴！"② 他所说的必然性，就是原子的物质实体的运动和冲击。他否认偶然性的存在，认为偶然性是人们虚构出来的假象，是人们自己束手无策的表现。对德谟克利特来说，真正的认识就是对必然性的认识。他把必然性和偶然性机械地对立起来，在正确强调必然性的同时，却错误地否认了偶然性，把"偶然的"同"无原因的"等同起来。而伊壁鸠鲁则认为，有些事物是由于必然性而发生，有些事物是由于偶然性而发生。在必然性中生活，并不是一种必然性。人们的行为是自由的，走向自由的道路是开放着的。在生活里谁也不会被束缚着，对必然性加以限制是许可的。他认为一个事物的发生是由多种原因造成的，不能用一个原因去解释事物，对事物下一个必然性的判断。他在一定程度上把必然性和偶然性统一起来了。在马克思当时看来，伊壁鸠鲁这样解释事物的目的，在于寻找自我意识的宁静，不在于寻求自然知识的本身。"伊壁鸠鲁把我们……拯救了出来，并使我们获得了自由。"③

总之，在马克思看来，德谟克利特和伊壁鸠鲁虽然主张同一学说，但他们的哲学还是有很大差别的，在具体问题上甚至处于相反的地位。"这两个人在每一步骤上都是互相对立的。一个是怀疑论者，另一个是独断论者；一个把感性世界看作主观假象，另一个把感性世界看作客观现象。把感性世界看作主观假象的人注重经验的自然科学和实证的知识，他表现了漫游世界到处去寻求知识、进行实验和观察的不安心情。另一个把现象世界看作真实的人，则轻视经验，

---

① 中共中央马克思恩格斯列宁斯大林著作编译局. 马克思恩格斯全集：第40卷 [M]. 北京：人民出版社，1982：253.
② 中共中央马克思恩格斯列宁斯大林著作编译局. 马克思恩格斯全集：第40卷 [M]. 北京：人民出版社，1982：206.
③ 中共中央马克思恩格斯列宁斯大林著作编译局. 马克思恩格斯全集：第40卷 [M]. 北京：人民出版社，1982：204.

在他身上体现了自我满足的思维的平静和从内在原则汲取自己的知识的独立性。但是还有更深的矛盾。把感性自然看作主观假象的怀疑论者和经验论者，从必然性的观点来考察自然，并力求解释和理解事物的真实存在。相反，把现象看作真实的哲学家和独断论者到处只看见偶然，而他的解释方法更倾向于否定自然的一切客观实在性。"① 这就是马克思对这两位哲学家自然学说一般差别的结论。这个结论虽然用的是黑格尔哲学的语言，但却有力地驳斥了那些把这两位哲学家的自然学说完全等同起来的偏见。

德谟克利特和伊壁鸠鲁既然都主张同一学说，为什么还会产生上述的矛盾呢？如何解释这种矛盾呢？马克思认为，主要是因为他们的哲学是在不同历史条件下不同时代精神的表现。德谟克利特生活在古希腊社会的上升时期，那时人们的注意力集中在了解外部世界上，因而他首先提出的原子论纯粹是自然科学的原则，他把不断追求知识当作最大的幸福和快乐，他的哲学充分体现了上升时期的希腊精神。而伊壁鸠鲁则生活在古希腊社会制度衰落崩溃的时期，这时一切有价值的东西都被破坏了，人们被迫转向内心寻求安宁，因而他的原子论不仅是自然科学而且也是社会生活问题，他认为在社会中生存的个人不应该产生恐惧，而应该知道整个世界都是由单个的原子构成的，被某些人当作万物主宰的宗教神学是不存在的。伊壁鸠鲁哲学是当时富有生命力的时代精神精华的集中表现。因此，马克思着重探究了伊壁鸠鲁哲学的根本特征，这就是原子偏离直线的思想。按照马克思的意见，这一根本特征是理解伊壁鸠鲁和德谟克利特这两种哲学体系之间一切差别的钥匙。

马克思运用黑格尔唯心辩证法的观点，深入考察了伊壁鸠鲁关于原子脱离直线而偏斜运动的思想。

原子的偏斜运动，是伊壁鸠鲁自然哲学的中心概念，也是他对德谟克利特原子论所做的重大修正和发展。马克思指出："伊壁鸠鲁认为原子在虚空中有三种运动：一种运动是直线式的下落；另一种运动起因于原子偏离直线；第三种运动是由于许多原子的相互排斥而引起的。承认第一种和第三种运动是德谟克利特和伊壁鸠鲁共同的；可是在承认原子偏离直线这一点上，伊壁鸠鲁就和德谟克利特不同了。"② 按照马克思辩证唯心论的理解，伊壁鸠鲁将两个互相否定、互相矛盾的环节都包含在原子的概念之中：直线运动是原子的物质性，表

---

① 中共中央马克思恩格斯列宁斯大林著作编译局. 马克思恩格斯全集：第40卷 [M]. 北京：人民出版社，1982：207.

② 中共中央马克思恩格斯列宁斯大林著作编译局. 马克思恩格斯全集：第40卷 [M]. 北京：人民出版社，1982：209.

述了原子的非独立性；偏斜运动是原子的形式规定，表述了原子的独立性。原子的质料和形式的内在矛盾与统一，是原子的独立和自由的灵魂，是原子的自我规定和自身运动的能动性原则。德谟克利特所说的原子是纯粹的质料，因而他的原子论表现为机械论。伊壁鸠鲁则赋予原子以脱离直线的偏斜运动，从而使原子具有了斥力。在马克思看来，直线运动、偏斜运动和众多原子的冲击，三者不是并列的，而是原子生命发展过程中的三个环节。如果直线运动表现原子的肯定性，那么偏斜运动便表现为否定性，经过否定之否定，原子的概念便实现了。原子概念便从本质世界过渡到现象世界，于是一个感性世界便被创造出来了。显然，马克思是按照黑格尔唯心辩证法的结构来理解伊壁鸠鲁的原子学说的。他通过对偏斜运动的研究，揭示了伊壁鸠鲁原子论所具有的质料和形式之间的矛盾。

马克思认为，"原子偏离直线并不是特殊的，偶然出现在伊壁鸠鲁物理学中的规定。相反，偏斜所表现的规律贯穿于整个伊壁鸠鲁哲学。"① 在他看来，偏斜运动的学说，打破了"命运的束缚"，改变了原子王国的整个内部结构。他说："这种偏斜表明，原子否定一切运动和一切关系，而在运动和关系中原子作为一个特殊的定在为另一定在所规定。"② 这就是说，构成万物的原子与原子之间的关系，既是互相规定、互相制约的，又是互相否定、互相排斥的。构成万物的原子，只能自己和自己发生关系，自己和自己相撞，因为"与原子有关系的定在不是什么别的东西，而是它本身，因而也同样是一个原子。"③ 在这里，马克思讲的是原子本身所固有的内部矛盾性，揭示了原子内部固有的自行运动的原子规律。按照伊壁鸠鲁的学说，原子的偏斜运动是原子本身所固有的一种属性。马克思称赞卢克莱修说得对，如果原子不偏斜，就不会有原子的冲击、原子的碰撞，因而世界永远也不会创造出来。

原子的偏斜运动，其最高表现乃是排斥。所以众多原子的互相排斥，是原子偏斜所产生的必然结果，是原子个体性、独立性的一种必然表现。"排斥是自我意识的最初形式，因此，它是同那种自认为是直接存在着的、抽象单一的自

---

① 中共中央马克思恩格斯列宁斯大林著作编译局.马克思恩格斯全集：第40卷 [M].北京：人民出版社，1982：214.
② 中共中央马克思恩格斯列宁斯大林著作编译局.马克思恩格斯全集：第40卷 [M].北京：人民出版社，1982：215.
③ 中共中央马克思恩格斯列宁斯大林著作编译局.马克思恩格斯全集：第40卷 [M].北京：人民出版社，1982：215.

我意识相适应的。"① "所以在排斥里，原子的概念便实现了，按照这个概念，它是抽象的形式，但反过来说也一样，按照这个概念，原子就是抽象的物质。"② "因此，在原子的排斥中，表现在直线下坠中的原子的物质性和表现在偏斜中的原子的形式规定，都综合地结合起来了"③。按照马克思的看法，原子的抽象物质和抽象形式，原子的直线运动和偏斜运动，都是既排斥又结合的；正是原子的这种矛盾的统一，才产生了原子的冲击运动。这就从客观唯心论的立场上，表述了原子自我运动的对立统一规律。

马克思通过对"原子的质"的考察，分析了伊壁鸠鲁的原子的本质与存在之间的矛盾。关于原子的特性，德谟克利特只承认有两种：体积和形状；伊壁鸠鲁则认为有三种：体积、形状和重量。在德谟克利特看来，重量并不是原子的一种本质特性，因为一切物体都是有重量的。这是不言而喻的。在他看来，甚至体积也不是基本的质，只有外形的差别，使他感兴趣。由此可见，德谟克利特只是从原子特性与现象世界的差别的形式上来考察的，而不是从原子本身来考察的。但在伊壁鸠鲁那里，体积、形状、重量三者是相提并论的，它们的差别就是原子本身所具有的差别。伊壁鸠鲁在研究原子的质时，遇到了一个明显的矛盾：说原子有特性，那是和原子的概念相矛盾的，因为任何特性都是变化的，而原子却是不变的。这就是说，作为本质的原子不应该有特性，作为存在的原子在逻辑上又必须具有特性。由于有了质，原子就获得同它的概念相矛盾的存在，就被设定为外在化了的、同它自己的本质不同的定在。伊壁鸠鲁是如何解决这个矛盾的呢？他在确定原子有某种特性时，同时又确定一些相反的规定来否定这些特性，并且反过来又肯定了原子的概念。因此，"他把所有特性都规定成自相矛盾的"④。马克思认为，伊壁鸠鲁这样解决原子概念中本质与存在之间的矛盾是合乎辩证法的。他说："对于原子的特性的考察导致了同对于偏斜的考察一样的结果，即伊壁鸠鲁把原子概念中本质与存在的矛盾客观化了，

---

① 中共中央马克思恩格斯列宁斯大林著作编译局. 马克思恩格斯全集：第40卷 [M]. 北京：人民出版社，1982：216.
② 中共中央马克思恩格斯列宁斯大林著作编译局. 马克思恩格斯全集：第40卷 [M]. 北京：人民出版社，1982：216.
③ 中共中央马克思恩格斯列宁斯大林著作编译局. 马克思恩格斯全集：第40卷 [M]. 北京：人民出版社，1982：217.
④ 中共中央马克思恩格斯列宁斯大林著作编译局. 马克思恩格斯全集：第40卷 [M]. 北京：人民出版社，1982：219.

因而提供了原子论科学"①。

马克思通过对"不可分的本原和不可分的元素"的研究，进一步分析了伊壁鸠鲁原子的内在矛盾。他指出，把"不可分的本原"和"不可分的元素"区别开来，是伊壁鸠鲁的重大贡献。所谓"不可分的本原"，就是"始原"的原子；所谓"不可分的元素"，就是"元素"的原子。构成现象基础的原子是"元素"的原子；存在于虚空中的原子是"始原"的原子。"元素"原子和"始原"原子并不是两种不同的原子，而是同一种原子的不同规定。因为伊壁鸠鲁喜欢把一个概念的不同规定看作是不同的独立的存在。伊壁鸠鲁把本原和元素加以区别，马克思认为这种区别的重要性是很清楚的。"原子的概念中所包含的存在与本质、物质与形式之间的矛盾，表现在单个的原子本身内，因为单个的原子具有了质，由于质，原子就和它的概念相背离，但同时又在它自己的结构中获得完成。于是从具有了质的原子的排斥以及与排斥相联系的凝聚里，就产生出现象世界。""在这种从本质世界到现象世界的过渡里，原子概念中的矛盾显然达到自己的最尖锐的实现。因为原子按照它的概念是自然界的绝对的、本质的形式。这个绝对的形式现在降低为现象世界的绝对的物质，无定形的基质了。"② 在马克思看来，伊壁鸠鲁对原子做了这样的区别，说明他在矛盾极端尖锐的情况下把握住了原子的矛盾，并把这种矛盾客观化了。

上述分析说明，马克思把古代唯物论哲学家的原子作为研究对象，并不能说明他已经接近了唯物主义思想。在论文的任何地方，他都没有把德谟克利特和伊壁鸠鲁这两位哲学家称为唯物论者。他只是把德谟克利特的原子论学说解释为古代自然科学的哲学，而把伊壁鸠鲁的原子论学说解释为古代自我意识的哲学。马克思当时站在客观唯心论的立场上，运用辩证的方法，把伊壁鸠鲁的原子概念看作是自我意识的印象，认为它的主要目的是确立自我意识的自由。这也是他对伊壁鸠鲁原子论比对德谟克利特的原子论更感兴趣的根本原因。其实，德谟克利特是古代希腊唯物论最著名的代表者，是他奠定了原子论学说的理论基础；伊壁鸠鲁的原子论不过是对德谟克利特原子论的继承和发展罢了。

马克思通过对伊壁鸠鲁原子论的辩证分析，初次接触到了物质和运动的关系，猜到了物质和运动的不可分割性，并把运动、发展和能动性等概念结合了

---

① 中共中央马克思恩格斯列宁斯大林著作编译局. 马克思恩格斯全集：第40卷 [M]. 北京：人民出版社，1982：223.
② 中共中央马克思恩格斯列宁斯大林著作编译局. 马克思恩格斯全集：第40卷 [M]. 北京：人民出版社，1982：228.

起来，初步认识到对立统一规律是运动发展的源泉。这是马克思探索伊壁鸠鲁哲学的重大成果，也为他后来科学地论证辩证唯物主义原理提供了重要根据。但是必须指出，伊壁鸠鲁原子论所具有的内在辩证法因素，是一种直观的、朴素的辩证法，并不是他自觉地阐述出来的，而是经过马克思运用黑格尔辩证方法的分析而挖掘出来的，这样方显出伊壁鸠鲁原子论的辩证性质。关于这一点，马克思后来曾指出过，他在关于伊壁鸠鲁的论文中，"根据一些残篇阐述了整个体系。不过，我确信这个体系，……在伊壁鸠鲁的著作中只是'自在地'存在，而不是作为自觉的体系存在"①。

按照伊壁鸠鲁的意见，原子脱离直线的偏斜运动，不仅是为了说明原子在运动过程中结合的可能性，而且也是为了证明人类个体所固有的绝对自由。伊壁鸠鲁把他的由排斥而产生偏斜的原子论，成功地运用到社会学说方面。"在政治领域里，那就是契约，在社会生活中，那就是友谊，友谊被称赞为最崇高的东西"②。伊壁鸠鲁为了论证他的自由观，才对德谟克利特的原子论加以修改。但是，这种修改并没有科学根据，而是由他的理论观点决定的。他没有提出任何物理学的根据，"伊壁鸠鲁在解释个别物理现象时表现出一种非常冷淡的态度"③。伊壁鸠鲁把原子理解为活的、能够意识到自己的元素，认为在原子中包括了自由，也就是脱离直线的偏斜运动，因此他把原子变成了单个自我意识的象征。

虽然，在博士论文中，马克思深入研究伊壁鸠鲁关于原子偏斜运动的学说，是为了论证他的民主与自由的政治观点，但是，马克思并不完全同意伊壁鸠鲁关于自由的观点。伊壁鸠鲁认为个人只有脱离世界才能实现其自由，马克思则指出，这种做法会使人陷入孤立状态，因而使人对外部环境不能发生作用。如果说德谟克利特哲学导致了决定论，即导致了对人的自由的否定；那么，伊壁鸠鲁哲学则导致了对自由的错误理解，因为他把自由绝对化了，不理解人同世界的辩证关系。马克思指出："抽象的个别性是脱离定在的自由，而不是在定在中的自由"④。脱离世界的自由只不过是抽象的、自我意识的一种幻想。在他看来，

---

① 中共中央马克思恩格斯列宁斯大林著作编译局. 马克思恩格斯全集：第29卷[M]. 北京：人民出版社，1972：540.
② 中共中央马克思恩格斯列宁斯大林著作编译局. 马克思恩格斯全集：第40卷[M]. 北京：人民出版社，1982：217-218.
③ 中共中央马克思恩格斯列宁斯大林著作编译局. 马克思恩格斯全集：第40卷[M]. 北京：人民出版社，1982：206.
④ 中共中央马克思恩格斯列宁斯大林著作编译局. 马克思恩格斯全集：第40卷[M]. 北京：人民出版社，1982：228.

真正的自由在于人与人的全面交往,因为自我意识的本性要求同别的个体交往。

马克思还指出,伊壁鸠鲁使他的原子物理学服从于社会伦理学的原则是毫无根据的。这样一来就把事物的实际情况弄颠倒了,这就不可避免地导致对自然现象的主观任意的解释。马克思的这一见解,包含着一种反对唯心主义的倾向,因为唯心主义总是使自然界服从于某种不依赖于自然界的观念原则。马克思的这一见解对于他的哲学观点在以后的发展具有重大的意义。

三、独特的哲学世界观

马克思写作博士论文的时候,按其观点来说是一个黑格尔唯心主义者,并参加了以布·鲍威尔为代表的青年黑格尔派运动。但是,这绝不是说马克思当时的哲学观点完全等同于黑格尔和鲍威尔的哲学观点。马克思参加哲学战线的斗争,从不迷信权威,也不随波逐流,而是对历史的和现实的一切哲学观点都加以批判的思考,表现出一种难能可贵的独立钻研的精神。马克思跟黑格尔和鲍威尔的哲学观点,是既有联系又有区别的。

马克思当时是一个黑格尔哲学的信徒,但在有些地方同老师的观点又有所不同。第一是在哲学方面。在黑格尔哲学中,虽然包含着斯宾诺莎的"实体"和费希特的"自我意识",以及作为二者统一的"绝对精神"。然而作为人的象征的自我意识却只是充当着绝对精神不自觉的工具,没有赋予人以独立和自由的精神。这就使得黑格尔极度忽视人在历史中的作用,也使得他十分轻视古希腊自我意识的哲学。马克思并不盲目信从黑格尔哲学体系,而是把辩证方法同保守体系区别开来,认为被保守体系所掩盖着的辩证方法有着更本质的意义。同其他青年黑格尔分子一样,马克思用自我意识的原则来改造黑格尔哲学,十分强调自我意识和辩证方法的作用。他对黑格尔轻视古希腊自我意识的哲学,提出了委婉的批评。在论文的序言里,马克思充分肯定了黑格尔对伊壁鸠鲁派、斯多葛派和怀疑派,"大体上正确地规定了上述诸体系的一般特点"[1],同时又指出,"由于他的哲学史——一般说来哲学史是从它开始的——的令人惊讶的庞大和大胆的计划,使他不能深入研究个别细节。另一方面,黑格尔对于他主要地称之为思辨的东西的观点,也妨碍了这位伟大的思想家认识上述那些体系对于希腊哲学史和整个希腊精神的重大意义。"[2] 在黑格尔看来似乎是微不足道的

---

[1] 中共中央马克思恩格斯列宁斯大林著作编译局. 马克思恩格斯全集:第40卷[M]. 北京:人民出版社,1982:188.
[2] 中共中央马克思恩格斯列宁斯大林著作编译局. 马克思恩格斯全集:第40卷[M]. 北京:人民出版社,1982:189.

细节,在马克思看来它却是"理解希腊哲学的真正历史的钥匙"①。为了把哲学变成反对专制制度和争取自由解放的武器,马克思特别重视研究伊壁鸠鲁的原子偏斜运动这个作为人的自由象征的自我意识哲学体系。

第二是在宗教方面。黑格尔是唯心论的有神论者,他主张哲学和宗教是同一的。他的哲学基本概念"绝对精神",实际上就是上帝的代名词。他认为绝对精神只能在人的意识中达到自我认识,人具有上帝的意识,并在上帝身上才能意识到自己。在他看来,宗教和哲学的对象是相同的,"两者皆以真理为对象——就真理之最高意义而言,上帝即是真理,且唯有上帝才是真理"②。他用哲学来论证宗教,使哲学服务于神学,把哲学变成了"理性神学"。黑格尔关于哲学和宗教同一的观点,充分表明了他的哲学体系的僧侣主义的反动实质。而马克思在这方面则突破了黑格尔哲学,他在博士论文的"序言"、正文"天体现象"以及"附录"中,充分肯定了伊壁鸠鲁的无神论思想,提出和论证了自己的无神论观点,并且把哲学与神学对立起来。马克思抨击黑格尔说:"关于神的存在的证明,黑格尔曾经把这一神学的证明完全弄颠倒了,也就是说,他推翻了这一证明,以便替它作辩护。"③ 神学家是用偶然的东西真实存在来证明神的存在,而黑格尔则是用偶然的东西不存在来证明神的存在。他推翻神的存在的证明,是为了用另一种方式来证明神的存在。这样,黑格尔就把他的哲学变成了神学。在马克思看来,哲学是讲理性的,神的存在是非理性的;理性和非理性是对立的,因而哲学和神学也是对立的,互相排斥的,要把它们调和起来是不可能的。马克思批评伽桑狄调和哲学与宗教、调和伊壁鸠鲁的无神论同教会的努力,"这当然是白费气力"④。

第三是在政治方面。黑格尔哲学存在着体系和方法之间的内在矛盾,这就是唯心论的体系是保守的,而辩证方法则是革命的。但是,"方法为了要迎合体系就不得不背叛自己"⑤,也就是革命的方面最终被保守的方面所闷死、所窒息。这种哲学特点反映了当时德国资产阶级既革命又妥协两个方面的特性。黑

---

① 中共中央马克思恩格斯列宁斯大林著作编译局. 马克思恩格斯全集:第40卷[M]. 北京:人民出版社,1982:189.
② 黑格尔. 小逻辑[M]. 北京:商务印书馆,1980:37.
③ 中共中央马克思恩格斯列宁斯大林著作编译局. 马克思恩格斯全集:第40卷[M]. 北京:人民出版社,1982:284.
④ 中共中央马克思恩格斯列宁斯大林著作编译局. 马克思恩格斯全集:第40卷[M]. 北京:人民出版社,1982:188.
⑤ 中共中央马克思恩格斯列宁斯大林著作编译局. 马克思恩格斯选集:第4卷[M]. 北京:人民出版社,1972:225.

格尔作为这个阶级的思想家,在政治上是温和的和保守的,是为现存制度辩护的。他不主张从根本上改造封建君主统治,而宣称君主立宪是最完善的政体。在他看来,普鲁士国家的君主就是逻辑中"绝对精神"的体现,就是宗教中"上帝"的化身,并从逻辑理念的单一、特殊、普遍三个环节的统一来论证君主立宪制的合理性。这时,马克思虽然在哲学上属于黑格尔客观唯心主义者,但他强调黑格尔辩证方法这个革命方面。他无情地抨击封建专制制度,要求对现存制度加以革命民主主义的改造,实现资产阶级的民主共和制度。他的博士论文的主题思想,就是通过阐发伊壁鸠鲁的原子学说,来论证他的革命民主主义的政治立场和观点,从而达到改造现存制度的目的。

1837—1841年期间,马克思深受其好友鲍威尔的思想影响。当时鲍威尔是青年黑格尔派中执牛耳的人物,在柏林"博士俱乐部"中起着突出的作用。按照赫斯的说法,"他是青年黑格尔派的首领"。他在批判黑格尔哲学中,构筑了他的"自我意识"的哲学体系。而要建立任何一种哲学学说,都要利用和借鉴历史上的思想资料。鲍威尔为了论证他的自我意识哲学,就从伊壁鸠鲁派、斯多葛派和怀疑派那里寻找理论根据。他认为这些哲学流派是"自我意识哲学"最早的历史形式,从他们那里可以找到个性自由和自我意识的思想。在鲍威尔的推动和鼓励下,马克思也认真研究了古希腊哲学史,并选择了伊壁鸠鲁的原子学说作为博士论文的主题。因此这篇论文在很多地方都带有鲍威尔的思想痕迹。这时,马克思同鲍威尔在学术研究方向上是基本一致的。马克思和鲍威尔虽然都是从黑格尔哲学体系中产生出来的青年黑格尔派,但马克思并不完全赞同鲍威尔的观点,而是存在着潜在的和明显的意见分歧。

第一,在哲学观点方面。还在青年黑格尔派刚刚兴起,鲍威尔同施特劳斯进行争论的时候,鲍威尔就逐渐确定了他的哲学观点。在批判改造黑格尔哲学中,施特劳斯认为"实体"即国民精神是世界事物的创造本原,也是推动历史发展的动力;鲍威尔则认为"自我意识"即杰出人物的主观意志是世界事物的创造本原,也是推动历史发展的动力。其实,无论是精神"实体"还是"自我意识",都不过是黑格尔"绝对精神"发展的不同阶段而已。所谓"实体"不过是精神性的"客体",所谓"自我意识"实则是抽象性的"主体"。"自我意识"同精神"实体"之争,实质上是主观唯心论同客观唯心论之争,二者都没有超出黑格尔唯心论哲学的体系。通过这场争论,鲍威尔确立了他的自我意识哲学。他用"自我意识"代替了黑格尔的"绝对观念",这就否定了黑格尔的客观唯心论,回到了费希特的主观唯心论。鲍威尔从他的"自我意识"创造一切出发,明确提出了批判哲学。他认为,要改造占统治地位的观点和制度,单靠理论的批判力量就行了,不需要实践的革命行动。在他看来,人类的任务就是要对基督教教义和基督教国家进行彻底的理论批判,这样人类就能摆脱基督教的束缚,建立民主自由的国家,从而达到自我意识,保持内心自由。这时马克思虽然也主张自我意识哲学,但是他对"自我意识"的理解,不是主观唯心主义的,而是客观唯心主义的。自我意识只是客观精神所采取的主观形式。这从他对伊壁鸠鲁原子论的阐发中就可以得到证明。伊壁鸠鲁的原子论本来是唯物主义的,而马克思在博士论文中却把原子解释为具有"自我意识"的东西,认为原子概念是本质世界经过辩证的发展,才过渡到现象世界。由此可见,马克思的自我意识哲学同鲍威尔的自我意识哲学还是有明显差别的。这时,马克思也不赞同鲍威尔的主观唯心论的批判哲学。他认为,要使人摆脱基督教的束缚,改造现存国家制度,不仅要靠理论的批判力量,而且要靠革命的实践行动。尽管他对实践的理解还是唯心主义的,但他已经开始把实践概念引入他的哲学范围。由此也就产生了马克思同鲍威尔在宗教观点和政治观点方面的差别。

第二,在宗教观点方面。鲍威尔从"自我意识"出发,提出了无神论思想。他认为,关于神的意识只能在人的自我意识中存在,离开人的自我意识神便不存在。在人的自我意识之外,没有任何东西存在,当然也没有作为神的观念的宗教。他从黑格尔关于哲学和宗教同一的论证中,强行推断黑格尔的上帝同基督教的上帝不是一码事,黑格尔的上帝神只是无神论的盾牌。并由此得出结论说,黑格尔关于哲学和宗教的同一性,不是论证的有神论,而是论证的无神论。他曾写信建议马克思不要在博士论文的序言里引用埃斯库罗斯关于自由之神普罗米修斯的诗句,反对马克思公开宣布无神论。但是马克思没有采纳鲍威尔的意见,坚持在序言里引用了埃斯库罗斯的诗,表明了自己的无神论思想。马克思与鲍威尔不同,他不是从黑格尔宗教哲学中牵强附会地引出无神论的结论来,而是从伊壁鸠鲁原子学说中论证他的无神论观点。马克思不仅不赞同鲍威尔用黑格尔的宗教和哲学同一的观点来论证无神论,而且在论文附录中指名道姓批判了黑格尔关于神的存在的所谓证明。

第三,在政治观点方面。鲍威尔从"自我意识"出发,鼓吹个性解放与自由主义,反对封建等级和专制制度的束缚,要求实行资产阶级的民主自由。他认为黑格尔哲学在政治上不是为现存制度辩护的,把黑格尔本人说成是"比他所有的学生加在一起更伟大的革命者",从黑格尔哲学中作出激进的革命结论来。他虽然一再表示反对专制制度,但却拒绝用革命方式推翻封建统治;他大肆宣扬所谓"批判哲学",但却不敢去触动封建制度的基础;他只是用理论词句来反对现存世界,而不敢用实际行动去破坏现存世界。从19世纪40年代开始,威廉四世登上普鲁士王位，鲍威尔先是抱有幻想，继而受到迫害，之后便逐步走上背离革命的道路。他希望在政府支持下反对宗教，实行哲学革命。他对普鲁士王朝极力美化，对统治阶级肆意吹捧。"不仅把普鲁士国家奉为绝对，而且做得非常彻底，把普鲁士王室也奉为绝对"①。这时，鲍威尔同黑格尔一样，为现存制度辩护，主张实行君主立宪制。跟鲍威尔不同，马克思在写作博士论文的时候，就基本上形成了民主主义的革命观点，成为普鲁士专制制度不可调和的敌人。马克思革命的政治观点，不是从黑格尔哲学体系中作出的结论，而是用黑格尔唯心论的辩证方法，从分析当时政治思想斗争形势，在实践斗争中形成的；从分析希腊哲学史，研究伊壁鸠鲁原子论学说中形成的。博士论文，正是马克思第一部公开表明他的革命政治观点并加以论证的哲学的政治的学术著作。马克思完成他的博士论文以后，当鲍威尔逐步背离革命道路的时候，他们二人的分歧便日益加深，终于最后分道扬镳了。

由上可知，在哲学、宗教和政治方面，马克思的观点不仅同黑格尔的观点既有联系又有区别，而且同鲍威尔的观点也是既有联系又有区别的。他在写作博士论文的时候，既批判继承了黑格尔哲学，又批判继承了鲍威尔的哲学。在批判继承的基础上，形成了马克思独特的哲学世界观。这种独特的哲学世界观集中表现在以下几个方面：

第一，把哲学和世界的关系理解为相互作用的关系。哲学同世界的关系问题，实际上是哲学的基本问题。马克思通过对反思形式的考察，探索到了哲学基本问题的内容。他认为，反思的形式"表现着思想对存在的关系，两者的相互关系。在哲学家在世界和思想之间所建立的一般关系中，他只是为自己而把他的特殊意识同现实世界的关系客观化了"②。按照马克思当时的理解，一个哲学家的思想，并不是对现实世界的客观反映，而只是他自己的特殊意识对现实世界的一般关系，即以哲学家自己的特殊意识去处理思想和存在这个哲学基本问题。当然马克思当时还不可能把"思想对存在的关系"明确地概括为哲学的基本问题，但已说明思想对存在的关系是"相互关系"，而不是单方面的关系，开始意识到哲学就是要研究思想对存在的相互关系问题的。马克思当时是按照客观唯心论的观点来解决思想对存在的相互关系问题的。在他看来，精神不能离开物质而存在，物质是精神的必然表现；在精神和物质的关系中，精神是决

---

① 中共中央马克思恩格斯列宁斯大林著作编译局. 马克思恩格斯全集：第2卷［M］. 北京：人民出版社，1957：144.

② 中共中央马克思恩格斯列宁斯大林著作编译局. 马克思恩格斯全集：第40卷［M］. 北京：人民出版社，1982：203.

定的方面。这种思想和存在、物质和精神、自我意识和现实世界的关系，用马克思当时的话来说，就叫作哲学和世界的相互关系。他说："世界的哲学化同时也就是哲学的世界化"①。他把哲学和世界的关系看作是一种反映关系，把哲学和世界的关系理解为相互作用的关系。这种独特的哲学观点，既超过了黑格尔纯粹的客观唯心论，也超过了鲍威尔纯粹的主观唯心论。这种对哲学和世界的关系既辩证又唯心的理解，为他以后走向辩证唯物主义和历史唯物主义开辟了道路。

第二，把理论和实践的关系也理解为相互作用的关系。马克思指出："一个本身自由的理论精神变成实践的力量，并且作为一种意志走出阿门塞斯的阴影王国，转而面向那存在于理论精神之外的世俗的现实，——这是一条心理学的规律"②。马克思认为，理论精神只有变成实践力量，才能改造现实的世俗世界，并认为这是一条心理学的规律，也就是认识论的规律。他在写作博士论文的时候，已经初步发现了黑格尔哲学体系同发展的辩证法之间的矛盾，认为黑格尔的发展思想被保守体系歪曲了。在他看来，彻底运用黑格尔的发展思想，正确发挥能动性的原则，就能使个别自我意识转入实践领域，把哲学同实践联系起来，赋予哲学以实践的意义。哲学应该积极地干预生活，成为改造现实的武器。在他看来，对宗教和政治进行批判，彻底改造现存制度，最重要的事情就是把哲学理论与社会实践结合起来。他坚决反对哲学的静观性质，主张用哲学去改造现实生活，在改造现实中来发展哲学。这就从本质上同青年黑格尔派划定了界限。尽管马克思当时对实践的理解仍然是唯心主义的，没有完全摆脱青年黑格尔派的影响，如说"哲学的实践本身是理论的"③，但是，他提出的哲学理论和社会实践相互作用的原则，为他以后走向辩证唯物主义和历史唯物主义指明了方向。

第三，把批判和创新紧密结合起来。马克思从哲学和世界相互作用、理论和实践相互作用的观点出发，既批判了黑格尔哲学，也批判了鲍威尔哲学；既批判了自由派，也批判了实证派。黑格尔哲学从精神和现实的统一中引申出绝对精神的发展；鲍威尔哲学则从精神和现实的对立中引申出自我意识的发展。前者把绝对精神和现实调和起来，导致为现存制度做辩护；后者则把自我意识

---

① 中共中央马克思恩格斯列宁斯大林著作编译局. 马克思恩格斯全集：第40卷 [M]. 北京：人民出版社，1982：258.

② 中共中央马克思恩格斯列宁斯大林著作编译局. 马克思恩格斯全集：第40卷 [M]. 北京：人民出版社，1982：258.

③ 中共中央马克思恩格斯列宁斯大林著作编译局. 马克思恩格斯全集：第40卷 [M]. 北京：人民出版社，1982：258.

同现实对立起来，导致脱离实际而进行空洞的理论批判。两者都是片面的观点。马克思既批判了黑格尔的片面性，又批判了鲍威尔的片面性，从精神和现实的既对立又统一的关系中引申出精神的辩证发展。马克思认为，黑格尔哲学之后德国哲学界的斗争，主要是在自由派和实证派这两个对立流派之间进行的。以鲍威尔等人为代表的青年黑格尔派是哲学上的"自由派"；以费舍尔等人为代表的"实证哲学"是一种宗教神秘主义的哲学流派。前者从左的方面批判了黑格尔哲学，要求实行资产阶级的自由，他们的活动就是纯粹的理论批判，也就是哲学自身的向外转向；后者从右的方面批判了黑格尔哲学，企图使哲学从属于宗教，反对理性认识，认为神的启示是"实证"知识的唯一源泉，他们的活动是进行哲学思考，也就是哲学的转向自身。马克思对"实证哲学"持否定态度，因为在他们那里出现了颠倒和错乱。对"自由派"比较赞同，因为这一派能够带来真实的进步。但是，自由派的纯粹理论批判，只要求哲学自身的向外转向，同马克思关于哲学同世界、理论同实践相互作用的独到见解还是有很大差别和矛盾的。正因为马克思写作博士论文的时候就同青年黑格尔派存在着一些思想分歧，最后导致了他同青年黑格尔派的决裂，从而走向了辩证唯物主义和历史唯物主义的道路。

马克思的博士论文表明，他的世界观基本上是黑格尔唯心主义的，但同黑格尔哲学又有一定差别；他积极参与了以鲍威尔为首的青年黑格尔派运动，但同鲍威尔的批判哲学也有一定分歧。博士论文是青年马克思在柏林大学进行哲学研究所获得的重大成果，是他在青年时期思想发展的第一次巨大的自我深化。在哲学上，他是一个客观唯心主义的辩证论者，强调哲学同世界、理论同实践的相互作用，走着一条独特的哲学道路；在思想上，他已经彻底抛弃了宗教信仰，转变成一个唯心主义的战斗的无神论者；在政治上，他已经初步形成了革命民主主义的观点，成为一个反对封建专制制度的坚强战士。马克思在写成他的博士论文之后，1841年4月便结束了大学生活，走上了广阔的社会舞台，开始了革命民主主义活动的新阶段。

（原文刊载于《马克思主义来源研究论丛》第六辑，商务印书馆1984年版，第407~434页）

马克思唯物史观的发端

——读《黑格尔法哲学批判》

马克思对黑格尔法哲学的批判，标志着他的唯物史观的发端。他站在唯物论立场上，批判了黑格尔法哲学的神秘主义，把他颠倒了的逻辑理念和现实事物的关系颠倒了过来；批判了黑格尔把市民社会从属于国家制度的观点，分析了现代国家依赖于市民社会和私有财产制度以及市民社会划分为等级的事实；批判了黑格尔主张君主官僚决定国家制度的英雄史观，阐明了人民创造国家制度的基本原理；批判了黑格尔逐渐推移的缓慢进化论，提出了必须经过真正革命来建立新的国家的社会革命论。这一批判推动着马克思去研究政治经济学，进一步探寻社会发展规律，最终制定了历史唯物主义的基本原理。

1843年春，马克思退出《莱茵报》不久，便从科布伦茨迁居克罗茨纳赫。从5月到8月，他在这里进行创作活动，写成了第一部批判黑格尔的著作《黑格尔法哲学批判》。

马克思为什么要写这部著作呢？首先是由当时德国政治斗争的情况所决定的。马克思在《莱茵报》工作期间，现实的政治斗争和各个阶级物质利益的斗争，直接冲击着他头脑中的黑格尔主义的国家观点，使他初步认识到国家是为统治阶级利益服务的，并不像黑格尔所说的那样国家是凌驾于社会之上的神物。马克思感到要探寻社会真理，必须对黑格尔的政治观点进行清算。正如他自己所说："为了解决使我苦恼的疑问，我写的第一部著作是对黑格尔法哲学的批判性的分析"[①]。其次是由当时德国思想斗争的情况所决定的。在唯物论对抗唯心论的斗争中，马克思基本上是站在费尔巴哈唯物论哲学一边的。1843年初，费

[①] 中共中央马克思恩格斯列宁斯大林著作编译局. 马克思恩格斯选集：第2卷[M]. 北京：人民出版社，1972：82.

尔巴哈发表了《关于哲学改革的临时纲要》，更加明确地表述了他的唯物论观点。他认为思维与存在的真正关系是这样的：存在是主体，思维是宾词；思维来自存在，但存在并不来自思维。他指出，只要将黑格尔"思辨哲学颠倒过来"，就能得到"明显的真理"①。这对马克思从理论上和方法上批判黑格尔以强大的思想武器。在《黑格尔法哲学批判》这本著作中，马克思使用的论点、方法和术语，明显地反映了费尔巴哈的影响。但是，马克思从来不是一个纯粹的费尔巴哈派。他发现费尔巴哈哲学有很大的弱点，就是"他过多地强调自然而过少地强调政治"②。基于上述两方面的原因，马克思便决定从政治上和哲学上批判黑格尔的国家学说。

在《黑格尔法哲学批判》中，马克思并没有宣布他是唯物论者，但实际上他是站在唯物论立场上来批判黑格尔的。在马克思早期思想发展史上，这部著作具有划时代的意义。它标志着马克思从客观唯心论向辩证唯物论转变的开始，标志着他同唯心史观的决裂及其唯物史观的发端和萌芽。本文仅就这部著作中阐述的历史唯物主义基本原理加以初步的探讨。

一、不是逻辑本身的事物应是事物本身的逻辑

是逻辑决定事物，还是事物决定逻辑，是社会意识决定社会存在，还是社会存在决定社会意识，对于这个问题的不同回答，形成了两种根本对立的历史观。黑格尔认为，逻辑决定事物，社会意识决定社会存在，这是唯心主义的历史观。而马克思则认为，事物决定逻辑，社会存在决定社会意识，这是唯物主义的历史观，在《黑格尔法哲学批判》中，马克思提出并运用这一唯物史观的原理，对黑格尔的唯心史观进行了针锋相对的批判。

黑格尔唯心主义体系的核心是逻辑学。按照他的说法，逻辑学是研究理念自在自为的科学；自然哲学是研究理念他在的科学；精神哲学是研究理念由他在而回复到自身的科学。后两者都可以叫作应用逻辑学，法哲学则是属于精神哲学的范围。所以黑格尔把他的法哲学当成逻辑学的补充和运用。法哲学不仅讲法、道德和伦理，而且着重讲了社会和国家。在黑格尔看来，社会是国家的概念领域，而国家又是抽象理念的实现。他把社会和国家都看作是客观精神的体现。这就把现实事物同逻辑理念的真实关系完全弄颠倒了。

---

① 路德维希·费尔巴哈. 费尔巴哈哲学著作选集：上卷 [M]. 荣震华，李金山，译. 北京：商务印书馆，1984：102.
② 中共中央马克思恩格斯列宁斯大林著作编译局. 马克思恩格斯全集：第27卷 [M]. 北京：人民出版社，1972：443.

马克思对黑格尔把现实和理念"头足倒置"的神秘主义进行了揭露和批判。他说，在黑格尔那里，"理念变成了独立的主体，而家庭和市民社会对国家的现实关系变成了理念所具有的想象的内部活动"①。黑格尔不是从实在的对象出发，而是从抽象理念出发，把逻辑理念看成一切现实关系的本原，这就必然把一切现实关系弄成头足倒置。黑格尔所说的现实性，并不是实在的现实性，而是理念、范畴一类抽象的精神的东西。这样，"作为出发点的事实并不是被当作事实本身来看待，而是被当作神秘主义的结果"②。

马克思认为，黑格尔的神秘主义就在于他颠倒了主体和谓语的关系。他指出："重要的是黑格尔在任何地方都把理念当作主体，而把真正的现实的主体……变成了谓语。"③ 黑格尔把国家制度看成是一种机体，而不是当成某些机关和各种权力的机械结合。马克思认为，这种观点有它合理的地方。但是黑格尔的出发点仍然是抽象的理念，所谓国家机体只不过是理念的简单名称。这样，黑格尔就把身为理念的主体的东西当成了理念的产物，当成了理念的谓语。但是，"从机体的一般理念通向国家机体或政治制度的特定理念的桥梁是没有的，而且这种桥梁永远也架设不起来"④。黑格尔"不是从对象中发展自己的思想，而是……在抽象的逻辑领域中做完了自己的事情的思维的样式来制造自己的对象。"⑤ 这是最露骨的神秘主义。

黑格尔是先有逻辑范畴，后有现实事物。他不是从现实事物中抽象出逻辑范畴，而是把现实事物纳入他的逻辑范畴的框子。他不是从国家制度中抽象出特定理念，而是使国家制度符合他的抽象理念。他不是赋予政治躯体以逻辑学，而是赋予逻辑学以政治躯体。他根本颠倒了思维与存在、社会意识与社会存在的关系。马克思指出："在这里，注意的中心不是法哲学，而是逻辑学。在这里具有哲学意义的不是事物本身的逻辑，而是逻辑本身的事物。不是用逻辑来论

---

① 中共中央马克思恩格斯列宁斯大林著作编译局．马克思恩格斯全集：第1卷［M］．北京：人民出版社，1956：250．

② 中共中央马克思恩格斯列宁斯大林著作编译局．马克思恩格斯全集：第1卷［M］．北京：人民出版社，1956：253．

③ 中共中央马克思恩格斯列宁斯大林著作编译局．马克思恩格斯全集：第1卷［M］．北京：人民出版社，1956：255．

④ 中共中央马克思恩格斯列宁斯大林著作编译局．马克思恩格斯全集：第1卷［M］．北京：人民出版社，1956：258．

⑤ 中共中央马克思恩格斯列宁斯大林著作编译局．马克思恩格斯全集：第1卷［M］．北京：人民出版社，1956：259．

证国家,而是用国家来论证逻辑。"① 所以,黑格尔的法哲学只不过是逻辑学的补充和应用而已。

马克思把黑格尔"头足倒置"的哲学颠倒过来,针锋相对地提出,应当从现实的主体出发,并把它的客体化作为自己的研究对象。他从这个唯物论的前提出发,看到了社会是"真正起决定作用的本原"②。这就找到了人类历史发展过程的钥匙,为社会存在决定社会意识这一历史唯物主义基本原理奠定了基础。

黑格尔在法哲学中尽管到处玩弄逻辑理念,但他的法哲学作为一种特定的社会意识形态,则是一定社会存在的现实反映。当时的普鲁士国家已经丧失了历史必然性,但黑格尔却认为它是绝对精神的体现,极力把这个不合理的国家绝对化、神圣化。这就表明了"黑格尔法哲学的全部非批判性"③,表明了他对现存国家制度的辩护态度。马克思把黑格尔在法哲学中为普鲁士国家辩护的观点称作是"最粗劣的唯物主义"④。尽管这是个不科学的术语,但马克思在这里却揭示了一条唯物主义原理:法哲学的思辨思想反映了普鲁士特定社会集团的意识形态,代表了特定社会集团的利益。这就从社会意识和社会存在的相互关系方面阐明了黑格尔法哲学的物质基础问题。

二、不是市民社会依存于国家制度而是国家制度从属于市民社会

黑格尔从国家理念出发,把家庭和市民社会看成是国家的概念领域,这就颠倒了国家同社会和家庭之间的真实关系。他认为国家是家庭和市民社会的前提和基础,在国家内部家庭才能发展为市民社会。黑格尔把家庭和市民社会看成是私人利益体系,是特殊性的领域;把国家看成是普遍利益体系,是普遍性的领域。在他看来,特殊利益是排斥普遍利益的,而普遍利益则包括了特殊利益。在家庭和市民社会领域内,特殊与普遍是对立的,只有国家才能达到特殊与普遍的统一。所以家庭和市民社会是依存并从属于国家的。

马克思对黑格尔颠倒国家与市民社会的真实关系的谬论进行了深刻的批判,

---

① 中共中央马克思恩格斯列宁斯大林著作编译局. 马克思恩格斯全集:第1卷[M]. 北京:人民出版社,1956:263.
② 中共中央马克思恩格斯列宁斯大林著作编译局. 马克思恩格斯全集:第1卷[M]. 北京:人民出版社,1956:397.
③ 中共中央马克思恩格斯列宁斯大林著作编译局. 马克思恩格斯全集:第1卷[M]. 北京:人民出版社,1956:290.
④ 中共中央马克思恩格斯列宁斯大林著作编译局. 马克思恩格斯全集:第1卷[M]. 北京:人民出版社,1956:376.

他说，本来是"家庭和市民社会本身把自己变成国家。它们才是原动力。"①"政治国家没有家庭的天然基础和市民社会的人为基础就不可能存在。它们是国家的 condition si-ne qua non（必要条件）。但是在黑格尔那里条件变成了被制约的东西，规定其他东西的东西变成了被规定的东西，产生其他东西的东西变成了它的产品的产品。"② 马克思还利用黑格尔的异化概念来分析国家与市民社会的关系问题。如果说，黑格尔认为家庭和市民社会是国家理念自我异化的产物，那么，与此相反，马克思则把国家看作是家庭和市民社会自我异化的产物，也就是把国家看作是家庭和市民社会固有矛盾发展的必然结果。马克思的这种看法，必将导致历史唯物主义。当然国家作为上层建筑的核心部分，它对社会的发展起着巨大的反作用。但是绝不像黑格尔所说，家庭和市民社会依存并从属于国家，是什么特殊利益和普遍利益的统一。实际上，国家并不是从外部强加于市民社会的一种力量，而是一种从市民社会内部产生并居于社会之上的强制力量；国家也绝不是社会普遍利益的体现，而是统治阶级私人利益的代表。

马克思在论证国家和市民社会关系问题时，还阐明了国家政权的物质基础是私有财产制度。国家政权和私有财产，究竟谁支配谁，谁决定谁？黑格尔为了把国家理想化、神圣化，把长子继承制作为论据，证明国家政权支配着私有财产，使它服从于国家普遍利益。马克思指出，黑格尔把长子继承制描绘成政治国家对私有财产的支配权，"他倒因为果，倒果为因，把决定性的因素变为被决定的因素，把被决定的因素变为决定性的因素"③。在马克思看来，政治国家对私有财产的支配权，实际上是私有财产本身的权力，是私有财产已经得到实现的本质。这就是说，私有财产不但是"国家制度的支柱"，而且是"国家制度本身"。马克思深刻揭露政治国家不依赖于私有财产的观点，批驳了黑格尔颠倒政治国家和私有财产关系的谬论。马克思的结论是：整个国家制度都建立在私有财产的基础上，国家制度是"私有财产的国家制度"④。

马克思进而驳斥了黑格尔对私有财产的崇拜和唯心主义的解释。黑格尔说：

---

① 中共中央马克思恩格斯列宁斯大林著作编译局. 马克思恩格斯全集：第1卷 [M]. 北京：人民出版社，1956：251.
② 中共中央马克思恩格斯列宁斯大林著作编译局. 马克思恩格斯全集：第1卷 [M]. 北京：人民出版社，1956：252.
③ 中共中央马克思恩格斯列宁斯大林著作编译局. 马克思恩格斯全集：第1卷 [M]. 北京：人民出版社，1956：369.
④ 中共中央马克思恩格斯列宁斯大林著作编译局. 马克思恩格斯全集：第1卷 [M]. 北京：人民出版社，1956：380.

"财产之所以是我的，只是因为我的意志体现在财产中。"① 马克思驳斥说："财产之所以存在，并不是'因为我的意志体现在财产中'，相反地，我的意志之所以存在，是'因为它体现在财产中'。在这里我的意志已经不在支配客体，而是意志本身在受客体的支配。"② 可见私有财产的存在是不以人们的主观意志为转移的，而人们的主观意志倒是要受私有财产这个客体的支配的。黑格尔还把私人权利说成是私有财产的基础。针对这一点，马克思做了历史考察后指出："私有财产的真正基础，即占有，是一个事实，……而不是权利。"③ 只是由于社会赋予实际占有以法律的规定，实际占有才具有合法占有的性质，才具有私有财产的性质。这时马克思已经看出了国家法律和意识形态这些上层建筑的经济基础是市民社会的私有财产制度，而私有财产的真正基础则是占有制。

马克思在提出国家物质基础的同时，还阐明了市民社会内部各个集团和不同阶层利益之间的矛盾。因为市民社会内部各个等级的经济利益是根本对立的。所以，马克思指出，市民社会划分为等级是合乎历史发展规律的。他认为，市民社会的等级差别就是社会差别，社会地位的差别，私人生活的差别。市民社会划分为等级，是"建立在社会内部的分裂这一当代的主导规律上""差别、分裂是个人生存的基础，这就是等级所具有的意义"④。在这里，所谓等级就是马克思后来所说的阶级。每个人都生活在一定的阶级之中，社会既然分裂为阶级并存在着阶级差别，那就必然存在着阶级斗争。马克思认为，黑格尔把市民社会说成是"一切人反对一切人的战争"⑤ 的思想是合理的。他沿用黑格尔的术语，把当时普鲁士社会划分为贵族等级、农民等级、产业等级和劳动等级，并且描述了产业等级和劳动等级之间的对立和斗争。在这里，所谓产业等级就是资产阶级，劳动等级就是无产阶级。他说："被剥夺了一切财产的人们和直接劳动即具体劳动的等级，与其说是市民社会中的一个等级，还不如说是市民社会

---

① 中共中央马克思恩格斯列宁斯大林著作编译局. 马克思恩格斯全集：第1卷 [M]. 北京：人民出版社，1956：370.
② 中共中央马克思恩格斯列宁斯大林著作编译局. 马克思恩格斯全集：第1卷 [M]. 北京：人民出版社，1956：371.
③ 中共中央马克思恩格斯列宁斯大林著作编译局. 马克思恩格斯全集：第1卷 [M]. 北京：人民出版社，1956：382.
④ 中共中央马克思恩格斯列宁斯大林著作编译局. 马克思恩格斯全集：第1卷 [M]. 北京：人民出版社，1956：346.
⑤ 中共中央马克思恩格斯列宁斯大林著作编译局. 马克思恩格斯全集：第1卷 [M]. 北京：人民出版社，1956：296.

各集团赖以安身和活动的基础。"① 这就从经济利益方面初步论述了两大对抗阶级的社会地位。

当然,马克思这时还没有从生产力的发展上来研究生产关系,还没有把生产关系从社会关系的总和中区分出来;他对私有财产还不是看成特定的生产资料的所有制形式,而是解释成一种特权或特殊法权;他对市民社会阶级的划分和分析还显得非常笼统,但对刚刚发现唯物史观的青年马克思来说,这些缺陷自然是不可避免的。

三、不是君主决定国家和历史的发展而是人民决定国家和历史的发展

黑格尔颠倒了国家和社会的真实关系,并把两者都看作是逻辑理念的体现,这就决定了他对历史发展的看法必然是唯心主义的。在他看来,国家理念是一种在历史上自行运动、自行发展的独立的创造性的力量。它在发展过程中不断地否定一种国家形式而取得另一种国家形式。各种国家形式都不过是国家理念在一定发展阶段上的体现。他认为,历史上存在过的国家形式,君主制、贵族制和民主制都是不好的、不符合理性的,只有君主立宪制才是理想的合乎理性的制度。他所阐述的君主立宪制的唯一内容就是"朕即国家"、君主构成国家。君主代表"国家主权""国家人格",君主代表国家的一切,没有君主就没有国家的一切。他还从国家主权的主观性和个体性上来论证君主王权的合理性。他极力吹捧国家官僚是"行政权的全权代表",是真正的"国家代理人"。在他看来,只有君主官僚、帝王将相才是决定国家命运、推动历史发展的唯一力量。

马克思深刻批判了黑格尔唯心主义的英雄史观。首先,马克思指斥黑格尔主张君主立宪制的政治立场,认为"这是最坏的一种混合主义"②。黑格尔希望有中世纪的等级制度,但要具有现代立法权的意义;他希望有现代的立法权,但要披上中世纪等级制度的外衣。黑格尔的这种政治主张,充分反映了德国资产阶级既革命又妥协的软弱性和两面性。针对黑格尔主张的立宪君主世袭制的反动思想,马克思指出,"这样一来,在国家最高峰上面做决断的就不是理性,而只是肉体的本性"③。他认为,出身只是赋予人以个人的存在,而不能赋予个

---

① 中共中央马克思恩格斯列宁斯大林著作编译局. 马克思恩格斯全集:第1卷 [M]. 北京:人民出版社,1956:345.
② 中共中央马克思恩格斯列宁斯大林著作编译局. 马克思恩格斯全集:第1卷 [M]. 北京:人民出版社,1956:364.
③ 中共中央马克思恩格斯列宁斯大林著作编译局. 马克思恩格斯全集:第1卷 [M]. 北京:人民出版社,1956:285.

人以社会地位和职能。如果出身能赋予人一种特定的社会地位，那么这就等于说人的肉体能使人成为某种特定社会职能的承担者。他的肉体成了他的社会权利。"这当然是纹章学所研究的动物的世界观。"① 这就彻底批判了封建血统论的反动本质。

其次，马克思指斥黑格尔从国家主权的主观性和个体性上来论证君主王权的合理性是错误的。马克思认为，主观性是主体的规定，人格是人的规定。"而黑格尔不把主观性和人格看作主体的谓语，反而把这些谓语弄成某种独立的东西，然后神秘地把这些谓语变成这些谓语的主体。"② 这样一来，神秘的实体就成了现实的主体，而现实的主体则成了神秘的实体的一个环节。黑格尔用神秘的理念代替主体，从主观性上论证君主王权，完全是唯心主义的虚构和欺骗。马克思还认为，国家是由现实的人组成的，而人则是单一的东西，一个单一体是不能构成国家并代表国家主体的，一个与众不同的个人即君主，并不能代表国家个体性的统一。"单一的东西唯有作为许多单一体才能成为真理。"③ 黑格尔用个体性论证君主代表国家的一切，把君主说成是神人、理念的化身，同样是唯心主义的虚构和欺骗。

最后，马克思还批判了黑格尔吹捧行政权的谬论。他说，君主授予国家各个部门以特殊的职能，实际上是"把国家瓜分给官僚"④。担任国家公职的官吏，并不像黑格尔所说的是"中间等级""普遍等级"，是维护国家普遍利益的。"官僚在国家中形成特殊的闭关自守的集团。"⑤ 他们把国家变成了自己升官发财、飞黄腾达的手段。马克思说，黑格尔关于行政权所讲的一切，根本不配称为哲学分析，大部分都可以原封不动地载入普鲁士法。

黑格尔一方面把君主官僚捧到天堂之上，极力强调他们的作用；另一方面却把人民群众打到地狱之下，力图贬低他们的作用，说什么如果没有君主，人民"只是一群无定形的东西。因此，他们的行动完全是自发的、无理性的、野

---

① 中共中央马克思恩格斯列宁斯大林著作编译局. 马克思恩格斯全集：第1卷[M]. 北京：人民出版社，1956：377.
② 中共中央马克思恩格斯列宁斯大林著作编译局. 马克思恩格斯全集：第1卷[M]. 北京：人民出版社，1956：272.
③ 中共中央马克思恩格斯列宁斯大林著作编译局. 马克思恩格斯全集：第1卷[M]. 北京：人民出版社，1956：277.
④ 中共中央马克思恩格斯列宁斯大林著作编译局. 马克思恩格斯全集：第1卷[M]. 北京：人民出版社，1956：308.
⑤ 中共中央马克思恩格斯列宁斯大林著作编译局. 马克思恩格斯全集：第1卷[M]. 北京：人民出版社，1956：301.

蛮的、恐怖的"①。黑格尔把人民完全描绘成一群愚昧无知而又野蛮可怕的"贱民"和"群氓"。这就充分暴露了他反人民、反群众、最保守、最反动的政治立场和唯心史观。

同黑格尔相反，马克思站在民主主义的政治立场上，热情赞扬人民群众是国家制度的创造者，是历史发展的推动力量。他在批驳黑格尔贬低、诬蔑群众的同时，阐述了建立民主制国家的革命观点。马克思认为，人民同君主是根本对立的，"不是君主的主权，就是人民的主权——问题就在这里！"主权这个概念本身就不可能有双重的存在，更不可能有同自身对立的存在。这"是两个完全对立的主权概念，一个是能在君主身上实现的主权，另一个是只能在人民身上实现的主权。这同上帝主宰一切还是人主宰一切这个问题是一样的"②。接着，马克思对君主制同民主制作了鲜明的对比：在君主制中，人民从属于政治制度，在民主制中，国家制度本身就是人民的自我规定；在君主制中，人民是国家制度的人民，在民主制中，国家制度是人民的国家制度；在君主制中，人为法律而存在，在民主制中，法律为人而存在。因此，民主制是君主制的真理，而君主制却不是民主制的真理；从君主制本身不能了解君主制，但从民主制本身却可以了解民主制。总之，君主制（包括立宪君主制）是一种不好的国家制度，而"民主制是国家制度一切形式的猜破了的哑谜"③。当时，马克思作为革命民主主义的活动家，力主建立人民主权的民主制的国家制度。他认为，民主制的国家制度就其本质和现实性来说，就是日益趋向于自己的现实的基础，现实的人，现实的人民，并确定人民自己的事情。"国家制度在这里表现出它的本来面目，即人的自由产物。"④ 这样来理解民主制的本质，说明马克思还没有同唯心主义彻底决裂，但是他的主导思想则是人民群众是国家的主人，是社会生活的创造者，是历史前进的推动力量。他说："正如同不是宗教创造人而是人创造宗教一样，不是国家制度创造人民，而是人民创造国家制度。"⑤ 这个结论是

---

① 中共中央马克思恩格斯列宁斯大林著作编译局. 马克思恩格斯全集：第1卷[M]. 北京：人民出版社，1956：333.
② 中共中央马克思恩格斯列宁斯大林著作编译局. 马克思恩格斯全集：第1卷[M]. 北京：人民出版社，1956：279.
③ 中共中央马克思恩格斯列宁斯大林著作编译局. 马克思恩格斯全集：第1卷[M]. 北京：人民出版社，1956：281.
④ 中共中央马克思恩格斯列宁斯大林著作编译局. 马克思恩格斯全集：第1卷[M]. 北京：人民出版社，1956：281.
⑤ 中共中央马克思恩格斯列宁斯大林著作编译局. 马克思恩格斯全集：第1卷[M]. 北京：人民出版社，1956：281.

马克思后来制定唯物史观的一条重要的思想基础。

当然,马克思在这里阐述的"民主制"概念和"人民主权"的思想,离他后来论证的无产阶级国家政权思想和科学共产主义原理还相去甚远,但他在这里已经开始起步,朝着历史唯物主义方向迈进了。

四、不是要经过逐渐推移来改变国家制度而是要经过真正革命来建立新的国家

黑格尔从唯心辩证法出发,在法哲学中描述了现代社会和国家制度中的一些矛盾,提出单一性同普遍性、特殊利益同普遍利益、政府同人民之间的矛盾等等。"黑格尔把市民社会和政治社会的分离看作一种矛盾,这是他比较深刻的地方。"①"黑格尔的深刻之处也正是在于他处处都从各种规定……的对立出发,并把这种对立加以强调。"②

但是,黑格尔却把现代社会与国家制度之间内在矛盾的解决,归结为矛盾双方的"结合"或"同一"。这种抛开现实的对立或冲突而主观构思的"结合"或"同一",实际上搞的是"调和""混合""妥协""大杂烩"。为了调和矛盾,黑格尔提出了一种"中介"说,他认为是对立面的中介把对立面导向同一或结合。他断言,"国家制度在本质上是一种中介体系"③,等级是国家和市民社会的合题,政府与人民之间的对立由于等级的中介作用而取消了。马克思针对黑格尔的中介说,提出了现代国家制度中不可调和的矛盾说。他说:"各等级应该在国王和政府方面同人民方面之间起'中介'作用,但是事实上它们并没有起这样的作用,相反地,它们却是市民社会有组织的政治上的对立物。"④ 现代社会划分为等级和与之相适应的等级代表制,不仅没有消除国家与人民之间的矛盾,相反,它们倒是这种矛盾的必然表现。

马克思进一步指出:"真正的极端之所以不能被中介所调和,就因为它们是真正的极端。同时它们也不需要任何中介,因为它们在本质上是互相对立的。它们彼此之间没有任何共同之点,它们既不相互吸引,也不相互补充。一个极

---

① 中共中央马克思恩格斯列宁斯大林著作编译局. 马克思恩格斯全集:第1卷 [M]. 北京:人民出版社,1956:338.
② 中共中央马克思恩格斯列宁斯大林著作编译局. 马克思恩格斯全集:第1卷 [M]. 北京:人民出版社,1956:312.
③ 中共中央马克思恩格斯列宁斯大林著作编译局. 马克思恩格斯全集:第1卷 [M]. 北京:人民出版社,1956:332.
④ 中共中央马克思恩格斯列宁斯大林著作编译局. 马克思恩格斯全集:第1卷 [M]. 北京:人民出版社,1956:360.

端并不怀有对另一极端的渴望、需要或预期。"① 马克思把矛盾区分为两种类型：一种是两个极端相通的矛盾，如磁的北极和南极的矛盾，人的男性和女性的矛盾。这类矛盾表现为互相吸引，是同一种本质的两种对立的规定，是同一种本质在发展阶段上的差别。这种差别是存在上的差别，而不是本质的差别。另一种是两个极端的矛盾，如极和非极的矛盾，人类和非人类的矛盾。这类矛盾表现为互相排斥，是真正的现实的极端，是不同本质的真正对立，是两种本质的差别。马克思并不赋予第一种矛盾以很大意义，而把第二种矛盾强调到首要地位。国家同人民之间的矛盾则属于第二种矛盾。一切矛盾的内部都存在着对立面，对立面既联系又排斥，既统一又斗争，由此推动事物的运动和变化。尽管这时马克思还没有把矛盾的同一性和斗争性联系起来，但他把矛盾区分为两种不同的类型，根据不同情况，有的矛盾强调其互相吸引，有的矛盾强调其互相排斥，则是贯穿着对具体矛盾进行具体分析的精神。

马克思不仅具体分析矛盾的不同情况，而且提出矛盾产生的根源和必然性。他写道："对现代国家制度的真正哲学的批判，不仅要揭露这种制度中实际存在的矛盾，而且要解释这些矛盾；真正哲学的批判要理解这些矛盾的根源和必然性，从它们的特殊意义上来把握它们。"② 黑格尔在论述国家制度和立法权的关系时，注意到各种权力的互相对立，发现到处都有矛盾。但是他对这些矛盾的理解不是把握特殊对象的特殊逻辑，而是到处寻找逻辑概念的规定，把现象矛盾理解为理念矛盾。然而事实上，现象矛盾的背后隐藏着更加深刻的本质矛盾。如前所说，马克思把现代国家和市民社会的对立，政权同人民之间的冲突，市民社会内部各个等级之间的矛盾，穷人与富人之间的斗争，等等，统统归结为经济利益问题，认为这些矛盾的产生都根源于私有财产制度。这就找到了现代国家和社会一切矛盾产生的总根源和必然性。透过矛盾的现象揭示矛盾的本质，充分显示了马克思历史辩证法的彻底性和革命性。

马克思还批判了黑格尔否定革命和突变的缓慢进化论。黑格尔在法学中完全背叛了他早年提出的量变引起质变的论点，认为国家制度从根本上说是不变的，如果说有变化，那也是"逐渐推移"的量变，而没有质的飞跃和突变。他说："一种状态的不断发展从外表看来是一种平静的觉察不到的运动。久而久之

---

① 中共中央马克思恩格斯列宁斯大林著作编译局. 马克思恩格斯全集：第1卷［M］. 北京：人民出版社，1956：355.
② 中共中央马克思恩格斯列宁斯大林著作编译局. 马克思恩格斯全集：第1卷［M］. 北京：人民出版社，1956：359.

国家制度就变得面目全非了。"① 马克思针对这点指出："逐渐推移这种范畴从历史上看来是不真实的，这是第一。第二，它也不能说明任何问题。"② 又说："诚然，在许许多多国家里，制度改变的方式总是新的要求逐渐产生，旧的东西瓦解等等，但是要建立新的国家制度，总要经过真正的革命。"③ 马克思把辩证法用于社会革命问题，主张解决社会矛盾，改变国家制度，必须用革命手段，而不能用改良手段。这就有力地反驳了黑格尔的改良主义和庸俗进化论，阐述了自己的社会革命论和历史辩证法。

马克思认为，社会进步是与人民群众的运动分不开的，因此"必须使国家制度的运动，即它的前进运动成为国家制度的原则，从而必须使国家制度的实际体现者——人民成为国家制度的原则。"④ 总之，人民是社会革命的主体和动力，是国家制度和社会历史的真正创造者。

《黑格尔法哲学批判》是马克思唯物史观发端的一部重要著作。对这部著作的研究成果，马克思本人曾做过重要说明。他说："我的研究得出这样一个结果：法的关系正像国家的形式一样，既不能从它们本身来理解，也不能从所谓人类精神的一般发展来理解，相反，它们根源于物质的生活关系，这种物质的生活关系的总和，黑格尔按照18世纪的英国人和法国人的先例，称之为'市民社会'，而对市民社会的解剖应该到政治经济学中去寻求。"⑤ 对这部著作的科学价值，恩格斯也曾做过评价。他说："马克思从黑格尔的法哲学出发，得出这样一种见解：要获得理解人类历史发展过程的锁钥，不应当到被黑格尔描绘成'大厦之顶'的国家中去寻找，而应当到黑格尔所那样蔑视的'市民社会'中去寻找。"⑥ 由此可见，马克思在他的这部著作中表述了一系列基本上是历史唯物主义的原理，并且以此为契机，开始研究政治经济学，解剖现代的"市民社会"，进一步探究人类社会发展的历史规律。这部早期著作，尽管也不免带有费

---

① 中共中央马克思恩格斯列宁斯大林著作编译局. 马克思恩格斯全集：第1卷［M］. 北京：人民出版社，1956：315.
② 中共中央马克思恩格斯列宁斯大林著作编译局. 马克思恩格斯全集：第1卷［M］. 北京：人民出版社，1956：315.
③ 中共中央马克思恩格斯列宁斯大林著作编译局. 马克思恩格斯全集：第1卷［M］. 北京：人民出版社，1956：315.
④ 中共中央马克思恩格斯列宁斯大林著作编译局. 马克思恩格斯全集：第1卷［M］. 北京：人民出版社，1956：315.
⑤ 中共中央马克思恩格斯列宁斯大林著作编译局. 马克思恩格斯选集：第2卷［M］. 北京：人民出版社，1957：82.
⑥ 中共中央马克思恩格斯列宁斯大林著作编译局. 马克思恩格斯全集：第16卷［M］. 北京：人民出版社，1964：409.

尔巴哈哲学思想的痕迹,具有不成熟的特点,对某些原理的表述和用语有不够确切和完善的地方,但这都是瑕不掩瑜的,也是不能苛求的。马克思的这部著作至今仍是我们学习、研究历史唯物主义原理所必读的重要著作。

（原文刊载于全国马克思主义哲学史研究会编《论马克思主义哲学的形成和发展——1982年全国马克思主义哲学史学术讨论会论文选》,河南人民出版社1983年版,第25~41页)

马克思主义哲学的产生
(1837—1848)

马克思主义哲学是由马克思和他的战友恩格斯共同创立的。哲学的创立，是哲学发展史上的伟大变革。这一变革的实现，是一定历史时代政治和经济发展的必然产物，也是德国古典哲学发展的必然结果。

德国古典哲学产生于18世纪末至19世纪初，它的主要成就是黑格尔的唯心辩证法和费尔巴哈的唯物主义。19世纪初到30年代中期，黑格尔哲学在德国思想界占据统治地位。随着德国阶级斗争的发展，也由于黑格尔哲学体系和方法之间存在着矛盾，黑格尔学派便分裂为老年黑格尔派和青年黑格尔派。青年黑格尔派大都是唯心主义者，而费尔巴哈则是唯物主义的杰出代表。他打破了黑格尔的唯心主义体系，恢复了唯物主义权威，但同时也抛弃了黑格尔的辩证法。

在黑格尔学派的解体过程中，还产生了另一个派别，这个派别是同马克思和恩格斯的名字联系在一起的。他们就是德国古典哲学的当然继承者。他们抛弃黑格尔哲学的保守体系，批判地汲取了他的辩证法的"合理内核"；抛弃费尔巴哈哲学的形而上学观点，批判地汲取了他的唯物主义的"基本内核"：首先在社会历史领域中把唯物主义和辩证法结合起来，从而创立了马克思主义哲学体系。

马克思、恩格斯之所以能够在批判改造德国古典哲学的基础上，创立自己新的哲学体系，完成哲学史上的空前大革命，是由当时历史发展的客观条件和马克思、恩格斯的主观条件所决定的。19世纪30—40年代，英国早就确立了资本主义制度，并且已经实现了产业革命，资本主义经济得到了高度发展；法国也已完成了资产阶级革命，资本主义经济有了突飞猛进的发展；德国社会的发展虽比英法落后得多，政治上还受着封建专制制度的严重束缚，经济上基本上还是一个农业国，但资本主义也有一定程度的发展，德国正处在资产阶级革命的前夜。随着欧洲主要国家资本主义经济的发展，无产阶级反对资产阶级的斗争日益尖锐。三四十年代，法国里昂工人举行的两次政治罢工，英国工人发动的宪章运动，德国西里西亚纺织工人爆发的武装起义，这三大工人运动标志着无产阶级已经作为独立的政治力量登上了历史舞台。无产阶级反对资产阶级的实践斗争，为改造德国古典哲学、创立新哲学奠定了阶级基础。自然科学的巨大进步，特别是细胞学说、能量守恒转化定律和生物进化论的发现，充分证明整个自然界的辩证性和形而上学的荒谬性。这就为改造德国古典哲学、创立新哲学提供了自然科学根据。马克思、恩格斯还批判地继承了英国古典经济学、法国空想社会主义以及人类认识史上一切有价的东西，也为改造德国古典哲学、创立新哲学提供了宝贵的思想资料。马克思和恩格斯在青少年时代，勤奋好学，博览群书，肯于刻苦钻研，善于独立思考，勇于追求真理，敢于大胆实践，积极投身于政治思想斗争，投身于工人运动。这是他们改造旧哲学、创立新理论的主观条件。总之，马克思主义哲学的产生，是各种因素交互作用的结果。

马克思和恩格斯批判改造德国古典哲学的过程，也是他们世界观转变的过程，新哲学体系创立的过程。马克思、恩格斯从黑格尔哲学出发，通过积极参加当时的思想斗争和工人运动的实践，第一步便"离开黑格尔走向费尔巴哈，又进一步从费尔巴哈走向历史（和辩证）唯物主义"①。这一发展过程，可以大体分为四个阶段。1837—1843年春，是马克思、恩格斯从唯心主义转向唯物主义的阶段；1843年春—1844年，是马克思、恩格斯批判改造黑格尔哲学，逐步发现并阐明历史和辩证唯物主义观点的阶段；1845—1846年，是马克思、恩格斯批判改造费尔巴哈哲学，全面制定历史唯物主义基本原理的阶段；1847—1848年春，是马克思主义哲学诞生的阶段。马克思主义哲学的产生，经历了一个孕育、发展和逐步形成体系的过程。

第一节 马克思恩格斯转向唯物主义的开始

马克思、恩格斯都出生在德国西部的莱茵省。这里是当时德国资本主义经济政治最发达的一个地区。在这里，资产阶级和广大人民同封建统治阶级的矛

---

① 中共中央马克思恩格斯列宁斯大林著作编译局. 列宁全集：第38卷 [M]. 北京：人民出版社，1986：386-387.

盾非常突出，资产阶级保守派同激进派的矛盾、自由主义同革命民主主义的矛盾也已经暴露。这对马克思、恩格斯早期思想的发展有着很大的影响。他们早期在哲学上都是黑格尔的唯心主义者，在政治上都是革命民主主义者。在基本相同的历史条件下，他们通过各自独立的道路，同时开始了向唯物主义和共产主义的过渡。

一、马克思从唯心主义向唯物主义的转变

卡尔·马克思于1818年5月5日生于特里尔城。父亲是一位思想开明的律师，政治倾向于进步，但又没有完全摆脱宗教传统的束缚。他是一个把宗教信仰建立在道德观念基础上的宗教信徒。马克思在少年时代，就从父亲那里接受了进步与迷信两个方面的思想影响。中学读书期间，马克思耳闻目睹自由势力同反动势力的斗争情况，特别是看到父亲和几位老师因参加进步团体的活动而受到的政治迫害，使他懂得了爱憎，增长了知识。通过五年的学习，在接受近代科学知识基础上，在校长和老师的无神论思想影响下，马克思的无神论观点开始萌芽了。他在中学毕业作文中指出，青年选择职业和生活道路，不要被所谓神的"启示"和"召唤"所左右，而应当从高尚的道德情操出发，为人类幸福而献身。马克思的这一至理名言，充分反映了这位十七岁少年的志向和抱负。

1835年10月，马克思进入波恩大学，一年后转入柏林大学。马克思在大学读书的时候，正是黑格尔学派分裂为左右两大派的时候。以辛利克斯为代表的老年黑格尔派，顽固坚持黑格尔哲学的反动体系，极力宣扬有神论和灵魂不死，拼命维护君主政体和封建制度。以鲍威尔等人为代表的青年黑格尔派，较为重视黑格尔哲学的辩证法，力图从黑格尔哲学中做出无神论的结论，并用抽象形式提出资产阶级民主改革的要求。两派之间的斗争不仅是哲学和宗教的斗争，而且具有政治斗争的性质。青年黑格尔运动的兴起，席卷了整个德国思想界，也吸引了青年马克思。

马克思在大学所学的专业本来是法律，但研究得最多的则是历史和哲学。先前，他曾读过黑格尔哲学著作的一些片段，但他并不喜欢这位哲学大师那种离奇古怪的调子。当时他特别爱好文学，尤其是诗歌。然而，在柏林大学，无论上什么课，都能听到教授们引用黑格尔的著作。黑格尔哲学被尊为最高权威，渗透到各个学科领域。马克思一转入柏林大学法律系，就接受著名的进步的法学教授爱德华·甘斯的讲课。甘斯把黑格尔的辩证思想运用于法学和历史，是一位具有民主主义思想的法学家。他在讲台上经常抨击封建专制主义和宗教蒙昧主义，无情批判资本主义制度，极为同情工人阶级，启发学生关心社会问题，要求学生学习圣西门的学说。马克思十分尊敬甘斯教授，多次选修他开设的课程，甘斯也经常称赞马克思学习"异常勤奋"。甘斯的著作和讲课，给了马克思以极大的影响，使他开始转向黑格尔哲学。这时，马克思也试图写一部贯穿哲学体系的法学著作。他从写作这部著作的失败中，深深感到没有哲学就不能前进。1837年春，他因学习劳累而到柏林郊区斯特拉劳村养病期间，甘斯教授也在这里养病。在甘斯教授的影响下，马克思把黑格尔的著作从头到尾读了一遍，并读了不少黑格尔弟子的著作，深入研究黑格尔哲学思想，从此成为黑格尔哲学的信徒。在柏林，马克思还结识了布·鲍威尔（1809—1882年）、阿·鲁滕堡（1808—1869年）、弗·科本（1808—1863年）等青年黑格尔分子，并参加了他们的组织"博士俱乐部"。俱乐部里的成员大都是风华正茂、才思横溢的大学讲师、中学教员和大学生。他们经常聚会，争论哲学、宗教和政治问题。在争论中出现了很多互相对立的观点，使马克思深受启发，使他更加深入地去钻研黑格尔哲学。青年黑格尔派力图从黑格尔哲学中做出无神论和革命的结论来。

在鲍威尔等人的影响和推动下，马克思于1839年开始研究古代希腊哲学史。在笔记中做了大量的摘录和评论。在此基础上，马克思于1841年春大学毕业时，写成了他的博士论文《德谟克利特的自然哲学和伊壁鸠鲁的自然哲学的差别》。

这篇论文表明，马克思当时还是一个黑格尔唯心主义者。在德谟克利特的自然哲学只强调原子的直线下降运动，并把这种下降运动归结为必然性，这样就会把人引导到宿命论。似乎人们在必然性面前无所作为。而伊壁鸠鲁强调的则是原子脱离直线的偏斜运动，这既肯定了直线下降的必然性，又肯定了偏离直线的偶然性，把两者统一起来，具有辩证法思想。原子偏斜运动的意义，在于它打破了"命运的束缚"。当时他是按照黑格尔唯心主义哲学观点来解释这个问题的。他认为伊壁鸠鲁的原子论是自我意识的哲学，原子概念是自我意识的映象，原子偏斜运动是自我意识的能动原则，是自我意识的自由。但是他同黑格尔哲学也有分歧，他批评了黑格尔哲学为当时的政治和宗教辩护，也不同意鲍威尔等人回避政治斗争的所谓批判哲学。他主张哲学应当积极地干预生活，主张把对哲学、神学的批判和对政治的批判结合起来。

这篇论文表明，马克思当时已经是一个坚定的无神论者。他高度评价伊壁鸠鲁的无神论思想，认为他是最伟大的希腊启蒙思想家。他说伊壁鸠鲁的原子在虚空中运动而产生宇宙万物的学说，从根本上打破了宗教宣扬的神灵创造世界的谎言。在论文附录中，马克思还揭露了反动哲学家谢林为宗教辩护的可耻行径，指出黑格尔证明上帝存在的观点是荒谬的。

这篇论文还表明,马克思的革命民主主义观点业已形成。他批判宗教的斗争的矛头是间接地指向封建反动势力的。他引用希腊神话中盗火英雄普罗米修斯的话,表示"反对一切天上的和地上的神"①。他强调伊壁鸠鲁的原子脱离直线而偏斜的学说,认为它可以论证人的个性自由的合理性,可以间接抨击毫无民主自由的封建专制主义。后来他回顾说,当年专门研究伊壁鸠鲁哲学,与其说是出于对哲学的兴趣,不如说是出于对政治的兴趣。可见马克思写作博士论文的主要目的,是想从哲学上论证他的革命民主主义的政治观点的。

1841年4月,马克思大学毕业,获得哲学博士学位之后,本来打算到波恩大学同鲍威尔一起教书,但当时反动政府极力迫害进步学者,把鲍威尔赶出波恩大学,剥夺了他的讲学权利。这就使马克思不得不放弃教学的想法,而投身于政治斗争。1842年初,他写了第一篇《评普鲁士最近的书报检查令》的政治论文,开始了反对封建制度和争取民主自由的斗争。同年4月,他开始为《莱茵报》写稿,10月担任该报主编。从此该报开始具有强烈的反政府性质,革命民主的趋向越来越明确。为了把《莱茵报》办成革命民主主义的报纸,马克思进行了几条战线的实践斗争。

首先是同反动政府进行斗争。由于《莱茵报》经常发表反政府的革命言论,这就使专制政府感到非常害怕和恐慌。他们断然决定对该报实行双重检查制度,采取种种措施来刁难、迫害《莱茵报》。马克思面对反动措施,采取原则性和灵活性相结合的斗争策略,对检察官巧加应付,以通过新闻检查。他还利用时机,主动向政府发动进攻。马克思接任主编后,《莱茵报》抢先公布了内阁政府根据国王旨意秘密制定的贯彻宗教观点的离婚法草案,立即在进步舆论界引起了一场轩然大波,使政府陷入十分尴尬的境地。国王在震怒之下,责令追查泄露法案人的名字,编辑部坚决顶住了这股压力。当政府无理查封进步的《莱比锡总汇报》时,马克思立即撰写文章,猛烈抨击当局专横暴戾的丑恶行径。当莱茵省总督沙培尔向政府打报告,诬陷《莱茵报》煽动不满,诽谤国家时,马克思毅然同这个反动官僚展开争论,逐条批驳了他的种种谬论。专制政府无可奈何,于是决定查封《莱茵报》。

其次是同反动报纸进行斗争。《科伦日报》为了向政府告密,指责《莱茵报》攻击基督教,呼吁政府禁止在报刊上讨论宗教和哲学问题。马克思彻底揭露了这家报纸反动的政治立场,阐述了哲学与政治、理论与实践相互作用的关

---

① 中共中央马克思恩格斯列宁斯大林著作编译局. 马克思恩格斯全集:第40卷[M]. 北京:人民出版社,1982:190.

系，提出了"任何真正的哲学都是自己时代精神的精华"①的著名论断。奥格斯堡《总汇报》为了向政府献媚，攻击《莱茵报》是普鲁士的共产主义者。马克思指出，《总汇报》的指责是毫无根据的，因为《莱茵报》并不承认和期望在德国实现"现有形式的共产主义"。德国急需的不是侈谈共产主义，而是要来一个彻底的民主革命。共产主义不是付诸实践的问题，而是对它要进行"理论论证"的问题。他提出共产主义是具有欧洲意义的尚未解决的重大问题。

再次是同青年黑格尔派进行斗争。以柏林"自由人"为代表的青年黑格尔派，是一群轻率浮夸而又狂妄自大的家伙。他们习惯于把《莱茵报》看成是自己任意摆布的机关报，他们的文章尽是一些写得极其草率、毫无意义的废料，只是点缀一些无神论和共产主义的词句。"自由人"这种自我吹嘘、飞扬跋扈的做法，早就引起了马克思的厌恶和反对。他接任主编后，决定不让"自由人"再像以前那样在报上唱高调、发空论，拒绝登载他们的滥调文章。马克思向他们指出，共产主义和社会主义的原理是"新的世界观"，在剧评之类的东西里偷运它是不适当、不道德的。如要讨论共产主义，那就要用另外的方式，更加切实地加以讨论；要联系对政治的批判来批判宗教，而不要联系对宗教的批判来批判政治。如要谈论哲学，最好少炫耀"无神论"的招牌，多向人民宣传哲学的内容。在一系列重要问题上，马克思同"自由人"都存在着严重分歧。正是这种分歧，导致马克思同青年黑格尔派开始决裂。

在《莱茵报》时期，马克思一方面进行实践斗争，另一方面进行理论斗争，并把政治和哲学这两方面的斗争结合起来。由于办报的需要，他在广泛深入接触社会实际的基础上，写了一系列重要文章，阐明他的政治立场和哲学思想。

在博士论文中，马克思的政治观点是在哲学外衣掩盖下间接表达的。而在《评普鲁士最近的书报检查令》中，第一次公开申明了自己反封建的政治立场。1841年，德皇政府发布了一道新的书报检查令。这一法令的反动实质，就是要迫害进步作家，禁止进步书报的出版发行。马克思在评论检查令时，把书报检查制度同普鲁士专制制度联系起来，认为这些制度中隐藏着一种痼疾，治疗的根本办法，就是废除书报检查制度以及现存的一切制度。他首次发表在《莱茵报》上关于出版自由的论文，从另一角度批判了书报检查法。他认为，自由是人类的天生本性，出版自由体现了人的自由本性，书报检查则违背了人的自由本性。他对自由做了具体分析，谴责诸侯、贵族和城市等级反对出版自由，维

---

① 中共中央马克思恩格斯列宁斯大林著作编译局. 马克思恩格斯全集：第1卷[M]. 北京：人民出版社，1956：121.

护的是他们的特权和自由；赞扬农民等级拥护出版自由，捍卫的是人民的自由。他对农民等级"不仅用矛头而且要用斧子"为自由而战斗的革命口号，大加赞扬。这时他对自由的看法虽然还是唯心主义的，但他已开始站在劳动人民一边，主张用"斧子"来争取自由。这是他的民主革命观点的重大发展。

在林木盗窃法的辩论中，莱茵省议会为了维护林木占有者的私人利益，把穷人到树林里拾枯枝当作偷盗林木犯罪而要求严加惩罚。马克思站在贫苦群众的立场上，坚定地捍卫"政治上和社会上备受压迫的贫苦群众的利益"①，无情地揭露了地主贵族的种种不法行为和贪得无厌的阶级本性，阐明了林木占有者同贫苦群众双方物质利益对立的问题。他指出，在人类分裂的社会里，存在着一种人靠奴役和剥削另一种人为生的现象。当时，他从黑格尔的理性国家观念出发，认为国家应该关怀贫苦群众的利益，但是现实的普鲁士国家却极力袒护林木占有者的私利。国家变成了林木占有者的奴仆和工具，为他们的私人利益辩护和效力。在这篇论文中，马克思还是从法学和逻辑的角度探讨物质利益对立问题的，他的论据带有明显的唯心思辨的性质。但是，正是理性国家观念同普鲁士国家现实之间的矛盾，使马克思产生了激烈的思想斗争，推动着他向唯物史观转变。

1842年底，《莱茵报》报道了摩塞尔地区农民贫困破产的情况，因而遭到莱茵省总督沙培尔的责难。为了反击当局的指责，马克思挺身而出，为摩塞尔记者辩护。他根据在摩塞尔调查的大量材料，深刻揭露了普鲁士国家的官僚制度，认定正是这一腐朽反动的制度是造成农民贫困破产的真正根源。如果国家的一个地区经常陷于贫困状况，说明国家的管理原则同客观现实之间存在着矛盾。他还分析了国家的管理原则不是由个人意志决定的，而是由客观关系决定的。他说："在研究国家生活现象时，很容易走入歧途，即忽视各种关系的客观本性，而用当事人的意志来解释一切。但是存在着这样一些关系，这些关系决定了私人和个别政权代表者的行动，而且就像呼吸一样地不以他们为转移。"②这时马克思虽然还没有从黑格尔唯心主义国家观念中完全解脱出来，但他在实践中开始认识到，社会关系的客观性和它对人行动的决定作用。这是他转向历史唯物主义的重要出发点。

在《莱茵报》时期，马克思通过办报的工作实践，通过争取民主自由的斗

---

① 中共中央马克思恩格斯列宁斯大林著作编译局. 马克思恩格斯全集：第1卷［M］. 北京：人民出版社，1956：141-142.
② 中共中央马克思恩格斯列宁斯大林著作编译局. 马克思恩格斯全集：第1卷［M］. 北京：人民出版社，1956：216.

争，通过对社会经济问题的了解，使他产生了"苦恼的疑问"。他的唯心主义世界观开始动摇了。他从根本上怀疑唯心主义的理性原则，怀疑唯心主义对哲学基本问题的回答是否正确。从马克思在《莱茵报》后期发表的文章来看，虽然他思想中的唯物主义倾向在不断加强，但他还不能用唯物主义来克服唯心主义，还解决不了他提出的"疑问"，因而还处于"苦恼"之中。马克思"苦恼的疑问"，是他头脑中唯心唯物两种思想斗争的矛盾，是他从唯心主义转向唯物主义的内在动力。对马克思早期思想发展来说，《莱茵报》时期只能表明他开始转向唯物主义。正如列宁指出的，从马克思发表在《莱茵报》上的文章中，"可以看出马克思已从唯心主义转向唯物主义，从革命民主主义转向共产主义。"①

二、恩格斯从唯心主义向唯物主义的转变

弗里德里希·恩格斯于1820年11月28日生于巴门市，其父亲是个工厂主。恩格斯中学毕业的前一年，父亲就强迫他退学经商。1837年秋，他到巴门市父亲开设的营业所去当见习生，次年到不来梅一家商号去当办事员。在这里，他坚持业余自学，阅读了大量书籍，增长了知识，思想有了很大进步。

恩格斯从小就受到基督教虔诚主义的熏陶，在不来梅由于受到反封建斗争的思想影响，宗教信仰开始动摇。正在这时，青年黑格尔分子施特劳斯（1808—1874年）发表了《耶稣传》一文，宣传耶稣不是神而是人，圣经起源于神话传说。在施特劳斯的启发下，恩格斯终于把头脑中"上帝"的偶像形象推倒了。1839年春，恩格斯在他的第一篇政论文章《乌培河谷来信》中，对流行于乌培河谷地区的虔诚主义进行了猛烈批判，对传教士和工厂主专横、贪婪、伪善和迷信的活动进行了揭露，表达了他对劳动人民的深切同情。在不来梅，随着他对宗教的批判和参加青年德意志运动，逐渐形成了革命民主主义思想。他说，他恨透了德皇威廉三世，欧洲各国的皇帝都应处以极刑。他坚信，只有革命才能改造旧制度，只有依靠人民，革命才能胜利。人民革命的思想，构成了他的革命民主主义思想的核心。

恩格斯借助施特劳斯走向了无神论，也走上了通往黑格尔哲学的大道。他说："由于施特劳斯，我现在走上了通向黑格尔主义的阳关大道。""我应当汲取这个精深博大的体系中最重要的要素。"② 他如饥似渴地钻研黑格尔哲学，成为

---

① 中共中央马克思恩格斯列宁斯大林著作编译局. 列宁全集：第21卷[M]. 北京：人民出版社，1992：59.

② 中共中央马克思恩格斯列宁斯大林著作编译局. 马克思恩格斯全集：第41卷[M]. 北京：人民出版社，1982：544.

黑格尔哲学的信徒。1841年9月，恩格斯到柏林服兵役。在那里，他结识了"博士俱乐部"的一些成员，参加了青年黑格尔运动。他还利用空余时间，到柏林大学旁听谢林（1775—1854年）的讲课。后来，他写了《谢林论黑格尔》等三篇著作，从黑格尔哲学立场出发，既批判谢林宣传的宗教蒙昧主义，进一步阐明自己的无神论思想，又批判谢林的形而上学观点，捍卫黑格尔的辩证法，高度赞扬人类自我意识的作用。这时恩格斯的世界观还是唯心主义的。

但是，后来，由于受到费尔巴哈《基督教的本质》一书的影响，恩格斯同其他青年黑格尔分子在哲学和政治上发生了分歧。当时不少青年黑格尔分子要从黑格尔退回到费希特（1762—1814年），退回到主观唯心主义，鼓吹自我意识哲学；恩格斯则坚决反对把精神同现实割裂开来的主观唯心主义，主张在主体和客体、精神和实体、人和周围环境之间建立联系。当时不少青年黑格尔分子把理论同实践割裂开来，标榜"批判哲学"，空谈革命；恩格斯则坚决反对把政治斗争理解为抽象的哲学批判，认为仅仅进行哲学批判是不够的，还必须进行从根本上改革现存社会制度的实际斗争。恩格斯坚持革命民主主义立场，对普鲁士君主专制制度展开了尖锐的批判。在《普鲁士国王弗里德里希——威廉四世》一文中，他深刻分析了普鲁士反动国家存在着无法解决的矛盾，指出国王个人的品质行为不过是普鲁士国家制度的原则贯彻到极点时的产物；普鲁士书报检查制度，使出版处于最不自由的境地。他在这篇文章末尾暗示："普鲁士的现状非常像过去法国面临着……。但是，我避免过早地做出任何结论来。"[①]不言而喻，这个省略了的"结论"，就是"革命"二字。这篇文章标志着恩格斯在政治上同青年黑格尔派开始决裂了。

马克思在担任《莱茵报》主编期间，已是大名鼎鼎的著作家了。1842年10月，恩格斯服兵役期满，从柏林回到巴门。同年11月，恩格斯在赴英途中路经科伦，顺便来到《莱茵报》编辑部，慕名拜会马克思。但是，马克思和恩格斯的初次会见是颇为冷淡的。因为当时马克思已同青年黑格尔派从思想上决裂了，他正在反对鲍威尔兄弟等"自由人"一伙，而恩格斯当时却同鲍威尔兄弟有些书信往来。这样，马克思就误认为恩格斯是鲍威尔兄弟的盟友，而对恩格斯持怀疑、冷淡的态度。但是，这并没有妨碍他们以后的合作和友谊。恩格斯抵达英国后，不到一个月就为《莱茵报》写出了五篇报道。这些文章观点鲜明，材料具体，对英国政治经济情况做了精辟的分析评论。在马克思的主持下，这些

[①] 中共中央马克思恩格斯列宁斯大林著作编译局. 马克思恩格斯全集：第1卷[M]. 北京：人民出版社，1956：543.

文章未经任何修改就连续登载在《莱茵报》上。这就为他们以后的伟大合作和友谊奠定了初步基础。

1842年11月下半月，恩格斯去到英国工业中心曼彻斯特，在"欧门—恩格斯"纺纱厂当职员。他一去到那里，便拒绝参加一切灯红酒绿的宴会，积极地投身于工人运动。他经常访问各种工厂和工人住宅区，了解英国工人的劳动条件和生活条件；经常参加各种群众大会和工人集会，了解英国工人斗争和宪章运动的情况；密切注视着各个阶层的动向，精心研究英国的社会关系和政治关系。在那里，他阅读和研究了许多资产阶级经济学家和空想社会主义代表人物的大量著作。在那里，他除了为《莱茵报》写作通讯报道外，还为瑞士和英国的进步报纸写了《伦敦来信》等许多重要论文。在留居英国期间，恩格斯开始了从唯心主义向唯物主义的转变。

恩格斯来到英国，正是1842年8月纺织工人大罢工遭到镇压、宪章运动受到挫折的时候。这就向人们提出一个问题：英国革命是否会再次发生。有些人的答案是否定的，恩格斯则认为革命是不可避免的。他对英国的社会矛盾和工人阶级状况进行了分析，认为英国工业化速度飞快的发展，必然带来生产与消费的矛盾以及争夺市场的竞争，大规模的商业危机，会使赤贫如洗的工人阶级的状况更加恶化。到那时，工人阶级除了起义还有什么路可走呢？恩格斯在给《莱茵报》写的一篇文章中指出，工人们"意识到了用和平方式进行革命是不可能的，只有通过暴力消灭现有的反常关系，根本推翻门阀贵族和工业贵族，才能改善无产者的物质状况"[①]。

恩格斯在留居英国前期发表的文章，还探讨了物质利益问题。他通过对英国社会矛盾的考察，看到各个阶级都是围绕着经济利益而展开斗争的，并且形成了不同党派之间的斗争。恩格斯曾经回顾说："我在曼彻斯特时异常清晰地观察到，迄今为止在历史著作中根本不起作用或者只起极小作用的经济事实，至少在现代世界中是一个决定性的历史力量；这些经济事实形成了现代阶级对立所产生的基础；这些阶级对立，在它们因大工业而得到充分发展的国家里，因而特别是在英国，又是政党形成的基础，党派斗争的基础，因而也是全部政治历史的基础。"[②] 恩格斯在英国很快形成了唯物主义的基本观点，这是他的世界观转变过程中重要的一步。

---

① 中共中央马克思恩格斯列宁斯大林著作编译局. 马克思恩格斯全集：第1卷[M]. 北京：人民出版社，1956：550-551.
② 中共中央马克思恩格斯列宁斯大林著作编译局. 马克思恩格斯全集：第21卷[M]. 北京：人民出版社，1965：247.

第二节　批判改造黑格尔哲学逐步发现并阐明辩证和历史唯物主义观点

1843年4月到1844年底，是马克思恩格斯世界观转变过程中极其重要的时期。在这个时期里，马克思和恩格斯由于亲身参加了阶级斗争和科学研究的实践，由于受到费尔巴哈哲学唯物主义的强烈影响，推动着他们去批判改造黑格尔哲学唯心主义。不破不立，破中有立。他们在批判改造黑格尔哲学的过程中，逐步发现并阐明了自己的辩证和历史唯物主义观点。

1843年3月底，《莱茵报》被查封后，马克思于5月来到女友燕妮的住地克罗茨纳赫，6月同他热恋的燕妮结了婚。在克罗茨纳赫的半年时间里，马克思主要做了两件事：一件是同阿·卢格（1802—1880年）商谈，为创办《德法年鉴》做准备工作；一件是对《莱茵报》的实践斗争，进行哲学上的理论总结。马克思在《莱茵报》工作期间，由于现实的政治斗争和各个阶级为物质利益而展开的斗争，与他头脑中的黑格尔理性国家观发生了矛盾，从而使他陷入"苦恼的疑问"之中。为了解决这个苦恼的疑问，马克思认为有必要对黑格尔法哲学进行批判性的分析。为此，他阅读了大量有关英法和德国的历史著作和政治理论著作，并做了五本摘录笔记，最后写成了《黑格尔法哲学批判》手稿。这是马克思对黑格尔法哲学进行批判性分析的第一部著作。在这里，他还写成了《论犹太人问题》。1843年10月底，马克思为了同卢格共同创办《德法年鉴》而偕同燕妮迁居巴黎。马克思一来到巴黎，便同法国各个秘密工人团体和德国流亡工人组织"正义者同盟"建立了联系，并经常深入工人之中，了解他们的苦难生活和起义斗争情况。这时他已开始作为一个革命家出现，主张对旧世界进行无情的批判，尤其是"武器的批判"。在巴黎，马克思还研读了法国复辟时代历史学家的著作，以及许多资产阶级经济学家的著作，并写了大量的札记。马克思到巴黎不久，就写成了《〈黑格尔法哲学批判〉导言》，这篇文章连同《论犹太人问题》一文发表在1844年2月出版的《德法年鉴》上。由于两位创办人的意见分歧以及其他种种原因，《德法年鉴》只出了一期和二期合刊便停刊了。1844年4月至8月，马克思写下了批判资产阶级政治经济学和黑格尔哲学的未完成的著作《1844年经济学哲学手稿》，对无产阶级世界观进行了深入的理论探索。

在这个时期，马克思批判黑格尔哲学是同费尔巴哈的思想影响密切相关的。1841年和1843年初，费尔巴哈先后发表的《基督教的本质》和《未来哲学原理》进一步论证了人本主义唯物主义哲学。他认为，思维来自存在，但存在并不来自思维；只要将黑格尔思辨哲学"颠倒过来"，就能得到明显的真理。这给马克思从理论上和方法上批判黑格尔哲学和青年黑格尔派以强大的思想武器。不过马克思在接受唯物主义的同时，也受到人本主义的思想影响。在1843—1844年底这一时期，他写的一系列著作所使用的论点、方法和术语，都明显地带有费尔巴哈的思想烙印。但是，马克思从来不是纯粹的费尔巴哈派。他发现费尔巴哈哲学最大的缺陷，就是过多地强调自然，而过少地强调政治。正是基于这样的认识，马克思便借助费尔巴哈唯物主义的"桥梁"，在政治历史领域批判了黑格尔的国家学说。这种批判又远远超出了费尔巴哈。

一、把黑格尔"头脚倒立"的哲学颠倒过来

黑格尔（1770—1831年）创立了人类认识史上最大的客观唯心主义哲学体系。他认为，思维先于存在，存在是由思维演变而来的，存在的本质就是思维。他断言，在自然界和人类出现以前，就存在着所谓宇宙精神或绝对观念。绝对观念经过本身的发展，"外化"为自然界，然后又通过人的出现而返回到自身。逻辑学、自然哲学和精神哲学，相应地代表着绝对观念的三个发展阶段。法哲学属于精神哲学的范围。它不仅讲伦理道德等社会意识，而且着重讲社会、法律和国家等政治制度。黑格尔认为，市民社会是国家的概念领域，而国家又是抽象理念的实现。市民社会依存于国家制度，国家是客观精神的最高体现。他把人类历史完全看成是绝对观念发展的历史。这就把存在与思维、现实事物与逻辑理念、市民社会与政治国家的真实关系完全弄颠倒了。

马克思受到费尔巴哈的启发，认为批判改造黑格尔哲学首先要把头足倒置的哲学重新颠倒过来。他从《黑格尔法哲学批判》一书开始了对黑格尔哲学首先是国家学说的批判。他指出，市民社会不是国家理念的产物，而是产生国家的前提。家庭和市民社会本身才是原动力，是起决定作用的本原。政治国家没有家庭的天然基础和市民社会的人为基础，就不可能存在。不是市民社会依存于国家制度，而是国家制度从属于市民社会。然而黑格尔的思辨哲学却把现实事物与逻辑理念、市民社会与国家制度的真实关系弄得"头足倒置"。在黑格尔看来，理念是事物的创造者，而事物不过是理念的产物。在这里，马克思把黑格尔的头立地、脚朝天的哲学颠倒过来，不是从人类精神发展中，而是从"市民社会"即经济关系中寻找人类历史发展过程的原因，这就为他走向唯物史观

找到了一条道路。

马克思发表在《德法年鉴》上的论文，表明他在通向唯物史观的道路上跨进了一大步。1842年以后，青年黑格尔派陷于分裂。鲍威尔等人越来越远离政治，走向反动。他当时鼓吹宗教是一切罪恶的根源，犹太人要获得解放首先需要取消犹太教的谬论。马克思写了《论犹太人问题》，批判鲍威尔颠倒犹太人的现实生活与犹太教的关系的唯心主义观点。他认为，犹太人从事工商业活动，把赚钱作为一切活动的目的，正是犹太人的现实生活构成了犹太教的基础；因此不应该到犹太教里去寻找犹太人的秘密，而是要到犹太人那里去寻找犹太教的秘密。不应该把世俗问题化为神学问题，而是要把神学问题化为世俗问题。相当长的时期以来，人们一直用迷信来说明历史，而现在是要用历史来说明迷信。在《〈黑格尔法哲学批判〉导言》中，马克思更进一步指出，国家、社会产生了宗教，宗教这种颠倒了的世界观本身就是颠倒了的世界的反映。宗教是人民的鸦片，只有消灭颠倒了的国家和社会，消灭了阶级压迫和剥削，才能消灭宗教。因而哲学的迫切任务，就是把对天国的批判变成对尘世的批判，对宗教的批判变成对法的批判，对神学的批判变成对政治的批判。马克思把唯物主义观点，贯彻到社会历史领域，科学地揭露了宗教产生的社会、阶级根源，指出了消灭宗教的正确途径。

在《德法年鉴》上发表的文章中，马克思还阐明了物质和意识、理论和实践的辩证关系。他认为，经济财产和物质利益是政治、法律和理论的基础，而后者对前者也起着反作用。他指出："批判的武器当然不能代替武器的批判，物质力量只能用物质力量来摧毁；但是理论一经掌握群众，也会变成物质力量。理论只要说服人，就能掌握群众；而理论只要彻底，就能说服人。所谓彻底，就是抓住事物的根本。"① 这段名言，一是强调物质的决定作用，理论不能代替实践，批判不能代替行动，只有用物质力量才能摧毁现存制度；二是强调精神的反作用，理论是群众进行斗争的强大思想武器，精神力量在一定条件下可以转化为改造世界的物质力量；三是强调精神变物质的条件性，理论必须是能够抓住事物本质，反映事物发展规律的正确理论，只有彻底的正确的理论才能说服人而被广大群众所掌握，才能变成推动社会前进的强大物质力量。这段著名论断，是马克思对物质决定精神、精神反作用于物质这一辩证原理最早的经典表述。

---

① 中共中央马克思恩格斯列宁斯大林著作编译局. 马克思恩格斯选集：第1卷［M］. 北京：人民出版社，1972：9.

二、对黑格尔唯心辩证法的批判改造

黑格尔的客观唯心主义哲学是荒谬的，但其中也包含着丰富的合理的辩证法思想。马克思不像费尔巴哈那样，在批判黑格尔哲学时把脏水连同小孩一起泼掉，而是采取分析的态度，去其糟粕，取其精华，对黑格尔的辩证法给予批判改造，把唯物主义和辩证法结合起来。1873年初，马克思说过："将近三十年以前，当黑格尔辩证法还很流行的时候，我就批判过黑格尔辩证法的神秘方面。……辩证法在黑格尔手中神秘化了，但这决不妨碍他第一个全面地有意识地叙述了辩证法的一般运动形式。在他那里，辩证法是倒立着的。必须把它倒过来，以便发现神秘外壳中的合理内核。"①

在《黑格尔法哲学批判》一书中，马克思肯定黑格尔在法哲学中关于国家同社会、政府同人民之间存在着矛盾的思想，认为这是他比较深刻的地方。黑格尔的深刻之处就在于他处处从各种规定的对立出发，并对这种对立加以强调。但是，由于黑格尔的政治立场是保守的，他不能把辩证法贯彻到底，总是抛弃现实的对立而构思矛盾的调和。在法哲学中，黑格尔用等级代表制这个"中介"来调和国家和社会、政府和人民之间的矛盾。他断言，国家和社会、政府和人民的对立，由于等级代表制的中介作用而取消了。针对矛盾调和的中介说，马克思提出对立面不可调和的矛盾说。他说，现代社会划分为等级和与之相适应的等级代表制，不仅没有消除国家与人民的矛盾，相反，它们倒是这些矛盾的必然表现。马克思认为，真正的极端是不能被中介所调和的。他把矛盾区分为两种类型：一类是两个极端相通的矛盾，这类矛盾表现为互相吸引，不是本质的差别；另一类是两个极端的矛盾，这类矛盾表现为互相排斥，是本质不同的对立。国家同人民的矛盾就属于第二类矛盾。尽管这时马克思还没有把矛盾的同一性和斗争性联系起来，但他把矛盾区分为不同性质的两种类型，则是贯穿着对矛盾性质进行具体分析的精神。

马克思认为，对现代国家制度的哲学批判，要从矛盾的特殊意义上来把握矛盾。他把国家和人民之间的冲突，市民社会内部各等级之间的斗争，统统归结为经济利益问题，认为这些矛盾的产生都根源于私有财产制度。这就找到了现代国家和社会一切矛盾产生的总根源和必然性。

黑格尔在法哲学中背叛了他早年提出的量变引起质变的论点，提出否定革

---

① 中共中央马克思恩格斯列宁斯大林著作编译局. 马克思恩格斯选集：第2卷 [M]. 北京：人民出版社，1972：217-218.

命和突变的缓慢进化论，认为国家制度从根本上说是不变的，如果说有变化，那也是"逐渐推移"的量变，而没有质变和飞跃。马克思指出，"逐渐推移"这种范畴既不符合历史实际，也不能说明任何问题。诚然，许多国家制度的改变总是新的要求逐渐产生，旧的东西逐渐瓦解，"但是要建立新的国家制度，总要经过真正的革命"①。这就有力地反驳了黑格尔的改良主义和庸俗进化论，阐明了马克思的社会革命论和历史辩证法。

在《1844年经济学哲学手稿》中，马克思对黑格尔的唯心辩证法进一步做了批判改造，彻底揭露了黑格尔辩证法唯心主义的实质。马克思指出，黑格尔的《哲学全书》从纯粹的思辨思想开始，而以抽象的绝对精神结束。黑格尔的哲学体系就是通过绝对精神的异化而构造起来的。这在黑格尔哲学的诞生地《精神现象学》中表现得最为明显。在那里，黑格尔把国家和宗教都看作是抽象思维的异化。对它们的扬弃，并不是要改变国家制度、消灭宗教，而是要恢复法哲学和宗教哲学。黑格尔的唯心主义是他为现存政治制度和宗教做辩护的思想基础。唯心主义只用抽象思维去解释现实事物，这样，它就只承认精神的运动，不承认现实的变化，从而也就只承认精神的辩证法，不承认现实的辩证法。在马克思看来，唯物辩证法不承认任何凝固不变的东西，只承认发展、运动是永恒的，现存事物都是要灭亡的。黑格尔的"纯思想的辩证法"同现实的辩证法是格格不入的，因为它只在精神领域论述异化和扬弃异化，根本不触动现存事物的一根毫毛，这就必然窒息了辩证法的批判的革命的性质。

黑格尔的《精神现象学》的核心问题，是主体和客体的关系问题。在那里，所谓主体，并不是现实的人，而是脱离物质的自我意识；所谓客体，也不是现实的自然和社会，而是脱离自然和社会的意识。主体和客体的关系，就是自我意识和意识的关系。黑格尔认为这二者是统一的。马克思一方面批判了黑格尔唯心主义的主客体统一论，一方面又高度评价了主客体相统一的合理思想。黑格尔把主体与客体看作一对矛盾，力图用对立面的互相转化去说明主体与客体的关系。这个看法是合乎辩证法的。在马克思看来，外部自然界是客体，人是能动的主体；人是自然界的产物，因而主体受制于客体；人通过实践改造自然界，因而主体对客体又具有能动作用；人在改造自然的过程中又使自身受到改造，因而人又是受动的客体。马克思用实践把人和自然、主体和客体统一起来，从而把唯物论和辩证法结合起来。这既超出了黑格尔的唯心主义，也超出了费

---

① 中共中央马克思恩格斯列宁斯大林著作编译局. 马克思恩格斯全集：第1卷 [M]. 北京：人民出版社，1956：315.

尔巴哈的旧唯物主义。

黑格尔《精神现象学》的核心概念是异化。自我意识的异化，是第一个否定；异化的扬弃，是否定的否定。在黑格尔那里，否定的否定完全是脱离现实的抽象思维的形式。马克思认为，《精神现象学》的唯心主义是应该批判的，但是，"作为推动原则和创造原则的否定性的辩证法"① 则是应该肯定的。黑格尔的伟大之处就在于，他把人的自我产生看作一个过程，把现实的人理解为自己劳动的结果。他把劳动看作人的本质。这是黑格尔异化观中合理的辩证法因素。但是，黑格尔只看到劳动的积极方面，劳动创造人的真正生活；而看不到劳动的消极方面，劳动给劳动者带来的灾难。作为唯心主义者，黑格尔所说的劳动是抽象的精神劳动，他并不懂得生产劳动是人类社会存在和发展的物质基础。同黑格尔相反，马克思把劳动看成是人所特有的本质力量，劳动是既改造自然又改造人本身的实践活动。马克思还肯定"扬弃"是否定性辩证法的"积极环节"，只有通过扬弃这个中介，发展的不同阶段才得以联系起来，并在否定中保持以往发展的积极成果。

三、对共产主义的最初的哲学论证

在《莱茵报》时期，马克思对共产主义思潮并没有妄加评判，只是提出要对它进行"理论论证"。1843 年 9 月，马克思在致卢格的信中，认为卡贝、魏特林等人宣传的共产主义，还没有摆脱私有制的影响。所以消灭私有制同这种共产主义绝不是一回事。当时的空想共产主义者，认为对社会的改造，就是对私有财产进行"公正的""平均的"重新分配。但是，这并没有从私有制下解放出来。马克思批评空想共产主义是一种不能实现的片面的教条、抽象的观念。马克思把共产主义理解为彻底消灭私有制，这是他后来探索、论证共产主义理论的一条基本线索。

在《论犹太人问题》中，针对鲍威尔混淆宗教与政治的谬论，马克思提出了政治解放与人类解放问题。他所说的"政治解放"，指的是资产阶级革命；"人类解放"，指的是社会主义革命、共产主义的实现。他既肯定政治解放是历史的一大进步，又指明了它的历史局限性。政治解放既没有使人从宗教中解放出来，也没有使人从私有制中解放出来；而人类解放的本质特征，就是使人从私有制中彻底解放出来。马克思这时认识到，私有财产制度是阻碍人类解放的

---

① 中共中央马克思恩格斯列宁斯大林著作编译局. 马克思恩格斯全集：第 42 卷 [M]. 北京：人民出版社，1979：163.

主要力量,只有通过消灭私有制,才能实现人类解放。他还认为,不论政治解放或人类解放,都必须通过暴力革命来实现。政治解放之后必将出现人类解放,资产阶级革命必将变成社会主义革命,"革命是不停顿的"①。

在《〈黑格尔法哲学批判〉导言》这篇论文中,马克思开始站在无产阶级立场上,阐明了人类解放的手段和途径,提出了无产阶级的历史使命。在他看来,当时德国已经完成对宗教的批判,哲学的迫切任务是对现存政治制度的批判。这种批判不只是理论的批判,更重要的是武器的批判。他强调无产阶级必须把革命理论同无产阶级革命实践结合起来。"哲学把无产阶级当作自己的物质武器,同样地,无产阶级也把哲学当作自己的精神武器"②。无产阶级只有把哲学变成现实,才能使自己得到彻底解放。德国经济政治非常落后,它不仅需要来一个政治革命,也需要来一个社会革命。无产阶级是完成这个革命的主要力量。无产阶级只有首先解放全人类,才能最后解放自己。无产阶级一无所有,坚决要求同私有制彻底决裂。它的革命性最坚决、最彻底。无产阶级要用否定私有制的原则来改造旧社会,创造新社会,埋葬资本主义制度,建立共产主义制度。这就是无产阶级的伟大历史使命。

在《1844年经济学哲学手稿》中,马克思批判地继承黑格尔和费尔巴哈的异化观点,并把它同政治经济问题结合起来,提出了异化劳动理论,以此来论证对资本主义社会的共产主义改造。什么是异化劳动呢?马克思认为在资本主义雇佣制度下,异化劳动表现在四个方面:一是劳动产品同劳动者相异化,即工人生产的产品与工人相对立,支配、奴役工人;二是劳动本身同劳动者相异化,即劳动不是自愿的劳动,而是折磨工人的强迫性的劳动;三是人同自己的类本质相异化,即劳动仅仅成为维持个人生存的手段,而不是满足人的生活的全面发展的需要;四是人同人相异化,即异化劳动生产出资本家和工人的对立。马克思对异化劳动的分析,说明生产劳动是人类自身和人类社会存在和发展的基础,揭露了资本主义社会劳动者与剥削者之间的阶级对抗关系,指出了异化劳动和私有财产是相互作用而存在的,由此产生了资本主义的一切恶果。因而要消灭资本主义,必须消灭异化劳动,消灭私有财产。这就在一定程度上揭示了资本主义社会发展的规律性。但是,异化劳动理论并不是马克思的成熟理论。这一理论的基本思想,就是把自由自觉的劳动看成人的本质,在资本主义条件

---

① 中共中央马克思恩格斯列宁斯大林著作编译局. 马克思恩格斯全集:第1卷[M]. 北京:人民出版社,1956:430-431.

② 中共中央马克思恩格斯列宁斯大林著作编译局. 马克思恩格斯选集:第1卷[M]. 北京:人民出版社,1972:15.

下，发生了劳动异化，即人本质的异化；最后，私有制的消灭，异化劳动的消灭，人的本质得到复归，达到人类解放。

马克思说："共产主义是私有财产即人的自我异化的积极的扬弃"①，并把共产主义称为"完成了的人道主义"或"真正的人道主义"。这说明马克思当时对人类解放和共产主义的论证和理解，在很大程度上还带有人本主义的思想痕迹和空想性质的色彩。但是，马克思认为实现共产主义必须消灭私有制度的思想则是十分正确和合理的。在他看来，对私有财产的积极扬弃，不只是一个理论问题，而首先是一个实践的问题。"要消灭私有财产的思想，有共产主义思想就完全够了。而要消灭现实的私有财产，则必须有现实的共产主义行动。"实现共产主义"将经历一个极其艰难而漫长的过程"②。这些思想是非常深刻的、宝贵的。随着马克思世界观的彻底转变，唯物史观的创立和剩余价值学说的发现，马克思逐渐清除了人本主义的思想影响，从社会经济关系的立场出发，来论述人类解放和共产主义了。

1844年6月，德国西里西亚织工举行起义。马克思在《前进报》上发表文章，驳斥了卢格的谬论，对这次起义做了高度的评价，认为这是德国无产阶级和资产阶级之间第一次大规模的阶级搏斗，这次起义比英法工人起义具有更高的理论性和自觉性，起义一开始工人就坚决反对私有制度，认识到无产阶级的本质。他由此得出结论说，德国无产阶级具有非凡的社会主义天赋，能够接受社会主义理论，并通过革命实践解放自己、解放全人类。马克思通过总结西里西亚工人的起义斗争，把他正在形成中的无产阶级革命的概念向前大大推进了一步。他说："每一次革命都破坏旧社会，所以它是社会的。每一次革命都推翻旧政权，所以它具有政治性。"③ "一般的革命——推翻现政权和破坏旧关系——是政治行为。而社会主义不通过革命是不可能实现的。社会主义需要这种政治行为，因为它需要消灭和破坏旧的东西。"④ 这样，他就改变了在《论犹太人问题》中提出的那种把社会革命同政治革命相对立的看法，从而把社会主义同推翻旧政权、破坏旧关系的革命联系起来，把革命的社会性和政治性结合

---

① 中共中央马克思恩格斯列宁斯大林著作编译局. 马克思恩格斯全集：第42卷[M]. 北京：人民出版社，1979：120.
② 中共中央马克思恩格斯列宁斯大林著作编译局. 马克思恩格斯全集：第42卷[M]. 北京：人民出版社，1979：140.
③ 中共中央马克思恩格斯列宁斯大林著作编译局. 马克思恩格斯全集：第1卷[M]. 北京：人民出版社，1956：488.
④ 中共中央马克思恩格斯列宁斯大林著作编译局. 马克思恩格斯全集：第1卷[M]. 北京：人民出版社，1956：488-489.

起来，赋予无产阶级革命以政治性质，使无产阶级专政思想开始萌芽了。这样他就在建立无产阶级革命和无产阶级专政学说的道路上迈出了重大的一步。

四、为科学社会主义奠定唯物主义基础

马克思在对黑格尔思辨唯心主义哲学进行批判改造的同时，恩格斯在曼彻斯特对工人阶级的状况进行了深入的调查了解，并对资产阶级经济学家和空想社会主义者的著作进行了深入研究，写出了《英国状况，评托马斯·卡莱尔的〈过去和现在〉》和《政治经济学批判大纲》。这两篇文章也登在《德法年鉴》上。前一篇文章批判了卡莱尔的唯心主义历史观，后一篇文章批判了资产阶级政治经济学。这是恩格斯科学地研究资本主义社会经济基础的最初尝试，是对科学共产主义一般原则和无产阶级革命必然性的初步论证。这两篇文章是恩格斯科学世界观初步形成的重要标志。正如马克思所说，恩格斯从另一条道路得出同他一样的结论，发现了历史唯物主义基本原理。《政治经济学批判大纲》这篇文章对马克思在巴黎研究政治经济学起到了很大的启迪和推动作用。

自此以后，马克思和恩格斯两人就不断通信，交换意见。1844年8月末，恩格斯在回国途中路经巴黎，第二次拜会了马克思。这次会面，他们发现彼此的理论观点完全一致，从此开始了他们终生的密切合作和战斗友谊。

这次会面，两位朋友决定合写一部著作，来揭露批判鲍威尔一伙的主观唯心主义。恩格斯在逗留巴黎的十天中，写完了他所分担的章节，于9月6日回国，全书则由马克思于11月间完成。书名最初叫《对批判的批判所做的批判——驳布鲁诺·鲍威尔及其伙伴》。后来出版时把这个正题变为副题，书名改成《神圣家族》。"神圣家族"这个名称，本来是意大利著名画家一幅名画的标题。画中人物是圣母玛利亚抱着圣婴耶稣，旁边有她的丈夫圣约瑟，有圣伊丽莎白、圣约翰、圣亚拿以及一些天使和神父。马克思、恩格斯取《神圣家族》为书名，是借以讽喻以鲍威尔为首的一伙的。他们把鲍威尔比作耶稣，把几个伙伴比作他的门徒。这些人妄自尊大，蔑视群众，以为他们的话就是天经地义，不容争辩，正像耶稣在人间传道一样。

马克思、恩格斯之所以决定共同写这部书来批判鲍威尔一伙，是由于随着德国封建势力对资产阶级反对派迫害的加强，这伙人完全堕落为思想上保守、政治上反动的小集团。他们为了同马克思的《德法年鉴》相对抗，在德国创办了一份《文学总汇报》，以此为阵地，狂热鼓吹"自我意识"的"批判哲学"，污蔑工人阶级，对抗共产主义思潮。对当时正在形成中的共产主义来说，真是

"没有比唯灵论即思辨唯心主义更危险的敌人了"①。为了帮助广大读者识破思辨哲学的幻想,马克思和恩格斯便决定合写这部著作。

《神圣家族》这部论战性著作的意义,不仅在于深刻地批判了鲍威尔一伙的反动哲学思想,而且,更重要的是"它奠定了革命唯物主义的社会主义的基础"②。

在《神圣家族》中,马克思和恩格斯始终围绕着哲学基本问题,展开对思辨唯心主义的批判。鲍威尔一伙认为客观世界是自我意识的派生物,自我意识不断通过批判,就可以改变一切现存的事物。他们把批判看成是一种创世活动,而他们自己则是批判的主体。改造世界被说成是批判的活动。马克思尖锐批判了鲍威尔一伙的自我意识哲学,把它称为"儿子生母亲,精神产生自然界"的头足倒置的哲学。他指出,工人知道,单靠思想批判,而不见诸行动,是不可能改变自己的处境,消除资本主义的。自我意识哲学根源于黑格尔哲学,对自我意识的批判,必然发展为对黑格尔思辨结构秘密的揭露。黑格尔哲学的最高概念是绝对观念。鲍威尔用"自我意识"代替"绝对观念",就是由客观唯心主义回到主观唯心主义。马克思举出"果实"的著名例子,指出思辨哲学的秘密就在于从认识上颠倒了一般和个别的关系,把一般夸大为脱离个别的客观实体。人们认识事物,总是先从个别到一般,再从一般到个别。但在思辨哲学看来,"果实"这个概念并不是苹果、梨子等具体水果的抽象概念,反而是这些具体水果的"真正的本质"。从"一般水果"这个抽象概念中创造出个别的苹果、梨子等现实的自然事物。可见,思辨哲学的秘密,就是观念创造世界的秘密。马克思把它讥讽为"创世哲学"。

在《神圣家族》中,马克思、恩格斯针对鲍威尔一伙认为自我意识是历史发展动力的唯心史观,阐述了物质资料生产方式决定社会历史发展的原理。他们认为,如果排除自然科学和工业,就不能认识历史。第一次明确提出"生产方式"这个范畴,强调认识某一时期的历史,从根本上说就是认识这个时期的生产方式。他们从分析人与物的关系进而触及到人与人的关系,指出:"实物是为人的存在,是人的实物存在,同时也就是人为他人的定在,是他对他人的人

---

① 中共中央马克思恩格斯列宁斯大林著作编译局. 马克思恩格斯全集:第2卷 [M]. 北京:人民出版社,1957:7.
② 中共中央马克思恩格斯列宁斯大林著作编译局. 列宁选集:第1卷 [M]. 北京:人民出版社,1976:90.

的关系，是人对人的社会关系。"① 列宁认为，这个思想表明，马克思是如何接近自己的整个"体系"的基本思想的，即如何接近生产的社会关系这个思想的。针对鲍威尔一伙把思想意识和物质利益对立起来的谬论，马克思、恩格斯科学地分析了意识在社会发展中的作用。他们认为，任何革命都不是为了实现某一种纯粹思想，而是为了实际的物质利益。"'思想'一旦离开'利益'，就一定会使自己出丑。"② "思想根本不能实现什么东西。为了实现思想，就要有使用实践力量的人。"③ 思想本身不能改变旧世界，思想必须被群众所掌握，才能变为改造世界的物质力量。

马克思、恩格斯还针对鲍威尔一伙诽谤、污蔑群众，否定群众历史作用的英雄史观，首次明确提出了人民群众是历史创造者的重要原理。他们指出："历史活动是群众的事业，随着历史活动的深入，必将是群众队伍的扩大。"④ 他们以法国大革命为例，指出历史上任何革命运动没有群众的参加，都是不能成功的。在批判青年黑格尔派否定群众作用的反动观点时，马克思、恩格斯论证了无产阶级的革命作用，进一步丰富了无产阶级历史使命的学说。

在《神圣家族》中，马克思、恩格斯通过具体分析资本主义社会中贫穷与富有或无产阶级与资产阶级这一对矛盾，研究了对立面的统一和斗争的辩证关系问题。鲍威尔一伙把思辨矛盾当作现实矛盾的创造者，硬是用自我意识来解决劳动和资本，无产者和资产者之间的矛盾，企图通过否定无产阶级来消除矛盾。马克思、恩格斯对鲍威尔一伙的谬论进行了深刻批判，对资本主义社会的矛盾运动进行了辩证分析。他们指出："无产阶级和富有是两个对立面。它们本身构成一个统一的整体。它们二者都是由私有制世界产生的。问题在于这两个方面中的每一个方面在对立中究竟占有什么样的确定的地位。只宣布它们是统一整体的两个方面是不够的。"⑤ 在私有制这个统一体中，私有者是肯定方面、保守方面，无产者是否定方面、破坏方面。从前者产生保持对立的行动，从后

---

① 中共中央马克思恩格斯列宁斯大林著作编译局. 马克思恩格斯全集：第2卷 [M]. 北京：人民出版社，1957：52.
② 中共中央马克思恩格斯列宁斯大林著作编译局. 马克思恩格斯全集：第2卷 [M]. 北京：人民出版社，1957：103.
③ 中共中央马克思恩格斯列宁斯大林著作编译局. 马克思恩格斯全集：第2卷 [M]. 北京：人民出版社，1957：152.
④ 中共中央马克思恩格斯列宁斯大林著作编译局. 马克思恩格斯全集：第2卷 [M]. 北京：人民出版社，1957：104.
⑤ 中共中央马克思恩格斯列宁斯大林著作编译局. 马克思恩格斯全集：第2卷 [M]. 北京：人民出版社，1957：43.

者则产生消灭对立的行动。私有制在自己的经济运动中必将自己把自己推向灭亡。这就科学地论证了对立面的同一性和斗争性的辩证关系。这一论证比《黑格尔法哲学批判》对矛盾问题的论证有了重大发展。

《神圣家族》于1845年2月出版后,在德国引起了很大的震动。各种具有不同倾向和立场的报刊,都进行了评论。鲍威尔本人也进行了最可怜、最拙劣的申辩和反批评,然而这是无济于事的。由于"恩格斯和马克思在《神圣家族》中给他作的死刑判决"①,此后以鲍威尔为代表的青年黑格尔派也就威信扫地了。

应当指出,青年黑格尔派的另一位杰出代表费尔巴哈的人本主义唯物主义哲学在当时还很有市场,还强烈地影响着马克思和恩格斯。这从《神圣家族》中可以看出来。尽管这部著作进一步发展并超越了费尔巴哈的观点,用关于现实的人及其历史发展的科学来代替费尔巴哈对抽象人的崇拜,即代替他的新宗教的核心,但是马克思、恩格斯还没有最终摆脱他的思想影响。在"对法国唯物主义的批判的战斗"一节中,马克思说:"比较有科学根据的法国共产主义者德萨米、盖伊等人,像欧文一样,也把唯物主义学说当作现实的人道主义学说和共产主义的逻辑基础加以发展。"②他还把费尔巴哈的与"人道主义相吻合的唯物主义",说成是共产主义的理论基础,把共产主义称为"真正的人道主义""现实的人道主义"。马克思、恩格斯后来也承认,这本书"对费尔巴哈的迷信现在给人造成了一种滑稽的印象"③。1845年,随着马克思、恩格斯思想的进一步发展,他们同费尔巴哈思想的矛盾便日益尖锐起来,因此清算费尔巴哈的思想影响,便成为马克思和恩格斯面临的新任务了。

第三节 批判改造费尔巴哈哲学全面制定历史唯物主义原理

1845年1月,法国政府在普鲁士政府的压力下,下令把马克思驱逐出巴黎。2月,马克思全家迁居比利时首都布鲁塞尔。不久,恩格斯也来到这里。恩格斯

---

① 中共中央马克思恩格斯列宁斯大林著作编译局. 马克思恩格斯全集:第42卷 [M]. 北京:人民出版社,1979:367.

② 中共中央马克思恩格斯列宁斯大林著作编译局. 马克思恩格斯全集:第2卷 [M]. 北京:人民出版社,1957:167-168.

③ 中共中央马克思恩格斯列宁斯大林著作编译局. 马克思恩格斯全集:第31卷 [M]. 北京:人民出版社,1972:293.

回顾说:"当我们1845年春天在布鲁塞尔再次会见时,马克思已经从上述基本原理出发大致完成了发挥他的历史唯物主义理论的工作,于是我们就着手在各个极为不同的方面详细制定这些新观点了。"① 1845—1846年,是马克思、恩格斯彻底批判费尔巴哈哲学,全面制定唯物史观的时期。在这个时期,欧洲大陆的革命正处于酝酿阶段,工人运动蓬勃发展,各种思潮和学说也非常活跃。这些学说和思潮大都是以黑格尔哲学和费尔巴哈哲学为理论基础的,用它们来解释社会主义和共产主义。为了清除这些学说和思潮对工人运动的影响,论证新世界观的正确性,马克思、恩格斯展开了对费尔巴哈人本学唯物主义的批判工作。这也是马克思、恩格斯思想向前发展的必然要求。当他们批判黑格尔和青年黑格尔派唯心主义时,费尔巴哈唯物主义哲学为他们提供了思想武器。但当他们将要制定唯物史观的科学体系时,费尔巴哈人本主义哲学就成为他们思想进一步发展障碍。因此批判费尔巴哈哲学势在必行。在《关于费尔巴哈的提纲》和《德意志意识形态》中,马克思、恩格斯彻底批判了费尔巴哈人本学唯物主义,清算了他们自己过去的哲学信仰,精辟论述了唯物史观的基本原理,确定了马克思主义哲学体系。

一、对费尔巴哈人本主义的批判

费尔巴哈(1804—1872年)哲学思想的发展经历了三个阶段:上帝——理性——人,也就是从神学出发,经过黑格尔的唯心主义,最后走向人本主义。他的整个哲学活动,始终坚持了对宗教神学和唯心主义的批判,并且揭露了二者之间的内在联系。他认为不是神创造了人,而是人创造了神。他责备黑格尔不是拿自己的概念去符合事物,而是拿事物去符合自己的概念。黑格尔的"绝对精神"不过是上帝的代名词,上帝是唯心主义的最初创始人。费尔巴哈在同宗教和唯心主义的斗争中,形成了他的人本主义学说。他宣称,人和自然界是哲学的唯一对象,哲学的任务就是将神学转变为人本学。那么,什么是人的本质呢?在他看来,人的生存是依赖于自然界的,人是自然界的产物。因此,人的本质,就是人的自然属性,即生物学的属性。他所说的人,只有自然性,没有社会性,因而只是抽象的人。费尔巴哈把人本身和自然界看作是世界的本原,这无疑是唯物主义的。但是,正如列宁所说,无论是人本主义原理,无论是自然主义,都只是关于唯物主义的不确切的肤浅的表述。

---

① 中共中央马克思恩格斯列宁斯大林著作编译局. 马克思恩格斯选集:第4卷[M]. 北京:人民出版社,1972:192.

1845年春天，马克思在布鲁塞尔研究了费尔巴哈《关于哲学改造的临时纲要》等著作，写出了《关于费尔巴哈的提纲》。这个提纲马克思写在1844—1847年的笔记本中。马克思生前没有公开发表。恩格斯对提纲做了某些文字上的修改，于1888年把它作为《路德维希·费尔巴哈和德国古典哲学的终结》一书的附录，首次公之于世。《提纲》总共11条，全文不到1500字，但内容极为丰富，思想非常深刻。它标志着马克思的哲学思想发展到了一个新的阶段。在《神圣家族》中，马克思、恩格斯对费尔巴哈评价过高；而在《关于费尔巴哈的提纲》中，则从根本上与费尔巴哈哲学划清了界限。恩格斯对《关于费尔巴哈的提纲》在马克思思想发展史中的地位给予了科学评价，认为它"作为包含着新世界观的天才萌芽的第一个文件，是非常宝贵的"①。

　　在《关于费尔巴哈的提纲》中，马克思的批判锋芒，主要是指向费尔巴哈的人本主义哲学。当马克思信仰黑格尔哲学时，他把人的本质理解为自由和理性。当他批判黑格尔的唯心主义时，便抛弃了上述观点，接受了费尔巴哈人本主义的影响。在《德法年鉴》的文章中，马克思也主张，"人的根本就是人本身""人本身是人的最高本质"等等。但是，马克思并没有就此止步，而是循序渐进，强调研究人的社会特质。他指出，人并不是抽象的栖息在世界以外的东西，人就是人的世界，就是国家、社会。他通过对劳动的分析，加深了对人的社会本质的认识。认为劳动是人区别于动物的本质属性，从根本上肯定了人的社会性。他通过对物质利益问题的研究，更加深化了对人的社会本质的认识。物质利益是联系人们的纽带。在物质利益背后，隐藏着人与人的社会关系。马克思在研究政治经济学的基础上，深刻批判了费尔巴哈把人的本质理解为单个人所固有的抽象物，明确提出："在其现实性上"，人的本质"是一切社会关系的总和"②。这种由现实的生产关系、政治关系和思想关系的总和构成的社会关系决定人的本质，是马克思关于人的本质的科学规定。

　　在《关于费尔巴哈的提纲》中，马克思还划清了新旧唯物主义的界限。他批判了费尔巴哈唯物主义的直观性，把实践观点引入认识论和历史观。首先，包括费尔巴哈在内的一切旧唯物主义哲学，虽然正确地坚持了物质第一性，意识第二性的原理。但它的主要缺点是对事物、现实、感性，只是从客体的或者直观的形式去理解，而不是把它们当作人的感性活动，当作实践去理解，不是

---

① 中共中央马克思恩格斯列宁斯大林著作编译局. 马克思恩格斯选集：第4卷[M]. 北京：人民出版社，1972：208-209.

② 中共中央马克思恩格斯列宁斯大林著作编译局. 马克思恩格斯选集：第1卷[M]. 北京：人民出版社，1972：18.

从主观方面去理解。费尔巴哈虽然也谈到过实践这个概念,但他心目中的实践,指的是人与人之间平常的交往,而不是指社会实践、革命实践。他根本不了解革命的、实践批判的活动的意义。由于费尔巴哈离开了社会实践,就把感性直观和众人意见当作判断真理的标准。马克思针锋相对地指出,人的思维是否具有客观的真理性,这并不是一个理论的问题,而是一个实践的问题。实践是检验真理的唯一标准。

其次,包括费尔巴哈在内的一切旧唯物主义哲学,只承认人受环境和教育的影响,否认人的革命实践能够改造客观环境。马克思指出,这种学说忘记了环境正是由人来改变的,教育者本人一定是受教育的,环境的改变和人的活动的一致,只能被看作是并合理地理解为革命的实践。马克思科学地评价了费尔巴哈批判宗教的功绩,同时指出他没有揭示产生宗教的社会根源和消灭宗教的根本途径。马克思认为宗教的存在,只能用现实社会的阶级矛盾和斗争来说明,并用排除这种矛盾的方法,在实践中使宗教受到革命的改造。

最后,马克思还揭示了新旧唯物主义的根本区别及其社会阶级根源。他指出,旧唯物主义的立脚点是市民社会;新唯物主义的立脚点则是人类社会或社会化了的人类。旧唯物主义建立在资本主义基础上,是资产阶级的世界观;新唯物主义属于共产主义思想体系,是无产阶级的世界观。哲学家们只是用不同的方式解释世界,而问题在于改变世界。只有马克思主义哲学才能通过实践而能动地改造世界。实践观点是马克思主义首要的和基本的观点,也是马克思主义哲学区别于一切旧哲学的根本标志。实践不仅是唯物主义认识论的基本范畴,也是唯物主义历史观的基本范畴。因为社会生活在本质上是实践的,离开了人们改造世界的社会实践,也就无所谓社会生活和人类历史了。马克思阐明的实践观点,彻底克服了费尔巴哈旧唯物主义的消极性和直观性,奠定了历史和辩证的唯物主义基础。

恩格斯在布鲁塞尔研究了费尔巴哈《未来哲学原理》等著作,大约于1845年11月就写了《费尔巴哈》札记手稿。同马克思一样,恩格斯也批判了费尔巴哈人本主义哲学。

札记手稿首先指出,费尔巴哈的全部哲学,可以归结为自然哲学,消极地崇拜自然,如醉如痴地膜拜自然的壮丽和万能;可以归结为人类学,即生理学和心理学,这里除了旧唯物主义者已经说过的肉体和灵魂的统一,以及把爱捧上了天的颂歌以外,没有任何新的东西;可以归结为道德要求,把人当作道德的存在物,人对胃的道德的态度,就是不把胃当作一种兽性看待,而是当作人性看待。恩格斯的概括,揭露了费尔巴哈人本主义哲学的本质特征。

在札记手稿中，恩格斯批判了费尔巴哈抽象的人的共同性。费尔巴哈认为，单个的人本身并不具备人的本质，人的本质只包含在共同性中，包含在人和人的统一中。这表明，费尔巴哈试图从人们必须交往、互相需要的社会关系来说明人的本质。但是，他所谓的共同性，指的是性行为、种的延续行为、自我和你的共同性，他知道的"仅仅是两个人之间的交往"①。恩格斯指出，人们从存在的时候起，就是彼此需要的，这种需要只能在社会内部得到满足，为此人们才能发展自己的需要和能力，才能在人们之间发生交往。显然，恩格斯强调的是社会交往，只有人们交往的社会关系才决定人的本质。

按照费尔巴哈直观唯物主义观点，"人的本质"就是人的"存在"，不管这个"存在"怎样，都应安于这个"存在"，以保持"本质"与"存在"的和谐。任何例外，都被看成是不幸事件，是反常现象。恩格斯驳斥说，你乐意在七岁时成为矿井的守门人，每天单独一人在昏暗之中度过十四个小时，既然你的存在是这样，你的本质也就是这样。这是"对现存事物的绝妙的赞扬"②。这就一针见血地揭露了费尔巴哈人本主义哲学为现存制度辩护的唯心思辨性质。

二、对费尔巴哈唯心史观的清算

1845年春，马克思和恩格斯移居布鲁塞尔之后，立即同一些工人组织建立联系，并密切注视着欧洲革命形势的发展。当时，他们的理论在一些知识分子中，特别是在德国西部的知识分子中得到一些人的拥护。因此他们认为有义务科学地论证自己的观点，使欧洲无产阶级，首先是使德国无产阶级相信这种理论。正当此时，鲍威尔和施蒂纳在杂志上发表文章，攻击马克思和恩格斯以及费尔巴哈和赫斯。这时费尔巴哈也发表文章宣称自己是"共产主义者"。莫·赫斯、卡·格律恩、海·克利盖等人也把费尔巴哈人本主义同法国空想社会主义结合起来，宣扬所谓"真正的社会主义"。马克思、恩格斯为了反驳鲍威尔和施蒂纳的攻击，批判各种各样的反动思潮，清除工人运动的障碍，合写了《德意志意识形态》一书。当然，写这部著作，也是马克思、恩格斯为了清算自己以前哲学信仰的需要。马克思说："我们决定共同钻研我们的见解与德国哲学思想体系的见解之间的对立，实际上是把我们从前的哲学信仰清算一下。这个心愿

---

① 中共中央马克思恩格斯列宁斯大林著作编译局. 马克思恩格斯全集：第42卷[M]. 北京：人民出版社，1979：361.
② 中共中央马克思恩格斯列宁斯大林著作编译局. 马克思恩格斯全集：第42卷[M]. 北京：人民出版社，1979：362.

是以批判黑格尔以后的哲学的形式来实现的。"① 这部著作的写作，从1845年11月开始，一直持续到1846年下半年。这部著作的手稿，马克思、恩格斯生前没有问世，直到1932年才在苏联发表。这部著作在马克思主义哲学形成中具有重大意义，它彻底清算了费尔巴哈的唯心主义历史观，具体阐述了马克思、恩格斯自己创立的唯物主义历史观，它标志着马克思第一个伟大发现的初步完成。

如果说，马克思在《关于费尔巴哈的提纲》和恩格斯在《费尔巴哈》札记手稿中，对费尔巴哈的人本主义唯物主义做了初步批判的话，那么，在《德意志意识形态》这部著作中，马克思、恩格斯对费尔巴哈的唯心史观则做了彻底的清算。费尔巴哈从人本主义出发，强调人是自然界的产物。这种自然观无疑是唯物主义的。但是，费尔巴哈在历史观上则是唯心主义者。"当费尔巴哈是一个唯物主义者的时候，历史在他的视野之外；当他去探讨历史的时候，他绝不是一个唯物主义者。在他那里，唯物主义和历史是彼此完全脱离的。"②

在《德意志意识形态》中，马克思、恩格斯首先批判了费尔巴哈唯心史观的出发点，即抽象的人性论。费尔巴哈认为人是自然界的产物，人的本性是受感情制约的。他主张把现实的人作为哲学研究的对象或基础，这比唯心思辨哲学和旧唯物主义关于人的学说无疑是一个进步。但是，他所说的现实的人，只是有肉体、有感情、有意志、有欲望的人。他把现实的人归结为人的自然性，归结为人的两性关系，把人与人的关系归结为"爱与友情"。正如马克思、恩格斯指出的：费尔巴哈"仅仅限于在感情范围内承认'现实的、单独的、肉体的人'，也就是说，除了爱与友情，而且是理想化了的爱与友情以外，他不知道'人与人之间'还有什么其他的'人的关系'。"③ 费尔巴哈所谓"现实的人"，是既脱离现实生活，又脱离历史发展的抽象的人，是概念中的人，是概念的别名。他从"人"的概念出发去说明现实的社会历史，把人当作历史的出发点和追求的终极目的，从而把整个历史过程看成是"人"的发展过程，"人"的异化和复归的过程。这就不可避免地要陷入唯心主义历史观。

其次，揭露了费尔巴哈唯心史观的认识根源，即直观性。所谓"直观"，有消极、被动的静观之意。费尔巴哈不了解实践活动的意义，它在社会发展和人

---

① 中共中央马克思恩格斯列宁斯大林著作编译局. 马克思恩格斯选集：第2卷 [M]. 北京：人民出版社，1972：84.
② 中共中央马克思恩格斯列宁斯大林著作编译局. 马克思恩格斯全集：第3卷 [M]. 北京：人民出版社，1960：51.
③ 中共中央马克思恩格斯列宁斯大林著作编译局. 马克思恩格斯全集：第3卷 [M]. 北京：人民出版社，1960：50.

的认识中的决定作用，而是诉诸感性直观，以直观性代替实践性。他提出许多直观形式：认识"眼前"东西的"普通直观"，认识"真正本质"的"哲学直观"，认识复杂社会的"二重性直观"，等等。他认为自然界的秘密只有通过科学家的直观才能发现。马克思、恩格斯驳斥说，自然科学不是依靠科学家的直观，而是依赖于商业和工业的发展，依赖于人们的"感性活动"而获得的材料。费尔巴哈把人看成是"感性的对象"，即被动的直观对象；而不是看成"感性的活动"，即从事改造世界的实践活动的主体。他不了解人的认识和认识对象都是实践活动的结果。马克思、恩格斯指出，实践活动不仅改变人的认识，而且改变人的认识对象。社会生活在本质上是实践的。离开实践既不能认识社会，也不能改造社会。费尔巴哈没有看到，他周围的感性世界，绝不是某种开天辟地以来就已经存在的、始终如一的东西，而是工业和社会状况的产物，是历史的产物，是世世代代活动的结果，其中每一代都在前一代所达到的基础上继续发展前一代的工业和交往方式，并随着需要的改变而改变它的社会制度。当费尔巴哈看到大批积劳成疾的贫民时，只是诉诸"最高的直观"和理想的"人类的平等化"，而不是诉诸实践和革命。所以马克思、恩格斯说："正是在共产主义的唯物主义者看到改造工业和社会制度的必要性和条件的地方，他却重新陷入唯心主义。"① 费尔巴哈的直观唯物主义同历史是彼此完全脱离的。

再次，抨击了费尔巴哈所谓"共产主义"的观点。费尔巴哈曾经自称是"共产主义者"。他说："他是人，或者，说得更确切些……，他是社会的人，是共产主义者。"② 在这里，所谓"社会的人"，不是指处于一定社会关系总和中的人，而是指个人之间的彼此交往和互相需要。他认为，社会的人彼此不能孤立生活，只有你满足了他人的需要，你的需要才能得到满足。因此，人们互相需要，互相友爱，这就是共产主义。马克思、恩格斯指出，费尔巴哈的共产主义理论，纯粹是根据抽象的人逻辑推演出来空洞范畴，而不是根据对现存资本主义社会关系的矛盾分析中得出的必然结论。这种理论完全可以为资产阶级所接受，它根本不包含共产主义的任何科学内容。一个真正的共产主义者的任务，就是要推翻现存的资本主义制度。马克思、恩格斯说："对实践的唯物主义者，即共产主义者说来，全部问题都在于使现存世界革命化，实际地反对和改变事

---

① 中共中央马克思恩格斯列宁斯大林著作编译局. 马克思恩格斯全集：第 3 卷 [M]. 北京：人民出版社，1960：50-51.
② 费尔巴哈. 费尔巴哈哲学著作选集：下卷 [M]. 王太庆，译. 北京：商务印书馆，1984：435.

物的现状。"① 就是说，共产主义是消灭现存状况的现实运动。随着对费尔巴哈批判的深入，马克思、恩格斯对共产主义的理解和论证发生了根本的变化，他们不再把共产主义看作是"人的本质"的异化和复归的逻辑结论，而是看作资本主义社会生产力和生产关系矛盾发展的必然产物；不再把共产主义称为"真正的人道主义"，而是表述为"实践的唯物主义"。共产主义的理论基础，只能是唯物史观，而不是其他的任何哲学。

费尔巴哈从抽象的人出发，大谈"人的解放"问题。这里所谓"人的解放"，就是扬弃宗教，使"人的本质"由异化到复归，即人性复归。由于费尔巴哈对人的观察是完全脱离人的社会关系和阶级斗争的，因而他对人的解放不是通过政治革命和社会革命，而是通过批判宗教的办法来解决的。但是，他批判宗教不是要废除宗教，而是要用爱的宗教代替神的宗教。这种用爱的宗教和道德说教来求得人的解放，丝毫不能使人的解放前进一步。在人的解放问题上，马克思、恩格斯曾经深受费尔巴哈异化观点的影响，但当他们对费尔巴哈唯心史观展开批判的时候，便消除了异化理论的影响，把人的解放问题完全建立在唯物主义历史观的基础之上。马克思、恩格斯指出："只有在现实的世界中并使用现实的手段才能实现真正的解放；没有蒸汽机和珍妮毛锭精纺机就不能消灭奴隶制；没有改良的农业就不能消灭农奴制；当人们还不能使自己吃喝住穿在质和量方面得到充分供应的时候，人们就根本不能获得解放。'解放'是一种历史活动，而不是思想活动，'解放'是由历史的关系，是由工业状况、商品状况、农业状况、交往关系的状况促成的……"②。

在《德意志意识形态》中，马克思、恩格斯对"真正的社会主义者"的人道主义的批判，实际上是对费尔巴哈人本主义唯心史观批判的继续和深入。德国"真正的社会主义者"并不讳言，费尔巴哈的人本主义是他们的哲学基础，人道主义是他们的最高原则。他们把英法的社会主义和共产主义同德国的人本主义哲学混合起来，炮制了所谓"真正的社会主义"。他们打着"社会主义"的旗号，宣扬抽象的人道主义；企图用阶级调和代替阶级斗争，用人类之爱代替社会革命。马克思、恩格斯深刻地揭露和批判了他们宣扬的"共产主义和社会主义归根到底都消融在人道主义中"的反动观点，指出"真正的社会主义"

---

① 中共中央马克思恩格斯列宁斯大林著作编译局. 马克思恩格斯全集：第3卷［M］. 北京：人民出版社，1960：48.
② 中共中央马克思恩格斯列宁斯大林著作编译局. 马克思恩格斯全集：第42卷［M］. 北京：人民出版社，1979：368.

的全部内容,集中到一点,不过是用资产阶级人道主义和人类之爱来代替共产主义。它是一种以宣扬超阶级的抽象的人为中心,以调和阶级矛盾的泛爱说教为特征的反动理论。

三、唯物史观基本原理的制定

在《德意志意识形态》(以下简称《形态》)中,马克思和恩格斯在彻底清算包括费尔巴哈在内的青年黑格尔派唯心史观的过程中,第一次明确提出"唯物主义历史观"的科学概念,全面制定了历史唯物主义的基本原理。

《形态》首先论证了社会存在决定社会意识的原理。马克思、恩格斯批判了青年黑格尔派和费尔巴哈的唯心史观,把存在第一性、意识第二性的唯物主义原理运用于社会历史领域,提出"不是意识决定生活,而是生活决定意识。"①这里的"生活"一词,实际指的是后来提出的"社会存在"这个更加科学的概念。不是社会意识决定社会存在,而是社会存在决定社会意识。所谓社会存在就是人们的实际生活过程。这种实际生活过程表现在:(1)人们为了创造历史,为了生活,首先就需要衣、食、住、行、用的东西。因此第一个历史活动就是生产满足这些需要的物质资料,即生产物质资料本身。(2)人们使用生产工具进行物质资料生产的活动,在满足生活需要的基础上又引起新的需要。这种新的需要的产生也是第一个历史活动。(3)人类社会历史的发展过程一开始,每日都在重新生产自己生命的人们开始生产另外一些人,即人口的增殖。这样社会生产,包括物质资料生产和人本身生产,表现为双重关系:一方面是自然关系,一方面是社会关系。一定的生产方式是与一定的共同活动的方式相联系的,而这种共同活动方式本身就是生产力。人们所达到的生产力总和决定着社会状况。人们之间的物质关系随着新生产力的发展而不断改变它的形式。马克思、恩格斯详细考察了人类社会赖以存在和发展的历史前提,分析了历史活动的诸要素及其关系,认为物质资料的生产,人口生产和与之相联系的社会关系,构成了人们的物质生活条件。这是历史发展的物质基础。这就对社会存在作了科学的规定。在阐明社会存在的实质及其变化规律之后,马克思、恩格斯还从意识的起源来阐明意识对存在的依赖性。他们指出,意识一开始就是社会的产物。在物质生产中,由于人们交往的需要,才产生语言和意识。意识是人们的物质活动、物质关系的直接产物。意识在任何时候都只能是被意识到了的存在,而

---

① 中共中央马克思恩格斯列宁斯大林著作编译局.马克思恩格斯选集:第1卷[M].北京:人民出版社,1972:31.

人们的存在就是他们的实际生活过程。正确的意识是对现实生活的正确反映，错误的意识则是对现实生活的歪曲或颠倒的反映。在阶级社会中，意识形态的分裂和对立，只能用社会阶级的分裂和对立来说明。统治阶级的思想在每一时代都是占统治地位的思想。也就是说，一个阶级是社会上占统治地位的物质力量，同时也是社会上占统治地位的精神力量，占统治地位的思想不过是占统治地位的物质关系在观念上的反映。在阶级社会中，意识总是具有阶级性的。根据生活决定意识的道理，马克思、恩格斯还指出，一定时代的革命思想的存在是以革命阶级的存在为前提的，随着无产阶级的产生，必然要产生共产主义的意识。社会存在决定社会意识这一原理，为唯物主义历史观奠定了坚实的基础。

《德意志意识形态》还论证了生产力决定生产关系，生产关系一定要适合生产力发展性质的原理。马克思、恩格斯指出，人们一开始从事物质的生产活动，就必然发生双重的关系，即自然关系和社会关系。自然关系是人与自然的关系，就是人们征服自然的共同活动的能力。"这种共同活动方式本身就是'生产力'。"[1] 人们所达到的生产力的总和决定着社会状况。社会关系是人与人之间的关系，在生产过程中人们必然结成一定的社会关系。"社会关系的含义是指许多个人的合作"[2]。至于这种"合作"是在什么条件下，用什么方式和为了什么目的进行的，则是无关紧要的。问题是人们在生产过程中，都一定要结成一定的生产关系，也就是根据个人与劳动的材料、工具和产品的关系决定他们相互之间的关系。这部著作已经提出"生产关系"的概念，但使用最多的则是"交往关系""交往形式""交往方式"等术语。这些术语都是"生产关系"这个科学概念不太准确的表述。生产力同交往关系的关系是怎样的呢？马克思、恩格斯认为，社会生产力是社会发展的原动力。一个民族的生产力发展水平，最明显地表现在该民族分工的发展程度上，任何新的生产力都会引起分工的进一步发展。而分工发展的各个不同阶段，同时也就是所有制的各种不同形式。他们根据生产工具、社会分工等生产力的发展情况，依次考察了原始社会、奴隶社会、封建社会以及资本主义社会的所有制关系，从而得出生产力决定生产关系的结论。指出直接以分工和生产工具为基础的整个人类社会，在其自身发展的过程中"构成一个有联系的交往形式的序列，交往形式的联系就在于：已成为桎梏的旧的交往形式被适应于比较发达的生产力，因而也适应于更进步的个人

---

[1] 中共中央马克思恩格斯列宁斯大林著作编译局. 马克思恩格斯选集：第1卷 [M]. 北京：人民出版社, 1972：34.

[2] 中共中央马克思恩格斯列宁斯大林著作编译局. 马克思恩格斯选集：第1卷 [M]. 北京：人民出版社, 1972：34.

自主活动类型的新的交往形式所代替；新的交往形式又会变成桎梏并为别的交往形式所代替。由于这些条件在历史发展的每一阶段上都是与同一时期的生产力的发展相适应的，所以它们的历史同时也是发展着的，为各个新的一代所承受下来的生产力的历史，从而也是个人本身力量发展的历史"①。这就深刻揭示了生产力和生产关系的矛盾，是社会发展的基本矛盾和动力。在生产力发展基础上，生产关系的依次更替，说明"一切历史冲突都根源于生产力和交往形式之间的矛盾。"② 这种矛盾"每一次都不免要爆发为革命，同时也采取各种附带形式——表现为冲突的总和，表现为各个阶级之间的冲突，表现为意识的矛盾、思想斗争、政治斗争等。"③ 在阶级社会里，生产力和生产关系之间的矛盾，一般都是通过阶级斗争、社会革命来实现的。

马克思、恩格斯在揭示生产力决定生产关系的基础上，还揭示了经济基础决定上层建筑的原理。早在1843年，马克思在《黑格尔法哲学批判》中，就提出不是国家决定市民社会，而是市民社会决定国家的唯物主义观点。1844年，他在巴黎主要研究政治经济学，把"市民社会"说成是资产阶级社会。在《德意志意识形态》一书中，马克思、恩格斯虽然仍旧沿用"市民社会"这一术语，但却把它解释成社会经济基础这一科学概念。他们指出："在过去一切历史阶段上受生产力所制约、同时也制约生产力的交往形式，就是市民社会。……这个市民社会是全部历史的真正发源地和舞台"④。市民社会"这一名称始终标志着直接从生产和交往中发展起来的社会组织，这种社会组织在一切时代都构成国家的基础以及任何其他的观念的上层建筑的基础。"⑤ 这里的"市民社会"，实际上指的是"经济基础"，它含有生产关系总和的意思。这里明确地规定了国家制度和意识形态是"上层建筑"的内容。这里也科学地揭示了经济基础决定上层建筑的原理。马克思、恩格斯指出："那些决不依个人'意志'为转移的个人的物质生活，即他们的相互制约的生产方式和交往形式，是国家的现实基础，

---

① 中共中央马克思恩格斯列宁斯大林著作编译局. 马克思恩格斯选集：第1卷 [M]. 北京：人民出版社，1972：79.

② 中共中央马克思恩格斯列宁斯大林著作编译局. 马克思恩格斯选集：第1卷 [M]. 北京：人民出版社，1972：81.

③ 中共中央马克思恩格斯列宁斯大林著作编译局. 马克思恩格斯选集：第1卷 [M]. 北京：人民出版社，1972：82.

④ 中共中央马克思恩格斯列宁斯大林著作编译局. 马克思恩格斯选集：第1卷 [M]. 北京：人民出版社，1972：41.

⑤ 中共中央马克思恩格斯列宁斯大林著作编译局. 马克思恩格斯选集：第1卷 [M]. 北京：人民出版社，1972：41-42.

而且在一切还必须有分工和私有制的阶段上,都是完全不以个人的意志为转移的。这些现实的关系绝不是国家政权创造出来的,相反地,它们本身就是创造国家政权的力量。"① 国家和法是私有制的产物,又是为私有制而存在的。资产阶级国家不外是资产者为了保障自己的财产和利益所必然要采取的一种组织形式。上层建筑一定要适应经济基础,并为经济基础服务,但二者之间并不是没有矛盾的。"如果这种理论、神学、哲学、道德等和现存的关系发生矛盾,那么,这仅仅是因为现存的社会关系和现存的生产力发生了矛盾。"② 上层建筑和经济基础之间的矛盾,归根结底是受生产力和生产关系之间的矛盾所制约的。马克思、恩格斯通过对生产力和生产关系、经济基础和上层建筑的辩证关系的分析论述,十分清晰地揭示了人类社会历史发展的一般规律。

《德意志意识形态》还论述了阶级和阶级斗争的理论。马克思、恩格斯认为,阶级的产生和对立并不是人类历史一开始就有的,而是生产力发展到一定阶段的产物,是同私有制同时出现的。随着生产力发展,便出现了社会分工。新的社会分工引起了阶级的划分。分工同私有制是同时出现的。"分工和私有制是两个同义语,讲的是同一件事情,一个是就活动而言,另一个是就活动的产品而言。"③ 阶级的产生和对立是不以个人意志为转移的。他们分析了历史上阶级斗争情况,指出在古代是自由民和奴隶之间的对立;在中世纪是贵族和农奴之间的对立;在近代是资产阶级和无产阶级之间的对立。阶级社会一直是在阶级对立的范围内发展的。但是,阶级的存在和对立并不是永恒的。随着生产力的发展,随着私有制被消灭,阶级就会被消灭。社会主义就是要消灭阶级。

在《德意志意识形态》一书中,马克思、恩格斯从唯物史观出发,论证了资本主义灭亡和共产主义胜利的历史必然性。资本主义生产力的发展,不仅创造了资本主义灭亡的物质条件,而且创造了埋葬资本主义的物质力量。无产阶级的历史任务,就是埋葬资本主义,实行共产主义革命。生产力和生产关系之间的矛盾,每一次都不免要爆发为革命,过去的一切革命都不过是一个剥削阶级代替另一个剥削阶级的革命,而共产主义革命则是要消灭剥削、消灭阶级的革命。这个革命建立在资本主义固有的基本矛盾的基础之上,是以生产力的巨

---

① 中共中央马克思恩格斯列宁斯大林著作编译局. 马克思恩格斯全集:第3卷[M]. 北京:人民出版社,1960:377-378.
② 中共中央马克思恩格斯列宁斯大林著作编译局. 马克思恩格斯选集:第1卷[M]. 北京:人民出版社,1972:36.
③ 中共中央马克思恩格斯列宁斯大林著作编译局. 马克思恩格斯选集:第1卷[M]. 北京:人民出版社,1972:37.

大增长为物质前提的。未来的共产主义是一个没有阶级、没有剥削、生产资料全部公有、生活资料按需要分配、人们可以在集体中自由劳动并得到全面发展的社会。马克思、恩格斯指出:"共产主义对我们说来不是应当确立的状况,不是现实中应当与之相适应的理想。我们所称为共产主义的是那种消灭现存状况的现实的运动。这个运动的条件是由现有的前提产生的。"① 这种共产主义既不是空洞的理想,也不是出自道德的要求,而是历史发展的必然。

《德意志意识形态》的最大成就,是全面制定了唯物史观的基本原理。这种历史观可以概括如下:"从直接生活的物质生产出发来考察现实的生产过程,并把与该生产方式相联系的、它所产生的交往形式,即各个不同阶段上的市民社会,理解为整个历史的基础;然后必须在国家生活的范围内描述市民社会的活动,同时从市民社会出发来阐明各种不同的理论产物和意识形态,如宗教、哲学、道德等等,并在这个基础上追溯它们产生的过程。"② 到此,马克思和恩格斯初步完成了第一个伟大发现。正像达尔文发现有机界的发展规律一样,他们发现了人类历史的发展规律。

第四节 马克思主义哲学的诞生

唯物史观的确立,为科学社会主义提供了坚实的基础,标志着马克思主义全面成熟。当马克思创立了自己的哲学之后,他就着手在能够将革命理论变为革命实践的工人中间进行传播。这是由马克思主义哲学的本质特点即要"使现存世界革命化,实际地反对和改变事物的现状"③ 所决定的。1847 年前后,在工人运动中,马克思主义并不占支配地位,它只不过是无数社会主义派别或思潮之一而已。各种空想共产主义、资产阶级小资产阶级社会主义、社会改良主义等形形色色的思潮,还不同程度地支配或影响着工人运动。这样,批判错误思潮,传播科学共产主义世界观,创建真正无产阶级政党,就成为马克思、恩格斯在欧洲革命来临前夕最迫切的任务。他们积极参加工人运动,在布鲁塞尔

---

① 中共中央马克思恩格斯列宁斯大林著作编译局. 马克思恩格斯选集:第 1 卷 [M]. 北京:人民出版社,1972:40.
② 中共中央马克思恩格斯列宁斯大林著作编译局. 马克思恩格斯选集:第 1 卷 [M]. 北京:人民出版社,1972:43.
③ 中共中央马克思恩格斯列宁斯大林著作编译局. 马克思恩格斯选集:第 1 卷 [M]. 北京:人民出版社,1972:48.

建立了"共产主义通讯委员会",把英、法、德、比、波等国的社会主义者团结起来,同时加紧进行对国际性工人组织"正义者同盟"的改造工作。马克思、恩格斯特别重视从思想上建党,对各种影响工人运动的思潮和学说,进行了毁灭性的批判。他们彻底批判了魏特林(1808—1871年)的"手工业共产主义"、克利盖(1820—1850年)的"爱的共产主义"、格律恩(1817—1887年)的"真正的社会主义",以及蒲鲁东主义,清除了各种错误、反动的思潮和派别对工人运动的思想影响。这种批判实际上是对黑格尔哲学和费尔巴哈哲学进行批判的继续和深入。马克思、恩格斯在批判中写成了《哲学的贫困》和《共产党宣言》,进一步阐明了无产阶级斗争的理论纲领和实践纲领,阐明了新的世界观。这两部伟大著作,列宁认为是马克思主义第一批成熟的著作。

一、在同蒲鲁东的论战中对唯物史观和辩证法的科学表述

马克思在巴黎认识蒲鲁东,并同他有过交往。蒲鲁东(1809—1865年)是小资产阶级社会主义的代表人物,无政府主义的创始人之一。1840年,他因发表一本《什么是财产?》的书而著称于世。马克思在《神圣家族》中曾指出过这本书的小资产阶级观点。1846年,蒲鲁东出版了《贫困的哲学》一书,大肆宣扬用保存资本主义来消灭贫困的社会改良方案。1846年底,当马克思浏览了蒲鲁东的这本书之后,立即给布鲁塞尔共产主义通讯委员会驻巴黎的通讯员安年柯夫写了一封长信,对蒲鲁东的新书做了评价,认为它是一本坏书,是一本很坏的书。马克思在信中初步批判了蒲鲁东《贫困的哲学》的错误观点,拟定了他写作《哲学的贫困》的详细提纲。1847年7月,《哲学的贫困》一书出版。它既是一部经济学著作,也是一部哲学著作。通过批判蒲鲁东的哲学观点,发展了唯物史观和唯物辩证法。

蒲鲁东在《贫困的哲学》中,贩卖黑格尔唯心主义观点,把人类历史看成是观念和永恒理性的历史,把经济关系视为人类理性中经济范畴的体现。这就把两者的真实关系完全搞颠倒了。马克思在《哲学的贫困》中指出,经济范畴只不过是生产方面社会关系的理论表现。人类历史不是观念的历史,而是生产的历史,生产者的历史。历史是有其客观必然性的,因为人们不能自由地选择自己的社会形式,既不能自由地选择自己的生产力,也不能自由地选择自己的生产关系。但是,生产力和生产关系相统一的生产方式,并不是永恒不变的。"随着新生产力的获得,人们改变自己的生产方式,随着生产方式即保证自己生活的方式的改变,人们也就会改变自己的一切社会关系。手推磨产生的是封建主为首的社会,蒸汽磨产生的是工业资本家为首的社会。""人们生产力的一切变化必然引起他们的生产关系的变化。"① 在这里，马克思不再使用"交往关系"等术语，而是全部使用"生产关系"这个科学范畴。他重申社会生产力是全部历史的基础，有什么样的生产力，就有什么样的生产关系，从而构成什么样的社会。

蒲鲁东根本不懂生产力和生产关系的矛盾运动，因而也就根本不懂得阶级对抗和斗争，不懂得社会革命在历史发展中的作用。他一直宣扬阶级调和论，鼓吹社会改良主义。马克思认为，每一个以阶级对抗为基础的社会，都是以被压迫阶级的存在为必要条件的。"当文明一开始的时候，生产就开始建立在级别、等级和阶级的对抗上，最后建立在积累的劳动和直接的劳动的对抗上。没有对抗就没有进步。这是文明直到今天所遵循的规律。"② 就是说，阶级对抗的规律同生产力和生产关系的矛盾是完全一致的。这是历史进步和发展的根本动力。由于生产力和生产关系的矛盾运动，由于阶级对抗的发展，必不可免地会爆发社会革命。促进历史进步的社会革命，归根结底是生产力发展的要求。马克思指出："要使被压迫阶级能够解放自己，就必须使既得的生产力和现存的社会关系不再继续存在。在一切生产工具中，最强大的一种生产力是革命阶级本身。革命因素之组成为阶级，是以旧社会的怀抱中所能产生的全部生产力的存在为前提的。"③ 这里不仅论述了生产力的两个因素，而且阐明了革命阶级创造历史的伟大作用。马克思对资本主义社会进行了具体分析，认为无产阶级和资产阶级之间的对抗，仍然是一个阶级反对另一个阶级的斗争，这个斗争一旦达到最紧张的地步，就会成为全面革命。工人阶级解放的条件就是要消灭一切阶级。被压迫阶级的解放必然意味着新社会的建立。工人阶级在发展进程中将创造一个消除阶级和阶级对立的联合体来代替旧的资产阶级社会。从此再不会有任何原来意义的政权了。因为政权正是资产阶级社会内部阶级对立的表现。马克思在揭露蒲鲁东小资产阶级改良主义幻想中，对无产阶级进行革命和建立无产阶级政权的思想做了重要发展。

蒲鲁东根本不懂辩证法，但他却对黑格尔唯心辩证法加以歪曲和庸俗化，妄图用"矛盾"来建立他的政治经济学体系。首先，蒲鲁东对事物的理解是颠

---

① 中共中央马克思恩格斯列宁斯大林著作编译局. 马克思恩格斯选集：第1卷 [M]. 北京：人民出版社，1972：108，119.

② 中共中央马克思恩格斯列宁斯大林著作编译局. 马克思恩格斯全集：第4卷 [M]. 北京：人民出版社，1958：104.

③ 中共中央马克思恩格斯列宁斯大林著作编译局. 马克思恩格斯选集：第1卷 [M]. 北京：人民出版社，1972：160.

倒的。他炮制的"经济矛盾的体系",不过是一些经济范畴在他头脑中的排列次序,而且是一个非常没有秩序的主观排列次序。马克思指出:"经济范畴只不过是生产的社会关系的理论表现,即其抽象。"① 一切事物的运动是事物本身所固有的。经济范畴的辩证法是由客观事物的辩证法决定的。这就揭示了唯物辩证法的客观性。其次,蒲鲁东不懂得矛盾双方既是互相排斥的又是互相制约的。他把资本主义的矛盾归结为"富足"与"贫穷"的矛盾,企图在不触动资本主义制度条件下消除"矛盾"。在马克思看来,在资本主义条件下,资产者的财富是由无产者的贫穷产生的,而产生资本主义形态的财富也必然产生贫穷。"富足"和"贫穷"作为矛盾的双方,既对立又统一地共居于资本主义这个统一体中。因而,不触动资本主义制度去消灭"贫穷",是根本办不到的。再次,蒲鲁东在他的"经济矛盾的体系"里,把每一个经济范畴都分成肯定平等的好的方面和否定平等的坏的方面,好坏双方加在一起就拼凑组合而成每个范畴的矛盾。而解决矛盾,就是消除坏的一方,保存好的一方。马克思批判了蒲鲁东的诡辩论,指出:"两个相互矛盾方面的共存、斗争以及融合成一个新范畴,就是辩证运动的实质。谁要给自己提出消除坏的方面的任务,就是立即使辩证运动终结。"② 马克思在对蒲鲁东歪曲黑格尔辩证法的揭露中,对唯物辩证法的基本观点做了科学的阐述。

1847年,马克思同蒲鲁东的论战,在马克思的思想发展史上具有重要意义。马克思后来回顾说:"我们见解中有决定意义的论点,在我的1847年出版的为反对蒲鲁东而写的著作《哲学的贫困》中第一次做了科学的,虽然只是论战性的表述。"③ 通过这次论战,马克思进一步发展了唯物史观和唯物辩证法。

二、《共产党宣言》的发表标志着马克思主义哲学的产生

马克思、恩格斯通过对各种错误和反动思潮的批判,为改造"正义者同盟"奠定了思想基础,为传播科学共产主义扫清了道路。1847年初,他们加入了同盟,并开始对同盟进行全面的改组。1847年6月上旬,正义者同盟在伦敦召开第一次代表大会。马克思因经济困难未能出席,恩格斯出席了这次大会。大会

---

① 中共中央马克思恩格斯列宁斯大林著作编译局. 马克思恩格斯选集:第1卷[M]. 北京:人民出版社,1972:108.
② 中共中央马克思恩格斯列宁斯大林著作编译局. 马克思恩格斯选集:第1卷[M]. 北京:人民出版社,1972:111.
③ 中共中央马克思恩格斯列宁斯大林著作编译局. 马克思恩格斯选集:第2卷[M]. 北京:人民出版社,1972:84.

决定用"全世界无产者,联合起来!"这个新口号代替"四海之内,人人皆兄弟!"这个旧口号;决定把"正义者同盟"改名为"共产主义者同盟";并通过了恩格斯为同盟起草的《共产主义信条草案》。从此历史上第一个以科学共产主义理论为指导的无产阶级政党诞生了。后来恩格斯还写成了《共产主义原理》,对《草案》作了进一步的说明与发挥。1847年11月29日至12月8日,"共产主义者同盟"在伦敦召开了第二次代表大会,马克思、恩格斯都出席了这次大会。经过激烈的争辩,马克思、恩格斯捍卫了科学共产主义的原则,最后大会委托他们两人起草《共产党宣言》。1848年2月,《共产党宣言》发表。无产阶级政党第一个纲领性文件问世,标志着马克思主义哲学的诞生。

《共产党宣言》进一步丰富和发展了辩证唯物主义和历史唯物主义这一无产阶级的科学世界观。列宁指出:"这部著作以天才的透彻鲜明的笔调叙述了新的世界观,即包括社会生活在内的彻底的唯物主义、最全面最深刻的发展学说辩证法以及关于阶级斗争、关于共产主义新社会的创造者无产阶级所负的世界历史革命使命的理论。"①

唯物史观是《共产党宣言》的核心原理,是贯穿全书的一条红线。恩格斯指出:"每一历史时代主要的经济生产方式与交换方式以及必然由此产生的社会结构,是该时代政治的和精神的历史所赖以确立的基础,并且只有从这一基础出发,这一历史才能得到说明;因此人类的全部历史(从土地公有的原始氏族社会 解体以来)都是阶级斗争的历史,即剥削阶级和被剥削阶级之间,统治阶级和被压迫阶级之间斗争的历史;这个阶级斗争的历史包括有一系列发展阶段,现在已经达到这样一个阶段,即被剥削被压迫的阶级(无产阶级),如果不同时使整个社会一劳永逸地摆脱任何剥削、压迫以及阶级划分和阶级斗争,就不能使自己从进行剥削和统治的那个阶级(资产阶级)的控制下解放出来。"②

《共产党宣言》精辟阐述了阶级和阶级斗争的原理。马克思、恩格斯在《神圣家族》《英国工人阶级状况》《德意志意识形态》《共产主义原理》等著作中,就曾经做过论证;《共产党宣言》对这一原理做了更加精辟的阐述。《共产党宣言》明确指出,自原始社会解体以来,"到目前为止的一切社会的历史都是阶级

---

① 中共中央马克思恩格斯列宁斯大林著作编译局. 列宁选集:第2卷[M]. 北京:人民出版社,1976:578.
② 中共中央马克思恩格斯列宁斯大林著作编译局. 马克思恩格斯选集:第1卷[M]. 北京:人民出版社,1972:237.

斗争的历史"①。在过去的各个历史时代，我们到处都可以看到社会被划分为各个不同阶级的事实。有阶级就有阶级斗争。在奴隶社会和封建社会里，自由民和奴隶、贵族和平民、领主和农奴、行会师傅和帮工，一句话，压迫者和被压迫者，始终处于互相对立的地位，进行不断的、有时隐蔽有时公开的斗争，而每一次斗争的结局都是整个社会受到革命改造或者斗争的各个阶级同归于尽。《共产党宣言》进一步指出，从封建社会的灭亡中产生出来的现代资产阶级社会，并没有消灭阶级对立。它只是用新的阶级、新的压迫条件、新的斗争形式代替了旧的阶级对立。资产阶级时代有一个特点，它使阶级对立简单化了。整个社会日益分裂为两大敌对的阵营，分裂为两大直接对立的阶级：资产阶级和无产阶级。它们之间的对立和斗争，推动着资本主义社会历史的发展。阶级社会的历史，就是一部阶级斗争史。《宣言》不仅揭示了人类社会阶级斗争从隐蔽到公开的发展过程及其规律，而且揭露了阶级斗争的根源在于生产力和生产关系、经济基础和上层建筑的矛盾。马克思主义的阶级斗争理论为我们提供了从迷离混沌的社会状况中来找出规律性的一条基本线。

《共产党宣言》深入分析了资本主义生产方式产生和发展的历史。在西欧的历史上，早在封建社会里就出现了资本主义生产关系的萌芽，产生了最初的资产阶级分子。随着资本主义的兴起，工场手工业代替了封建的或行会的手工业经营方式。但是，生产力还在不断地向前发展。蒸汽和机器引起了工业生产的革命。现代大工业代替了工场手工业。于是，封建的所有制关系，就不再适应已经发展的生产力了。这种关系已经在阻碍生产而不是促进生产的发展了。它变成了束缚生产力发展的桎梏。它必然被打破，而且果然被打破了。资产阶级逐步建立了自己在经济上的统治地位。由此可见，现代资产阶级本身是一个长期发展过程的产物，是生产方式和生产关系一系列变革的产物。资本主义的生产方式是在封建社会内部产生的。伴随着资本主义经济的发展，资产阶级在政治上也发展了起来。当工场手工业发展到大工业的时候，资产阶级经过革命，终于打败封建势力，夺得了国家政权。现代的国家政权不过是管理整个资产阶级的共同事务的委员会罢了。《共产党宣言》肯定，资产阶级在历史上曾经起过非常革命的作用。它破坏了一切封建的、宗法的关系，用新的剥削制度代替了旧的剥削制度，建立起新的资本主义生产关系。新的生产关系是同生产力的发展相适应的，它大大推动了生产力的发展。资产阶级在它不到一百年的统治中

---

① 中共中央马克思恩格斯列宁斯大林著作编译局. 马克思恩格斯选集：第1卷［M］. 北京：人民出版社，1972：250.

所创造的生产力，比过去一切时代创造的全部生产力还要多，还要大。它魔术般地把沉睡于地下的财富唤醒，社会财富成倍增加。但是，资本主义生产力的发展，并没有消除而是加深了阶级对立和人民的贫困。几十年来工业和商业的历史，只不过是现代生产力反抗资产阶级生产关系和所有制关系的历史。要证明这一点，只需要指出周期性的商业危机就够了。在危机期间，大量的产品和生产力被毁灭掉。这就表明资产阶级的生产关系和所有制关系，已经不再适应而是阻碍生产力的发展了。资产阶级的关系已经太狭窄了，再容纳不了它本身所造成的财富了。资产阶级用来推翻封建制度的武器，现在却对准资产阶级自己了。资产阶级不仅锻造了置自身于死地的武器，而且还锻造了将要运用这种武器的人即无产阶级。《共产党宣言》运用生产力与生产关系的辩证原理，分析了资本主义社会的基本矛盾和阶级斗争的规律，得出了"资产阶级的灭亡和无产阶级的胜利是同样不可避免的"① 科学结论。

《共产党宣言》进一步论述了无产阶级的历史使命，揭示了无产阶级革命的规律。资产阶级越发展，无产阶级也在同一程度上跟着发展。无产阶级丧失了一切生产资料，完全靠出卖自己的劳动力为生，劳动力成为商品。现代工人只有当他们找到工作的时候才能生存，而且只有当他们的劳动增殖资本的时候才能找到工作。由于机器的推广和分工的发展，无产者的劳动失去了独立的性质，工人变成了机器的附属品。工人们不仅是资产阶级、资产阶级国家的奴隶，并且每日每时都受机器、受监工、受厂主的奴役。资本家对工人进行残酷的剥削和奴役，必然引起无产阶级的反抗。无产阶级的斗争经历了各个不同的发展阶段。起初是自发斗争，捣毁机器，烧毁工厂。后来是自觉斗争，无产者联合起来进行有组织的反抗，把斗争转变为起义。无产者组织成为阶级，组织成为政党，来反对资本主义制度。一切阶级斗争都是政治斗争。无产阶级反对资产阶级的斗争，必然发展成为公开的革命。无产阶级如果不炸毁构成资本主义官方社会的整个上层，就不能抬起头来，挺起胸来。无产阶级只有消灭全部现存的占有方式，才能取得社会生产力。它必须用暴力推翻资产阶级，才能建立自己的政治统治。《宣言》运用经济基础和上层建筑的辩证关系原理，揭示了无产阶级革命的基本规律。无产阶级革命的最终目的，就是使无产阶级成为阶级，推翻资产阶级的统治，由无产阶级夺取政权。就是说，工人革命的第一步就是使无产阶级上升为统治阶级，争得民主；然后是第二步，无产阶级将利用自己的政

---

① 中共中央马克思恩格斯列宁斯大林著作编译局. 马克思恩格斯选集：第1卷 [M]. 北京：人民出版社，1972：263.

治统治，一步一步地夺取资产阶级的全部资本，把一切生产工具集中在国家即组织成为统治阶级的无产阶级手里，并且尽可能快地增加生产力的总量。

《宣言》还确定了无产阶级在意识形态领域里的革命任务。资产阶级的思想、观念，是资产阶级的生产关系和所有制关系的产物，是由这个阶级的物质生活条件来决定的。资产阶级把自由、正义等所谓"永恒的真理"，说成是社会发展一切阶段的共同的意识形态。这是因为过去一切阶级社会的历史，都是在阶级对立中运动的，不管这种对立具有什么样的形式，社会上一部分人对另一部分人的剥削却是过去各个世纪所共有的事实。因此，各个世纪的社会意识，尽管千差万别，总是剥削阶级的意识形态，这些意识形态，只有当阶级对立完全消失的时候才会完全消失。《共产党宣言》论证说，人们的观念、观点和概念，一句话，人们的意识，是随着人们的生活条件、人们的社会关系、人们的社会存在的改变而改变的，精神生产是随着物质生产的改造而改造的。任何一个时代的统治思想，始终都不过是统治阶级的思想。当人们谈到使整个社会革命化的思想时，他们只是表明一个事实：在旧社会内部已经形成了新社会的因素，旧思想的瓦解是同旧生活条件瓦解的步调一致的。《共产党宣言》在精辟论证社会存在和社会意识辩证关系的基础上，提出了无产阶级在意识形态领域里的革命任务，即"共产主义革命就是同传统的所有制关系实行最彻底的决裂；毫不奇怪，它在自己的发展进程中要同传统的观念实行最彻底的决裂"①。

最后，《共产党宣言》庄严指出："共产党人不屑于隐瞒自己的观点和意图。他们公开宣布：他们的目的只有用暴力推翻全部现存的社会制度才能达到。让统治阶级在共产主义革命面前发抖吧。无产者在这个革命中失去的只是锁链。他们获得的将是整个世界。"②

《共产党宣言》把马克思主义哲学、政治经济学和科学社会主义融汇为完整的科学体系，它体现了马克思主义形成时期的最高理论成就，它是无产阶级科学世界观的完整概括。《共产党宣言》的公开问世，标志着马克思主义及其哲学的诞生。马克思主义哲学的最终形成，是哲学发展史上空前的伟大革命。

（原文是作者为《马克思主义哲学发展简史》撰写的第一章书稿，河南人民出版社1985年出版，第1-54页）

---

① 中共中央马克思恩格斯列宁斯大林著作编译局. 马克思恩格斯选集：第1卷 [M]. 北京：人民出版社，1972：271-272.
② 中共中央马克思恩格斯列宁斯大林著作编译局. 马克思恩格斯选集：第1卷 [M]. 北京：人民出版社，1972：285-286.

明代高拱研究

高拱著作版本考证

高拱（1513—1578年），字肃卿，号中玄，河南新郑人。嘉靖二十年（1541年）登进士第，官至内阁首辅兼掌吏部尚书。他于嘉靖四十五年（1566年）三月入阁，隆庆六年（1572年）六月罢官，其间两起两落，经历坎坷。但在隆庆三年（1569年）以后的执政改革中，却做出了不平凡的政绩，为万历初元张居正的改革奠定了基础，确定了政策走向，并开启了明中后期"隆万大改革"的先河。

隆庆六年（1572年）六月，高拱再次罢官后，其志不屈，一面整理文稿，一面著书立说，并写下了大量学术著作。他一生撰有18部著作，佚失《谗书》《避谗录》《春冈年谱》三种。从明万历三年至清康熙三十三年（1575—1694年）的120年间，高拱全集性著作共刊刻过三次。首次是明万历三年至六年（1575—1578年），高拱亲自主刻，无书名，后人名曰《初刻四十二册本》，简称"初刻本"；高拱去世后，其嗣子高务观又续刻两种，即《病榻遗言》和《诗文杂著》，初刻本加上续刻两种，简称"家本"，包括13部著作。第二次是明万历四十二年（1614年），新野进士户部主事马之骏、马之骐兄弟以初刻本为底本刊刻的《高文襄公集》四十四卷本，简称"万历本"，包括14部著作。第三次是清康熙二十五年至三十三年（1686—1694年），高拱胞侄曾孙高有闻"遵依原本"即家本重刻的"笼春堂藏版"《高文襄公文集》八十八卷本，简称"笼春堂本"，包括15部著作。下面对这三种版本分别加以考辨。

一

初刻《四十二册本》，没有统一书名，大陆各大图书馆均无馆藏，台湾图书馆亦无馆藏，日本东京都内阁文库亦无藏书，看来初刻本已经绝迹了。那么，是否有过初刻《四十二册本》呢？回答是肯定的。第一，《四库全书》存目载有《高文襄公集》四十四卷（安徽巡抚采进本）"提要"，指出："又别本四十二册，无卷数，以《问辨录》居首，内多《土蛮纪事》《靖夷纪事》二种，余相同。疑为初刻之本也。"① 又，同书存目还载有《玉堂公草》十卷（副都御史黄登贤家藏本）"提要"，依次指出十卷书名之后说："此盖初刻之本。"以上两条史料充分证明，《四库全书》的编纂者和提要撰写者确曾采集并看到过初刻《四十二册本》，并与万历四十四卷本的内容做过对比研究。第二，马之骏在《高文襄公集·序》中说："予过新郑，闻长老谈文襄琐屑遗事甚详，及卒，业公《全集》，则怳然如见其人。"这里的《全集》，当指初刻《四十二册本》。第三，高有闻在《高文襄公文集·自叙》中，一一介绍高拱著作时，除称书名外，亦称为"册"，极少称"卷"。如说"总之皆《边略》也，著为四册""又特著二册为《政府书答》云""有《顾命纪事》一册""丙子作《本语》天、地、人三册"等等；只有《掌铨题稿》和《问辨录》称卷。这里称"册"，其依据当是初刻《四十二册本》。第四，高有闻于康熙年间重刻《高文襄公文集》笼春堂版本，每种著作的扉页上都印有"遵依原本"字样。这里的"原本"，无疑是指家本（其中包括初刻本），绝不是马氏兄弟刊刻的《高文襄公集》四十四卷本，即万历本。因为高有闻在《重刻〈高文襄公文集〉小记》中曾说："七月二日，乃文襄祖忌日，子孙鳞集，言及文集存亡。幸从堂弟维之在常州得《全集》一部，系南阳府新野县前户部主事马仲良（马之骏字）所刻，且为之序。板虽与寒家原本稍别，而字句文义点画不殊。"第五，高有闻在《小记》中还说："先曾祖文襄公历事三朝，事业彪炳，一时著作甚富。后经流寇之乱，而板籍俱化为乌有矣。"上述种种事实都证明，当时确有初刻《四十二册本》存在于世，但印数很少，世罕流传，现已佚亡。

初刻《四十二册本》何人主刻？高有闻在重刻《高文襄公文集·自序》中指出：高拱"及退而修诸书，以公于世。亦曰：'后之人有踵而行之者，皆可使治道盛、学术明，而风俗人心淳良，而不至于浇漓。'此先文襄公愿也。"据此可知，初刻本是高拱罢官归里后亲自主持刊刻，公之于世的。其中所引高拱之言，实为刊刻之目的与序语。高拱无儿无女，其时嗣子也没确定，他毫无家庭牵累与后顾之忧，所以归家后能够专心致志地著书立说，并将其著作付诸刊刻。再者，明代中后期，文人士大夫刊刻自己的著作已经蔚成风气。因此可以肯定地说，初刻本是高拱晚年自己主刻的。

---

① 四库全书总目提要：卷二七七·集部三十·别集类存目四 [M] //高拱. 高拱全集：附录二. 郑州：中州古籍出版社，2006：1721.

初刻《四十二册本》何时刊刻？根据"《问辨录》居首"，而该书成于万历三年（1575年）五月，由此可以断定：初刻本是在万历三年六月至高拱病故前的万历六年六月刊刻的，大体三年时间。高拱生前已将18部著作编定，但晚年并没有将其全部刊刻完毕，初刻本只刊刻了其中的十三部。当然，其中有些著作是他在职时即已刊刻的，如《程士集》是在嘉靖四十四年（1565年）乙丑会试之后，高拱将其所作程士文"并其序进呈后"，即付梓刊刻，由其"门人吉水廖如春校勘"，该书"所为程士式，奇杰纵横"，当时即"传诵海内"①。从《政府书答》来看，他的有些疏文也曾刊刻后送过属僚参阅。初刻本没有刊刻的5部著作，在他逝世后，其嗣子高务观丢失了3部，即《春冈年谱》《谗书》《避谗录》；其余二种，即《病榻遗言》与《诗文杂著》是他后来补刻的。以上初刻13部加上务观续刻的二种，共15部著作，统称为"家本"或"原本"。所以初刻本不是全本。

初刻《四十二册本》又是如何编订的？回答是：基本体系是按时序由近及远而编。其根据是：第一，"《问辨录》居首"，其他著作依倒行时序编订。万历二年至三年（1574—1575年），高拱在撰著《问辨录》期间即萌发了刊刻自己著作的念头，于是在万历三年五月完成该书之后，即首先刊刻此书，依次向前编订刊刻。第二，万历三十年（1602年），礼部侍郎郭正域撰写的《太师高文襄公墓志铭》指出："公素好读书，作《问辨录》十卷，《春秋正旨》一卷，《本语》六卷，《边略》四卷，《纶扉外稿》四卷，《掌铨题稿》三十四卷，《南宫奏牍》四卷，《政府书答》四卷，《纶扉集》一卷，《程士集》四卷，《外制集》二卷，《直讲》十卷，《献忱集》四卷。"② 以上13部著作共八十八卷（其中有些著作卷数有误）。由此可见，这个书目与初刻本基本相同：一是13部著作书目基本相同；二是《问辨录》居首相同；三是书次逆时序编订相同。其不同之处只是书目称"卷"不称"册"，因为初刻《四十二册本》是册中分卷的。据此可知，郭正域所列的这个书目，其根据肯定是初刻本。高拱死后的万历三十年（1602年），神宗为其平反昭雪，而后其嗣子"务观乃敢乞志文"，想必是务观乞请郭正域为其父撰写《墓志铭》时赠他一部初刻《四十二册本》，故而郭正域据此列出上述书目。第三，高有闻"遵依原本"重刻的笼春堂版本，四年刻成，其年序是：康熙丙寅即二十五年（1686年）：重刻《问辨录》十卷，

---

① 郭正域. 太师高文襄公墓志铭［M］//高拱. 高拱全集：附录二. 郑州：中州古籍出版社，2006：1395.

② 郭正域. 太师高文襄公墓志铭［M］//高拱. 高拱全集：附录二. 郑州：中州古籍出版社，2006：1404.

《本语》六卷，《政府书答》四卷；康熙丁卯即二十六年（1687年）：重刻《春秋正旨》一卷，《掌铨题稿》三十四卷，《南宫奏牍》二卷；康熙戊辰即二十七年（1688年）：重刻《边略》五卷，《纶扉外稿》二卷，《玉堂公草》一卷，《程士集》四卷；康熙己巳即二十八年（1689年）：重刻《日进直讲》五卷，《献忱集》五卷，《外制集》一卷。重刻共13部著作，八十卷。据以上年次来看，笼春堂版基本是按照初刻四十二册本《问辨录》居首由近及远的编订原则重刻的。另外，笼春堂版于康熙己巳即二十八年（1689）还重刻了《病榻遗言》四卷，康熙甲戌即三十三年（1694年）重刻《诗文杂著》四卷。

依据上述史料与考查，可以基本推定初刻《四十二册本》编订13部著作的顺序：《问辨录》五册（十卷），《本语》三册（六卷），《春秋正旨》一册（一卷），《政府书答》二册（四卷），《边略》四册（五卷），《掌铨题稿》十四册（三十四卷），《南宫奏牍》一册（二卷），《纶扉稿》（即《纶扉外稿》）一册（二卷），《玉堂公草》（即《纶扉内稿》）一册（一卷），《程士集》二册（四卷），《日进直讲》五册（五卷），《献忱集》二册（五卷），《外制集》一册（一卷）。上述13部著作共计四十二册八十卷。以上推定与初刻诸书编订顺序是大体不差的。

二

万历本《高文襄公集》，是在高拱谢世36年之后即万历四十二年（1614年），由河南新野进士户部主事马之骏（字仲良）与其兄马之骐（字时良）刊刻的。全书统编为四十四卷。因为高拱已在万历三十年（1602年）被平反昭雪，赠太师，谥文襄，故书名取为《高文襄公集》。该善本只有国家图书馆有藏书，中国台湾"中央"图书馆仅有《高文襄公集》四十三卷微卷资料，原书藏于日本东京都内阁文库，该文库存有万历本《高文襄公集》四十三卷，缺卷四十四。

马之骏为该书作《序》，并未提及他所刊刻的底本来自何时何处与何人之手。但他往返于京师与家乡途中，曾路经新郑并停留过。在新郑停留期间，他访问过高拱所建的"宝谟楼"与"鉴忠堂"旧址，瞻仰过穆宗所题御书匾额，访问过高拱故居并睹其遗像，为此他写有一篇"过新郑访故相高文襄公楼堂旧址"的五言古诗。他在该书《序》中说："予过新郑，闻长老谈文襄琐屑遗事甚详。及卒，业公《全集》，则忾然如见其人。"① 由此推断，马之骏路经新郑，访问高拱嗣子务观时，曾向他索要了初刻《四十二册本》。他读过《全集》，故而在书《序》中对高拱其人其书及其事功作了高度评价。高有闻亦言："七月二日，乃文襄祖忌日，子孙鳞集，言及文集存亡。幸从堂弟维之在常州得《全集》一部，系南阳府新野县前户部主事马仲良所刻，且为之序。板虽与寒家原本稍别，而字句文义点画不殊。"② 由此证明，马氏兄弟刊刻的万历本的底本肯定是初刻《四十二册本》本。

马之骏对初刻本重新编订并加以删节和增补，因而万历本与初刻本还有较多差别：第一，初刻本是册中分卷，每部著作独立成书；而万历本则变"册"为"卷"，将四十二册中的各部著作统一编为四十二卷。第二，初刻本对13部著作是按由近及远的逆时序编排的，《问辨录》居首；而万历本对十三种著作则是按由远及近的顺时序编订的，《问辨录》居尾。其总目顺序是：卷之一《外制集》，卷之二《纶扉内稿》，卷之三《纶扉外稿》，卷之四、五《献忱集》，卷之六、七《政府书答》，卷之八至二十一《掌铨题稿》，卷之二十二、二十三《（南宫）奏牍上下》，卷之二十四《防边纪事》，卷之二十五《伏戎纪事》，卷之二十六《绥广纪事》，卷之二十七、二十八《程士集》，卷之二十九至三十一《本语》，卷之三十二《春秋正旨》，卷之三十三《大学直讲》，卷之三十四《中庸直讲》，卷之三十五至三十七《论语直讲》，卷之三十八至四十二《问辨录》。上述仍为13部著作，其编订意图是：前半部为政治性著作，后半部为学术性著作。第三，初刻本按高拱编定的原著原貌刊刻，而万历本则对某些原著略有删除与删节。如《政府书答》中所有书信末尾的客话套语，全部删除。又如《边略》中的《防边纪事》和《绥广纪事》二卷，原著有奏疏，也有书札；万历本只保留奏疏，删除所有书札。万历本在《防边纪事》一卷中包括了《挞虏纪事》（亦即《土蛮纪事》）与《靖夷纪事》。而《四库全书》总目提要则认为，初刻本比万历本"内多《土蛮纪事》《靖夷纪事》二种，余相同"③。这一论断实属错谬。上述删节和谬误是笔者在编校《高拱全集》时对笼春堂本与万历本对比校勘中发现的。第四，初刻《四十二册本》包括13部著作，而万历本四十

---

① 马之骏. 高文襄公集序 [M] //高拱. 高拱全集：附录二. 郑州：中州古籍出版社，2006：1702.
② 高有闻. 重刻高文襄公文集小记 [M] //高拱. 高拱全集：附录二. 郑州：中州古籍出版社，2006：1708.
③ 四库全书总目提要：卷二二七·集部三十·别集类存目四 [M] //高拱. 高拱全集：附录二. 郑州：中州古籍出版社，2006：1721.

四卷则包括14部著作，内多《病榻遗言》一种，统编为卷之四十三和四十四。这里需要说明的是：万历本前四十二卷每卷卷首均署有"新郑高拱著，新野马之骐、马之骏校订"或"订校"字样，但在收录《病榻遗言》这一著作时，统编为最后两卷，卷首则署"新郑高拱著，长洲戚伯坚校"。再加上高拱没有为此书撰写题序（没有撰写题序的还有《政府书答》），这就引起了一些不必要的怀疑和猜测。

长洲（今苏州）戚伯坚何许人也？他与高拱及其嗣子有何关系？他何时刊刻《病榻遗言》？有何目的与政治背景？他与马氏兄弟有何关系？马氏兄弟如何得到他的刊本？由于缺乏史料，对这些问题只能存疑。但有两点是应该肯定的：一点是高拱生前没有刊刻此书。因为他初刻《四十二册本》时，正是"江陵柄政"时期，张居正与宦官冯保威权震主，显赫一时，高拱如果将历数张、冯恶迹的《病榻遗言》刊刻公布于世，无疑是自取祸端。另一点是万历四十二年（1641年）马氏兄弟刊刻《高文襄公集》之前，《病榻遗言》早已刊刻问世了。究竟具体在什么时间刊刻呢？据美籍华人史学家黄仁宇先生考证，该书是在万历十一二年刊刻问世的。他指出："现在张居正已经死后倒台，但皇帝还没有下绝情辣手，这时高拱的遗著《病榻遗言》就及时地刊刻问世。"[①] 其意是高拱遗著的刊刻问世，明神宗及时看过此书后才下决心处理张居正问题的。

黄仁宇先生确定《病榻遗言》于万历十一二年刊刻问世，我们并不否认其可能性。但他没有准确地指明该书是由何人、何时、何地刊刻的，甚是遗憾。从黄先生的字里行间来看，他似乎是带着倾向性和情绪化来确定该书刊刻时间的。他依据《四库全书》存目对《病榻遗言》提要中所说"以史考之，亦不尽实录"这个毫无史实根据的观点，大做文章。如说："高拱遗著的出现，在彻底解决张居正问题中起了重要作用。""它的出版在朝野都产生了极大的影响，成为最后处理张居正一案的强烈催化剂。"并进而批评高拱其人其书，提出了诸多质疑和猜想，言："高拱在生前就以权术闻名于朝官之间。这一《病榻遗言》是否出自他的手笔还大可研究。即使确系他的手笔或系他的口述，其中情节的真实性也难于判断。"[②] 他再三强调"该书被认为是高拱所作，但真实性可疑"；"高拱著作本身的真实性和可靠性可疑"[③]；等等。

在这里，我们暂且不谈高拱遗著的问世对处理张居正一案的威力和作用究

---

① 黄仁宇. 万历十五年 [M]. 北京：中华书局，1982：33.
② 黄仁宇. 万历十五年 [M]. 北京：中华书局，1982：33，35.
③ 牟复礼，崔瑞德，编. 剑桥中国明代史 [M]. 北京：中国社会科学出版社，1992：556.

竟有多大的问题,也不谈他对高拱脱离史实的批评问题,仅就其对《病榻遗言》一书的质疑和责难谈谈笔者的看法:第一,该书是高拱对壬申(隆庆六年,1572年)六月政局突变前后全过程的回忆录,绝不是玩弄"权术"胡编乱造的产物。第二,此书确系高拱手笔,完稿于万历元年(1573年)王大臣案结案之后。这时高拱还没有老朽糊涂到不能执笔的程度,因为直到万历四年(1576年)还撰有《问辨录》《本语》等几部大部头著作。正如高有闻所说:"及归里,日读书于适志园之景仰堂、澄心洞,而著作益力。"① 所谓是否"手笔""口述""代写""大可研究"云云,不过是论者的主观臆断和猜想而已。第三,此书内容的可靠性与情节的真实性是不容置疑的,也是不难判断的。因为该书的主要内容和情节在《穆宗实录》和《神宗实录》中都有明确记载,在《张太岳文集》中也有所透露(当然亦有删减),当时其他史书也有或多或少的述评。例如,穆宗临终顾命一节,《实录》有其记载,甚至细节也有所描述②,其记载与高拱的回忆完全相同。再如王大臣一案,张居正六天之内两次上疏,《明神宗实录》卷九均有记载:前疏说是罪犯挟刃逆谋,要"乞敕"追究"指使勾引之人"③,矛头对准高拱;但经杨博、葛守礼劝导并抓住其"历历有据"手迹的把柄,再上疏则说"奸人王大臣妄攀主者""宜稍缓其狱""若推求太急,恐诬及善类",开始为高拱开脱。对张居正的真实用意,《明神宗实录》记载得明白,言:"盖居正初疏,意有所欲中,会廷议汹汹,故有是奏。"④ 这难道不是白纸黑字,铁证如山吗?张居正"附保逐拱"以及锻造王大臣谋刺一案,是当时朝野众所周知的事实。至于神宗制造张居正冤案错案,黄先生不从当时的政局走向和错误思潮进行分析,不从皇权与阁权的矛盾中寻找原因,而把主因归咎于《病榻遗言》的刊刻问世,似乎是本末倒置了。

三

笼春堂本《高文襄公文集》,是高拱胞侄曾孙高有闻"鬻田五百亩,为购梨之资及剞劂工食之用",自清康熙二十五年至三十三年(1686—1694年),历时

---

① 高有闻. 重刻高文襄公文集自叙[M]//高拱. 高拱全集:附录二. 郑州:中州古籍出版社,2006:1706.
② 明穆宗实录:卷七十[M]. 台北:"中研院"史语所影印本,1962.
③ 明神宗实录:卷九[M]. 台北:"中研院"史语所影印本,1962.
④ 明神宗实录:卷九[M]. 台北:"中研院"史语所影印本,1962.

八年多，"而诸书刻成"，书名取为《高文襄公文集》，共八十八卷。高有闻是高拱长兄高捷的曾孙。他为笼春堂刻本撰有《自序》《小记》《附录》，一一简介了高拱诸书的写作时间、内容和历史背景，并记述了当时礼部翰林院为编纂志书（即后来的《四库全书》）而搜采民间藏书的行为，以及他"重刻祖书，以备购求"的经过。关于笼春堂刻本需要辨明以下几点：

一是笼春堂本刊刻的底本问题。该版诸书扉页上均印有"遵依原本""康熙××（干支纪年）重刻"，各卷卷首均署有"新郑高拱著，胞侄曾孙高有闻重刻"等字样。据此可知，其底本系初刻本，即"寒家原本"。高有闻此次重刻增加了两部著作，即《病榻遗言》和《诗文杂著》，也是"遵依原本"。前者于"康熙己巳（1689年）重刻"，后者于"康熙甲戌（1694年）重刻"。可见这两部著作是高务观在初刻本之后的续刻本。《病榻遗言》一书，重刻遵依的"原本"是高务观续刻的家本，并非马氏兄弟所收录的"长洲戚伯坚校"的刻本。高拱父子刊刻的家本，因明末战乱，原来"所藏之板，尽为灰烬"。但是原来印本尚存，高有闻之父瑞雏在战乱中"宝藏珍惜，沧桑之际，颠沛流离，未尝一日去诸怀也"[1]。他临终遗嘱有闻曰："吾固无他愿，惟愿文襄祖诸集成帙，则泉台中目可瞑也，汝其记之。"[2] 由此可见，高瑞雏保存的家本，正是高有闻重刻的底本。

二是笼春堂本与万历本的差别问题。两者最大的不同是：万历本《高文襄公集》四十四卷，包括14部著作；而笼春堂本《高文襄公文集》八十八卷，包括15部著作。前者略有删节，已如前述；而后者则恢复原本原貌，并多1部著作，即《诗文杂著》四卷。前者以初刻本册数为卷；而后者则恢复原本册中之卷。前者卷大，初刻《四十二册本》为四十二卷，加上《病榻遗言》二卷，14部著作统编为一书，共四十四卷；而后者卷小，原本14部著作为八十四卷，加上《诗文杂著》四卷，15部著作独立成书，共八十八卷。除《诗文杂著》外，其他14部著作的内容与两个刻本是基本相同的。过去我们认为笼春堂刻本是根据万历本重刻的，并增加一倍书稿[3]，这种看法是不正确的，实际上只是卷数增加四十卷。另外，笼春堂本还刊刻了高拱嗣子务观编纂的《东里高氏世恩录》五卷。这样共刊刻高拱父子著作16部，总计九十三卷。那种认为"高有闻根据

---

[1] 高玉生. 重刻高文襄公文集跋 [M] //高拱. 高拱全集：附录二. 郑州：中州古籍出版社，2006：1710.

[2] 高有闻. 重刻高文襄公文集自叙 [M] //高拱. 高拱全集：附录二. 郑州：中州古籍出版社，2006：1707.

[3] 问辨录校注：序言 [M]. 岳金西，校注. 郑州：中州古籍出版社，1998：9.

明万历刻本重新校刻……增加了《玉堂公草》一卷、《边略纪事》二卷、《世恩录》五卷,合订为八十六卷"①的看法,也是不符合实际的。

三是笼春堂本的编订顺序问题。初刻本与万历本的编订顺序已如上述,而笼春堂本对15部著作则是按"元、亨、利、贞"顺序编订的,每部著作独立成书。其所列的总目是元集:《外制集》《玉堂公草》《纶扉外稿》《献忱集》《南宫奏牍》《政府书答》《程士集》;亨集:《掌铨题稿》;利集:《日进直讲》《问辨录》;贞集:《边略》《本语》《春秋正旨》《病榻遗言》。而各集又脱漏了《诗文杂著》。失传仅列《谗书》《避谗录》,漏列《春冈年谱》。这个总目比之初刻本、万历本的编排,更缺乏科学性和合理性。

笼春堂本刊刻62年之后,即乾隆十六年(1751年),高拱胞侄来孙高玉生又在该版之后加了一个《跋》。《跋》文透露,高捷孙瑞雏(务滋之子)对其子有闻说:"我叔祖文襄公在隆、万间丰功伟绩,列于《明史》,人所共知;至其文采、经济之详,具载《全集》中。此余所以宝藏珍惜,沧桑之际,颠沛流离,未尝一日去诸怀也。"②高有闻继承其父的遗愿,刊刻成书,"约计其册,不下万页"。有闻之子高曰诗,对笼春堂藏版"益谨守宝惜"。曰诗之子高玉生宦游南北,回到家乡后,"翻阅板章,惜多残缺","先王父之绣梓,先大人之宝惜,讵可听其残缺失次耶?余虽赤贫,忍不竭力补缀,以全先大人宝守之意,以无负先曾王父之遗嘱者乎?"③高玉生又补刻了一些板章。所以笼春堂藏版至少在康熙二十五年(1686年)和乾隆十六年(1751年)刊刻过两次,这是现存《高文襄公文集》卷数不同、缺章少篇、文字也有出入的重要原因。

从以上对三种刻本的辨析考证中可以看出,初刻《四十二册本》13部著作按由近及远的倒行时序编订,万历本将14部著作大体上按照由远及近的顺行时序编为四十四卷,没有保留诸书的独立性,而笼春堂本虽然保留了14部著作的独立性,但将其统编为"元、亨、利、贞"四部分,打乱了成书时序,总目又脱漏了《诗文杂著》一书。由此可见,在编订原则上,这三种刻本均缺乏条理性和科学性。

自明末清初以来,不少丛书和类书分别刊载过高拱著作的某些篇卷。如《明经世文编》收录二卷高拱著作,包括条奏、书信与杂论共35篇文章,并在

---

① 高拱论著四种:点校说明[M].流水,点校.北京:中华书局,1993:3.
② 高玉生.重刻高文襄公文集跋[M]//高拱.高拱全集:附录二.郑州:中州古籍出版社,2006:1710.
③ 高玉生.重刻高文襄公文集跋[M]//高拱.高拱全集:附录二.郑州:中州古籍出版社,2006:1710.

字里行间写有评论。《四库全书》除著录《春秋正旨》《问辨录》《本语》外，对其余著作以及《高文襄公集》等在"存目"中分别作出评价性"提要"。《纪录汇编》《宝颜堂秘笈》《玉简斋丛书》等收录有《边略》中个别卷次。商务印书馆的《丛书集成（初编）》，载有《边略》《春秋正旨》《本语》《病榻遗言》等著作。中华人民共和国成立后相当一段时间大陆没有正式出版过高拱著作，直至1993年，中华书局才第一次出版由流水点校的《高拱论著四种》，但该书不分卷次，且点校错误较多①。1998年，笔者编纂校注的《问辨录》（内含《春秋正旨》《本语》），由中州古籍出版社作为"中州文献丛书"出版。应该说，这些丛书和选集从不同视角选取高拱部分著作加以校释和出版，对研究高拱均起到了有益作用，但还不是完整系统的研究资料。

　　基于上述两个方面原因，我们又以笼春堂本为底本，以万历本和《四库全书》本为参校本，重新编订校勘了高拱现存的15部著作，取名为《高拱全集》。此次编订既保持15部著作的独立性，又按照分类与时序相结合的原则加以编订。该书分为上下两册，上册按成书时序编排十种政治类著作，下册亦按成书时序编排五种学术类著作。另外，该书还编有三个附录：《东里高氏家传世恩录》五卷（附录一）、《高拱生平文献》十二卷（附录二），还撰写了《高拱大事年谱》（附录三）。《高拱全集》包括相关文献共计106卷，是笼春堂刻本三百多年来的第四次出版，是真正意义上的《全集》和传世之编。它将填补学术资料的一项空白，对研究明史和高拱将会起到更大的作用。

（原文是作者为《高拱全集》所写前言"板籍考证"部分，中州古籍出版社2006年版，第8~19页）

---

① 岳金西.《高拱论著四种》点校举疑［J］. 古籍整理出版情况简报，1998（10）.

高拱的实学思想和改革功绩

高拱把他的学术思想概括为"实学",把他主持的政治改革概括为"实政"。他说:"圣人有为己之实学,而祸福毁誉不与焉。圣人有为国之实政,而灾祥不与焉。"① 他在实践中始终坚持"为己之实学"与"为国之实政",使二者互补互动,融为一体,从而建构起独具特色的实学实政思想体系。这里首先阐述他的"为己之实学"。

一、实学思想

(一)元气本体论

高拱实学思想体系的理论基础,是在宇宙观上建构起来的元气本体论学说。所谓元气本体论,就是把气或元气视为宇宙产生的本原和存在的本体。在本原论上,高拱提出气一元论的命题:"盖天地之间,惟一气而已矣。"② 气的运行变化生成天地万物,天地万物是由气构成的。因而他又说:"盈天地之间惟万物,凡草木土石诸件皆物也。"③ 天地之间的草木土石等万物,都是本体之气不同的存在形态。那么,气是如何生成天地万物的呢?他指出:"静专动直而大生焉,乾之所以易知也;静翕动辟而大生焉,坤之所以简能也。动静相感而化生焉,乾坤之所以育物也。"又说:"乾之专也,坤之辟也,其动静而无端也,乾坤之通变而不穷也。"④ 他借用《易》学范畴论证和发挥了气本论的观点,认为

---

① 高拱. 高拱全集: 下卷 [M]. 岳金西,岳天雷,编校. 郑州: 中州古籍出版社,2006: 1252.
② 高拱. 高拱全集: 下卷 [M]. 岳金西,岳天雷,编校. 岳金西,岳天雷,编校. 郑州: 中州古籍出版社,2006: 1048.
③ 高拱. 高拱全集: 下卷 [M]. 岳金西,岳天雷,编校. 郑州: 中州古籍出版社,2006: 1100.
④ 高拱. 高拱全集: 上卷 [M]. 岳金西,岳天雷,编校. 郑州: 中州古籍出版社,2006: 695、696.

气是在"静专动直"的变化中创造了广阔的太空,气是在"静翕动辟"的运动中创造了辽阔的大地,天地是在"动静相感"的运动变化中生成和化育了宇宙万物。气的运动是无端的,变化是无穷的。显然,这种气本原论和气本体论的宇宙观是一种元气论的宇宙观。

关于气与理的关系。高拱通过批判程朱"理先气后""以理为本"的理本论,针锋相对地提出"理"根源于"气"的气本论。他说:"气具夫理,气即是理;理具于气,理即是气。原非二物,不可以分也。""气聚则理聚,与生俱生;气散则理散,与死俱死。理气如何离得而可分言之耶!"[1] 在他看来,气中有理,理存于气;气不离理,理不离气。二者俱生俱死,原非二物,是不可分离的。那么,气与理谁本谁末呢?他明确指出:"物,气之为;则,理之具。有物必有则,是此气即此理也。"[2] 他所说的"气",是构成万物的本体,即物质性;"理",是万物运行的法则,即规律性。"气具夫理",即是物质性的气具有规律性的理;"理具于气"即是规律性的理依赖于物质性的气。从而阐明了他的物质性的气与规律性的理相统一的实学观点。在自然观上,这是最明显的唯物主义一元论。

关于事与理的关系。高拱针对理学家割裂、颠倒事与理关系的谬论提出了尖锐的批评。他说:"儒者有言:'虽无其事,实有此理。'此亦大谬。夫理也者,事之理也。既无其事,理于何有?"[3] 所谓"虽无其事,乃有其理","此正后儒曲说,求其理而不得,从而为之辞者也。夫有其理,必有其事。既无其事,理于何在?"[4] 在此,他肯定理只是事之理,理寓事中。有其事必有其理,无其事亦无其理;有其理必有其事,无其理亦无其事。在他看来,社会领域的事与理,跟自然领域中气与理的关系是一样的,事决定理,理从属事。在高拱著作中经常提到"元气"二字,人有人的元气,国家有国家的元气。元气者,本原之气也。社会性的元气同自然性的气,是一脉相通、一以贯之的。他把元气贯通于社会的事与理,称之为"实事""实理"。他说:"实事实理实言,非感应

---

[1] 高拱. 高拱全集: 下卷 [M]. 岳金西, 岳天雷, 编校. 郑州: 中州古籍出版社, 2006: 1191.

[2] 高拱. 高拱全集: 下卷 [M]. 岳金西, 岳天雷, 编校. 郑州: 中州古籍出版社, 2006: 1213.

[3] 高拱. 高拱全集: 下卷 [M]. 岳金西, 岳天雷, 编校. 郑州: 中州古籍出版社, 2006: 1251.

[4] 高拱. 高拱全集: 下卷 [M]. 岳金西, 岳天雷, 编校. 郑州: 中州古籍出版社, 2006: 1102.

之说也。"① "实"者，实有也，客观实在也，绝非主观随意的"感应之说也"。因此，他所说的"实事"，即客观事物的实在性；"实理"，即实事固有的规律性；"实言"，即反映实事实理的真理性。高拱以气贯穿于自然观和社会观，这是彻底的唯物主义一元论。

关于气与心、性的关系。高拱抨击陆王"心即理"的观点，把"心外无物，心外无事，心外无理"② 斥之为"倒言"，认为心性存在于形气、形色之中。他指出："且性从'生'，生非气欤？从'心'，心非气欤？"③ 这里从"性"字结构去说明心性问题既不深刻，也不科学，但其主旨是说心性都根源于气，则是合理的，唯物的。有人问孟子的"形色，天性"谓何？他回答说："此乃万古的确之论"，并加以发挥说："形色，气之为也，而天性即此焉，气之未始不为理也；天性，理之具也，而形色即此焉，理之未始不为气也。人生，则形色完而天性具，气与理俱存也；死，则形色毁而天性灭，气与理俱息也。是气即是理，理即是气，不得以相离也。"④ 这里的"形色"，系指人的形体肤色；"天性"，系指人天生的生理心理活动。这段话的意思是说，人的形色肉体以及生理心理活动，归根到底都是由气构成并决定的，因而都是同气俱生俱存俱毁俱息的。他从气本论出发，对心与理、性与理进行了深入分析："理者，脉络微密、条派分明之谓，天下之理皆理也。而'性'字从'生'、从'心'，则人心所具之生理也。性乃定名，理为虚位。性含灵而能应，理具体而无为。性存郭廓之中，厥惟恒秉，理随事物而在，各有不同。"⑤ 在他看来，由气所决定的心与性，而心更为根本，性从属于心，性是"人心所具之生理也"，二者各不相同；由气所决定的性与理，而性更为本质，理从属于性，"理具体而无为""随事物而在"，二者也各不相同。心、性、理，三者不能等同，因此"心即理""性即理"都是错误的。

针对理学家提出的"性即理"的观点，高拱批评说谓性即理，未敢为然也。

---

① 高拱. 高拱全集：下卷 [M]. 岳金西，岳天雷，编校. 郑州：中州古籍出版社，2006：1100.
② 王守仁. 王阳明全集：卷四·与王纯甫书二 [M]. 吴光，钱明，董平，编. 上海：上海古籍出版社，1992：156.
③ 高拱. 高拱全集：下卷 [M]. 岳金西，岳天雷，编校. 郑州：中州古籍出版社，2006：1191.
④ 高拱. 高拱全集：下卷 [M]. 岳金西，岳天雷，编校. 郑州：中州古籍出版社，2006：1217-1218.
⑤ 高拱. 高拱全集：下卷 [M]. 岳金西，岳天雷，编校. 郑州：中州古籍出版社，2006：1100.

如果性理等同，性就是理；那么，理就是性了。然而"世有称'伦理'者焉，亦谓之'伦性'可乎？有称'文理'者焉，亦谓之'文性'可乎？"① 他从逻辑角度把"性即理"推论为极其荒谬的悖论。他不仅认为把性与理相等同是错误的，而且把人性与物性与兽性相等同也是错误的。他指出："夫人有人之性，物有物之性。岂以人之性犹牛之性，牛之性犹犬之性欤？"② 他把宇宙万物区分为人和物两大类，坚持人有人性，物有物性，各有其内在稳定的本质属性。这是符合客观实际的。而程朱把人性、物性混为一谈，"动兼人、物言之"，是非常荒谬的。他进而诘难宋儒把人性分为"气质之性"和"义理之性"，说："气质之性固在形气中矣，而义理之性乃不在形气中乎？不在形气之中，则将何所住着乎？盖天之生人也，赋之一性，而宋儒以为二性，则吾不敢知也。"③ 他承认人只是一个存在于形气之中的气质之性，此外再没有别的什么性了，从而坚持了唯物主义的一元论。

关于情与理的关系。理学家从"心统性情"出发，把"理"抬高为"天理"，实为封建的道德纲常；把"情"贬低为"人欲"，实是人们日常的生活需要；从而把"天理"与"人欲"对立起来，提出"存天理，灭人欲"的情理论。高拱认为，把"天理"与"人欲""分而为二"，或对立起来，即"分言之，对言之，皆未当也"。他主张理欲不两立，人心无二用，天理即人欲，人欲即天理。所以他提出"人情即天理"的反命题与之相对抗。他说："予尝有言曰：天理不外于人情。然圣人以人情为天理，而后儒远人情以为天理。"④ "盖天理，人情之至也，人情即天理也。"⑤ "天理不外于人情，若远人情以为天理，则非所以为天理也。"⑥ 他对"人情即天理"的命题赋予双重含义：其一，从社会生活层面说，所谓"人情"，即人的情欲、情实，亦即人们物质精神生活欲求的实情。所谓"天理"，固不出乎日用之间，也不出乎人生日用之常。这就是日

---

① 高拱. 高拱全集：下卷[M]. 岳金西，岳天雷，编校. 郑州：中州古籍出版社，2006：1100.
② 高拱. 高拱全集：下卷[M]. 岳金西，岳天雷，编校. 郑州：中州古籍出版社，2006：1100.
③ 高拱. 高拱全集：下卷[M]. 岳金西，岳天雷，编校. 郑州：中州古籍出版社，2006：1218.
④ 高拱. 高拱全集：下卷[M]. 岳金西，岳天雷，编校. 郑州：中州古籍出版社，2006：1225.
⑤ 高拱. 高拱全集：下卷[M]. 岳金西，岳天雷，编校. 郑州：中州古籍出版社，2006：1176.
⑥ 高拱. 高拱全集：下卷[M]. 岳金西，岳天雷，编校. 郑州：中州古籍出版社，2006：1105.

用彝伦之间，莫不各有当然之理。由此可见，"天理"就是客观存在的人们"日用彝伦"的法则和真理，而不是纯粹抽象的道德观念。"人情即天理"，就是人们对物质生活欲求等客观存在的"日用彝伦"的道理和真理。其二，从认识事物层面说，所谓"人情"，即人的本心、本情，"天理"即事之本情、本理。"事有本情而人有本心，出吾本心以发事之本情"，即人以自己的本心去发现去认识事物的本情本理，就会"议道而道不暌，作之于事可推四海而［皆］准，通千古而不谬"①。显然，高拱的"人情即天理"是唯物论的情理论，它同宋明理学家唯心论的理欲论是根本对立的。

高拱通过对宋明理学家的理本论、心即理、性即理、理欲论的批判改造，阐发了他的气本论思想，从而为他的实学思想体系奠定了理论基础，也为批判理学末流的"空寂寡实之学"提供了思想武器。

（二）实理实事论

在天人观上，高拱继承了历史上天人相分、相胜的思想传统，对儒家宣扬的天人感应、灾异谴告、五德终始说进行了有力的批驳，由此阐发了他的"在天有实理，在人有实事"的实理实事论。这种实理实事论，实质上坚持的是唯实论的自然观和历史观。

何谓实理实事？高拱说："夫天人之际，岂不至微妙难言者哉。然在天有实理，在人有实事，而曲说不与焉。何谓实理？夫阴阳错行，乖和贞胜，郁而为沴，虽天不能以自主，此实理也。何谓实事？夫防其未生，救其既形，备饬虑周，务以人胜，此实事也。至谓天以某灾应某事，是诬天也；谓人以某事致某灾，是诬人也。皆求其理而不得，曲为之说者也。"②

所谓"在天有实理"，是指天地之间阴阳二气交错运行，有时正常和顺，有时反常悖扭，由于受到阻滞而造成破坏性灾害这样一种自然规律。所谓"在人有实事"，是指自然灾害发生之前要有所预防，发生之后要加以挽救，思虑周详，有备无患，务必做到尽人事以胜天灾。至于"天以某灾应某事""人以某事致某灾"这种天人感应的说法不过是诬天诬人的曲解之说罢了。在此，高拱断然否定天人感应论，从而将他的自然观和历史观建立在实理实事的基础之上。

对天人感应论的批判。这种神秘主义思潮起源很早，《尚书·洪范》里就已

---

① 高拱．高拱全集：下卷［M］．岳金西，岳天雷，编校．郑州：中州古籍出版社，2006：1225.

② 高拱．高拱全集：下卷［M］．岳金西，岳天雷，编校．郑州：中州古籍出版社，2006：1046-1047.

经有了萌芽。因此，高拱对《洪范》中天人感应的思想萌芽质疑并做了批判，指出："庶征（各种征兆）之说，详于《洪范》。"《洪范》把君王的能敬、能治、明智、善谋、通理等施政态度同天气暂时的雨、晴、暖、寒、风相比附，说成是"休征"，即好的征兆；把君王的狂妄、办事错乱、贪图安乐、严酷急促、昏庸愚昧等性格表情同天气长久的雨、晴、暖、寒、风相附会，说成是"咎征"，即坏的征兆。高拱认为，不论是"休征"或"咎征"，都是"感通之靡试也"①。君王的施政态度和性格表情并不能影响气象的变化，更不能决定自然的运行规律，因为二者之间并无必然的因果联系。如果把二者硬要牵强附会地联系起来，那就必然是天人感通、"天人一理"了。因此他质问道：如果天人可以感通，那么"貌何以为雨？言何以为旸？视何以为燠？听何以为寒？思何以为风？矧时雨必有时旸，是肃则不必乂也；时燠必有时寒，是哲则不必谋也。而恒旸必无恒雨，是有僭应则无狂应也；恒寒必无恒燠，是有急应则无豫应也。初岂若是胶固矣乎？"② 他对《洪范》的质疑和批判，揭露了天人感应的认识根源和历史根源。

高拱在此基础上，进而对官方钦定的南宋理学家蔡沈所著《书集传》进行了大胆抨击。他指出："《书》注未善者多，而《洪范》更甚。如五行自五行，五事自五事，乃比而属之曰：'貌泽，水也；言旸，火也；视散，木也；听收，金也；思通，土也。'岂不牵合无当乎？""庶征：'曰雨、曰旸、曰燠、曰寒、曰风'，亦配五行。夫雨与旸与寒，为水为火为金，亦略近似；燠何以为木而乃为木，风何以为土而乃为土乎？愈不通矣。若谓范畴必配五行，则八政、五纪、三德、五福、六极，又何不分配之哉？"③ 蔡沈在《洪范》注释里把原来五事配庶征的天人感应思想萌芽，进一步发展为五行配五事、五行配庶征、五行配龟兆，其目的完全是为天人感应制造理论根据的。高拱对此一一进行驳斥，认为蔡传纯粹是比属牵合，望文生义，于理不通，毫无根据。

对灾异谴告说的批判。这种学说以天人感应为理论基础，认为天能干预人事，人事也能感通上天。自然界的灾异和祥瑞表示着天神对君主的谴告和嘉奖，二者之间有着必然的因果联系。宋儒程颐对此深信不疑，如说："《春秋》书灾

---

① 高拱. 高拱全集：下卷［M］. 岳金西，岳天雷，编校. 郑州：中州古籍出版社，2006：1047.
② 高拱. 高拱全集：下卷［M］. 岳金西，岳天雷，编校. 郑州：中州古籍出版社，2006：1047.
③ 高拱. 高拱全集：下卷［M］. 岳金西，岳天雷，编校. 郑州：中州古籍出版社，2006：1230.

异，盖非偶然。……分明是天有意于人，天人影响有致之之道也。"高拱批评道："天道远，人道迩。灾异本不可以事应言，故《春秋》书灾异不书事应，乃其理本如此，非圣人有隐意于其间也。而后儒必以事应言之，殊失圣人虚平之旨。"① 在他看来，天道与人道，灾异与事应，二者既不相通，也不感应。《春秋》书灾异不书事应，是以实言之，理本如此，其间绝无隐意。程颐从灾异引出事应，或以事应附会灾异，完全是对孔子旨意的歪曲。如果说天有意降灾谴告，诛罚无道，但灾异对无道之君却无损一根毫毛，而使无辜百姓却遭受流亡饿死的灾难②。这就从事实上揭穿了灾异谴告说的虚伪性和欺骗性。

高拱认为，一切自然灾害的发生，是由天地之间气的运行受到阻滞所导致的。他说："气之行也，有时而顺，有时而舛；而其复也，有时而速，有时而迟。时乎舛也，虽尧、汤不能御其来；犹之时乎顺也，则庄（楚庄王）、宣（鲁宣公）可以安享者也。不然，可谓舛不为尧、汤，而顺独为庄、宣乎？复而迟也，虽尧、汤不能驱之去；犹之复而速也，则戊（殷中宗）、景（宋景公）可以坐值者也。不然，可谓迟不为尧、汤，而速独为戊、景乎？此其理自有在，可以深思而默会者也。"③ 这就是说，气之运行，时顺时舛，天灾来去，时速时迟，这是任何人都改变不了的客观规律。

但是，人在自然灾害面前，并不是无能为力的。高拱认为，天有天之道，人有人之为，强调对灾害要积极防御，尽量避免其危害。为此，他提出"修人事以胜之，庶乎有不为害"④ 的实事论命题。所谓"修人事"，就是灾害发生之前要有所预防，发生之后要加以挽救，务必做到有备无患，人定胜天。他对有备无患思想做了深刻论述："犹之寒暑者，天也；而吾为之裘、为之葛，裘葛诚具，则寒暑不侵焉，备在我也。非曰'吾有裘葛，而天遂不吾寒暑也'。然而，寒暑有时迁也。犹之风雨者，天也；而吾为之室、为之盖，室盖诚具，则风雨不侵焉，备在我也。非曰'吾有室盖，而天遂不吾风雨也'。然而，风雨有时止

---

① 高拱. 高拱全集：下卷 [M]. 岳金西，岳天雷，编校. 郑州：中州古籍出版社，2006：1232-1233.
② 高拱. 高拱全集：下卷 [M]. 岳金西，岳天雷，编校. 郑州：中州古籍出版社，2006：1080.
③ 高拱. 高拱全集：下卷 [M]. 岳金西，岳天雷，编校. 郑州：中州古籍出版社，2006：1048.
④ 高拱. 高拱全集：下卷 [M]. 岳金西，岳天雷，编校. 郑州：中州古籍出版社，2006：1049.

也。"① 在他看来,在天灾面前,有备与无备,后果决然不同。"善论治者,不计灾与不灾,但视备与弗备。如其备,不灾犹善,灾犹可无恐也。如其弗备,不灾犹未可矣,且如有灾,何乎?"② 不管灾与不灾,关键是有备无备,只要能够"修人事",做到"有备",则天也不能违背人意,就能永远立于"无患"的不败之地。他明确说过:"天定胜人,人定亦胜天也。"③ 这是天人交相胜的典型表述。自然规律和天灾,不以人们主观意志为转移,是谓"天定胜人";在自然规律和天灾面前,人们发挥主观能动性,做到有备无患,修人事以胜天灾,谓之"人定胜天"。天人交相胜,是高拱批判灾异谴告说的必然结论,也是他的实理实事论的现实价值之所在。

对以天人感应为理论基础的"五德终始"说的批判。高拱以历代兴亡的历史事实为论据,证明"五德终始"不过是"术家荒唐之说"。"彼术家者流,各持其说,邹衍主相克,刘向主相生,言人人殊,自相矛盾,是人为之说,非天定之理也。"他以周秦两汉为例,说明"土不生水","水不生火",指斥"相生之说,亦自抵悟"。他列举从上古到五代,或一代多君而合用一德,或一代多君而分用五德,或同德而享国长短不同,或同时数国而德难分。这完全是由术家任意而定,并非天定之理,从而揭穿"帝王以五德王天下",是"荒唐甚矣"。宋儒程朱不仅对五德之说深信不疑,而且加以说明,说什么"唐是土德,便少河患;本朝火德,便多火灾"。高拱指出:"河患火灾,附会更甚。"这种以五德致灾异的谬论,不过是依据五行生克而望文生义,任意穿凿附会罢了。④

高拱不仅批判了各种神秘主义思想,而且也揭示了无神论与有神论产生的社会根源。他指出:"天下有道,理为主;天下无道,命为主。""有道之世,是非明,赏罚公。……理有可据,天下之人不谓命也,曰'理固宜然也'。故曰'理为主'。""无道之世,是非晦,赏罚紊。……理无可据,天下之人徒相与咨嗟叹息,曰:'命实为之,谓之何哉?'……命之说行,故曰'命为主'。"⑤ 他

---

① 高拱. 高拱全集:下卷 [M]. 岳金西, 岳天雷, 编校. 郑州:中州古籍出版社, 2006:1050.
② 高拱. 高拱全集:下卷 [M]. 岳金西, 岳天雷, 编校. 郑州:中州古籍出版社, 2006:1050.
③ 高拱. 高拱全集:下卷 [M]. 岳金西, 岳天雷, 编校. 郑州:中州古籍出版社, 2006:1203.
④ 高拱. 高拱全集:下卷 [M]. 岳金西, 岳天雷, 编校. 郑州:中州古籍出版社, 2006:1253-1254.
⑤ 高拱. 高拱全集:下卷 [M]. 岳金西, 岳天雷, 编校. 郑州:中州古籍出版社, 2006:1204.

把天下的有道与无道，社会的治与乱，看成是人们相信真理与迷信命运的社会基础，在一定程度上阐明了无神论与有神论产生的社会根源。

高拱力倡"在天有实理，在人有实事"的天人交相胜的历史观，批判以天人感应论为基础的灾异谴告说和五德终始说，其目的在于破除对天意的迷信崇拜，对天灾的恐惧心理，对五德的神秘观念，从而为他实现社会改革扫清思想道路。历史证明，社会时弊和不合理制度的存在，一般都是以神学迷信作为精神支柱的；要对其进行变革，就不能不批判神学迷信思想。因而对神学迷信的批判则成为现实社会改革的先导。高拱在指明无神论与有神论产生和存在的社会根源后，提出要"化无道之世为有道之世"①，进行"兴利除弊"的隆庆大改革，使国家由乱变治，铲除神学迷信的社会根基。由此可见，高拱不仅是一位批判神学迷信的勇士，无神论的思想家，而且也是一位坚定的社会改革家。

（三）求实求是论

高拱从气本论出发，在知行观上，坚持求实求是论。这种知行观，在认识对象上强调"求实"，认识和把握事物的实情；在认识目的上注重"求是"，掌握事物的规律而获得真理；在认知方法上崇尚"践履"，这是达到求实求是的根本途径。这种求实求是论是一种实学知行观。

首先，高拱提出"事必求其实"的实学命题。这一命题的实质在于坚持认识论的唯物论。有人问：蒲芦，沈括以为蒲苇；伊川以为果蠃，二说孰是？高拱回答说："皆非也。世称果蠃为蒲芦，考之他书云：蒲芦，葫芦之细腰者也。果蠃，土蜂腰细有似于蒲芦，故人以为蒲芦。即此而言，则是果蠃之取象于蒲芦，非蒲芦之为果蠃也。"② 在他看来，认识事物决不能捕风捉影，望文生义；也不能瞎子摸象，似是而非。本来把蒲芦训为"蒲苇"或"果蠃"，都是"无关义理"的小事，他之所以考之他书，追根求源，训"蒲芦"为"葫芦"，主要是"欲学者事必求其实耳"③。"事必求其实"，就是按照事物自身固有的实情来认识事物，坚持认识论的唯物论。

高拱认为，运动变化着的客体都有其"本情"，其"本情"是可以被认知主体的"本心"所认识和把握的。他说："夫事有本情而人有本心，出吾本心以

---

① 高拱. 高拱全集：下卷 [M]. 岳金西，岳天雷，编校. 郑州：中州古籍出版社，2006：1203.

② 高拱. 高拱全集：下卷 [M]. 岳金西，岳天雷，编校. 郑州：中州古籍出版社，2006：1107.

③ 高拱. 高拱全集：下卷 [M]. 岳金西，岳天雷，编校. 郑州：中州古籍出版社，2006：1107.

发事之本情,则议道而道不暌,作之于事,可推四海而[皆]准,通千古而不谬。"① 所谓"事有本情",即认识客体自身固有的实际情况;"人有本心",即认识主体本来具有的认知能力。"出吾本心"是为了发现、探求"事之本情",即主体去认识和把握客体的本来面目、实际情况。"本心"怎样去发现、认识和把握客体之"本情"呢? 他提出必须做到:中、庸、和。"夫中也者,言乎其当也;庸也者,言乎其平也;和也者,言乎其顺也。"② 所谓"中"者,不偏不倚、无过不及之谓也,就是说要做到"当",使主体"本心"的认识符合于客体的"本情",即符合实情、符合规律、符合法度分寸,而不能有所偏离。所谓"庸"者,平常不易之谓也,就是说要做到"平",使主体"本心"的认识符合于客体的"本情"而不能有所背离。所谓"和"者,中正和谐之谓也,就是说要做到"顺",使主体"本心"的认识顺应于客体的"本情",而不能有所逆离。在这里,他既阐明了事物"本情"的客体性和规律性,又高扬了人之"本心"的主体性与能动性。只有通过"中、庸、和"即"当、平、顺"的认识方法,就能把握事物的实情。根据事物的实情来认识事物的本质,这是千古不易的认识法则。高拱提出的本心本情说,把主体能动性思想安放到客体规律性的基础之上,从而体现出他的事必求其实的精神。

其二,在求实的基础上,高拱又提出了"虚心以求其是"的实学命题,这一命题的实质在于坚持认识论的辩证法。他说:"道者,天下公共,惟其是而已。"③ 又说: "儒家有言:只要成就一个'是'而已。夫'是'岂易成哉?……察理不精,……安能便'是'?"④ 这里的"是"和"理",指的是事物发展的客观规律和客观真理。不深入事物内部精细地考察其本质和必然联系,怎能把握规律而获得真理呢? 如何"求"? 他提出只有按照《中庸》指出的方法,通过"博学,审问,慎思,明辨,笃行"等五个具体环节的认识和实践活动,才能求得真理。在实践中探求真理,还要做到"虚心"。何谓"虚心"? 他说:"学者穷理,正须虚心平气,以得精微之旨。"做到"虚心平气",就要尊重客观事实,既不能"有意深求",歪曲真相;更不能"无中生有",故弄玄

---

① 高拱. 高拱全集:下卷[M]. 岳金西,岳天雷,编校. 郑州:中州古籍出版社,2006:1225.
② 高拱. 高拱全集:下卷[M]. 岳金西,岳天雷,编校. 郑州:中州古籍出版社,2006:1225.
③ 高拱. 高拱全集:下卷[M]. 岳金西,岳天雷,编校. 郑州:中州古籍出版社,2006:1244.
④ 高拱. 高拱全集:下卷[M]. 岳金西,岳天雷,编校. 郑州:中州古籍出版社,2006:1251.

虚。如果"强为贯通,必至牵合";如果"过为分析,不免破碎"。这样,"得其理者鲜矣"①。要做到"虚心平气",还必须坚持对的,改正错的。他说:"夫学求为己,只当忘人忘己,虚心以求其是。人苟是,便当从;如其不是,不从而已。吾苟是,便当守;如其不是,改之而已。"② 这里的"虚心以求其是","虚心"是认知态度,忘人忘己,公正无私,服从客观真理;"求"就是去研讨、去探求客观真理;"是"就是客观事物的内部联系,即规律性,亦即客观真理。

如何"求其是"?高拱特别强调的是要"当"。在其著作里出现最多的有两个概念:"实"和"当"。何谓"当"?他提出"求当其实""得当为贵"。可见"当"也者,当其实也。首先是知之贵当。他说:"物各有则,经之谓也;称物而当其则,权之谓也。"③ "事以位异,则易事以当位;法以时迁,则更法以趋时。故曰:变动不居,……惟变所适。"④ 客观事物随着时空而"变动不居",人的认识也应随着事物的变化而变化,"惟变所适",以当其实,以当其则。只有认识符合变化,符合规律,恰当其实,恰如其分,不超前,不滞后,既不左,也不右,才能正确地如实地认识事物本质。这里的"当"是一个动态认识过程。其次是处之贵当。"知之既明,则处之自当"。知之当在先,处之当在后。知之当是处之当的前提,反之,知之不当则必处之不当。他认为处之当必须讲究分寸:"若论为治,须于今之法度内处得其当","纵有时异势殊当调停者,亦就中处得其当便是,不可轻出法度之外,启乱端也"⑤。他提出论事必得其实,论人必当其情,进而对用人处事当与不当、实与不实做了精辟分析:"能必贵当,则释法为奇,非吾能也。计必贵当,则参验不合,非吾计也。利必贵当,则失得不偿,非吾利也。法必贵当,则朝四暮三,非吾法也。""事当,则一可以当百;不当,则百不可以当一。"可见当与不当关系利害之深。"言必责实,则捷给为佞者,不可饰言也。行必责实,则儇利任术者,不可饰行也。功必责实,则比

---

① 高拱.高拱全集:下卷[M].岳金西,岳天雷,编校.郑州:中州古籍出版社,2006:1249.
② 高拱.高拱全集:下卷[M].岳金西,岳天雷,编校.郑州:中州古籍出版社,2006:1246.
③ 高拱.高拱全集:下卷[M].岳金西,岳天雷,编校.郑州:中州古籍出版社,2006:1162.
④ 高拱.高拱全集:下卷[M].岳金西,岳天雷,编校.郑州:中州古籍出版社,2006:1162.
⑤ 高拱.高拱全集:下卷[M].岳金西,岳天雷,编校.郑州:中州古籍出版社,2006:1273.

周为誉者，不可饰功也。罪必责实，则巧文曲避者，不可饰罪也。""实，则一为而一成；不实，则百为而百不成。"① 可见实与不实关系成败之大。在他看来，用人处事"以得当为贵"。高拱对"当"做出的解释和发明，赋予"当"以新的内涵，有点近似于现代哲学的"度"，从而成为一个创新的认识论范畴。

其三，高拱坚持事必"求其实""求其是"的认识路线，必然提倡身体力行的实践。他认为，主体的实践过程，就是主体运用感官通过"践形"认识客体的过程。何谓"践形"？他说："践者，履其实也。恭作肃，便是践貌之实；从作义，便是践口之实；明作哲，便是践目之实；聪作谋，便是践耳之实；睿作圣，便是践心之实。"② 他借用《尚书·洪范》里的"五事"（即貌、言、视、听、思），把"践形"诠释为"践实""践履""履实"，实质上就是现代哲学所说的"实践""实行"之意。显然，他已经认识到主体的貌、口、目、耳、心这五种感觉器官必须通过"践形"即"实践"才能获得对客体的认识。这个观点十分接近于现代认识论关于客观对象通过人的眼、耳、鼻、舌、身这五个官能反映到头脑中来的提法。在此，高拱并没有把貌、口、目、耳、心这五种感觉器官的作用等同看待，而是特别强调"践心之实"在认识过程中的主导地位和作用。"性具于心，性尽则心尽，而众体从之，斯为践形而已矣。"③ 在他看来，主体的认识本性就在于"心"这个思维器官，心统帅众体感官，众体感官服从于心，心能够在"践形"中通过思维而获得对事物的认识和把握。当然，他的"践形"即"实践"的观点不可避免地带有直观性和朴素性的局限，但他对认识与实践相互关系的基本思路同现代认识论的基本原理则是大体一致的。

关于知行关系，高拱主张行贵于知，提出学者读书，贵乎知而能行。在他看来，知不等于行，二者之间有着差别和界限；行贵于知，只有行才能获得真知。这里蕴含着"实践第一"的合理因素。由此出发，他反对王阳明"知行合一"的观点。他以孔子"知及之，仁不能守之"为论据说：如果"知即是行"，那么"知及即是仁守，不能仁守，不可以为知及也"④。认为把"知及"与"仁守"即知与行等同起来，与孔子之言不合，"吾不敢从"。如果说王阳明"知即

---

① 高拱. 高拱全集：下卷 [M]. 岳金西, 岳天雷, 编校. 郑州：中州古籍出版社, 2006：1045.

② 高拱. 高拱全集：下卷 [M]. 岳金西, 岳天雷, 编校. 郑州：中州古籍出版社, 2006：1218.

③ 高拱. 高拱全集：下卷 [M]. 岳金西, 岳天雷, 编校. 郑州：中州古籍出版社, 2006：1218.

④ 高拱. 高拱全集：下卷 [M]. 岳金西, 岳天雷, 编校. 郑州：中州古籍出版社, 2006：1114.

是行"的观点是一种先验论的良知说,那么,高拱行贵于知的观点则是一种经验论的实践观。

直接经验和间接经验。高拱认为,认识来源于直接经验。请看他跟船夫的对话:"予为编修时,起复北上。至漳忽雨,楫师请渡。予曰:'闻漳遇雨则涨,涨则败舟伤人。今雨,安可渡?'楫师曰:'无伤也'。予问故,对曰:'平漫之水,焉能灌河?灌河者,山水也。'"楫师详细解释了上游辽山虽雨,由于时间差,山水未至,"遂渡"①。他由此大发议论:无论"为学"还是"从政",做什么事情都必须像楫师那样亲身经历实践,亲身体察思考,才能正确认识和把握事物。同时他还强调间接经验的重要性,认为人的知识有很大部分是通过"学"而取得的,是学而知之,不是生而知之。即使孔圣人也不例外。因为"天下之理无穷",只有"其学不已""积累之渐",才能做到"其进亦不已也"。

实践经验既是认识的来源,又是检验认识正确与否的标准。高拱指出:"金必火而后知其精与不精,刀必割而后知其利与不利。"② 这就是说,从感性经验中获得的认识,必须经过实践的检验,才能证明它是否正确。他认为,对一切认识、知识包括圣人的经典在内,都不得轻信与盲从,而应"验之以行事,研之以深思"③,用实践中获得的经验事实来验证认识,用逻辑思考来研究知识。这样才能"芟除繁杂,返溯本原,屏黜偏陂,虚观微旨"④,从而去掉片面性和表面性,获得对事物真理性的认识。因此,他认为,一切认识、知识都应用事实去检验,去查实、核实。如何检验?他认为"参验"是判明真假是非最可靠的方法。所谓"参验",就是通过对事实的考察比较,对认识是否正确进行验证。他特别强调"参验"时要事必躬亲,"自见""自闻""亲识",决不能偏听偏信,虚言假说。

由上不难看出,在高拱求实求是的认识论思想中,蕴涵着从实际出发,实事求是,按照事物的实情来认识事物的合理因素。这是他的唯实精神和实践精神的鲜明体现。

---

① 高拱.高拱全集:下卷[M].岳金西,岳天雷,编校.郑州:中州古籍出版社,2006:1259.
② 高拱.高拱全集:下卷[M].岳金西,岳天雷,编校.郑州:中州古籍出版社,2006:1244.
③ 高拱.高拱全集:下卷[M].岳金西,岳天雷,编校.郑州:中州古籍出版社,2006:1087.
④ 高拱.高拱全集:下卷[M].岳金西,岳天雷,编校.郑州:中州古籍出版社,2006:1087.

（四）用权行经论

高拱在其著作《程士集》和《问辨录》中，通过批判汉宋儒家的经权思想，全面论述了经与权的对立统一关系，建构起有定之经与无定之权互相为用的经权辩证论，从而为他在隆庆后期主持改革奠定了思想理论基础。

对汉宋儒家经权思想的批判。高拱曾典试春官，以"权"策士，在"程文"中，他把经比作秤衡，把权比作秤锤，分之则二物，合之则一事，二者互相为用。由此出发，他对汉儒的经权论做了深刻批判，指出，"自汉以来，无人识'权'字"，其"反经合道"说自相矛盾。他质问道："经是何物？道是何物？既曰反经，安能合道？既曰合道，何谓反经？若曰反经可以合道，是谓背其星子而可以得其分两也，有是理乎？其说经权二字，非惟原无分晓，纵使其不流于变诈，亦自不是权也。"① 在他看来，"经"即是"道"，"道"即是"经"，二者并无差别，反经无异于反道，如果说"反经可以合道"，犹如背离秤衡星子可以知道斤两一样荒谬。汉儒强调经权的对立和差别有其合理因素，但把这种对立和差别的性质绝对化，使"权"摆脱"经"的限制和制约，必然导致"变诈"或"权术"，而"变诈""权术"就不是权。"汉儒'权变''权术'之说，乃是无衡之锤，无所取中，故其旁行也流，亦任其诡窃而已，何可以为权也？""世又有所谓'权谋、权术'者，其为害甚大，亦可谓之权欤？"汉儒的局限，就在于背离"经"的原则，造成后世离经叛道的危害。高拱主张以权行经，权不离经，更不能反经。"圣人以权行经，而汉儒以权反经，其谬无足辩也。"②

对程颐的"权即是经"说，高拱批判道："经也者，立本者也，犹之衡也；权也者，趋时者也，[犹之锤也]。经以权为用，权非用于经，无所用之者也。故谓权不离经也，则可；而曰'权即是经'，是曰权即是衡也，[则不可]。"③ 因此权经应当有别。对朱熹的"常则守经，变则行权"说，他也进行了批判，说："斯言愈远。夫谓'经乃常行之道，权则不得已而用之'，是谓衡乃常用之物，锤则不得已而用之者也。谓'权之于事，不可用之时多'，是谓锤之于秤，不可用之时多也，而可乎？且义即是经，不合义便是拂经，拂经便不是权。非

---

① 高拱. 高拱全集：下卷 [M]. 岳金西，岳天雷，编校. 郑州：中州古籍出版社，2006：1160.

② 高拱. 高拱全集：下卷 [M]. 岳金西，岳天雷，编校. 郑州：中州古籍出版社，2006：1160，1161，1162.

③ 高拱. 高拱全集：下卷 [M]. 岳金西，岳天雷，编校. 郑州：中州古籍出版社，2006：1162-1163.

经之外别有所谓义，别有所谓权也。"又说："夫权以称轻重，非以尽细微也。正理所在，莫非经；称之而使得轻重之宜者，莫非权。孰为专立其大，孰为独尽其细？孰为之缺，孰为之补？若曰'经可自用，用之而有所不及，则以权济之'，是谓衡可自用，用之而有所不及，则以锤济之也，而可乎？"① 他把经与权比喻为秤衡与秤锤的关系，二者相辅相成，无衡无以显示斤两，无锤无以表示轻重，秤锤总是在秤衡的星子上往复移动，达到平衡，衡量轻重。同衡与锤互相为用的关系一样，经与权也是互相为用的关系。经不离权，权不离经；离经无权，离权无经，二者总是常相为用而不可分离的。"常则守经，变则行权"是一种经权异用的片面观点。高拱说："独谓处常则守经，遇变则行权，而其说至今因之。信斯言也，是经权之异用也。"② 在他看来，宋儒把权视为不得已的应急措施，以济经之所不及，这就否认了权的普适性。他认为，权作为灵活的方法和手段，处常处变，事大事小，时时处处，都是普遍适用的。"一时无权必不得其正""一物无权必不得其正"。如果把权仅仅作为"处变之物"，那就是"常则专用衡而不用锤，变则专用锤而不用衡也"③。

高拱通过批判汉宋儒家的经权思想，全面而深刻地阐发了经权对立统一关系。先说经权的对立。其一，经权有本末之分。经为本，权为末。他说："经也者，立本者也，犹之衡也；权也者，趋时者也，犹之锤也。"④ 经作为封建的典章制度，是立国之本，具有原则性；权作为实施典章制度的方法和手段，具有趋时的灵活性。因此，经权有原则性之"本"与灵活性之"末"的差异和对立。其二，经权有体用之别。经为体，权为用。他说："夫权者，何也？秤锤也。称之为物，有衡有权。衡也者，为铢、为两、为斤、为钧、为石，其体无弗具也，然不能自为用也。权也者，铢则为之铢，两则为之两，斤则为之斤，钧则为之钧，石则为之石，往来取中，至于千亿而不穷其用，无弗周也。"⑤ 经即是衡，秤衡上有铢、两、斤、钧、石等度量标志，犹如事物的本体，而不能

---

① 高拱. 高拱全集：下卷［M］. 岳金西，岳天雷，编校. 郑州：中州古籍出版社，2006：1160，1159.
② 高拱. 高拱全集：下卷［M］. 岳金西，岳天雷，编校. 郑州：中州古籍出版社，2006：1162.
③ 高拱. 高拱全集：下卷［M］. 岳金西，岳天雷，编校. 郑州：中州古籍出版社，2006：1159.
④ 高拱. 高拱全集：下卷［M］. 岳金西，岳天雷，编校. 郑州：中州古籍出版社，2006：1162-1163.
⑤ 高拱. 高拱全集：下卷［M］. 岳金西，岳天雷，编校. 郑州：中州古籍出版社，2006：1161-1162.

独自为用；权即是锤，其作用是使经之本体即铢、两、斤、钧、石得以无穷的体现或实现，由体转化为用。可见，经与权又有衡之体与锤之用的差别。

再说经权的统一。其一，经与权互为存在条件。无经则无所谓权，无权亦无所谓经，二者不可分离。高拱说："权自是权，固也，然不离经也；经自是经，固也，然非权不能行也。"又说："然使衡离于权，权离于衡，亦不可也。盖衡以权为用，权非用于衡，无所用之。分之则二物，而合之则一事也。"① 经与权作为矛盾的对立面总是互为存在的条件。经不离权，权不离经；离经无权，离权无经。典章制度的原则性同具体实施的灵活性，社会存在的稳定性同发展的变动性，都是互相依赖而不可分离的。所以，他说：经权"无常无变，无大无小，常相为用，而不得以相离"②。其二，经权又互相贯通。他说："故有言衡而不言权者焉，如曰'律度量衡'是也，然而权在其中也。有言权而不言衡者焉，如曰'权然后知轻重'是也，然而衡在其中也。何者？二物而一事者也。"③ 把经与权比作秤的"衡"与"锤"，虽然是两种事物，有其差异性，但二者又总是你中有我，我中有你，互渗互涵，相辅相成。经中有权，言经而不言权，权自在其中；权中有经，言权而不言经，而经在其中。"圣人言权不言经，非遗之也，言权而经在其中也。"④ 经与权二者互相包含、互相贯通，存在着由此达彼的桥梁。

高拱关于经权辩证法的理论创新，莫过于有定之经与无定之权在一定条件下的互相过渡、互相转化。他说："盖经乃有定之权，权乃无定之经。"⑤ 此话有两层含义：其一是说，经具有有定性或固定性，权具有无定性或变通性，经权有着有定与无定的差异。其二是说，经是"有定之权"，权是"无定之经"。这里的"权"，指的是在实践过程中的方法和举措。这种"权"本来是"无定"的，具有多变性和灵活性，但由于对其重要性和原则意义有了高度认识，通过总结和概括，把实践方法和举措提升为一种章程和制度，使之成为"有定之

---

① 高拱．高拱全集：下卷［M］．岳金西，岳天雷，编校．郑州：中州古籍出版社，2006：1160，1162．
② 高拱．高拱全集：下卷［M］．岳金西，岳天雷，编校．郑州：中州古籍出版社，2006：1159．
③ 高拱．高拱全集：下卷［M］．岳金西，岳天雷，编校．郑州：中州古籍出版社，2006：1162．
④ 高拱．高拱全集：下卷［M］．岳金西，岳天雷，编校．郑州：中州古籍出版社，2006：1162．
⑤ 高拱．高拱全集：下卷［M］．岳金西，岳天雷，编校．郑州：中州古籍出版社，2006：1160．

经"，同原则章程和制度一样具有原则性和固定性。这里的"经"，指的是原则章程和制度。这种"经"本来是有定的，具有原则性和固定性，但由于时势的变迁，在实施过程中，其方法和举措又必须结合实际加以具体的、灵活的运用。这样本来"有定之经"又转化为"无定之经"。所以，高拱说："无定也，而以求其定，其定乃为正也。"① 在他看来，经与权、有定与无定的关系，都不是固定的、绝对的，而是辩证的、相对的，二者互相渗透、互相贯通，并在一定条件下互相转化。"无定之权"可以转化为"有定之权"，即"经"；"有定之经"也可以转化为"无定之经"，即"权"。这是高拱经权辩证论中最光辉的思想。

高拱在坚持经权辩证论的基础上，又对"权"的内涵做了深刻的阐明和发挥，极大地丰富和发展了权变方法论。他说："夫权也者，圆而通者也。是圣人之事，而学之仪也。圣人圆，而学圣人者以方，始而方可也，终而愈方焉，则遂失其圆也。圣人通，而学圣人者以一隅，始而一隅可也，终而止一隅焉，则遂失其通也。夫学不至于圣人，非成也；不能权，非圣人也；非圆非通，不可以与权也。而不知所以求，不求所以至，非学也。"② 这段话以最简练、最精辟的语言——"圆与通"，界定了权的内涵。所谓"圆"和"通"，就是融会贯通，而无偏倚、无阻碍。用现代哲学语言说，就是要用全面的、联系的、发展的观点去认识和把握事物，才能正确地行权用权。认识和把握事物，正确地用权行权，既不能用"方而不圆"的片面观点，也不能用"执一不通"的孤立观点；而必须运用"合而圆"的全面的联系的观点，"会而通"的运动的发展的观点。高拱承认，认识事物，处理问题，难免先从"一方""一隅"开始，但始终囿于"一方"，固守"一隅"，就不能正确地用权行权，就不会把权运用于实际，达到"圆而通"。如果"胶柱一偏之说，守株一节之行，东向望不见西墙，南向望不见北方"，不知其"合之圆""会之通"，就是"非圆非通"，而"非圆非通，不可以与权也"。如何做到"圆而通"呢？他说："求之以问学，练之以事行，会之以深思，涵之以积养，渣滓既尽，自圆自通。"③ 只有通过问学、事行、深思、积养等一系列的认识、实践活动，才能掌握"自圆自通"的权变方法。高拱对于用权行权要做到"圆而通"的论述和界定，是对儒家权变

---

① 高拱.高拱全集：下卷[M].岳金西，岳天雷，编校.郑州：中州古籍出版社，2006：1160.
② 高拱.高拱全集：下卷[M].岳金西，岳天雷，编校.郑州：中州古籍出版社，2006：1161.
③ 高拱.高拱全集：下卷[M].岳金西，岳天雷，编校.郑州：中州古籍出版社，2006：1164.

方法论思想的重大发展和深化。

高拱的经权辩证思想不仅在理论上表现出创新精神，而且在实践上直接服务于他的改革活动。他认为，权的价值就在于适应社会发展变化的要求，改革旧制，革除时弊，推行经邦济世的实政。他多次表示，要为国家"正纪纲，明宪度，尽忠直，黜欺邪，革虚浮，核真实"①"以挽刷颓之习"②。在权变理论指导下，他针对嘉隆之际存在的诸多弊端进行了大胆的改革，并达到了"官修实政而民受实惠"的预期目的。

二、改革功绩

高拱的"为国之实政"，主要表现在他所进行的改革实践上。他在改革纲领性文献《除八弊疏》中，分析了"内则吏治之不修，外则诸边之不靖，以兵则不强，而以财则不充"的时势；其成因则是当时存在着坏法、黜货、刻薄、争妒、推诿、党比、苟且、浮言等八种积习不善的弊端；针对八弊提出了一法守、清污浴、崇忠厚、奖公直、核课程、公用舍、审功罪、核事实的改革方案。其改革目标是"修内攘外，足食足兵"；改革目的是"官修实政而民受实惠"。这是他进行改革的理论纲领，也是他复政后推行全面改革的施政方针。他认为，实政能否推行，改革是否奏效，成败关键在于用人。因此，他把吏治的整顿和改革作为切入点、突破口，并把它当作主线贯穿到政治、军事、经济的全面改革过程的始终。

（一）人才思想及吏治改革

高拱还阁兼掌吏部事，"能得人""善用人"，起用大批人才。其人才思想最为丰富并形成了体系。(1) 德才兼备。他从德才两方面对人才进行分类，指出："才德兼者，上也；有根本而才气微者，次也；有才气而根本微者，又其次也。然皆不可弃。以才气胜者，用诸理繁治剧；以根本胜者，用诸敦雅镇浮。若夫钧衡宰制之任，必得才德兼备之人，而缺其一者，断不可以为也。"③ 三等人才，要用得其当。(2) 辨识人才。他主张大才大用，小才小用。"世有可用之才，有能用才之才。可用之才，才之小者也；能用才之才，才之大者也。""得

---

① 高拱. 高拱全集：上卷 [M]. 岳金西，岳天雷，编校. 郑州：中州古籍出版社，2006：185.
② 高拱. 高拱全集：上卷 [M]. 岳金西，岳天雷，编校. 郑州：中州古籍出版社，2006：487.
③ 高拱. 高拱全集：下卷 [M]. 岳金西，岳天雷，编校. 郑州：中州古籍出版社，2006：1278-1279.

百可用之才，不如得一能用才之才""得一能用才之才，而可用之才不可胜用也"①。可见识别人才，至关重要。他强调要超前辨识人才，说："用之当由于知之真，知之真由于辨之早。若不辨之于早，而知其孰为大才，孰为小才？孰为真才，孰为伪才？至于临事之顷，必有乏才之叹矣。"②（3）取长弃短。他引子思的话说："圣人官人，犹匠之用木，取其所长，弃其所短。故杞梓连抱而有数尺之朽，良工不弃。"他反对求全责备，吹毛求疵。如果"用人者不取其大，每以一眚弃之"，结果必然是"慷慨任事之臣鲜，而国事不支"；如果用人者"不论其大，而徒以无过用之"，结果必然是"委托持禄之臣多，而国事日废"。"用人不论其才，只取无过，然非无过也，未用耳。用之，其过出矣。"③细微之过，人皆所有。人才的长与短，功与过，只有通过使用而发现，通过实践而看清的。有过之人也要用，不能抓住一点，不及其余。（4）用当其才。他说："有才不用，与无才同；用才不当，与不用同。"④他反对用才不当，"大匠能治木，乃使解牛；庖丁能解牛，乃使治木"。提倡用才贵当，"彼善一事者，使治一事，不可遗也，不可求备也，不可拂所能也"。所以，"治一事者，用一事之才""治天下者，用天下之才"⑤。"所善一才一艺与兼才兼艺者"，要分别差等，斟酌推用。"如某人韬略素闻，可以司武备；某人学行俱优，可以典文衡；某也谙于法律，可使之理刑名；某也长于计算，可使之管钱谷。"⑥要做到人尽其用，用当其才。

在"综核名实"思想指导下，高拱大力整顿吏治，修改补充人事条例。择其要者有：（1）修改惩处条例。此条例原为八目四科：贪酷，为民；不谨、罢软，冠带闲住；老、疾，致仕；才力不及、浮躁浅露，降调外任。他对此加以修改补充：贪酷异常者，提问追究。对才力不及者，分别等第，或调简僻，或调闲散，或降级，或改教；二次不及者，以罢软论。皆著为成法，便于操作。

---

① 高拱. 高拱全集：下卷 [M]. 岳金西，岳天雷，编校. 郑州：中州古籍出版社，2006：1036-1037.
② 高拱. 高拱全集：上卷 [M]. 岳金西，岳天雷，编校. 郑州：中州古籍出版社，2006：312.
③ 高拱. 高拱全集：下卷 [M]. 岳金西，岳天雷，编校. 郑州：中州古籍出版社，2006：1290.
④ 高拱. 高拱全集：上卷 [M]. 岳金西，岳天雷，编校. 郑州：中州古籍出版社，2006：227.
⑤ 高拱. 高拱全集：下卷 [M]. 岳金西，岳天雷，编校. 郑州：中州古籍出版社，2006：1178.
⑥ 高拱. 高拱全集：上卷 [M]. 岳金西，岳天雷，编校. 郑州：中州古籍出版社，2006：312.

(2) 打破惩汰定数。历年考察官员,惩汰多循以往定数。其数已足,虽有不肖者亦勿论;其数不足,虽无不肖者又强索以充数。遂使"不肖者徼数多之幸,而贤者受辇数之苦"①。高拱上疏提出:"国家用人,见贤即进,见不肖即退。"惩汰官员"必是大奸大恶,真正不肖之人,一切隐细,俱不必论。果不肖者多,不妨多去;果不肖者少,不妨少去。惟求至当,不得仍袭故常"②。(3) 规定举劾官员必实。他一方面强调荐举必实,反对徒有虚名。"但问其政之美恶,勿论其名之有无。如有实心干理,不肯逢迎时好者,虽无赫赫之声,亦必荐举。"③只要"才能卓异,可备任使者,不拘出身资格,一体据实荐扬,以凭酌量超擢"。如荐举失实,举主连坐,有关抚按应受参究。另一方面强调纠劾必实,"必是所论得实,所拟得当",不得"任意轻重,所论所拟自相矛盾"。这样"论辨有真,而劝惩之理得名实不爽,而综核之治成"④。另外对官吏请假、出差、调动交接如何计算实俸都详细明确地做了新的规定,著为条例。

高拱在整顿吏治基础上,还制定了许多新制度。(1) 增加提升官吏的透明度。吏部每两月举行一次推升天下府同知以下官员,其事重大。但过去是由文选司一主事把推升名单授给郎中,郎中呈于尚书而定其升迁。同司员外、同部侍郎都不得知。其中营私舞弊的漏洞甚多。高拱"乃遂改其事"。每当推升时,令文选司把名单送至后堂,二侍郎与该司官员共同查对,把推升名单交于郎中,然后呈于尚书而定升迁。这样在"光天化日之下,十目十手所共指视,非惟人不得私,即予欲有所私亦不能也"⑤。(2) 建立官吏档案制度。他向吏部官员指出:"吏部职在知人,人不易知也,幸诸公早计之。某也德,德何如;某也才,才何如,书诸册。某也不德,不德何如;某也不才,不才何如,书诸册。某也所自见,某也所自闻,某也得之何人,书诸册。皆亲识封记之,月终以复于予。"⑥ 这样每年所得凡180余册,作为考察、任用、升降官吏的根据。(3) 建

---

① 高拱. 高拱全集:下卷 [M]. 岳金西,岳天雷,编校. 郑州:中州古籍出版社,2006:1280.
② 高拱. 高拱全集:上卷 [M]. 岳金西,岳天雷,编校. 郑州:中州古籍出版社,2006:205.
③ 高拱. 高拱全集:上卷 [M]. 岳金西,岳天雷,编校. 郑州:中州古籍出版社,2006:311.
④ 高拱. 高拱全集:上卷 [M]. 岳金西,岳天雷,编校. 郑州:中州古籍出版社,2006:205-206.
⑤ 高拱. 高拱全集:下卷 [M]. 岳金西,岳天雷,编校. 郑州:中州古籍出版社,2006:1284.
⑥ 郭正域. 太师高文襄公墓志铭 [M] //高拱. 高拱全集:附录二. 郑州:中州古籍出版社,2006:1397.

立进士举人并用制度。高拱认为,重进士轻举人是一种"旧套",必须打破这种"拘挛之说"。他指出"进士未必皆贤",而"举人未必皆不贤",提出进士举人"初时只以资格授官,授官之后则惟考其政绩,而不必问其出身"。只要是贤才,必须一视同仁,"不得有所低昂"。如果举人"才德出众,则一例升为京堂,即上至部卿,无不可者"①。(4) 州县正官年轻化。任用州县正官,"必稽其年貌,五十以上者授以杂官,不得为州、县之长。盖州、县之长责任艰重,须有精力者乃可为之"②。(5) 地方官员异地化。高拱提出"国家用人,不得官于本省。盖为族间所在,难于行法;身家相关,易于为奸。故必隔省而后可焉"③。这主要是指省府州县正官不得官于本省,至于学官、驿递官、闸坝官等,因官小家贫,可官于"本省隔府地方,不必定在异省"④。

除此之外,高拱还大抓奖勤罚懒、劝廉惩贪工作。他说"黩货者小人之恶行,却贿者君子之美节。为治之道,必使小人不得肆其恶,而君子得全其美,斯为当也。"因此,"凡遇有却贿之官,便当记之善簿,而不得反用为瘢痕;列之荐剡,而不得反指为瑕类"。"凡遇有行贿之人,即当执拿在官,明证其罪。"⑤"凡贪酷之吏均加核询,苟贪酷彰闻,益严提问追赃之法。"由是"数年之内,仕路肃清""朝无偏党,官无烦苛"⑥。

(二) 兵略思想及军事政策

高拱认为,军事乃是专门学问。不懂军事学,就没有资格带兵打仗。他在处理边防军务的实践中,认真研究军事理论,形成了他的以辩证法为核心的军事思想。(1) 以力成义。他针对程朱把义和力对立起来的错误观点,指出:"后世儒者,但言义,便不要力;但言力,便说非义。""自义不以力之说兴,遂使轻事之人,不审彼己,不量胜负,不度事机,而徒然以为义,卒之事败而国家

---

① 高拱. 高拱全集:上卷 [M]. 岳金西,岳天雷,编校. 郑州:中州古籍出版社,2006:215.
② 高拱. 高拱全集:上卷 [M]. 岳金西,岳天雷,编校. 郑州:中州古籍出版社,2006:216.
③ 高拱. 高拱全集:上卷 [M]. 岳金西,岳天雷,编校. 郑州:中州古籍出版社,2006:217.
④ 高拱. 高拱全集:上卷 [M]. 岳金西,岳天雷,编校. 郑州:中州古籍出版社,2006:218.
⑤ 高拱. 高拱全集:上卷 [M]. 岳金西,岳天雷,编校. 郑州:中州古籍出版社,2006:291-292.
⑥ 高拱. 高拱全集:上卷 [M]. 岳金西,岳天雷,编校. 郑州:中州古籍出版社,2006:302.

受其祸，犹自以为义也。"他以宋襄公"不擒二毛，不鼓不成列"，张魏公"轻率寡谋，丧师数万"为例，说明"以义不以力"之说害人匪浅，国受其祸。他主张："以义用其力，以力成其义。""诚为义，亦必用力而后能济，则力皆义也。"他把义和力看成是对立统一的关系。所谓义，是指政治道义；力，是指武力战争。他进而对战争性质做了阐述，"若是义举，则力无非义"；"若不是义举，则力乃以为乱耳"①。从而把武力区分为正义之师与非正义之师，把战争区分为正义战争与非正义战争。（2）以守寓战。当时边防之患是南倭北虏。他从势和机的关系上进行分析，认为北虏骚扰我边防，虔刘我人民，防不胜防，卒之莫御。"可畏之势乃在北虏"。然而，胜则骄玩，蕴有可败之理；负则渐忿，藏有欲胜之端。如果"以吾之忿而乘彼之玩"，则可转败为胜。因此"可畏之势虽在彼，而可乘之机实在我"。关键是"得其要以图之，虏虽强必摧"。他进而在内和外、守和战的关系上进行论证，指出："自三关直抵辽阳，崇山峻岭，连延不绝，故天之所以别内外、界区域者也。其间可以通往来者，惟曰三关与夫居庸、密云而已。虏之犯我，多在三关。"因此要内线守险，死守三关。外线诸镇，调集互用。无事则时加操练，有警则互为接应。这样，内线"守险之卒，有兵在前，既无恐惧之虞"；而外线"出敌之卒，有援可籍，又无涣散之患"。"彼来则吾鸣鼓以相向，彼止则吾坚壁以自休。彼既不能直趋以窥吾之险，又安能越险而深入哉！"② 此之谓以守为战，寓战于守。（3）以实为声。他说："兵家先声而后实，必是先实后声，乃可以先声而后实。盖以实为声，人自畏之，而可省于实。若无实不可以为声也。"③ 打仗是武力的较量，决不可虚张声势，唱空城计。声威必须建立在实力的基础上，以实力为后盾，"不用兵甲而以威声下之，功尤大也。"④ 可见他更加赞成不用兵甲而以和平的"威声"手段取胜。高拱关于声与实关系的论述，蕴含着战争中武力与和平两手交替运用的辩证法。另外，他对剿与抚，智与勇等军事辩证法思想也做了深刻的发明。

高拱在其军事战略思想指导下，对军事官吏制度做了大胆的变革。（1）改革传统兵部体制。他提出兵部增设侍郎两员，协理部事。或遇巡阅边务，即以

---

① 高拱. 高拱全集：下卷 [M]. 岳金西，岳天雷，编校. 郑州：中州古籍出版社，2006：1178-1179.

② 高拱. 高拱全集：上卷 [M]. 岳金西，岳天雷，编校. 郑州：中州古籍出版社，2006：828-829.

③ 高拱. 高拱全集：下卷 [M]. 岳金西，岳天雷，编校. 郑州：中州古籍出版社，2006：1255.

④ 高拱. 高拱全集：下卷 [M]. 岳金西，岳天雷，编校. 郑州：中州古籍出版社，2006：1270.

一人往；或遇边防总督员缺，即以一人补；如遇尚书员缺，即以阅历既深、本兵政务晓畅谙熟者补之，把"一尚二侍"的旧体制改为"一尚四侍"的新体制，大大增强了兵部的领导力量。（2）兵部司属官吏专业化。高拱认为"兵乃专门之学，非人人皆可能者"。若"不择其人，泛然以用，又往往迁为他官"，极不利于培养军事官吏。"今宜特高其选，而以有智谋才力者充之，使其专官于此，练习事务，不复他迁"，以补边防兵备、巡抚总督之缺。（3）对边防军事官吏特加优厚。"有功则加以不测之恩，有缺则进以不次之擢，使其功名常在人先"，腹里之官不得与之"同论俸资，同议升擢"。（4）对边关总督实行轮流休假制。他们在外"频年累岁，常受苦辛"，不得喘息休息。因此，"如其在边日久，著有成绩，则特取回部以休假之。休息之后，不妨再出"。这样"使其精神得息而不疲，智慧长裕而不竭。以勤王事，为济必多"（5）边防设立兵部司属。高拱提出，在蓟辽、宣大、延绥、宁夏、甘肃、闽广等处，于当地人中"择其有才力知兵事者"一二人，使为本兵司属。因为他们"生于其地，身家之虑"，情况熟悉，可以提供真实情报。"如山川之险易，将领之贤否，士马之强弱，与夫奏报之虚实，功罪之真伪，皆其所知，便可一问而得，以是为参伍之资。"（6）界定边防之地。高拱对蓟、辽、山、陕六十一州县划定为边防，其他蓟辽山陕所属，不得概以边称。边防为要紧之地，但由于虏骑踩践，百姓凋残；由于用人不当，善政无闻。他认为，"国家用人，不当为官择地，只当为地择官"。"各边有司必择年力精强、才气超迈者除补，或查治有成绩兼通武事者调用。"又议其赏罚："有能保惠穷困、俾皆乐业者，以三年为率，比内地之官加等升迁"；"有能捍患御敌、特著奇绩者，以军功论，不次擢用"；"如其才略恢弘，可当大任，即由此为兵备、为巡抚、为总督，无不可者。惟以治效为准，不必论其出身资格"①。为此，他抽调内地大批贤能知县以上官员充实边防州县，从而使边防得以巩固。

高拱善于兵事，长于边略。不仅对军制做出重大改革，而且还用极大精力定策安边，取得辉煌的成就。隆庆四年（1570年），贵州抚臣上疏说土官安国亨叛乱当剿，而安国亨也拥兵备战，一场"激而成变"的骚乱大有一触即发之势。高拱根据安国亨"上本诉冤，乞哀恳切"之情以及他掌握的情报，判定安非为叛乱，实为同族仇杀。他对太仆少卿阮文中、科臣贾三近面授机宜方略，派其前去贵州查勘处理。结果安国亨输银抵罪。既避免了一场骚乱，又解决了

---

① 高拱.高拱全集：上卷［M］.岳金西，岳天雷，编校.郑州：中州古籍出版社，2006：553-564.

彝族内部矛盾，使贵州大局趋于安定。当时两广是个造乱之乡，倭寇侵扰，盗贼滋蔓；有司不良，贪贿成风。高拱经过深思熟虑，对两广官吏进行了大刀阔斧的整顿处置，并派殷正茂为两广总督，剿倭除盗，消灭贼寇，很快使百姓安居乐业，局势趋于稳定。隆庆五年（1571年）初，高拱认为张学颜"卓荦倜傥，人未之识也，置诸盘错，利器当见"，把他破格提升为辽东巡抚。辽镇边长二千余里，城砦一百二十所，三面邻敌。加之荒旱大饥，官军百姓逃亡甚多，形势非常严峻。学颜赴任后，请振恤，实军伍，招流移，治甲仗，市战马，信赏罚，与总兵李成梁配合默契，经画有方。同年十一月，土蛮聚兵六千进犯，张、李设方略，整兵马，大战土蛮。"始而夹剿前锋，终而直捣巢穴。"战役结束，斩敌首领二人，斩敌首级六百之多，获战马六百余匹，其他夷器无算。辽东大捷，大振国威。隆庆四年秋，蒙古鞑靼首领俺答孙把汉那吉因家庭矛盾投顺明朝。边报中朝，议论纷纷，"皆言敌情叵测"，反对受降授官。而高拱则力排众议，与阁臣张居正共同决策，支持总督王崇古受降，并诏请授把汉那吉为昭勇将军兼指挥使。通过谈判，俺答执献叛逆赵全等人以示赎过，同时送还把汉那吉。最后与俺答等部达成封贡互市协议，诰封俺答为顺义王，对其部下与套房吉能等均进行了封官加爵。至此封贡事成，互市大开。此后北边安定达三十余年之久①。总括隆庆朝的边政，从北方的蓟辽宣大到南方的沿海闽粤，从西北的山陕甘到西南的云贵川，这些边防的整顿与巩固无一不与高拱决策正确、用人得当密切相关。可以说高拱是亦相亦帅、文武双全、智谋高超的大军事家。

（三）祥刑思想及法制整顿

高拱认为治国之道，根本是依靠法律，并把"法度绳约"与"礼乐驯服"结合起来。他在隆庆改革实践中形成了丰富的法治思想。（1）祥刑之经，本之以公。他说："古今称善刑者，非皋陶乎，乃史臣之赞也，亦曰'惟明克允'已矣。而瞽瞍杀人，孟氏之所谓必执也。故明以断之，情以鞫之，本之以公，斯祥刑之经也。"他从"人罔恒情，法罔恒用"出发，对"祥刑"加以阐发。为什么"明以断之"呢？因为"民也有顽而行逸者乎，有憸而市巧者乎，有阳是阴非、心仁面纯者乎，非明莫之能鉴也"，是故"听察惟聪，色意是穷，肤愬罔行，斯之谓明"。为什么"情以鞫之"呢？因为民"有过而误罹者乎，有怵而故伏者乎，有抑之弗申、究之弗鸣者乎，非情莫之能体也"，是故"匪雷匪霆，而哀而矜，无辜是恫，斯之谓情"。为什么"本之以公"呢？因为"有富而货

---

① 高拱. 高拱全集：上卷［M］. 岳金西，岳天雷，编校. 郑州：中州古籍出版社，2006：567-623.

狱者乎，有宠而嘱狱者乎，有媚而希意、戆而取激者乎，非公莫之能直也"，是故"无滞无迎，惟重惟轻，衡平鉴空，斯之谓公"。只有"明则民莫不畏，情则民莫不信，公则民莫不服"，而三者之根本则在于公。这就叫作"断决听讼之道"，叫作"祥刑之经"①。这是他对《尚书·舜典》"惟明克允"即明察案情、执法公正最精湛的阐述和发明。（2）宥过刑故，反对大赦。明朝国有大庆，必有大赦。因此有人问"赦"，高拱答曰："赦甚害事，有国者亦明刑而已矣，何赦为？""刑不清而特赦，则平日之戕良也多；刑清而徒以赦，则今日之纵恶也大。每见赦后，亡命无赖在配所者皆还，旧恶不悛，一时里间甚受其害，是放虎狼蛇蝎，为仁而不计其所伤之重也。"问者又问《易》《书》所说"赦过宥罪""眚灾肆赦"对不对呢？他回答说："'过'者，无心之误，'眚'即过也，'灾'谓出于不幸者也，故赦之。乃《书》又曰：宥过无大，刑故无小。夫苟过，虽大必宥；苟故，虽小必刑。固非不问过与故而咸赦除也。且赦过者无日不然，亦非数载而偶一行也。是故赦过者虽无日不然，而犹恐其少；赦故者虽数载一行，而犹病其多。"② 他从过与罪、无心与故意的角度立论，反对大赦的思想在中国法制思想史上有着重要地位，当今亦有重要参考价值。（3）一罪一律，反对从重。当时阁臣拟旨，每云"著法司从重拟罪"。高拱则不以为然，说"此言大谬"，指出："夫二罪俱发，则从重论。[非]谓其有轻有重，故独从其重者也。今一罪只有一律，虽凌迟处死者，亦只本律。非一罪二律，有轻者，有重者，而可以如此如彼也。"所谓"从重，是不用律矣"③。其意是说，一罪一律，数罪并罚；依律定罪，严格执法。笼统从重，大谬不然。（4）法必贵当，罪必责实。他说："法必贵当，则朝四暮三，非吾法也"；"罪必责实，则巧文曲避者，不可饰罪也"④。他谓"当"的含义，是对"时王之法不可不守也。今言治者，正不可妄意纷更，只将祖宗之法，求其本意所在，而实心奉行之。纵有时异势殊，当调停者，亦只就中调停，处得其当便是，不可轻出法度之外，启

---

① 高拱. 高拱全集：上卷［M］. 岳金西，岳天雷，编校. 郑州：中州古籍出版社，2006：723-724.
② 高拱. 高拱全集：下卷［M］. 岳金西，岳天雷，编校. 郑州：中州古籍出版社，2006：1287-1288.
③ 高拱. 高拱全集：下卷［M］. 岳金西，岳天雷，编校. 郑州：中州古籍出版社，2006：1288.
④ 高拱. 高拱全集：下卷［M］. 岳金西，岳天雷，编校. 郑州：中州古籍出版社，2006：1045.

乱端也"。执法要宽严适度，"固不可流于苛刻，亦不可流于放纵"①。他提出"法以时迁，则更法以趋时"，但不能超出祖宗法度之外。由此可见他的法治观点的阶级本质。（5）礼乐驯服，法度绳约。高拱认为刑法并非万能，必须辅之以教化，把刑法和教化结合起来。他说："政刑之效，但使苟免而无耻；德礼之效，不惟有耻而且格。其不同一至于此，为人上者，岂可不以德礼为务，而徒恃夫政刑也哉？"②进而指出："民散则罪多，是民之有罪，固上之驱之也""致之自上，罪不在民，犹夫无辜焉"。因此必须"慎于用狱"，对民"感化教诲"。"富之而使之廉耻生，教之而使之礼义明，则从善也。轻无措刑而不用，兹无讼之本也。"③在他看来，教人从善，是使天下无讼的根本。高拱既批判地继承了法家"严刑峻法"的思想，又批判地继承了儒家德礼教化的观点，并把二者恰当地结合起来，形成了他独特的法治思想体系。

高拱以他敏锐的目光，尖锐指出当时执法存在的弊病。他指出："法者天下所共守，而不容毫发易者也。自通变之说兴，而转移之计得。欲有所为则游意于法之外，而得倚法以为奸；欲有所避则匿情于法之内，而反借法以为解。爱之者，罪虽大而强为之辞；恶之者，罪虽微而深探其意。讵惟张汤轻重其心，实有州犁高下之手。是曰坏法之习。"④从私利爱憎执法，必然是舞文弄法，败坏法制；串通作弊，草菅人命。当时刑部司官中也存在着诸多不职问题："有赎货而鬻狱者；有游意法外，务在深文，不求得情，苛人以为公者；有审谳不平，执拗自是，堂官改之而不从，大理驳之而不服，每将称冤犯人痛加篓楚，立毙杖下，遂使审大理而不敢出言者；有巧肆支吾，务为推诿，一日之事动经数时，一人之事动经数手，苟有微嫌，遂成永避，频年累岁，不为问结者；有听从嘱托，曲徇人情，欲为之出则罪虽大而强为之辞，欲为之入则罪虽微而罗织其狱者；有法律不讲，苟应故事，玩岁愒日，徒积俸以待迁者。诸若此类，习以成风，恬不为异，遂使刑狱不清，冤号无诉，而覆盆之下，天日终不能照。"⑤甚

---

① 高拱．高拱全集：下卷［M］．岳金西，岳天雷，编校．郑州：中州古籍出版社，2006：1273．
② 高拱．高拱全集：下卷［M］．岳金西，岳天雷，编校．郑州：中州古籍出版社，2006：907-908．
③ 高拱．高拱全集：下卷［M］．岳金西，岳天雷，编校．郑州：中州古籍出版社，2006：1193．
④ 高拱．高拱全集：上卷［M］．岳金西，岳天雷，编校．郑州：中州古籍出版社，2006：115．
⑤ 高拱．高拱全集：上卷［M］．岳金西，岳天雷，编校．郑州：中州古籍出版社，2006：290．

至有人将"善弥缝,善推诿,善移法以徇人者为贤","善援附,善猎取,善卖法以持禄者为能"①。上述诸弊,若不痛加惩创,百姓将何以为命呢?

针对这些弊端,高拱大力整顿执法官员。(1)加强普法教育。为此,他曾上两疏,要求观政进士和州县正官讲求法律。将隆庆五年(1571年)所取393人二、三甲新科进士,分拨各衙门,"仍行各堂上官约束,俱在本衙门讲求律例,习学政体,定以课程,时加考校,务期明晓法制,通达治理,以副任使"②。不久,又提出更加具体的要求,"观政进士见今尚踵故套,群居终日,无所用心,合行各衙门堂上官,督令讲律,限定书程,不时查考,或摘条面讯以稽勤惰。仍拣选知律吏书数人,量进士多寡,如五六人拨与一人,俾与辩证解说,务使律例通晓。则日后听断检验等事,自不眩于人言,不泥于己见,不必委托佐贰而用之有余,民可无冤矣"。并对知律吏书犒赏其劳,对观政进士量选推官及知州知县。至于现任州县正官,责成其严禁虚文,尽心律例,"及时催征钱粮,问理刑名""尽心职业"③。(2)刑部司官专业化。"居是职者,使非律例精贯,则比拟轻重必不能当其情;然非久于其职,则阅历未深、讲究未熟,欲其精贯亦不可得。此久任之法,不可以不行也。"因此,"责令司官将律例用心讲究",并分三种情况加以处理:一是"练达老成、用刑明慎者,咨行本部悉令久任。待其积有年劳,推升京堂及参政、副使等官,以示优异";二是"才有别长者,亦开来另行改用";三是"踵袭前非、不行悛改者,即行参处:贪酷者为民,推诿者照罢软例,听嘱者照不谨例,冠带闲住;执拗者照浮躁例,苟应故事者照不及例,降调外任。如堂官隐护不举,听该科一并参究"。这样就会"使贤者得以修职,而可收久任之功;不肖者无以自容,而不为久任之病。刑罚清而万民服矣"④。(3)大力惩汰贪酷之官。据《掌铨题稿》统计,高拱主政两年半时间,处理贪酷知县以上官员一百六十九人,其中包括尚书侍郎、总督将军十多人。酷吏治狱,务在苛求,无中生有,深文罗织,订入人罪,甚至杖死无辜人命。如祥符知县谢万寿,任用张崇仁等行杖加力,打死无辜一十二命。而上司认为他初入仕途,在任日浅,上疏要求改调闲散。高拱在批文中反问道:

---

① 高拱.高拱全集:下卷[M].岳金西,岳天雷,编校.郑州:中州古籍出版社,2006:1292.

② 高拱.高拱全集:上卷[M].岳金西,岳天雷,编校.郑州:中州古籍出版社,2006:234.

③ 高拱.高拱全集:上卷[M].岳金西,岳天雷,编校.郑州:中州古籍出版社,2006:286.

④ 高拱.高拱全集:上卷[M].岳金西,岳天雷,编校.郑州:中州古籍出版社,2006:290.

"以酷而留其官，是废朝廷之法；以酷而调其官，是残他处之民；若谓在任日浅，情有可惜，则人命、国法顾不可惜欤？"①将其革职为民，亦属轻处。当时州府县官，有的既贪且酷，有的既酷且贪。由此高拱在整顿实践中认识到：贪酷相连，以酷济贪。贪是目的，酷是手段。因此对贪酷之官，轻则革职为民，重则提究追赃。高拱对高层贪官的处理也毫不姑息，决不手软。如南京刑部尚书孙植受人嘱托，接纳重贿，被给事中王祯上疏论劾。高拱在批文中指出："刑曹乃纲纪之司，必守正不挠，而后可以明法"，但孙植却知法犯法，故令其回籍听勘，查勘明白，另行议处。又如两广总督刘焘，因行贿钻刺，确有指证，立即受到致仕处分②。他对贪酷官员，不管大案小案，总是慎之又慎。提出"抚按衙门以后凡遇听勘官员，务要秉公，作速查勘。固不可使漏网之得逃，亦不可使覆盆之徒苦，则法令平而人心服，治道其可兴也"③。由于高拱大力反酷反贪，并对贪酷者按新例，提究追赃，"是以数年之内，仕路肃清"。

高拱不仅有丰富的法治思想，清洗整顿执法司官，而且亲自参与问理刑名的实践。他说："予摄吏部时，审录重犯，盖详阅文卷者月余，乃集刑官于朝房，件件面究者又十余日，又奏请朝审，分为二日，以尽其详。审时各令尽言，面察其情，颇为尽心。是时，重犯凡四百七十起，乃审出冤狱一百三十九人。其余尚有情冤而证佐未甚的者，不敢释也。"④ 时在隆庆四年（1570年）秋。高拱审录重囚，执笔谳决，人命至重，招详且多。他夜以继日，认真负责，效率之高，平反之多，令人震惊。如方士王金一案六人，据世宗遗诏"方士人等，名正刑章"，将其拿送法司，从重究问。刑部陕西司严究明白，将王金等"比拟子杀父者律，各凌迟处死，决不待时"。但由于刑部内部持有不同意见，拖延四年之久并未处决。高拱此次审录重囚，经过阅卷面审，从法律角度提出许多疑点和矛盾，认为王金等"妄进汤药，内有大黄、芒硝等物，遂损圣体"，缺乏人证物证。至于王金等左道惑众，只宜以本罪诛之。遂疏请敕下法司，会同多官，从公再问，务见的确。诏下法司会讯。刑部尚书葛守礼会同多官会审，一致认

---

① 高拱. 高拱全集：上卷 [M]. 岳金西，岳天雷，编校. 郑州：中州古籍出版社，2006：425.
② 高拱. 高拱全集：上卷 [M]. 岳金西，岳天雷，编校. 郑州：中州古籍出版社，2006：356-357，359.
③ 高拱. 高拱全集：上卷 [M]. 岳金西，岳天雷，编校. 郑州：中州古籍出版社，2006：414.
④ 高拱. 高拱全集：下卷 [M]. 岳金西，岳天雷，编校. 郑州：中州古籍出版社，2006：1287.

为归咎硝黄之说，无指实之证。但以其左道惑众本罪，应坐为从律编成①。高拱如果律意不精，不谙狱情，是不敢平反昭雪如此重大、如此之多的冤案的。

（四）功利思想及经济整改

高拱的经济思想，基本属于功利主义学派。义利之辩在中国经济思想史上众说纷纭，但基本分为两大派：一派强调义利对立，义高于利，即超功利主义；一派强调义利统一，利高于义，即功利主义。高拱主张后者。他的义利辩证思想，是在远承《周易》"利者义之和也"以及《墨经》"义，利也"的观点，近循陈亮、叶适功利主义思想的基础上，通过批判儒家"重仁义，轻功利"的超功利主义思想，从而阐发了他的"义者利之和"的经济思想。他的经济思想实开明代中叶之后"经世致用"的务实之风。

高拱的功利主义经济思想。（1）关于义利的辩证关系。他说："聚人曰财，理财曰义。""义者利之和，则义固未尝不利也。义利之分，惟在公私之判。苟出乎义，则利皆义也；苟出乎利，则义亦利也。"② 在他看来，所谓"利"，就是聚财，聚集人才创造财货；所谓"义"，就是理财，为国家管理财货。义并不是空洞的抽象概念，而是公众利益的总和，因此义也是利。义利的区别，仅仅在于为公还是为私。如果为个人谋取私利，利就不是义。如果为公众谋取利益，利就是义，义也是利。反之，无利就无义，无义也无利。因此，义利既是对立的，又是统一的，既互相依存，又互相转化。转化的条件就是"惟在公私之判"。（2）关于钱与物，即货币与商品的辩证关系。高拱在《铸钱议》中提出："物有赢缩，而钱则与之上下；钱贵则物贱，钱贱则物贵。"③ 这就是说，"物"即商品的生产与供求有多有少，而作为商品价值符号的"钱"即货币的价值，则随着市场货物供求的多少而上下波动，时涨时落。当供过于求时，则货物贬值而钱币升值；当供不应求时，则货物增值而钱币贬值。在明代中后期资本主义商品经济刚刚萌芽之际，高拱就初步认识到钱与物、货币与商品的价值关系，不能不说它蕴含着价值规律的真理性因素。这是非常了不起和难能可贵的。他还指出当时钱币流通中存在的三大弊端：一是前代之钱与当代之钱并用，以旧顶新；二是私铸之钱与官铸之钱并用，以假乱真；三是南方用钱与北方用钱不

---

① 高拱. 高拱全集：上卷 [M]. 岳金西，岳天雷，编校. 郑州：中州古籍出版社，2006：188-190.
② 高拱. 高拱全集：下卷 [M]. 岳金西，岳天雷，编校. 郑州：中州古籍出版社，2006：1097.
③ 高拱. 高拱全集：上卷 [M]. 岳金西，岳天雷，编校. 郑州：中州古籍出版社，2006：698.

同，钱法不一。他认为铸钱与钱法必须统一，强调"钱者，人君驭世之具也""铸钱之权既在官而不在民，用钱之法当在上而不在下"①。因此他建议必须告谕天下：如有拒绝使用当代之钱者，即置之以法；严禁私人铸钱，铸者有罪，用者违法；钱币南北通用，不得以远近有所异同。只有这样，才会避免钱币流通紊乱的弊端，摆脱财政危机，走出经济困境，从而巩固封建政权。(3) 关于理财与王政的关系。高拱十分强调理财的重要性，他提出"《洪范》八政，首诸食货；《禹谟》三事，终于厚生。理财，王政之要务也"；理财又是"圣贤有用之学"。因此他大讲生财、聚财、理财之道。"生财自有大道，苟得其道，则财用自足，正不必外本内末，而后财可聚也。""聚财断不可为务财，用之小人断不可用。"他特别重视户部、钱粮衙门及官员的任用，认为"理财无人，国用日蹙，而民生乃益困"②。在他看来，生财、聚财和理财对巩固封建政权起着重要作用，如不重视就无以安邦治国。他的经济思想包含着经济决定政治的合理因素。

高拱对轻视经济的思想做了深刻的批判。(1) 对儒家清高思想的批判。他痛斥宋明理学家们是"后世迂腐好名者流，不识义利，不辨公私，徒以不言利为高，乃至使人不可以为国。""是亦以名为利者耳，而岂所谓义哉！"他认为后世"迂腐好名之人，又倡为不言利之说，遂使俗儒不通国体者，转相传习，则其事愈轻，甚有误于国事"③。指出理学家"徒以不言利为高""以名为利"的空谈仁义，自视清高，其危害性就在于轻视功利，耽误国家大事。(2) 批判历史上对理财家的歪曲和攻击。宋儒胡致堂认为，唐朝刘晏之死是由于"理财"所致。高拱驳斥道："徒以晏曾理财而死，遂谓是言利背义之为害，如天道报恶者然，亦谬也。"他指出刘晏并非为理财而死，而是"因昔常奉诏勘鞫元载罪，伏诛，其党杨炎坐贬。后炎专政，衔私恨，为载报仇，遂诬构以死，而天下怨之。使晏不勘载事，虽理财，固不死也；勘载事，虽为不理财，固亦死也。是非以理财死也明矣"。他认为刘晏之死与其理财是两码事，二者并无因果关系。他称赞刘晏理财，是"以养民为先""利于公亦利于私。国称其能，而民亦戴其惠者也"。认为唐朝安史之乱以后的经济振兴，刘晏有很大功劳，他"是干国之

---

① 高拱. 高拱全集：上卷 [M]. 岳金西，岳天雷，编校. 郑州：中州古籍出版社，2006：698.
② 高拱. 高拱全集：下卷 [M]. 岳金西，岳天雷，编校. 郑州：中州古籍出版社，2006：1097.
③ 高拱. 高拱全集：下卷 [M]. 岳金西，岳天雷，编校. 郑州：中州古籍出版社，2006：1097.

臣也"①。（3）批判轻视钱粮官员的思想。他为钱粮衙门和官员大声疾呼："如今户部官劳倍于人，然必俸资倍于人而后得迁，其迁又劣。曰此钱粮衙门也，外而运司更甚。夫钱粮衙门，国用民生所系，盖重任也。官此者，使其有所渔猎，诛之可也。不然，均王臣，又独贤劳者，乃何为劣视之？以故有志之士，不乐就此，不幸就此，率志夺气沮，务支吾了事，徒积日以待迁，而经制之略置之不讲，不复闻有善理财者矣。理财无人，国用日蹙，而民生乃益困。彼号清秩者，仍复扬扬劣视之，以为货利之浊官，此何理也？"②他对钱粮官员的处境甚为不平，对鄙视理财官员的议论十分不满，决心采取措施，对此种情况加以改变。

针对时弊，高洪在经济领域进行了力所能及的整顿与改革。（1）开通海运。国家财赋主要仰给东南，如果漕粮不到，则京师坐困。而漕河年年淤塞，修筑甚难，严重影响国家财赋的供给。高拱复政后，一方面请派长于水利的潘季驯总理河漕，一方面计通海运。通过山东巡抚梁梦龙、布政王宗沐的勘察筹划，造船坚好，遂使海运通畅。如果乘风之便运粮，数日即达京师。这就收到了河海"二路并运"的实效。"脱有一路之阻，亦自有一路之通，京师可以坐俟无忧。"③（2）对欠粮欠谷采取不同的改革措施。对拖欠税粮、积谷的地方官员，高拱认为不能一概处以降调而必须区别议处。他认为拖欠军国所用的税粮与拖欠备荒为务的积谷，二者轻重不同；各地贫富差异亦有不同，不能一律看待。于是他提出：积谷应按各地贫富差别规定不同数额。如有"乾没"致使积谷减少者，参奏拿问；如玩忽职守而完不成数额者，重则参究，轻则惩戒，但不得调离。对拖欠税粮，他提出催粮以当年为"正征"，以前官拖欠为"带征"的办法。如"正征""带征"均完不成几分者，降级使用，但不调离。待粮完之日，方复原官。这种降而不调的办法，只适用于富裕地区的欠粮官员。对原系百姓逃亡、田地抛荒甚多的贫困地方，既不能使"地苦其官"，尽力催征仍完不成欠粮而受惩处；也不能使"官苦其地"，因完不成欠粮而用严刑峻法的办法催征，致使逃亡抛荒更多，地区更加贫困；而应宽其税粮数额限期改变穷困面貌。只要能够招集流亡、开垦荒田，以苏民困者，可以徐征税粮。如限期未满而完

---

① 高拱．高拱全集：下卷［M］．岳金西，岳天雷，编校．郑州：中州古籍出版社，2006：1296-1297．
② 高拱．高拱全集：下卷［M］．岳金西，岳天雷，编校．郑州：中州古籍出版社，2006：1097．
③ 高拱．高拱全集：下卷［M］．岳金西，岳天雷，编校．郑州：中州古籍出版社，2006：1297．

粮过半者，也可升迁。这样就使"官免无辜之罚，民免重逼之殃。虽不能即完于今日，亦尚可望于将来也"①。（3）大力支持丈田均粮和推行一条鞭法。明代中后期由于土地兼并，赋税严重不均。地方官员中的有识之士便试行丈田均粮，但由于官豪势家的反对，嘉靖朝时行时罢。隆庆后期，高拱则大力支持地方官员丈田均粮。如万历《朝邑县志》卷四载，隆庆四年（1570年），西安府朝邑县县丞陈谋"奉文均田"。万历《和州志》卷二载，南直隶和州知州康诰于隆庆六年（1572年）"博询密访，规画周悉，著为《丈量方略》""奉例文丈田均粮"。高拱主政期间极力主张和支持在全国推行一条鞭法，减轻民负。隆庆四年，他曾题准江西普遍实施一条鞭法。如万历年间，黄汝良《野纪朦搜》卷十二载："隆庆二年，行一条鞭法。初抚臣庞尚鹏、刘光济以此法行之江西。其后阁臣高新郑、张江陵，会户部议通行之。海内至今遵守。"顾炎武《天下郡国利病书》卷二十三载，隆庆后期，应天巡抚朱大器继海瑞之后亦行条鞭，"先是江西各郡行条鞭法，人皆称便。至是兵宪蔡国瑞广询而行之。……百姓不知有徭里之差矣，至今永为利"。此后一条鞭法实行的地区不断扩大。据梁方仲先生《明代一条鞭法表》287条资料统计，从时间上看，嘉靖朝后期三十五年计有43条；隆庆朝六年68条，前后三年各半；万历头十年110条。隆万大改革的十三年共计144条。万历十年以后至明亡计有66条。② 由此可见，隆庆后期推广一条鞭法开始进入高潮，并在隆万大改革中确立为全国性的赋税制度。（4）提高盐、马官员地位。当时人们把盐马衙门视为"闲局"，把盐马官员视为"剩员"。高拱指出：盐政是"国用所赖"，马政是"戎伍所资"，二者"皆系紧关要职，非闲局也"。他建议今后凡盐马"卿使员缺，必从廉谨、有才望者推补"，不得与其他卿使有低昂之分，如政绩优异，应越级擢升。这样，"马政盐政，当自修举"。得到穆宗批准，吏部便付诸实施。③（5）推行恤商重商政策。高拱复政便发现京城民生凋敝，商业衰退，百姓不安，根本原因是违背先朝招商买办政策。他建言革除商人贿赂官吏"打点之费"的宿弊，大力发展招商买办，实行等价交换。"商人上纳钱粮，便当给予价值。即使银两不敷，亦须挪移处给，不得迟延。"京师商人"铺面不敢开，买卖不得行"，主要是钱法不通，指点多端，日更暮改，"恐今日得钱而明日不用"，人心慌乱。他提出"钱法之行，当

---

① 高拱．高拱全集：上卷［M］．岳金西，岳天雷，编校．郑州：中州古籍出版社，2006：221.
② 梁方仲．梁方仲经济史论文集［M］．北京：中华书局，1989：485-576.
③ 高拱．高拱全集：上卷［M］．岳金西，岳天雷，编校．郑州：中州古籍出版社，2006：216-217.

从民便"。于是统一钱法，商业繁荣，京邑民困得以解决。① 同时在对外贸易方面，改变了正嘉以来厉行的海禁政策，部分开放了闽浙沿海的通商贸易。经过整顿改革，遂使隆庆中期以后生产日上，百姓苏困，国库稍微充裕。

高拱通过吏治、军事、法治、经济等一系列整顿改革，达到了"官修实政而民受实惠"的预期目的，取得了显著的阶段性成果。其一，维护了国家和平安定的局面，改善了汉族与少数民族的关系。由于高拱决策正确，精心策划，使"西敌稽颡称臣，东番投戈授首，贵彝詟服，岭寇底宁。"②"自是边境休息，东起延、永，西抵嘉峪七镇，数千里军民乐业，不用兵革，岁省费什七。"③ 特别是成功地处理把汉那吉投降事宜，与俺答建立封贡互市关系，从而使长城内外几千里沿线蒙汉居民得到和平安定的环境，发展了生产，改善了蒙汉两族的关系。此事对后世产生了重大影响，清人魏源评价说："不独明塞息五十年之烽燧，且为本朝开二百年之太平。"④ 其二，减轻了农民负担，推动了生产发展。如与俺答订盟和好，"每岁省内帑数百万之金，省边民数百万之命，省边防室庐畜产数百万之焚掠"⑤。同时，高拱大力支持推广一条鞭法，对税粮采取"正征""带征"和缓征措施，这在一定程度上抑制了贵族官僚豪强势力转嫁赋徭的行为，从而减轻了无地少地农民的负担，调动了农民的积极性，发展了农业生产。其三，财政开始好转，赤字大为减少。高拱通过经济改革，讲究用人理财之道，使隆庆末年国库稍微充裕，国势日强。据隆庆元年与五年相比，太仓银库岁入银由201万两增为310万两，增长54%；岁出银由553万两降为320万两，减少42%；岁亏银由352万两减少为10万两，减少97%⑥。京师仓库存粮也大大增加。其四，高拱在恤商惠商、兴修水利、恢复海运、开放海禁等方面采取了一些具体政策和措施，促进了经济繁荣，增加了商品经济的比重，使资本主义萌芽得以快速生长，百姓也获得实惠。

尽管高拱在其经邦济世思想指导下，其实政改革事业取得了丰功伟绩，但他自己并不满足，不以为然。他在给同年挚友的书信里头诉说衷肠，表露心迹：

---

① 高拱. 高拱全集：上卷 [M]. 岳金西，岳天雷，编校. 郑州：中州古籍出版社，2006：158-160.
② 高拱. 高拱全集：上卷 [M]. 岳金西，岳天雷，编校. 郑州：中州古籍出版社，2006：551.
③ 张廷玉. 明史·卷二二二·王崇古传 [M]. 北京：中华书局，1974：5843.
④ 魏源. 圣武记·附录·卷一一·武事余记 [M]. 长沙：岳麓书社，2010：519.
⑤ 高拱. 高拱全集：下卷 [M]. 岳金西，岳天雷，编校. 郑州：中州古籍出版社，2006：1295.
⑥ 樊树志. 万历传 [M]. 北京：人民出版社，1993：118.

"今天下吏治不兴，小民不得乐业，仆诚患之。乃不自量鄙劣，欲为皇上挽刷颓风，修举务实之政。遂于大计殚心竭力，以综核名实，使巧宦者罔售其诈，而举职者莫掩其真。盖抚按所特劾而留、特荐而去者颇多，诚不欲其徇毁誉、行爱憎也已。又集群吏于庭，谆谆告教，明示以意之所在，使皆知所趋向，不得仍袭旧套，崇饰虚文。冀耳目一新，人心可正，然后再从而振作之，庶可望太平于万一也。此愚一念报国之心如此，不知竟有寸效否耳。"①"仆本薄劣，谬当重任。乃不自知其不肖，欲为主上进忠直，黜谗邪，振纪纲，正风俗，崇举敦明之治。实夙夜尽瘁，不敢自有其身。顾二年且余，曾无寸效：污习未珍，吏治不兴，欺负尚存，民穷如旧。每一循省，不觉汗颜。……薄劣如仆，乃当天下之任，而顾求治如此其急者，岂不自量？盖念夫国家之弊久矣，数十年来曾无整顿之人，仆幸有斯志，然年已六十矣。河清几时，日中已昃。故每自惜桑榆之景，勉摅犬马之忠。于是明祖宗之法，以唤醒久迷之人心；破拘挛之说，以振起久隳之士气。事务乎循名核实，而志在乎尊主庇民。率之以身，诚之以言。使天下皆知治道如此而兴，非若向者可苟然而为也。如其得行，当毕吾志；如其不可，以付后人。倘有踵而行者，则吾志亦可毕矣。此则仆之隐衷，朝夕在念，不能忘者。是以措置之际，自不觉其汲汲，诚欲先立规模，见其大意，而后乃徐收其效。非敢谓太平之治可一朝而致也。"② 言为心声。由此可见，高拱对其改革事业寄有宏大抱负和雄心壮志。庆幸的是，张居正继承了他的改革事业。

三、高拱学术的基本特征

高拱的学术包括实学思想、政治改革两个层面，其基本特征可归纳为三。一是唯实唯物论。高拱著作中出现频率最高的是"实"字，"实"字贯穿于各个领域的始终。他经常使用的概念，在实学层面有实理、实事、当实、求实、实心、实言、实风、践实、实行、实见、实闻等等；在实政层面有务实、循实、查实、责实、核实、实效、实惠、举实、劾实、实功、实罪等等。这种以"实"为基本特征的学术思想，可以概括为"唯实论"。唯实论的实质是古代朴素的唯物论。二是辩证方法论。他的辩证思想主要表现在社会历史领域，在实学方面论证了天与人、气与理、理与情、物与则、实与是、知与行、经与权、圆与通等的辩证关系；在实政方面论证了力与义、战与守、内与外、利与义、公与私、

---

① 高拱. 高拱全集：上卷 [M]. 岳金西，岳天雷，编校. 郑州：中州古籍出版社，2006：540.
② 高拱. 高拱全集：上卷 [M]. 岳金西，岳天雷，编校. 郑州：中州古籍出版社，2006：542-543.

才与德、名与实、养与用、宽与严、治与乱、奖与惩等的辩证关系。抽象必然上升为具体，辩证法必然升华为方法论。他认为圆通的权变方法，是治国的根本方法。"夫权也者，圆而通者也。"① 他批评"人之学未圆通，则言多方局"，如哭则不歌，要歌则不哭。"殊不知哭可以不歌，而歌未尝可不哭也。"② 他以用药为例，说明行权之重要。"参耆养人，用之不当，有时杀人；硝黄伤人，用之而当，有时救人，固在医不在药也。圣人明之至，权至熟，参耆硝黄随手而用，无不济者。后儒学不通方，不能得圣人之权，开口只说参耆必可用，硝黄必不可用。病且急，立当一泻，而犹补以参耆，以为必然无害，卒毙其人而犹不悟也。是圣人不止以救人之药救人，而亦每以伤人之药救人；后人不止以杀人之药杀人，而亦每以救人之药杀人也。乌能治国家？"③ "人臣而不知权，则何以酌缓急、称轻重，事君治民，处天下之事而得其正乎？"④ 圆通的权变方法，可谓高拱辩证法思想的核心，占有极重要的地位。辩证法及其方法论在高拱手里运用得虚灵活泼，不滞方隅，堪称高手大师。其治国方略与取得的成就，与他纯熟地掌握和运用直观的辩证方法论是分不开的。三是改革践实论。高拱不是坐而论道的空谈家，而是身体力行的践实家。其实学是实政的理论基础，其实政又是实学的践实体现。前者是体，后者是用。前者是为后者服务的，后者又是前者的发展。他把唯实唯物论以及辩证方法论应用于社会实践，既深刻批判了明季时弊及其根源"空寂寡实"的宋明理学，又全面推行了他所制定的"兴利除弊"的社会改革的纲领、目的、目标、方针和举措，从而在吏治、司法、边防、兵制、赋税、漕运和商业等诸多领域取得了显著成效，并为万历初元大改革奠定了基础和确定了政策走向。他在晚年对改革实践中的亲身经历、体会、感悟、认识和经验从实政方面加以概括和总结，又丰富和发展了他的实学思想。上述高拱的学术思想，在当今亦有借鉴意义和价值。

（原文是作者为《高拱全集》所写前言"实学思想"和"实政功绩"部分，中州古籍出版社2006年版，第21~62页。标题为编者所加）

① 高拱．高拱全集：下卷［M］．岳金西，岳天雷，编校．郑州：中州古籍出版社，2006：1161．
② 高拱．高拱全集：下卷［M］．岳金西，岳天雷，编校．郑州：中州古籍出版社，2006：1176．
③ 高拱．高拱全集：下卷［M］．岳金西，岳天雷，编校．郑州：中州古籍出版社，2006：1239．
④ 高拱．高拱全集：下卷［M］．岳金西，岳天雷，编校．郑州：中州古籍出版社，2006：1159．

高拱的惩贪对策及其代价

高拱（1513—1578年），字肃卿，号中玄，河南新郑人。嘉靖二十年（1541年）中进士，选庶吉士，初授编修，由此从政三十余年。嘉靖四十五年（1566年）三月入阁，参预机务。由于与首辅徐阶政见不合，于隆庆元年（1567年）五月称病归里。隆庆三年（1569年）底，穆宗召高拱复政，从任次辅到首辅始终兼掌吏部事。他是隆庆时期杰出的政治家和改革家，虽然执政只有两年半时间，但改革政绩显赫，昭然在人耳目。真可谓期月而可，三年有成。特别是在整顿吏治中取得惩处贪贿的事功，对当时官风转变和社会进步起到了重要的推动作用。但是，明清史学家以及迄今的明史研究者曾无一人一言论及高拱惩贪事功及其效果，反而认为他"初持清操，后其门生、亲串颇以贿闻"[1]。有鉴于此，本文仅就高拱惩处贪贿及其对策和代价问题加以初步探讨，就教于方家。

一、惩贪

高拱惩贪是有其政治纲领作为指导思想的，也是他进行政治改革的一个重要方面。他在入阁前夕，在礼部尚书最后任上，撰就了《挽颓习以崇圣治疏》即《除八弊疏》，形成了他的政治改革纲领。这一奏疏虽然由于种种原因没有呈上，因而在朝野之间没有形成什么影响，但却是他在隆庆后期主持改革实践的指导思想和行动纲领。

高拱的《除八弊疏》是他对嘉靖后期逐渐形成的弊政亲身观察、深思熟虑而提出来的。此疏在分析形势后指出，时局艰危的根源在于"积习之不善"。对这种"积习"条分缕析，列为"八弊"：一曰"坏法"，即曲解法律，任意轻重；二曰"黩货"，即卖官鬻爵，贪赃纳贿；三曰"刻薄"，即冷酷刻薄，刁难民众；四曰"争妒"，即争功嫁祸，彼此排挤；五曰"推诿"，即推责诿过，功

---

[1] 张廷玉. 明史·卷二一三·高拱传 [M]. 北京：中华书局，1974：5641.

罪不分；六曰"党比"，即拉帮结派，党同伐异；七曰"苟且"，即因循塞责，苟应故事；八曰"浮言"，即议论丛杂，混淆是非。① 这八种积弊，彼此相仿，前后相因，上下相安，已成为社会的习惯势力，官场的腐败风气，国家的沉疴痼疾。我们且看此疏对"黩货"一弊的深刻分析："名节者，士君子所以自立，而不可一日坏者也。自苞苴之效彰，而廉隅之道丧。义之所在，则阳用其名而阴违其实，甚则名与实兼违之；利之所在，则阴用其实而阳违其名，甚则实与名兼用之。进身者以贿为礼，鬻官者以货准才。徒假卓茂顺情之辞，殊乖杨震畏知之旨。是曰黩货之习，其流二也。"② 上述"黩货"之弊，实际上是高拱针对嘉靖中期以来"政以贿成，官以赂授"的揭露和批判。当时的官场名节败坏，廉耻尽丧，而盛行的则是唯名是求、唯利是图的歪风邪气。为了追求名利和官运亨通，不惜采取一切卑鄙龌龊手段。"进身者以贿为礼，鬻官者以货准才"，正是当时买官卖官者奉行的信条。严嵩执政，遂使官风大坏，"奔竞成俗，赇赂公行"③。他们公开卖官鬻爵，"官无大小，皆有定价"④，"凡文武迁擢，不论可否，但衡金之多寡而畀之。"⑤ 各级官员，因贿而得官，因官而得贿，"去百而求千，去千而求万。"⑥ "户部岁发边饷，本以赡军。自嵩辅政，朝出度支之门，暮入奸臣之府。输边者四，馈嵩者六。""私藏充溢，半属军储。"⑦ "嵩家私藏，富于公帑。"⑧ 严氏父子败落后，江西巡按御史成守节奏报查抄严氏原籍家产，计黄金3.29万两，白银202.7万两⑨，其他还有大量的金银器皿，珠宝古玩，图书字画，田土宅第等财产。嘉靖中期以后的"黩货之习"由此可见一斑。在高拱看来，如不彻底破除贪污纳贿、卖官鬻爵的弊政，国将不治，朝政必衰。

高拱认为，"黩货"之弊是"八弊"的重点，并把"黩货"与"坏法"紧密联系起来，所谓贪赃枉法是也。贪赃是目的，枉法是手段。贪赃必然枉法，

---

① 高拱.高拱全集：上卷[M].岳金西，岳天雷，编校.郑州：中州古籍出版社，2006：115-116.
② 高拱.高拱全集：上卷[M].岳金西，岳天雷，编校.郑州：中州古籍出版社，2006：115.
③ 张廷玉.明史·卷二〇九·杨爵传[M].北京：中华书局，1974：5524.
④ 于慎行.谷山笔麈·卷五·臣品[M].北京：中华书局，1984：50.
⑤ 张廷玉.明史·卷二〇九·杨继盛传[M].北京：中华书局，1974：5540.
⑥ 张廷玉.明史·卷二一〇·王宗茂传[M].北京：中华书局，1974：5557.
⑦ 张廷玉.明史·卷二一〇·张翀传[M].北京：中华书局，1974：5566.
⑧ 张廷玉.明史·卷二一〇·董传策传[M].北京：中华书局，1974：5568.
⑨ 明世宗实录·卷五四九[M].台北："中研院"史语所影印本，1962.

枉法为了贪赃。因此他提出破除贪赃枉法之弊的对策是："舞文无赦，所以一法守也；贪婪无赦，所以清污俗也。"① 他决心以严刑峻法惩治贪贿，清除污俗。所以他执政后，对原来"贪酷者，例止为民"的条例，修订、细化为"贪黩者仍提问追赃"，"苟贪黩彰闻，益严提问追赃之法。"② 高拱以雷厉风行、大刀阔斧的大无畏精神，依法严惩贪贿，上至部卿大臣，下至州县正官，甚至案涉内阁同僚、封疆大吏也一查到底，决不心慈手软。据统计，从隆庆四年初到六年（1570—1572年）六月的两年半内，高拱处理贪贿案件多达64起，共计169人。其中涉嫌知县以上的文职贪官131人，涉嫌指挥同知以上武职贪官38人。兹将高拱惩处贪贿案件依时序列表如下：

---

① 高拱. 高拱全集：上卷［M］. 岳金西，岳天雷，编校. 郑州：中州古籍出版社，2006：117.
② 高拱. 高拱全集：上卷［M］. 岳金西，岳天雷，编校. 郑州：中州古籍出版社，2006：302.

高拱惩处贪贿案件表

日期	纠劾者	贪贿者	贪贿赃迹	吏部复议	圣旨批示	资料来源
隆庆四年（1570年）1月27日	吏科都给事中郑大经	惠安县知县萧继美	本官久窃虚名，近乃使行千金干孽毂之下，请速治之	如议	报可	《穆宗实录》卷四一，隆庆四年正月己未
隆庆四年（1570年）3月1日	南京吏科给事中王祯	魏国公徐鹏举、诚意伯刘世延、监察酒姜宝、南京国子监祭酒姜宝、南京刑部尚书孙植	徐鹏举以妾郑氏请封夫人，弃长立幼，并送入监。刘世延图中驳查，并以金银珠宝行贿。姜宝行文驳查，挑起二子之争，酿成家祸。孙植受鹏举重贿，为郑氏请封夫人。请将四人罢斥。	魏国公徐鹏举、诚意伯刘世延移咨兵部议覆。郑氏诰命已奉钦命追夺。孙植、姜宝受贿难以遥度，令回籍听勘，移咨南京都察院查勘具奏，另行议处	孙植、姜宝着回籍听勘	《穆宗实录》卷四四，隆庆四年（1570年）三月壬申 《高拱全集》第356～357页
隆庆四年（1570年）3月5日	直隶巡按御史杨家相	漕运把总指挥同知李天佑等8人	贪污不职		李天佑等回卫	《穆宗实录》卷四四，隆庆四年（1570年）三月壬申
隆庆四年（1570年）3月10日	刑科给事中舒化	刑部山西司郎中孙大霖	纳贿银2800两，赃迹数多，乞要罢斥	照依贪例，罢斥为民	孙大霖革职为民	《高拱全集》第377页

139

续表

日期	纠劾者	贪贿者	贪贿劣迹	吏部复议	圣旨批示	资料来源
隆庆四年(1570年)4月10日	河南巡按御史蒋机	河南汝南道参政沈黄	赃迹昭著，悉有指实	沈黄回籍听勘，待查勘明白，再行定夺	是	《高拱全集》第399页
隆庆四年(1570年)4月16日	四川巡按御史王廷瞻	四川安县兵备佥事史鹏疑	贪纵不法		勒令闲住	《穆宗实录》卷四四，隆庆四年四月癸丑。
隆庆四年(1570年)6月7日	保定巡抚都御史朱大器	任县知县林大畜，新安县知县李丞弼	林大畜贪婪，罢斥；李丞弼贪赃，降调	将林大畜、李丞弼俱照贪例为民	林大畜、李丞弼俱着为民	《高拱全集》第426页
隆庆四年(1570年)6月28日	陕西巡按御史潘民模	两当县知县张效良	张效良贪赃，罢斥	将知县张效良照贪例为民	张效良着为民	《高拱全集》第427页
隆庆四年(1570年)7月2日	山西巡按御史饶仁侃	临县知县王士钦	王士钦贪赃，降调	应照贪例为民	王士钦着为民。	《高拱全集》第428页
隆庆四年(1570年)7月3日	浙江巡按御史吴从宽	两浙运司副使，今升南京兵部郎中萧九成	贪饕成性，秽迹彰闻。乞罢斥为民	萧九成赃私大露，查审是实。依律问遣追赃	萧九成革职。着巡按御史问提具奏	《高拱全集》第428～429页

140

续表

日期	纠劾者	贪贿者	贪贿赃迹	吏部复议	圣旨批示	资料来源
隆庆四年(1570年)7月7日	兵备副使柴淶	福建都司佥书署都指挥佥事曹南奎	为人通贿请求		黜曹为民	《穆宗实录》卷四十七,隆庆四年(1570年)七月癸酉
隆庆四年(1570年)7月11日	陕西巡按御史王君赏	蒲城县知县吕宗儒	贪酷著闻,乞罢斥	照贪酷例为民	吕宗儒为民	《高拱全集》第324~325页
隆庆四年(1570年)7月17日	江西巡按御史刘思问	江西湖东道佥事陈成甫	乘赴京赍送万寿表文之机,索骗银两布货杉板,达箱扛80余拾	将陈革职,赃迹由巡按勘实,按律定夺	陈成甫革职,着巡按勘明具奏	《高拱全集》第401页
隆庆四年(1570年)7月17日	福建巡按御史蒙诏	大田县知县李校,浦城县知县潘玉润,长泰县知县唐珊	李校以酷济贪,当罢斥提问。潘玉润,唐珊犯贪例,俱当罢斥	李、潘、唐先行革职,巡按查勘,追赃充遣	李校等革职,着巡按御史提问具奏	《高拱全集》第429页
隆庆四年(1570年)7月19日	兵科都给事中温纯	原广西总督刘焘	刘焘行贿温纯礼帖一通,内有金色缎等物共代银24两,乞加降罚	馈送无名,指摘有据,令其致仕	刘焘着致仕	《高拱全集》第358~359页

141

续表

日期	纠劾者	贪贿者	贪贿赃迹	吏部复议	圣旨批示	资料来源
隆庆四年（1570年）8月9日	巡按御史傅孟春	天津兵备副使周希哲	被降调时，临行索取各县官银两		周希哲罢斥	《穆宗实录》卷四八，隆庆四年（1570年）八月丙午
隆庆四年（1570年）8月11日	原广东改浙江巡抚都御史熊汝达	潮州府通判升临江府同知杨肇、惠来县知县施哩	杨阴险贪污，施粗申贪饕。俱罪状显著，均当罢斥	施照贪例为民，杨逃回原籍，着福建巡按追解赴广东巡按依律追遣赃私具奏	施哩着为民，杨着回原籍，着福建巡按提问具奏	《高拱全集》第325～326页
隆庆四年（1570年）8月11日	湖广巡按御史曹稽古	按察司佥事樊仿，长州府通判胡穆、襄阳府通判季文启，黄安知县李讲，长阳知县姚尚宾，汉川县知县石震，孟阳县知县张崇德，应山县知县吴希尹，蓝山县知县国器，卢溪县知县曾倬	各官被劾事情俱为贪赃，情节有轻有重，各按罪罢斥或提同	樊仿等前5人俱按贪例为民，石震等后5人赃私下落，通行巡按御史依例追遣	樊仿等5人石震等着巡按御史提问具奏	《高拱全集》第431页

142

续表

日期	纠劾者	贪贿者	贪贿赃迹	吏部复议	圣旨批示	资料来源
隆庆四年(1570年)8月11日	贵州巡按御史蔡廷臣	思南知府何维、思仁兵备佥事金瓯、土官田时茂、应捕杜自贵	贼犯李仲富27人俱系平民,挑盐觅利,搜其家财,拿送巡捕。土官田时茂诬赃指捕,不加审问,一概拷死,仅存1人。本官到任,曾打死木匠彭万唐等8人。何维以淫刑断狱,致死民命,任其停止。佥事金瓯听从府官,金瓯降调	将何维革职,土官田时茂、应捕杜自贵送问。以反李仲富是否真盗,应捕杜自贵公体勘,如所劾属实,通行提究如律	是	《高拱全集》第403页
隆庆四年(1570年)8月21日	吏科都给事中雒光懋	南京礼部精膳司郎中蔡茂春	素行卑污,官常已坏	照不谨例,冠带闲住	蔡茂春冠带闲住	《高拱全集》第389页
隆庆四年(1570年)8月27日	广东巡按御史杨标	石城县知县涂光裕、惠州府通判陈廷观、广州府通判吕希望、平远县知县陈廷式	涂光裕赃私狼藉,贪婪不职。陈廷观当提问,陈廷观等3人贪酷异常,各有指实,请罢斥	将涂光裕等4人通行提究赃私下落,照例追遣	涂光裕等着巡按御史提问具奏	《高拱全集》第326~327页
隆庆四年(1570年)10月28日	直隶巡按御史傅孟春	满城县知县周思夭	本官贪酷贪贿,革职提问	周奸以饰诈,酷以济贪。先革职提问追究,果至明白,照例处分	周思夭革职,着巡按御史提问具奏	《高拱全集》第432页

143

续表

日期	纠劾者	贪贿者	贪贿劣迹	吏部复议	圣旨批示	资料来源
隆庆四年（1570年）11月5日	南京给事中张焕等	小教场提督坐营应城伯孙文栋及党孙继宗	贪婪无忌，昵其党孙继宗等为奸利，乞治之		上命革文栋任，下继宗等南京法司问	《穆宗实录》卷五十四，隆庆四年（1570年）十一月己巳
隆庆四年（1570年）11月18日	总理河道侍郎右都御史翁大立	山东淄川县知县和格	和格赃迹败露，乞改教	将本官照素行不谨例，冠带闲住	和格著冠带闲住	《高拱全集》第433页
隆庆四年（1570年）12月18日	武职自陈	襄城伯李应臣等自陈不职，章下兵部复言，李应臣贪鄙，谭宏纵肆		得旨：应臣、宏革任闲住	《穆宗实录》卷五十二，隆庆四年（1570年）十二月辛亥
隆庆四年（1570年）12月24日	山西巡抚石茂华，巡按御史饶仁侃，巡按山西等处地方监察御史武尚贤	原任总理边关粮储户部员外郎席上珍	受贿贪污银1249两，给商人牟利，挂欠国家钱粮	本官照有关条例转行有关部门追缴原欠钱粮数目	席上珍革职为民	《高拱全集》第378页

144

续表

日期	纠劾者	贪贿者	贪贿赃迹	吏部复议	圣旨批示	资料来源
隆庆五年（1571年）1月10日	南京科道王祯,王嘉宾	知府徐必进等25人	徐必进等25人俱贪酷异常	巡按御史提问追赃,徐等25人革职为民	徐必进等革职为民,巡按御史提问追赃	《高拱全集》第315页
隆庆五年（1571年）1月11日	吏部会都察院考察方面有司官	参议郝永桢,佥事陈成甫,喻显科、佥事李得春,赵时齐,知府杨守让,布政周世元,佥事盛当时	前6员俱贪,后2员俱酷		罢斥降调如例	《穆宗实录》卷五三,隆庆五年（1571年）正月甲戌
隆庆五年（1571年）1月15日	吏科都给事中韩楫,云南广西道御史赵可怀等	福建右布政使周贤宣,广东按察使佘敬中,浙江按察使曹天祐,河南副使陈忠翰,四川右布政黄王道行,江西右布政使刘烁,副使冯叙吉,湖广副使黄琮	周贪肆历闻;佘赃罚盈橐;曹官守贪大坏;陈素称贪黩,日扣数金;王扣织造赀三百;刘性行贪淫,范扣蒸庆;冯肥家好货,吏指挥分例银数千;受农纳班,尽行浸没;黄贪声凤著,无体不坏	周等5人照不谨例冠带闲住;刘烁从重降用;冯叙吉量行降用;黄琮调简用。	周贤宣等冠带闲住,刘烁降二级,冯叙吉降一级,黄琮调用。	《高拱全集》第316～317页

145

续表

日期	纠劾者	贪贿者	贪贿赃迹	吏部复议	圣旨批示	资料来源
隆庆五年(1571年)3月4日	南京户科给事中张焕等，南京广西道御史李绍先	通政使司右参议宋训，江西都御史李一元，延绥都御史何东序	宋赃私数多，贪酷异常，乞要一斥。李行为率污，乞降用。何心同虎狼，乞要斥	宋先令回籍听勘，巡按御史作速勘明，具奏定夺。何李率污庸劣，调外任。	宋训回籍听勘。李一元降一级调外任。何东序准致仕	《高拱全集》第318页
隆庆五年(1571年)4月15日	河南巡抚都御史栗永禄	周府左长史许邦才	明受宗室之分例，潜纳绝府之苞苴，贪饕复甚，擅离职守	受贿例银，贪肆复甚，守不立，照例冠带闲住	许邦才著冠带闲住	《高拱全集》第405页
隆庆五年(1571年)4月20日	宣大总督王崇古	威远副总兵牛相及二子伯杰、心山，守备伯英，中军指挥徐世臣，云石堡守备范宗儒等	先是把汉那吉自云石堡出，相子伯杰至其营，闻恰台吉将执叛人刘五来献，乃告其父，欲邀功。恰台吉不能应计，剥诸军粮饷银足之，诸军怨望顷事发。王崇古乃劾相父子为奸利，并论其弟牛心山，守备伯英，中军指挥徐世臣，云石堡守备范宗儒匿情为恶		诏革牛相任，下总督速问	《穆宗实录》卷五六，隆庆五年(1571年)四月辛亥

146

续表

日期	纠劾者	贪贿者	贪贿赃迹	吏部复议	圣旨批示	资料来源
隆庆五年(1571年)5月18日	巡城御史王元宾	汉阳府府知府孙克弘	孙克弘朝觐回府,路遇孙玉,遂写奠帖一封,礼束一并银200两与孙玉,嘱其至京师通关节转升肥缺河东盐运使,五至京师被捕事发	孙克弘钻刺买官,照素行不谨例冠带闲住	孙克弘着冠带闲住	《高拱全集》第394～396页
隆庆五年(1571年)7月6日	给事中程文、御史王君赏	大理寺丞孙丕扬、浦城县知县吕宗儒	丕扬纳乡宦王表贿500金,嗾使御史王君赏论吕宗儒	孙丕扬回籍听勘	孙丕扬回籍听勘,吕宗儒免职	《高拱全集》第366页
隆庆五年(1571年)7月10日	广西巡按御史李良臣	总兵前大猷	大猷奸贪不法,官从重治勘。银豹首功不实,亦宜量罚。兵部言,大猷束发从戎,多树劳绩,将士闻而解体。况真贼既获,则柱等误勘之过,亦有可厚		上以为然,诏救柱等勿治。令大猷回籍听用	《穆宗实录》卷五九,隆庆五年(1571年)七月庚午
隆庆五年(1571年)8月30日	直隶巡按御史刘世曾	徽州府知府段朝宗	赃迹败露,乞将罢斥	将本官冠带闲住	段朝宗着冠带闲住	《高拱全集》第438～439页
隆庆五年(1571年)9月1日	直隶巡按御史蔡应阳	凤阳府通判张永廉、安东县知县陈敦质、英山县知县叶世行	张老而且贪,陈贪而且酷,叶亦贪人已之赃,皆合贪酷之科。前2人乞罢斥,后1人降调闲散	三人俱当革职为民	张永廉等为民	《高拱全集》第439页

147

续表

日期	纠劾者	贪贿者	贪贿赃迹	吏部复议	圣旨批示	资料来源
隆庆五年（1571年）9月5日	江西巡按御史刘思问	瑞昌县知县石元镁	本官袭年贪得，酗酒废事，乞将罢斥	照贪例革职为民	石元镁着为民	《高拱全集》第439~440页
隆庆五年（1571年）9月15日	科道官来良佐、御史唐鍊	漕运参将顾承勋	贪纵不法		革职闲住	《穆宗实录》卷六一，隆庆五年（1571年）九月甲戌
隆庆五年（1571年）10月2日	操江都御史陈省	亳州知州刘光奕	既贪且酷，降调闲散	照贪酷例为民	刘光奕着革职为民	《高拱全集》第440页
隆庆五年（1571年）10月10日	山东巡按御史张士佩	齐河县知县陈天策	本官倚钱神营求荐剡，钻刺通天	陈敢敢倚钱神营求荐举，先革职为民，巡按御史提问具奏	陈天策革职为民，巡按御史提问具奏	《高拱全集》第441页
隆庆五年（1571年）10月10日	山东巡按御史张士佩	莒州知州李思忠、乐安县知县吴一龙	二人贪得无厌，乞罢斥	二人正合贪例，不止罢斥，例应为民	李思忠、吴一龙着为民	《高拱全集》第441页
隆庆五年（1571年）10月17日	河南道监察御史吴道明	应天巡抚都御史陈道基	奸贪不职，乞要罢斥	今行回籍听勘事情移咨都察院，查勘明白具奏	陈道基着回籍听勘	《高拱全集》第368页

续表

日期	纠劾者	贪贿者	贪贿赃迹	吏部复议	圣旨批示	资料来源
隆庆五年(1571年)10月25日	直隶巡按御史苏士润	河间府同知管道州事刘耀武	纵容下属侵盗库银4000两,恰不举发,乞革职勒问	纵容库役吏胥侵盗库银,中间恐有侵渔情弊,应革职为民,并召干人犯罪具奏,巡按御史提同追究,拟罪问具奏白,拟罪具奏	刘耀武着革职为民,巡按御史提问具奏	《高拱全集》第442页
隆庆五年(1571年)12月8日	河南巡按御史杨家相	归德府知府罗大玘,原尉氏县知县韩天衡	罗贪酷显著,应罢斥;韩赃迹著闻,应调闲散	罗、韩俱照贪例为民	罗大玘、韩天衡着为民	《高拱全集》第443页
隆庆五年(1571年)12月19日	直隶巡按御史余希周	河间府通判史篆,永平府通判王建	史赃私显著,王索常例偿私债,照贪例罢斥为民	史篆照贪例为民,王建照不谨带冠带闲	史篆革职为民,王建冠带闲住	《高拱全集》第443页
隆庆五年(1571年)12月19日	山西巡按御史饶仁侃	潞城县知县钟爵,乐平县知县侯维潘,临县知县李从海	钟、侯各赃私狼藉,乞罢斥;李亦有指实之赃,乞改教	三人俱照贪例为民	钟爵等着革职为民	《高拱全集》第444页
隆庆六年(1572年)1月8日	广东巡按御史赵焞	南雄府通判王珂,新兴县知县邓应平,恩平县知县赵应文祥,凉山县知县王国相	王、邓赃私狼藉,应罢斥;赵克扣兵粮,受财纵故人贸货,王纵亲友贷故人贸货,应降调,应改教	王、邓照贪例为民,赵、王照不谨例冠带闲住	王珂、邓应平革职为民,赵应文祥、王国相冠带闲住	《高拱全集》第445页

149

续表

日期	纠劾者	贪贿者	贪贿赃迹	吏部复议	圣旨批示	资料来源
隆庆六年（1572年）1月8日	直隶巡按御史郭庄	建德县知县罗元士	罗操守大坏，正合贪例，应坚斥为民	将本官照贪例为民	罗元士着革职为民	《高拱全集》第445页
隆庆六年（1572年）1月13日	宣大总督王崇古勘报	将官张刚	虽尝贿房，亦有所斩获，宜赎罪		诏赦张刚戴罪立功。	《穆宗实录》卷六五，隆庆六年（1572年）正月庚午
隆庆六年（1572年）2月2日	吏科给事中涂梦桂	兵部左侍郎谷中虚	谷中虚奸贪不职，乞要亟行考斥	谷两任巡抚，再贰本兵，皆有贪声，赃私狼藉，行令本官冠带闲住	谷中虚着冠带闲住	《高拱全集》第372页

续表

日期	纠劾者	贪贿者	贪贿赃迹	吏部复议	圣旨批示	资料来源
隆庆六年（1572年）1月24日	福建巡按御史杜化中	福建南路参将王如龙，福建游击将军署都指挥佥事金科，都指挥佥事朱任，兵部左侍郎佥中虚，都御史今升大理寺卿何宽，福建巡抚莫如善，福建按察使李廷观，福建都转运使司运使李一中，福州府推官李一中，总理练兵事务兼镇守蓟州等处总兵官戚继光	王：侵克兵粮，受贿银3000余两，又受广寇厚贿，奸淫良妇，贪秽残酷。金：克减钦赏功银及兵粮，诈骗银7000余两。朱：侵削军饷，索银5000余两，刑毙无辜。金、朱以2千两金甫托戚继光行贿佥中虚以求解救。佥令福建巡抚何理、莫清托何宽，但令李廷观、李一中同理。金、朱又以700金和丝布等物送巡抚何宽，何令李廷观、李一中700金，各从轻拟。按察使莫如善老而昏庸，听其舞文弄法，代奏行取赴京听用。乞将王金、戚三犯速逮浙推究如律。吏、兵二部，将戚戒谕，何、朱罢斥，莫如善致仕，李一中降用	除戚继光由兵部查覆外，佥中虚、何宽受贿纵奸，重干法纪，但未经勘实，先令其回籍勘，待事明奏请老例致仕。如善照不谨例回籍致仕。廷观照例带冠闲住，李一中照例降用	佥中虚、何宽回籍勘，莫如善致仕，李廷观带冠闲住，李一中降用	《高拱全集》第368~371页

151

续表

日期	纠劾者	贪贿者	贪贿赃迹	吏部复议	圣旨批示	资料来源
隆庆六年(1572年)2月2日	福建巡抚都御史何宽、大同巡抚都御史刘应箕、南赣巡抚都御史殷从俭	延平府同知萧端贲、西路通判孙绪先、广西宾州知府梁大中、南安县知县丘凌霄、上杭县知县吕元声	萧贪婪险酷、播恶已深；孙年老行污，梁贪污纵肆，丘贪而刚愎，吕贪酷暴，乞要斥	五人俱照贪例为民	萧端贲等都革职为民	《高拱全集》第329～331页
隆庆六年(1572年)2月5日	浙江巡抚都御史升户部侍郎郭朝宾	遂昌县知县郑惇典、龙泉县知县翁莹	郑、翁各赃私狼藉，乞将闲住	将郑、翁照贪例为民	郑惇典、翁莹着为民	《高拱全集》第446页
隆庆六年(1572年)2月15日	吏科左给事中宋之韩	山西太仆寺丞何凌霄	贪声素著，操守尽坏，乞要斥	照不谨例冠带闲住	何凌霄冠带闲住	《高拱全集》第396页
隆庆六年(1572年)2月28日	直隶巡按御史赵应龙	河间府新青县知县邢继芳	本官贪酷显著，官箴大坏，乞要斥	邢既贪且酷，两犯明例，照贪酷例为民	邢继芳着为民	《高拱全集》第447页
隆庆六年(1572年)闰2月3日	保定巡按都御史宋纁	真定府知府升云南按察司副使杨道亨	盗卖仓粮600余石，得银240两，假公侵欺入己，乞将革职提问	擅自动支仓粮，则当以盗论罪，先将本官革任，转行巡按御史查勘明白，具奏定夺	杨道亨革任听勘	《高拱全集》第407页

续表

日期	纠劾者	贪贿者	贪贿赃迹	吏部复议	圣旨批示	资料来源
隆庆六年(1572年)闰2月20日	陕西巡按御史郭廷梧	陕西按察司副使范懋和	贪肆不职		范懋和闲住	《穆宗实录》卷六七,隆庆六年(1572年)闰二月丙子
隆庆六年(1572年)3月25日	直隶巡按御史姚光泮	应天府府丞丘有岩,原翰林院编修今闲住曹大章,原苑马寺卿令闲住韩子允	丘有岩乘机纳重贿,乞要罢斥。曹大章、韩子允朋计诓骗平民财物万余,乞要提问追赃	丘贪赃枉法,秽迹彰闻,已有3500之多,何止要斥。曹、韩同谋,诓骗平民财物,万有余金,情罪重大。先将丘革职,并同曹、韩移咨南京法司提问明白,奏请发落	丘有岩着革职为民,并曹大章、韩子允南京法司提问具奏	《高拱全集》第375页
隆庆六年(1572年)3月25日	御史许大亨	云南临元参将袁荫	劾其贪庸		罢袁荫,下御史速治	《穆宗实录》卷六八,隆庆六年(1572年)三月庚戌
隆庆六年(1572年)5月4日	贵州巡抚阮文中	贵州参将汤世杰,贵州都司署都指挥佥事三月,都司卫指挥周天麒等	贪赃不职		革汤世杰、王月任,下周天麒等御史问	《穆宗实录》卷七〇,隆庆七年(1572年)五月戊子

续表

日期	纠劾者	贪贿者	贪贿赃迹	吏部复议	圣旨批示	资料来源
隆庆六年(1572年)5月9日	陕西抚臣论劾	陕西参将钱秉仁,西安前卫指挥同知殷浩	劾其贪赃		革钱秉仁闲住,下殷浩御史问	《穆宗实录》卷七〇,隆庆六年(1572年)五月癸巳
隆庆六年(1572年)5月11日	湖广巡抚汪道昆	湖广都指挥掌印署都指挥佥事张元任	同前参将汤世杰贪赃不职,汤下御史问		革张元任职	《穆宗实录》卷七〇,隆庆六年(1572年)五月乙未
隆庆六年(1572年)5月22日		镇守清浪卫右参将署都指挥佥事梁高	作奸贪赃		发边戴罪立功	《穆宗实录》卷七〇,隆庆六年(1572年)五月丙午

由上表可知，高拱执政期间，惩处贪贿案件64起，贪贿文官131人，贪贿武官38人，共计169人。平均每月办理贪贿案件2.13起，平均每案惩处贪贿官员2.64人，自始至终坚定不移地把惩治贪贿置于工作日程之上。惩贪不是一阵风，过后不疼不痒。正因为如此，才使得惩贪效果比较显著："是以数年之内，仕路肃清"①，在一定程度上遏制了官场上奔竞钻刺、贪贿腐败之风的蔓延。高拱惩贪效果比较显著，还由于他制定推行的对策举措是正确的，以及他自己的一贯清正廉洁、严于自律。这也是他惩贪的成功经验之所在。

二、对策

高拱惩处贪贿腐败取得了显著政绩，初步扭转了官场"黩货之习"，重要原因是他在惩贪实践中自始至终坚定不移地贯彻执行他所制定的惩处贪贿的对策举措。这些具有方针政策性的对策举措主要是：

其一，奖廉与惩贪相结合。高拱不是历史上的酷吏，也不是惩办主义者，而是把奖廉与依法惩贪密切结合起来。对恪守官箴、廉能称职者，要奖赏推升，以示激劝；对贪酷害民、昏庸废事者，要依例惩处，以示斥罚。举与劾、劝与惩两者不可偏废。他说："不肖者罚，固可以示惩；若使贤者不赏，又何以示劝？"② 他主政期间，在起用和奖赏大批廉能官员的同时，也惩处了一些贪酷官吏。两者有主有次，奖惩分明。

嘉隆时期，广东有司贪贿特甚，腐败成风。而潮州知府侯必登却廉能有为，深受百姓爱戴。但由于侯必登揭发推官来经济贪污受贿行为，遭到来经济等人的攻击，乞要罢黜。为了勘察实情，弄清真相，高拱遂向广东巡按杨标了解情况。杨标认为："知府侯必登有守有为，任劳任怨，民赖以安。但不肯屈事上司。所以问之百姓，人人爱戴；问之上司，人人不喜。"③ 虽然侯必登不善于处理与上司和同僚之间的关系，但却是一个廉洁正直、政绩卓著的知府。高拱访得侯必登是一位有守有为的廉能之臣，特提请加恩晋级。他上疏曰："潮州知府侯必登公廉有为，威惠并著，能使地方鲜盗，百姓得以耕稼为生。此等贤官，他处犹少，而况于广东乎？若使人皆如此，又何有地方不靖之忧？合无将本官

---

① 高拱．高拱全集：上卷［M］．岳金西，岳天雷，编校．郑州：中州古籍出版社，2006：302.
② 高拱．高拱全集：上卷［M］．岳金西，岳天雷，编校．郑州：中州古籍出版社，2006：201.
③ 高拱．高拱全集：上卷［M］．岳金西，岳天雷，编校．郑州：中州古籍出版社，2006：422.

先加以从三品服色俸级,令其照旧管事,待政成之日,另议超升。"① 《明史》也载:"以广东有司多贪黩,特请旌廉能知府侯必登,以厉其余。"② 隆庆四年(1570年)二月至九月,除对知府侯必登加从三品服俸外,还有李献、甘闿、范惟恭、刘正亨、李渭、刘顺之、张斾、胡文光、韩诗、郑梦赍、郑国臣、唐执中等官员,分别为知府加从三品服俸,知州加正五品服俸,知县加从五品服俸。③ 隆庆五年(1571年)二月和五月,对廉能勤政的省府州县官员,如张蕙、廖逢节、吴一本、杨寀、劳堪、江一麟、徐学古、高文荐、章时鸾、许希孟、林会春、萧大亨、丁应璧等等,均超升品秩服俸。④ 高拱说:"州县官加以职衔,则名分尊崇;仍管原务,则礼节卑屈,上下之间易生乖梗,若止加服俸,亦足示优。"⑤ 对廉能贤官要特加品级服俸,是高拱奖廉的一大创举。他又说:所加服俸官员,"以后如果不替初心,政成之日,各照所加从五品资格升用。"⑥ 由此看来,高拱对所加服俸官员是作为提升官员的预备梯队来考验使用的。他还荐举才望旧臣杨博、高仪准予起用。⑦ 在《起用贤才疏》中,高拱一次推荐起用22人,其中有尚书、侍郎如霍冀、陆树声、刘焘等;有参政、参议、副使如蔡结、冯皋谟、温如璋等;还有主事和御史如鲁邦彦、刘存义、柴祥等。⑧ 至于他根据廉能和政绩提拔重用的官员,更是不计其数。诚如同僚张居正所言:高拱"身为相国,兼总铨务,二年于兹。其所察举汰黜,不啻数百千人矣。然皆询之师言,协于公议。即贤耶,虽仇必举;……即不肖耶,虽亲必斥。"⑨ 高拱就是这样一位爱才如命,疾恶如仇,奖惩分明,以励仕风的政治家。

其二,却贿与惩贪相结合。嘉隆时期,仕风腐败的重要表现就是贿赂公行,

---

① 高拱.高拱全集:上卷[M].岳金西,岳天雷,编校.郑州:中州古籍出版社,2006:201.
② 张廷玉.明史·卷二一三·高拱传[M].北京:中华书局,1974:5640.
③ 高拱.高拱全集:上卷[M].岳金西,岳天雷,编校.郑州:中州古籍出版社,2006:262-268.
④ 高拱.高拱全集:上卷[M].岳金西,岳天雷,编校.郑州:中州古籍出版社,2006:228.
⑤ 高拱.高拱全集:上卷[M].岳金西,岳天雷,编校.郑州:中州古籍出版社,2006:267.
⑥ 高拱.高拱全集:上卷[M].岳金西,岳天雷,编校.郑州:中州古籍出版社,2006:267.
⑦ 高拱.高拱全集:上卷[M].岳金西,岳天雷,编校.郑州:中州古籍出版社,2006:227.
⑧ 高拱.高拱全集:上卷[M].岳金西,岳天雷,编校.郑州:中州古籍出版社,2006:255.
⑨ 张居正.张居正集:第三册[M].武汉:湖北人民出版社,1994:428.

对行贿者不加严责,对受贿者不加责罚,而对却贿者则深加苛责。对此,高拱指出:"乃近年以来,是非不明,议论颠倒。行贿者既不加严,受贿者亦不加察,顾独于却贿之人深求苛责。"这样,"遂使受贿者泯于无迹,而却贿者反为有痕;受贿者恬然以为得计,而却贿者皇然无以自容;而行贿之人则公然为之。"① 例如:巡视南城监察御史周于德因派柴炭于商人,富户于彪向周行贿,遣家人曹雄投帖开具白米100石,欲求幸免。周随即追问情由,将曹雄捉拿归案,发兵马司问罪。又如:巡按山东监察御史张士佩因升任,例该举劾,齐河知县陈天策便以假递公文为名,向张行贿银150两,送至原籍,以求保荐。张将贿银束帖发按察司,严加追究。再如:盐商杨栋、李禄开具礼帖银1000两,向两淮巡盐监察御史李学诗行贿,送至李家时,当即被家人拿获,连赃送府问罪。对于周于德、张士佩、李学诗的却贿行为,本应得到表彰,然而当时对他们却深加苛责,说三道四,制造各种流言蜚语。有的说,他们素有贿名,不然贿赂何易而至;有的说,他们却贿是为了掩饰更大的受贿;有的说,他们受贿已为人所知见,迫不得已而却贿;甚至有人上章无端指摘却贿者;如此等等。

针对这些"是非不明,议论颠倒"的种种谬论,高拱批驳道:"夫君子惟知自信,而小人则安能信君子之心?古有却贿而名至今存者,使非贿至,又安得有却贿之名?则所谓物冀宜至者,非也。彼素有贪声者,一旦却之,是诚掩也。若素非贪,而今又却之,则诚廉矣。奈何不嘉其有据之廉,而深探其无形之贪乎?则所谓受贿而假此以掩者,非也。至于有人知见而却之者,是亦却也,非受也;使无人知见,安知其必受乎?乃弃其廉于所可见,而逆其贪于所不可知,岂人情哉?则所谓不得已而却之者,亦非也。而世俗之论顾如彼,则非惟不足以训廉,而常使人畏首畏尾,不能自主。固有本欲为廉,而恐事露,人议其后,遂化为贪者矣。所以纲维世道者,岂宜如是哉?"②

于是高拱上疏,一方面提出要对却贿三臣予以辩诬正名,把他们的退贿美行记录在案,大加表彰,以为廉谨提升的依据。"今御史周于德、张士佩、李学诗,乃能于行贿之事明言而不自隐藏,行贿之人直指而不少假借;可见其守法之正而不可干以私,持身之清而不可浼以利,见理之明而不可惑以俗说。本部

---

① 高拱. 高拱全集:上卷 [M]. 岳金西, 岳天雷, 编校. 郑州:中州古籍出版社, 2006:291.

② 高拱. 高拱全集:上卷 [M]. 岳金西, 岳天雷, 编校. 郑州:中州古籍出版社, 2006:292.

即当登记簿籍，以俟优处，为廉谨之劝。"① 另一方面又请求移咨都察院，转行内外大小衙门官员，"不止当知守廉之为美，凡遇有行贿之人，即当执拿在官，明正其罪"，对行贿者必须绳之以法。同时另行南京吏部，并两京都察院科道官及各处抚按衙门知会："以后凡遇有却贿之官，便当记之善簿，而不得反用为瘢痕；列之荐剡，而不得反指为瑕类。庶乎清浊有归而激扬之理不忒，是非有定而趋避之路不乖。君子有所恃以为善，小人有所畏而不敢为恶，亦兴治道之一机也。"② 应该说，高拱提出的表彰却贿，治罪行贿，是他惩处贪贿的一个重大举措。这对于匡正仕风，革除"黩货"恶习，在当时具有非常重要的意义。

其三，惩贪与罚酷相结合。按照明朝政治体制，负责基层政权运作的州县之长，既有征收赋税钱粮之责，又有问理刑名之任。他们贪污纳贿的重要渠道或手段之一就是问理刑名。为了索贿纳贿，在理刑中不惜采用酷刑甚至致死人命。因此，贪官往往就是酷官，酷官很少不是贪官，贪酷一体，一身二罪。高拱在惩贪的实践中深刻认识到，贪酷相连，"以酷济贪"③；贪是目的，酷是手段。"以酷济贪"实质上就是以权济贪、因权纳贿。因此，他在惩贪中特别关注罚酷，在罚酷中也极为关注惩贪，把惩贪与罚酷结合起来。如他惩处的文官贪酷者，有知县吕宗儒、李校、陈廷式、周思大、陈敦质、叶世行、丘凌霄、邢继芳等，有知州刘光奕等，有通判、同知陈廷观、吕希望、毕校钦、萧端贡等，有知府罗大玘、何维、徐必进等，甚至还有通政使司右参议宋训等。他们中有"既贪且酷""贪而且酷"者，有"贪酷异常""贪酷显著"者，有"贪饕酷暴""贪婪险酷，播恶已深"者。这些贪酷官员占据131名贪贿文官的三分之一。

高拱不仅严惩贪官，而且罚酷也决不心慈手软。隆庆四年（1570年）三月，河南祥符县知县谢万寿"性资刚暴，气量轻浮，偏信张弘道、李贵等妄言，任用张崇仁等行杖加力，擅用非刑，打死无辜苏仲仁等一十二命。"④ 但河南巡抚李邦珍、巡按蒋机题称：本官"论法本当拟斥，但初入仕途，在任日浅，乞要姑从改调闲散，以全器使"。高拱驳斥道："酷刑者为民，国有成例。今知县

---

① 高拱. 高拱全集：上卷［M］. 岳金西，岳天雷，编校. 郑州：中州古籍出版社，2006：292.

② 高拱. 高拱全集：上卷［M］. 岳金西，岳天雷，编校. 郑州：中州古籍出版社，2006：292.

③ 高拱. 高拱全集：上卷［M］. 岳金西，岳天雷，编校. 郑州：中州古籍出版社，2006：429.

④ 高拱. 高拱全集：上卷［M］. 岳金西，岳天雷，编校. 郑州：中州古籍出版社，2006：425.

谢万寿淫刑以逞，打死人命数多，其酷甚矣。以酷而留其官，是废朝廷之法；以酷而调其官，是残他处之民。若谓在任日浅，情有可惜，则人命、国法顾不可惜欤？"于是相应议处："将谢万寿照依酷例革职为民，移咨都察院，转行彼处抚按衙门遵照施行。庶不乖于纪律，亦有警于凶残。"①

其四，惩贪与查勘相结合。高拱在惩贪实践中，坚持一条底线，这就是"罪必责实"。"实，则一为而一成；不实，则百为而百不成。"② 贪污纳贿的赃迹必须一一指实，才能依法处置。如无指实，则要当事人先行革职或回籍听勘，务要巡按御史查实勘实，然后具奏定夺，最后处理；如查勘不实，则为当事人申理辩诬。所以指实与查勘是高拱处理贪贿案件的重要环节，几成法定程序。这就保证了惩贪案件的质量，不出现错案和冤案。例如，巡按福建监察御史蒙诏论劾，要将延平府大田县知县李校罢斥提问，将建宁府浦城县知县潘玉润、漳州府长泰县知县唐珊罢斥。高拱认为，"知县李校以酷济贪，固当提问。潘玉润、唐珊赃罪差薄，亦犯贪例，似难止议罢斥。"因此，他提出议拟，将知县李、潘、唐三人"俱先行革职，移咨都察院，转行巡按衙门，通提到官，查果贪酷，情罪是实，即将赃银照数追贮，仍依新例分别究遣，不得徇情姑息。若中有事出风闻不的者，亦与辩理，以服其心，毋拘成案，致有亏枉。"最后奉圣旨："李校等革了职，着巡按御史提问具奏。"③ 高拱查处贪案大都是先行革职或回籍听勘后，再由巡按御史查实而处理结案的。

高拱特别强调查勘务要秉公，不可随俗。贵州巡抚赵锦论劾兵备副使林烶章通贿，吏部令其回籍听勘。巡按蔡廷臣经过实地"再三体访，委出于诬"。于是不避嫌怨，乞将林照旧推用。高拱接圣旨后，提出："为照方今风俗浇漓，名分倒置。抚按之举劾，凭诸下僚藩臬之是非，定于属吏，以致臧否不分，用舍无据。其被论者虽蒙不白之冤，而勘事者多徇刻薄之习。方其未白，务求深入以为快；及其既白，故示抑滞以为公。此国法所为不彰，人心所为解体也。今御史蔡廷臣于副使林烶章被劾事情，乃能深辩其诬，咸有证据，代为具奏，不避嫌疑，则其公明正直，超乎时俗可知"。据此，他相应奏请："将林烶章照旧推用。仍通行在外抚按衙门，以后凡遇听勘官员，务要秉公，作速查勘。固不

---

① 高拱.高拱全集：上卷 [M].岳金西，岳天雷，编校.郑州：中州古籍出版社，2006：425.
② 高拱.高拱全集：下卷 [M].岳金西，岳天雷，编校.郑州：中州古籍出版社，2006：1045.
③ 高拱.高拱全集：上卷 [M].岳金西，岳天雷，编校.郑州：中州古籍出版社，2006：429.

159

可使漏网之得逃,亦不可使覆盆之徒苦,则法令平而人心服,治道其可兴也。"① 高拱查勘秉公,罪必责实,辨理诬枉这一实事求是的做法,鲜明地体现出他的实政精神,是非常正确和难能可贵的。

高拱查勘贪贿"毋拘成案","务要秉公"的思想尤其值得珍视。所谓"毋拘成案",就是不能先入为主,带着框框成见去查勘。如查有实据,对听勘者即应依法惩治;如查无实据,对听勘者即应申理辩诬。"固不可使漏网之得逃,亦不可使覆盆之徒苦"。所谓"务要秉公",就是查勘者要出于公心,以实查勘,不能随俗,宁左勿右。当时查勘官员中即存在着极左思潮,明知"被论者虽蒙不白之冤,而勘事者多徇刻薄之习:方其未白,务求深入以为快;及其既白,故示抑滞以为公。"从这种极左思潮出发,不可能做到秉公查勘,依法惩贪,更不会为冤枉者辩诬平反。这种实事求是的查勘,不仅保证了当时惩贪工作的顺利推进,而且对当今反腐倡廉、专案调查工作亦有十分重要的借鉴价值和意义。

高拱惩治贪贿,除靠上述政策举措外,还靠他自身的清廉自律。谚曰:"打铁先得自身硬""己不正焉能正人"。如果自身贪贿,因权纳贿,权力寻租,是不可能主持惩贪工作的。高拱主政时期之所以能够勇于和敢于把惩贪进行到底,是与其清廉家风的影响和本人一身正气、两袖清风,一贯清正廉洁、严于律己的品德分不开的。高拱出身于官宦世家,其祖高魁为官"刻廉励节"(王廷相语);其父高尚贤为官"持廉秉公"(郭朴语);长兄高捷居官时"惠穷摧强",居家时"出谷济贫"(高捷传)。显然,高拱继承和发扬了高家这一清廉传家的家风或传统。隆庆四年(1570年)初,他再次入阁,对老家族人和看门仆人严加教诲,不得嘱事、放债,不得违法犯纪,惹是生非。并且写信给新郑知县,要求当局严加监督。信曰:"仆虽世宦,然家素寒约,惟闭门自守,曾无一字入于公门,亦曾无一钱放于乡里。今仆在朝,止留一价在家看守门户,亦每严禁不得指称嘱事,假借放债。然犹恐其欺仆不知而肆也。故特有托于君:倘其违禁,乞即重加惩究。至于族人虽众,仆皆教之以礼,不得生事为非。今脱有生事为非者,亦乞即绳以法,使皆有所畏惮,罔敢放纵。然此有三善焉:一则使仆得以寡过;一则见君持法之正,罔畏于势而有所屈挠;一则小惩大戒,使家族之人知守礼法而罔陷于恶,岂不善欤!古云:君子爱人以德,不以姑息。仆

---

① 高拱. 高拱全集:上卷 [M]. 岳金西,岳天雷,编校. 郑州:中州古籍出版社,2006:414.

之此言，实由肝膈，愿君之留念也。"①

这封出自肺腑的信件，表明高拱不以权势压人，要求族人仆人不得享有法外特权，支持家乡政府依法行政，并说这样做有三大好处，充分反映了高拱廉洁自律的高贵品质。高拱执政的两年半内，新郑老家的族人、仆人确无嘱事放债、惹事为非、违法乱纪的。这同前任首辅徐阶放纵子弟横行乡里，聚敛钱财，家有田地多达二十四万亩，形成了鲜明对比；与后任首辅张居正"在反对别人腐败的同时，自己却也在腐败"，最后拥有良田八万余顷（应为"亩"），也形成了鲜明反差。故此，当时与高拱同朝为官的著名清官海瑞评价说："存翁为富，中玄守贫""中玄是个安贫守清介宰相，是个用血气不能为委曲循人之人。"② 万历初期礼部尚书徐学谟也评论高拱"在事之日，亦能远杜苞苴"③。史学家范守己系河南洧川人，与新郑近在咫尺，万历十一年（1583年）评价高拱及其家产说："原任少师大学士高拱辅翼先帝忠勤正直，赞政数年清介如一，门无苞苴之入，家无阡陌之富。"④ 史家谈迁征引曾撰世、穆两朝编年史的支大纶评价："拱精洁峭直，家如寒士。而言者过为掊击，则言者过也。"⑤ 晚年在河南百泉书院教书授徒的学者孙奇逢对高拱及其清白家风评价说：高拱"自辅储至参钧轴，历三十年而田宅不增尺寸""中州家范之严，咸称高氏。"⑥ 正是高拱具有清正廉洁的品格，才使他敢于在主政期间大刀阔斧地把肃贪进行到底。那种所谓高拱主政时期"后以贿闻"的指责，纯属不实之词。

三、代价

高拱惩处贪污纳贿虽然取得了很大成绩，但在对某些大案要案的认识和处理上，同次辅张居正之间存在着严重分歧，甚至涉嫌到张的受贿问题，致使高拱付出了沉重代价。这就是高张交恶，分道扬镳，直至最后被逐出内阁，罢官归里，终结了自己的政治生命，张居正取而代之，升任首辅。

高、张原本是香火盟友，志向相同，政见一致。在翰林院任职时，"商榷治

---

① 高拱. 高拱全集：上卷 [M]. 岳金西，岳天雷，编校. 郑州：中州古籍出版社，2006：536.
② 海瑞. 海瑞集：上编 [M]. 北京：中华书局，1962：228，227.
③ 徐学谟. 世庙识余录：卷二六 [M] //续修四库全书：史部第433册. 上海：上海古籍出版社，2016：680.
④ 范守己. 御龙子集：卷六六 [M] //吹剑草：卷四二. 万历刻本：16.
⑤ 谈迁. 国榷：卷六五 [M]. 北京：中华书局，1958：4057-4058.
⑥ 孙奇逢. 中州人物考·卷五·高郎中魁 [M] //高拱. 高拱全集：附录二. 郑州：中州古籍出版社，2006：1735.

道，至忘形骸"。其后，高为司成，张为司业；高总校《永乐大典》，张为分校；高在政府，张亦继入；"盖久而益加厚焉"。高被排归里二年有半，"亦各相望不忘"。① 张居正《翰林为师相高公六十寿序》亦言："今少师高公，起家词林，已隐然有公辅之望，公亦以平治天下为己责。尝与余言……余深味其言，书之座右，用以自镜。其后与公同典胄监，校书天禄，及相继登政府，则见公虚怀夷气，开诚布公。"② 隆庆四年（1570年）初，高拱复政上任，与张居正携手共政，配合默契。但到隆庆五年（1571年）秋，高张关系疏离，二人交恶。王世贞言："拱之客构于拱，谓居正纳（徐）阶子三万金贿，不足信也。拱无子，而居正多子，一日戏谓居正曰：'造物者胡不均，而公独多子也！'居正曰：'多子多费，甚为衣食忧。'拱忽正色曰：'公有徐氏三万金，何忧衣食也！'居正色变，指天而誓，辞甚苦。拱徐曰：'外人言之，我何知？'以故两自疑。"③《明史》作者据此写入《张居正传》中，言："拱客构居正纳阶子三万金，拱以消居正。居正色变，指天誓，辞甚苦。拱谢不审，两人交遂离。"④ 后世史家多以王氏之言为信史，来说高张交恶。然而，在笔者看来，王氏提供的史料是靠不住的。其理由是：其一，张居正纳贿三万金是不实之词，"三万金"在当时是骇人听闻的天文数字。其二，这则绘声绘色的史料，是惯用文学手法的作者以推想描述的形象资料，然而却是毫无佐验、不可凭信的孤证。其三，高拱惩贪的态度严肃认真，一贯要求言必责实，罪必责实，不实者要查实勘实，决不会道听途说，风闻言事，毫无根据地对同僚好友开这样大的政治戏言。

张居正受贿确是事实，不可否认，但其数额不是三万金，而是三千银。据高拱言："辛未（1571年）秋，徐因一通判送银三千、玉带、宝玩等物于渠（居正），渠受之。有松江人顾绍者知其事，揭告于予，证据明白。渠惶甚，莫适为居。予为解慰，以为小人告讦不信，而执绍付法司解回。渠始稍宁，而称我曰：'毕竟是公光明也。'然虽眼底支吾，而本情既露，相对甚难为颜面。于是遂造言讪谤，发意谋去我矣。"⑤ 高拱从大局出发，为了保持高张携手共政的

---

① 高拱. 高拱全集：上卷 [M]. 岳金西，岳天雷，编校. 郑州：中州古籍出版社，2006：632.
② 张居正. 张居正集：第三册 [M]. 武汉：湖北人民出版社：1994，428.
③ 王世贞. 首辅传·卷七·张居正传上 [M] //张居正. 张居正集：附录一. 武汉：湖北人民出版社，1994：442.
④ 张廷玉. 明史·卷二一三·张居正传 [M]. 北京：中华书局，1974：5644.
⑤ 高拱. 高拱全集：上卷 [M]. 岳金西，岳天雷，编校. 郑州：中州古籍出版社，2006：633.

友谊，对顾绍的告讦不予受理，而付法司解回。但本情既露，两人之交遂离。高拱所言大体是真实的、可信的，况顾绍揭告，亦有巡城御史王元宾题称的史料作证。①

高张交恶当然不止上述一件事情，还有对文臣武将贪污纳贿这种大案要案的认识和处理上的严重分歧。这里且以福建巡按御史杜化中劾兵部左侍郎谷中虚为例加以说明。隆庆二年（1568年）五月，原福建巡按御史王宗载参论福建参将王如龙，侵克兵粮，受贿银三千余两，又受广寇曾一本珠甲一领、云锁幅四匹、女子二口，及奸淫良妇，暴横齐民等罪行。隆庆四年（1570年）十二月，原福建巡按御史蒙诏参论福建游击将军金科，克减钦赏功银及兵粮，诈骗商人、把总银七千余两，妻乡宦之义女，娶都宪之美妾；都司佥书朱珏侵削军饷，索把总贿银五千余两，又任性刑毙无辜，恣意宣淫无度等。金科、朱珏被论，遂遣人携二千金潜入京师，托总兵戚继光贿于兵部左侍郎谷中虚之门，以求解救。于是兵部覆奏行福建巡抚衙门问理。金、朱二犯又遗一千七百金贿于巡抚何宽，宽令按察司转运史李廷观、推官李一中问理。而金、朱又送廷观五百金、一中二百金，二李证佐未提，遂各从轻拟。尔后金科、朱珏谋于王如龙，各捐千金，送总兵戚继光接受，遂代奏行取，赴京听用。于是三犯速赴浙江，分投统领往边。② 高拱根据巡按御史杜化中的论劾，提出处理意见：总兵官戚继光等由兵部查覆；谷中虚、何宽俱系大臣，受贿纵奸未经勘实，令回籍听勘；按察使莫如善年老昏庸致仕；运使李廷观照不谨例冠带闲住；推官李一中照不及例降用。并得到圣旨批准。③ 时隔不久，给事中涂梦桂又论谷中虚原任陕西、浙江巡抚时，皆有贪声，赃私狼藉，遂令其冠带闲住。④

据高拱揭露，对上述文臣武将贪贿的大案，张居正亦曾参与其事。"金科、朱珏甚富，久以贿投戚继光门下。前被论时，即纳贿求解。而继光遂引入荆人（即居正）家，各馈千金。荆人特令兵部复行巡抚勘问，而又作书何宽，令其出

---

① 高拱. 高拱全集：上卷［M］. 岳金西，岳天雷，编校. 郑州：中州古籍出版社，2006：392-396.
② 高拱. 高拱全集：上卷［M］. 岳金西，岳天雷，编校. 郑州：中州古籍出版社，2006：368-371.
③ 高拱. 高拱全集：上卷［M］. 岳金西，岳天雷，编校. 郑州：中州古籍出版社，2006：368-371.
④ 高拱. 高拱全集：上卷［M］. 岳金西，岳天雷，编校. 郑州：中州古籍出版社，2006：371-372.

脱。而继光仍复取用，实皆荆人辗转为之。"① 因此案涉及吏、兵二部处理，张居正见杜化中奏疏，坐卧不宁，隐去受贿一事，而对高拱吐露一点真情："今乃敢以情告，二将（金科、朱珏）皆可用，吾故扶持之，欲得用也。前兵部覆巡抚勘，乃吾意，吾亦曾有书与何宽。今若如化中言，吾何颜面，愿公曲处。"高拱对曰："今只令听勘（指谷中虚、何宽），勘来便好了也。"居正"虽幸了此事，而踪迹已露，心愈不安。"令其密党散布流言于两京，谋去高拱愈甚。② 于是曹大埜论拱大不忠十事之疏起矣。

对此贪贿大案，张居正却扭曲真相，颠倒是非，一步一步地为其翻案。其一，杜化中奏章要求兵部对戚继光进行"戒谕"，高拱批复只说戚继光等由"兵部径自查覆"，而张居正则大造舆论说是"时宰"要杀戚继光。他写给好友时任湖广巡抚汪道昆的信中说："谭（纶）、戚二君，数年间大忤时宰意，几欲杀之。仆委曲保全，今始脱诸水火。"③ 所谓"时宰"，即指高拱。不仅对戚继光，而且无故添上总督谭纶，高拱"几欲杀之"。这不是歪曲真相、凭空捏造吗？其二，独操史权的张居正在他"删润"裁定的万历二年（1574年）七月成书的《明穆宗实录》中，对此大案简述后，加了一个"按"语，云："（王）如龙等在福建有战功，所犯赃事，罪止罢斥。继光惜其才，欲置之部下为用。会有调取南兵事，遂咨白兵部，求早结其狱，令部署南兵赴镇。中虚覆奏及宽等所拟，亦未为纵第也。化中、梦桂欲因此陷继光、中虚，以可当路意。而上不知也。"④ 在这里，张居正把自己摆脱得一干二净：戚继光没有纳贿，只是惜才用将；谷中虚、何宽亦未纳贿，亦未纵奸，也没有违反法定程序的错误（如谷中虚将巡按所劾令巡抚衙门勘问，巡抚何宽不属按察司而属转运使问刑，都是违反明朝法定制度的）。在张看来，戚继光、谷中虚、何宽没有违法和贪贿错误，主要是巡按杜化中、给事中涂梦桂的有意陷害，"以可当路意"。"当路"者谁？高拱是也。高拱成了陷害戚、谷、何的罪魁祸首。惩贪者突忽之间变成了陷害者。真是颠倒是非、混淆黑白到了登峰造极的地步。其三，《明神宗实录》在穆宗临死的前三天又载："法司奏上，将官金科、朱珏、王如龙等狱，言其用贿营求无左（佐）验，贪恣侵剥罪不容诛。请下福建巡按御史再讯，从重

---

① 高拱．高拱全集：上卷［M］．岳金西，岳天雷，编校．郑州：中州古籍出版社，2006：634-635．
② 高拱．高拱全集：上卷［M］．岳金西，岳天雷，编校．郑州：中州古籍出版社，2006：635．
③ 张居正集：第二册［M］．武汉：湖北人民出版社，1994：208．
④ 明穆宗实录：卷六五［M］．台北："中研院"史语所影印本，1962．

拟罪以闻。戚继光私庇悛夫，任情引荐，亦宜戒谕。报可。"① 至此为戚继光、谷中虚、何宽等受贿一案彻底翻案了，受贿者反而变成了受害者。万历初年，为王如龙、金科、朱珏的罪责彻底开脱，被戚继光任用为将，所谓王如龙等"所犯赃事，罪止罢斥""罪不容诛""从重拟罪"云云，皆是空文。对戚继光"亦宜戒谕"云云，如前所述，变成了"时宰"高拱"几欲杀之"。不过，上述一切，高拱并不知情，也不可能知情，而是张居正在私人信件和事后裁定的实录中为这一贪贿大案翻案的。这里的翻案不能简单地理解为为贪赃纳贿者平反，而是要颠倒是非，反指参论者和惩贪者为贪贿者和陷害者，这才是张居正翻案的深层本义。

高拱惩贪付出的最大代价即是被逐出政坛，终结了自己的政治生命。其直接动因就是在惩处大案要案中涉嫌张居正的贪贿，从而导致二人交离，最后的结果是张居正深结大宦冯保将高拱逐出内阁，由张取而代之，升任首辅。张居正为了反指惩贪者为贪贿者，曾嗾使户科给事中曹大埜疏劾高拱"十大不忠"，"举朝悉知，出居正意"②，其中指责高拱纳贿即有四事："今拱乃亲开贿赂之门。如副使董文寀馈以六百金，即升为河南参政；吏部侍郎张四维馈以八百金，即取为东宫侍班官；其他暮夜千金之馈，难以尽数。故拱家新郑屡被劫盗，不下数十万金，赃迹大露，人所共知。""原任经历沈鍊论劾严嵩，谪发保安。杨顺、路楷乃阿嵩意，诬鍊勾虏虚情，竟杀之，人人切齿痛心。陛下即位，大奋乾断，论顺、楷死，天下无不称快。拱乃受千金之贿，强辩脱楷死，善类皆忿怒不平。""疏入，上责大埜妄言，命调外任。"③ 对此，高拱上疏申辩驳斥，曰："臣拙愚自守，颇能介洁，自来门无私谒，片纸不入，此举朝缙绅与天下之人所共明知。副使董文寀资深望久，是臣推为参政。官僚必慎择年深老成之人，而侍郎吕调阳等皆是皇上日讲官，不敢动，侍郎张四维资望相应，是臣与居正推为侍班官。乃谓文寀馈六百金，四维馈八百金。果何所见，又何所闻，而不明言其指证乎？隆庆四年臣曾审录，见路楷狱词与律不合，拟在有词。其后一年，法司拟作'可矜'，与臣无与。臣家素贫薄，至今犹如布衣，时人皆见之，未曾被劫。则所谓劫去数十万金者，诚何所据？此皆卜关名节者，臣谨述其实如此。"④ 不久，"张四维以曹大埜疏连污及己，上章自辨，因乞解职。上谓事

---

① 明穆宗实录：卷七〇 [M]. 台北："中研院"史语所影印本，1962.
② 明神宗实录：卷一四六 [M]. 台北："中研院"史语所影印本，1962.
③ 明穆宗实录：卷六八 [M]. 台北："中研院"史语所影印本，1962.
④ 明穆宗实录：卷六八 [M]. 台北："中研院"史语所影印本，1962.

已别白，令四维遵旨赴任。"① 高拱申辩所言，他"拙愚自守，颇能介洁""门无私谒，片纸不入""家素贫薄，至今犹如布衣"，应是实情，并非虚语，这与前述他在隆庆四年（1570年）初写给新郑县（今新郑市）知县信函的精神是完全一致的。查遍明末清初新郑县志与其相关文献，均无高拱老家"屡被劫盗，不下数十万金"的记载。曹大埜所谓高拱贪贿数事，完全是无中生有，杜撰捏造。结果其不仅没有达到目的，反而落了一个"妄言""调外"的下场。两个月之后，高拱被逐，张居正升任首辅。曹大埜因劾拱有功而被居正召回，加以提拔重用："未几而大埜果转楚金宪矣，寻转尚宝太仆矣，未几而开府江西矣。"如此狎邪佞臣，却官运亨通，一路飙升。但好景不长，及至居正死后，则被御史王孔仪参论而"冠带闲住"了②，落了个更加可悲的下场。

对曹大埜劾拱"十大不忠"的疏文以及高拱申辩批驳的疏文，明史界有着不同认识。一种意见是把劾疏和辩疏加以全面对比研究，从而得出劾疏是"诬陷之词"的结论。如韦庆远先生认为："曹大埜的疏文虽然冗长慷慨，但基本上是诬陷之词。疏中毛举旧事细故，过分上纲，却缺乏有理有据的确凿事实支持。"而"高拱的辩疏，是于事有据而且比较在理的。"③ 另一种意见是把辩疏抛在一旁，单看劾疏的一面之词，片面得出"并非不实之词"的观点。如樊树志先生认为："应该说，这'大不忠十事'并非不实之词，但这一奏疏上得不是时候。"④ 不知劾疏何时呈上才是时候，才能达到立逐高拱的目的。刘志琴先生也认为："曹大埜弹劾高拱的种种不端，并非不实之词，却立遭高拱报复，被降调外任。"⑤ 实录说得明白，是"上责大埜妄言，命调外任"。高拱还为其说情："大埜年少轻锐，亦系言官，未足深咎，请……复大埜职。""上不许曰：此曹朋谋诬陷，情罪可恶，宜重治如法。以卿奏姑从宽。大埜如前旨"，"于是调大埜陕西乾州判官。"⑥ 穆宗两次批示大埜"调外"，怎会变成"立遭高拱报复"呢？大埜调外并无降级，怎会变成"被降调外任"呢？论者既然认为劾疏"并非不实之词"，其中当然包括所谓高拱纳贿四事，由此他们把高拱看成是一位巨贪国蠹。然而这并非历史的真实面目。

---

① 明穆宗实录：卷七〇 [M]. 台北："中研院"史语所影印本，1962.
② 明神宗实录：卷一四六 [M]. 台北："中研院"史语所影印本，1962.
③ 韦庆远. 张居正和明代中后期政局 [M]. 广州：广东高等教育出版社，1999：414，415.
④ 樊树志. 万历传 [M]. 北京：人民出版社，1993：21.
⑤ 刘志琴. 张居正评传 [M]. 南京：南京大学出版社，2006：137.
⑥ 明穆宗实录：卷六九 [M]. 台北："中研院"史语所影印本，1962.

无独有偶。张居正处心积虑地嗾使曹大埜上疏要把高拱打成巨贪的企图没有得逞，但是穿越时空四百多年后，在与张居正心灵相通的熊召政笔下终于实现了。他在历史小说《张居正》中，把惩处百余名贪官的高拱写成是上百名贪官的保护伞；把从政三十余年"田宅不增尺寸"的高拱写成是受贿五千亩良田的元辅大贪①；把反贪巡按杜化中写成是受贿三万两银子的贪官②；把《明史》肯定的"不妄取一钱"、谥号"恭介"的两广总督李迁（小说改为李延）写成是"高拱门生"，吃两万军卒空额军饷，一年贪污七十多万两银子，达二三年之久，成为隆庆朝的巨贪；③ 如此等等。在自称"首先应该是史学家，然后才是小说家"④ 的熊先生手里，历史简直就像一团泥，可以任意地揉搓、摔打、摆弄和捏造，对高拱极尽丑化、诋诬、辱骂之能事，把惩贪写成护贪、反贪写成贪官、廉吏写成巨贪、好人写成坏人、正面人物写成反面角色，并美其名曰"让历史复活"。这只能欺骗那些无知的读者，略具明史常识的人是不会相信的。历史事实是客观存在的，是任何人颠倒和篡改不了的！

（原文刊载于《古代文明》2009年第3期）

---

① 熊召政. 张居正：第一卷 [M]. 武汉：长江文艺出版社，2003：71，78，139，255，309，464-465.
② 熊召政. 张居正：第一卷 [M]. 武汉：长江文艺出版社，2003：144.
③ 熊召政. 张居正：第一卷 [M]. 武汉：长江文艺出版社，2003：75.
④ 熊召政. 看了明朝不明白 [M]. 广州：广东人民出版社，2006：186.

王世贞《高拱传》史实探析

明王世贞的《嘉靖以来内阁首辅传》卷六《高拱传》，是高拱逝世后最早的一篇政治性传记。该传除传主从政历程、裕邸讲读大抵近实及其俺答封贡之功略有论及之外，其基本倾向是持否定态度。在徐阶逐拱出阁、高拱复政原因、嘉靖遗诏纷争、隆庆阁臣去政之真相以及所谓传主报复徐阶、贪污受贿等问题上，表现出甚为明显的历史偏见。形成这种偏见的原因，既有王氏与传主之间的是非恩怨，也有政治史观上的对立，还有高传主要取材于徐阶的访谈资料等因素。故此，明清史家将《首辅传》判定为不确、不实，并非虚语。

一、王世贞及其《高拱传》

王世贞（1526—1590年），字元美，号凤洲，又号弇州山人，苏州太仓人。他出生于官宦世家，祖父王倬曾为南京兵部右侍郎，父亲王忬曾任右都御史、兵部左侍郎、蓟辽总督。他少年即有才名，嘉靖二十六年（1547年）进士，是嘉靖、隆庆、万历时期著名的文学家和史学家。在文学方面，他与李攀龙同为"后七子"，攀龙死后，独主文坛二十年；在史学方面，留下了大量的史料和史著，著述甚丰。他从政以后，由于家族遭遇种种挫折和不幸，对其政治史观和史学思想产生了深刻影响。他对严嵩恨之入骨，对徐阶德之入骨，对高拱怨之入骨，对张居正德怨参半。严嵩主政，作恶多端，恨入骨髓，理所当然。但对徐、高、张三相则持论不公，偏见甚深："褒徐贬高""袒张黜高"，并将其倾注于徐、高、张三传之中。概言之，他是把高拱作为徐、张与自己的政敌和从私怨出发来为其立传的，基本倾向是否定传主，其偏见可谓根深蒂固。如张廷玉《明史》所言：王世贞著史"其所去取，颇以好恶为高下。"[1]

高拱传的写作时间、地点和史料准备。王氏在写高拱传之前，对史料是有充分准备的，如他在《弇州史料后集》中曾根据邸报撰写了《徐高之郄》和

---

[1] 张廷玉. 明史·卷二八七·王世贞传 [M]. 北京：中华书局，1974：7381.

《高赵之郊》①等。万历四年（1576年）后，王氏赋闲十年，不断前往徐府阅读史籍，并通过拜访徐阶得到诸多撰写徐高张三人传记的口授资料。王氏在纂撰这些史料过程中，就已形成了"褒徐贬高""袒张黜高"的历史偏见。《高拱传》大约写成于万历十年至十四年（1582—1586年）之间。早在万历四年（1576年）秋，王氏"除南京大理寺卿"，"未之任，为南给事杨节论劾，得旨回籍听候别用。自是栖息弇山园，身虽退而名益重矣。"② 为何"回籍听候别用"？《明史》言："居正妇弟辱江陵令，世贞论奏不少贷。居正积不能堪，会迁南京大理卿，为给事中杨节所劾，即取旨罢之。后起应天府尹，复被劾罢。"③ 王氏被迫家居，长达十年之久。其间万历八年（1580年）十月，王氏于弇山园内"移居白莲精舍，闭关谢（客），（潜心）笔砚。"④ 高拱传即撰于弇山园内的"白莲精舍"。万历十二年（1584年），王氏被荐为南京刑部右侍郎，为完成《首辅传》写作，称病不赴。直到其同乡好友王锡爵秉政，才于万历十五年（1587年）起用为南京兵部右侍郎，后擢南京刑部尚书。不久又被御史黄仁荣所劾，被迫于万历十八年（1590年）归家，于九月而卒，享年六十五岁。可见，包括《高拱传》在内的《首辅传》，是王世贞晚年政治史观的成熟之作，也是其压轴之作。

《高拱传》是《嘉靖以来内阁首辅传》中的一卷，为避免"以偏概全""以偏反偏"之嫌，本文不得不对全书及相关著作多衍数言。其一，王氏留下了包括《首辅传》在内的大量珍贵史料和史著。《首辅传》凡八卷，约七万八千言，有杨廷和、张孚敬、夏言、严嵩、徐阶、高拱（六人各一卷）、张居正（一人二卷）等七位首辅的传记，每卷之下又附有从蒋冕到申时行等九位阁臣的传记。《四库全书提要》概述首辅传"所纪则大抵近实，可与正史相参证，不以一节之谬，弃其全书也。"⑤ "大抵近实"，是说大致而非完全符合史实，也有"一节之谬"。这些不实之谬，在《高拱传》中尤为突出。其二，王氏是史学家，也是史评家，曾作《史乘考误》二十卷，考辨各类史书之正误。他评论道："国史人恣而善蔽真"，有"不得书""不敢书""不欲书"的缺失。"野史人臆而

---

① 王世贞.弇州史料后集·卷三三·徐高之郊、高赵之郊［M］//四库禁毁书丛刊·史部第49册.呼和浩特：远方出版社，1999：648-652.
② 钱大昕.弇州山人年谱［M］.续修四库全书·史部第553册：82.
③ 张廷玉.明史·卷二八七·王世贞传［M］.北京：中华书局，1974：7380.
④ 钱大昕.弇州山人年谱［M］//续修四库全书·史部第553册：82.
⑤ 王世贞.嘉靖以来内阁首辅传：扉页［M］//丛书集成初编.北京：中华书局，1991：1.

善失真"，其弊有三：一曰"挟郄而多诬"，二曰"轻听而多舛"，三曰"好怪而多诞"。"家史人谀而善溢真"，家乘铭状，"此谀枯骨谒金言耳。"① 这些精湛概括确是不刊之论。但《首辅传》也是野史，这是作者在书末所确认的。尽管该编"可与正史相参证"，但毕竟不是正史而是野史，难免有野史三弊"而善失真"。用野史"三弊""失真"之论来评定《高拱传》是确当的。其三，魏连科先生曾说："王世贞本人及其家庭的遭遇等因素，也不能不对他的史学思想产生影响。"② 他对严嵩恨之入骨，因有杀父之仇；对徐阶德之入骨，因有为其父平反之恩；对高拱怨之入骨，因有未救其父之恨；对张居正德怨参半，因对本人有提携之情和使其赋闲之气。这种思想情志，不免在传记中有所表露。在徐传中极力褒扬溢美，在高传中极力贬抑厚诬，即出于此种恩德、怨恨思想。在张传中有誉有毁③，亦出恩怨之间。其四，《首辅传》约写成于万历十年至十四年（1582—1586 年）之间，这时高拱虽然已经过世，但罢官时"专权擅政"的罪名仍然存在，官方尚未为其平反（高拱被平反在万历三十年），这时高拱仍然是一个"罪人"。为罪人立传，抹杀其事业功绩，把所有脏水泼到其身上，从基本倾向上持否定态度，对王氏来说，可谓理所当然，不足为怪。这也是一般人思维定式，更何况作者对其还怀有怨恨呢？概言之，《首辅传》渗透着王氏的政治史观和个人恩怨，提供了大量亦真亦假的史料，对后世也有着正负两方面的影响。

王世贞为高拱立传的指导思想，正如《首辅传》书末"野史氏曰"："拱刚愎强忮，幸其早败。虽有小才，乌足道哉。"④ 这种价值评判决定了该传是纪事不纪功，而且纪事不惜歪曲历史事实，以达到丑诋诬谤传主之目的。据统计，《高拱传》九千余言，其中三千言颂扬徐阶，应属卷五《徐阶》的内容；其余六千言才是《高拱》的内容。这种单人传记结构，出自文章里手，实在令人费解。在高传部分，除从政历程、裕邸讲读大抵近实和俺答封贡大功三言两语及之而外，大量篇幅是以幸灾乐祸的笔调，以酣笔浓墨抹黑传主；如何刚愎暴戾，倾轧同僚；拉帮结派，党同伐异；报复朝官，贪赃索贿；等等。在作者笔下，传主不啻是个十恶不赦的政治罪人，睚眦必报的失德小人，致使高拱形象被丑

---

① 王世贞. 弇山堂别集·卷二十·史乘考误一 [M]. 北京：中华书局，1985：361.
② 魏连科. 弇山堂别集·点校说明 [M]. 北京：中华书局，1985：3.
③ 陈礼荣. 王世贞对张居正道德评价所带来的负面影响刍议 [C] //张居正国际学术研讨会论文集. 武汉：湖北人民出版社，2013：275-283.
④ 王世贞. 嘉靖以来内阁首辅传：野史氏曰 [M] //丛书集成初编. 北京：中华书局，1991：126.

化，人格被玷辱，事功被掩盖，政治上被视为反派人物。作者的这种政治史观和历史偏见，在其盛名影响之下，不仅为清代史家撰写高拱传所采信、所师承，而且也为当今有些论者所广征博引和任意推度，负面影响甚大。

王世贞《高拱传》问世以来，晚明少数史家曾对其提出过笼统的疑问，但均无对该传进行全面的、系统的厘清和匡正。有鉴于此，本文大体按照《高拱传》的内在结构和历史顺序，依次择其歪曲、背离史实之要者，进行条分缕析，正本清源，从而为高拱辩诬正名，还原其历史真实面目。不当之处，敬请方家批评指正。

二、传文史实考辩

论人立传，贵在求实存真，不虚美，不掩恶，这样的传记才能成为信史。特别是政治人物的史传，更应持论公平，不偏不倚，据事直书，如此才能做出符合史实的价值评判。如果从好恶恩怨出发，任意取舍史料，肆意歪曲史实，甚至虚构历史情节，伪造故事，毁誉传主，那就必然歪曲、悖逆历史真相。而王世贞作传正是如此。如梁启超所说："资料和自己脾胃合的，便采用；不合的，便删除；甚至因为资料不足，从事伪造；晚明人犯此毛病最多。如王弇州、杨升庵等皆是。"① 王氏的《高拱传》便是其典型的历史偏见的代表作。这种偏见，主要表现在以下几个方面。

（一）王氏对徐阶逐拱出阁史实之歪曲

高拱由首辅徐阶推荐，于嘉靖四十五年（1566年）三月入阁。徐为何荐高入阁？主要原因有三：一是顺从世宗对高拱从政以来八次升迁的旨意，二是讨好皇位唯一继承人、同高拱亲密无间的裕王，三是延纳既有才干又能言听计从的助手。但高拱其人既入内阁，又不为折节，上交不谄，不时出语忤阶。这使徐阶大失所望，故此急欲逐拱出阁。其实，徐逐拱出阁的根本原因，是由于他们的政纲不同、政见相左。第一，"阁臣入直西苑，自世皇中年始，有事在直，无事在阁。世皇谕阁臣曰：'阁中政本，可轮一人往。'徐文贞竟不往，曰：'不能离陛下也。'……公正色问文贞曰：'公元老，常直可矣，不才与李（春芳）、郭（朴）两公愿日轮一人诣阁中习故事。'文贞拂然不乐。"② 第二，他

---

① 梁启超. 中国历史研究法补编［M］//刘梦溪，主编. 中国现代学术经典·梁启超卷. 石家庄：河北教育出版社，1996：374.
② 郭正域. 合并黄离草·卷二十四·太师高文襄公墓志铭［M］//四库禁毁书丛刊·史部第14册. 呼和浩特：远方出版社，1999：306.

们的矛盾集中表现在对嘉靖遗诏的认识上。嘉靖四十五年（1566年）十二月十四日世宗崩逝，徐阶独断专行，当夜独草遗诏，以先帝罪己自责口吻，"历数其过""尽反先政"，不以语同列。而高拱认为遗诏"语太峻"，"先帝英主，四十五年所行非尽不善也"①。意在肯定先朝政治，钦定大礼及中兴大业。这与史臣对先政的评价是一致的。"世宗功德，不可缕指"，"中兴大业，视之列圣有光焉"；"世庙起正德之衰，厘革积习，诚雄主也。"② 第三，隆庆改元，"议登极赏军事"，高拱提出"祖宗无此，自正统元年始也。先帝以亲藩入继，时尚殷富，遂倍之。今第如正统事行，则四百万之中可省二百万矣。"而徐阶不顾国库空虚，"竟如嘉靖事行，而司农苦不支。"③ 徐高矛盾更加公开化了。高拱其人，"性素直率，图议政体，即从旁可否"④，"华亭积不能堪，因百计逐之。"⑤ 于是，徐阶授意言路，主动挑起排逐高拱出阁的纷争。经过四个回合的较量，高拱最终于隆庆元年（1567）五月被逐出阁，称病归里。对此排逐过程，王氏传文加以曲解，使之背离史实真相。

第一个回合。王氏曲解言官胡应嘉的弹章，讳言传主高拱的辩疏。其一，先看王氏纂撰的史料："嘉靖四十五年十一月，吏科都给事中胡应嘉等论劾大学士高拱入直之后，以直庐为狭隘，移其家于西安门外，寅夜潜归。皇上近稍违和，拱即私移直庐器用于外，乞赐究斥。拱惶恐奏辩，赖上大渐，两不之省。胡应嘉，首揆徐公阶乡人所厚也。"⑥ 实录记载与王氏基本相同：胡应嘉劾拱"不忠二事：一言拱拜命之初，即以直庐为狭隘，移其家于西安门外，寅夜潜归，殊无夙夜在公之意。二言皇上近稍违和，大小臣工莫不吁天祈佑，冀获康宁，而拱乃私运直庐器用于外。似此举动，臣不知为何心。"⑦ 两份资料充分证明二者大都符合胡疏的原意，而后者意思表达得更为圆满一些。

但是，王氏在传文中则对其纂撰的史料加以篡改，说："吏科都给事中胡应嘉（原文误为胡汝嘉——笔者注）者"，"偶劾罢拱之姻亲工部侍郎李登云，拱

---

① 郭正域. 合并黄离草·卷二四·太师高文襄公墓志铭 [M] //四库禁毁书丛刊·史部第14册. 呼和浩特：远方出版社，1999：306.
② 谈迁. 国榷. 卷六四 [M]. 北京：中华书局，1958：4037-4038.
③ 郭正域. 合并黄离草·卷二四·太师高文襄公墓志铭 [M] //四库禁毁书丛刊·史部第14册. 呼和浩特：远方出版社，1999：307.
④ 于慎行. 谷山笔麈·卷四·相鉴 [M]. 北京：中华书局，1984：39.
⑤ 于慎行. 谷山笔麈·卷五·臣品 [M]. 北京：中华书局，1984：49.
⑥ 王世贞. 弇州史料后集·卷三三·徐高之郤 [M] //四库禁毁书丛刊·史部第49册. 呼和浩特：远方出版社，1999：648.
⑦ 明世宗实录：卷五六五 [M]. 台北："中研院"史语所影印本，1962.

与客言之而怒，应嘉内自危，而又探知阶意。时拱未有子，乃移家近西华门，日伺上昼寝，则窃出与女媵私，迫暮而后进。又一日，上病甚，误传有非常，拱尽敛其直舍器服书籍出之。应嘉以是为拱罪，露章劾之，且发其他事。赖上聩不省，阶拟旨报闻。而拱辞辩疏上，亦两解而已，亦无所褒美。拱意阶右之，谓应嘉欲深文杀我，以是恨二人切骨。"① 其篡改之处有二：（1）把拱"以直庐为狭隘，移其家于西安门外，寅夜潜归"，改为"拱未有子，乃移家近西华门"，白昼窃出"与女媵私，迫暮而后进"；（2）把"拱乃私运直庐器用于外"，除改"拱尽敛其直舍器（用）"外，外加"服（装）书籍出之"。这一篡改的用意是丑化诋毁传主、渲染其所谓的"不忠"罪行。传文所言"应嘉内自危，而又探知阶意"，确证是徐、胡联手逐拱的。

其二，王氏本应像法官那样公平地倾听原被告双方的陈词，弄清事实，然后作出令人心服的公正判决。但因偏私好恶，王氏只采纳原告胡应嘉的弹章，而对被告高拱的辩疏只字不提，讳莫如深。故此，传文对高拱是不公正的，怀有偏私之见。而实录既载入胡氏的弹章，也记载高氏的辩疏。疏言：

> 臣蒙皇上隆恩，进阁入直，赐以直房，前后四重为楹十有六。前此入直之臣，并未有此，而臣独得之，方自荣幸，以为奇遇。今乃谓臣嫌其狭隘，岂人情手？缘臣家贫无子，又鲜健仆，乃移家就近，便取衣食，为久侍皇上之计。不意科臣借此诬臣私出，皇上试一问禁中内臣官校，其有无灼然可知矣。在直诸臣每遇紫皇殿展礼，必携所用器物而去，旋即移回，相率以为故事。而科臣又借此诬臣移之出外，尤为不根。今臣日用常物咸在直房，陛下试一赐验，其有无又可睹矣。应嘉前此本无怨丁臣，每见亟称臣为大才，近因臣亲工部左侍郎李登云被应嘉劾罢，应嘉疑臣恨之，遂乘间论臣。夫臣才德浅薄，不堪重任，若只以不堪论去宜也，而以为攻之不力则去之不果，遂尔污蔑不遗余力。本忌臣之入直，而乃以为出直；昔则称为大才，而今则论为非才；情志反复如此。惟上裁察。有旨：令拱供职如故。②

高疏是第一手资料，对胡疏的前因后果讲得一清二楚，对所谓"不忠二事"

---

① 王世贞. 嘉靖以来内阁首辅传·卷六·高拱 [M] // 丛书集成初编. 北京：中华书局，1991：77-78.
② 明世宗实录：卷五六五 [M]. 台北："中研院"史语所影印本，1962.

驳得有理有据，廓清并否定了胡氏的种种风闻传言。王氏传文所谓高拱"尽敛其直舍器服书籍出之"，出到何处？出回家去。"误传非常"，难道高氏要"尽敛直庐器用"，盗窃公物到家吗？外加"尽携衣服书籍"回家，难道要自动罢职不成？显然，这有悖于常理。迄今尚无史家对此传文加以辨析，反而一字不爽地写入史籍，而对高疏则不予采信。这种偏见可谓根深蒂固。

其三，《明世宗实录》揭露了徐阶及其乡梓胡应嘉联手论劾高拱的政治目的。实录对胡氏其人评论说："应嘉倾危之士。时上体久不豫，而拱本裕邸讲官，应嘉畏其将见柄用，故极力攻之。疏入，会上病未省，不然，祸且不测。拱自入直撰玄，与大学士徐阶意颇相左，应嘉又阶同乡，拱以是疑阶，谓应嘉有所承望，两人隙衅愈构，互相排根。小人交构其间，几致党祸，实应嘉一疏启之云。"① 胡氏乃倾危之士，有事实为证。嘉靖三十九年（1560年），南国子监祭酒沈坤守制家居，因倭犯江北，曾督率邻里众人，护卫家乡淮安新城。沈氏部署防御，犯令者榜笞之。"居民虽赖以保全，而被其榜笞者亦遂生怨恨，中有给事中胡应嘉宗党及府县儒学生一二人。应嘉与坤有隙，又性险狠，遂与诸生撰为谣言，构之于御史林润疏劾之。应嘉复从旁力证，然皆流谤，无指实。其所谓断手胡銮者，固无恙也，他皆类此。及坤逮至（京师），竟拷死狱中。士论冤之。"② 制造谣言，捏造伪证，冤杀沈坤，这就是胡氏的所作所为。知其过去，就知其现在。实录谓徐、高有隙，"小人交构其间"，胡氏就是挑拨是非者。他承望徐阶旨意，因畏高拱裕邸讲官，"将见柄用，故极力攻之"，充当徐氏逐拱的马前卒。胡疏是挑起隆庆阁潮的第一炮。

第二个回合。徐阶阴饵高拱于丛棘之上。实录载："黜吏科都给事中胡应嘉为民，寻以原职调外任。"吏部考察事竣，胡氏劾尚书杨博考察不公，曲庇乡里，以私愤谪给事中郑钦、御史胡维新。"大学士徐阶、郭朴与拱谓应嘉党护同官，挟私妄奏，首犯禁例，拟旨黜之。于是台谏诸人疑其意出于拱，谓拱修故怨，胁阶以黜应嘉，思有以撼之矣。"兵科给事中欧阳一敬因论救应嘉，语侵拱。先论杨博以私愤去科道官半之，而山西乡里无一人去之。胡氏素称敢言，如由此黜，他日大臣有恶，谁当言者？然后矛头指向高拱。"即今辅臣高拱，奸险横恶，无异蔡京，将来必为国巨蠹。应嘉亦尝极力论列，诸臣孰有如其任事任怨者哉。应嘉前疏，臣实与谋。若黜应嘉，不若黜臣。"言官辛自修、陈联芳等论救。"阶夺于众论，亦自悔处应嘉为过，乃改拟应嘉调用。而拱又疑一敬之

---

① 明世宗实录：卷五六五 [M]. 台北："中研院"史语所影印本，1962.
② 明世宗实录：卷四八二 [M]. 台北："中研院"史语所影印本，1962.

疏，谓阶主之，两人之隙深矣。然应嘉倾险好讦，士论亦薄之。"① 言官论救胡氏，矛头理应指向吏部尚书杨博，但由于徐阶转移了弹击方向，将矛头引向高拱。

王氏记述与实录不同，言：隆庆元年（1567年）正月，"会吏部、都察院考察庶僚，应嘉亦参与焉。既得旨，而复论救给事中郑钦、胡维新。非故事，与法当罚惩。而阶时以示公同列，使轮直笔而己酌之。时郭朴当执笔，曰：'应嘉小臣也，上甫即位而敢越法，无人臣礼，宜削籍。'阶度朴为拱报仇，而旁睨拱，则已怒目攘臂，乃不复言，而削应嘉籍为编氓。命既下，诸给事御史合疏请留应嘉，其语有所侵摘。阶乃与春芳等具疏，谓应嘉论救考察非法，所以拟斥；给事御史谓上初即位，宜开言路，广德意，所以请留。臣等欲守前说则涉违众，而无以彰陛下恩；欲从后奏则涉徇人，而不能持陛下法。因两拟去留，以请中旨，薄应嘉罪调外。而当阶具疏时，拱故不言，而目瞩郭朴，复力持之，几失色。于是言路意：应嘉谪，出拱指，群上疏攻之。"② 传文重点记述高拱暗示郭朴重处应嘉，而徐阶处于两难境地而薄处应嘉。这种记载与史实真相相差较远。

通过上述传文与实录比较可见：其一，黜胡为民是徐阶之意。实录言：黜胡为民是"大学士徐阶、郭朴与拱"三人所定，不管是谁执笔拟旨，最终决定权都是徐阶，因徐阶为首辅，正如王氏说，徐阶"示公同列，使轮直笔而己酌之"。这就确证黜胡为民是徐氏的主张。但王氏硬把徐阶的主张视为郭朴之意："阶度朴为拱报仇，而旁睨拱，则已怒目攘臂，乃不复言，而削应嘉籍为编氓。"人们不禁要问：王氏是否参与处置应嘉违制一事的内阁会议？如无参与，怎会知晓徐、郭、高的眼神动作和心理活动呢？显然，这种推测之语，是王氏的文学虚构和偏见，把黜胡为民演绎为高氏的挟怨报复。其二，高拱对黜胡为民并无发言表态。由于胡氏在先朝劾拱之疏仍在发酵，故"台谏诸人疑其意出于拱，谓拱修故怨，胁阶以黜应嘉，思有以撼之矣"。这里，言官"疑其意出于拱"，完全是主观猜测，并非事实；所谓拱"胁阶以黜应嘉"，更非事实。作为末辅的高拱不能够胁迫有城府的首辅徐阶，强势的首辅也不会听从末辅的摆布。事实是："应嘉一击不中，相防愈深，臣亦时谨避之矣"③；"公以嫌故，不敢出一

---

① 明穆宗实录：卷三［M］.台北："中研院"史语所影印本，1962.
② 王世贞．嘉靖以来内阁首辅传·卷六·高拱［M］//丛书集成初编．北京：中华书局，1991：78.
③ 明穆宗实录：卷三［M］.台北："中研院"史语所影印本，1962.

语，而外廷争谓公去应嘉矣。"① 其三，在言路救胡的情况下，"阶夺于众论，亦自悔处应嘉为过，乃改拟应嘉调用。"而王氏则谓徐处于两难，"因两拟去留，以请中旨"，不过是为徐"自悔"撰写的辩护词而已。科道弹章，高拱怀疑徐阶主之，并非没有根据，因为"华亭当国，好结言路"②。原拟旨胡氏为民，中途变卦，改拟原职调用，徐阶又不言"自悔"，这一切均出于他的权谋和操控，其目的就是要把言路救胡的弹击指向高拱，逐拱出阁。史家所言"华亭元宰，初不出一语，阴饵拱于丛棘之上，诚智老而猾矣"③，可谓一语中的。

隆庆元年（1567年）正月，徐阶以胡氏违制而导演的这一场政治闹剧，向实现逐拱出阁之目的迈出了一大步。在此情况下，高拱不得不上疏求退，言：

> 往时胡应嘉劾臣亲侍郎李登云，不数日而臣即入阁，以此相防，遂谓臣不乐直赞，移家具以出。赖先帝洪慈，不加诛谴。而应嘉一击不中，相防愈深，臣亦时谨避之矣。乃应嘉去官，而一敬论臣则何为乎？盖一敬，应嘉之密友，应嘉去，一敬恐不得自安，遂明为此言，挟臣以自固。其言"应嘉所奏，臣实与谋"可知矣。至谓臣"奸横"比之"蔡京"，必以某事为证，乃一无所指而徒曰"奸横"、曰"蔡京"，诚何据哉？近日人情不一，国是纷然，即无一敬之论，臣亦欲乞身，而况有此论乎？……疏入，上报曰："卿心行端慎，朕所素知，兹方切眷倚，岂可因人言辄自求退，宜即出视事，不允辞。"④

次日，高拱再疏乞休："去岁胡应嘉劾臣不肯直赞，意欲杀臣，彼时即欲乞休。……今欧阳一敬又踵应嘉之说，易口而谈，以求必胜。夫阁臣重臣也，乃因攻击他人辄相连引，臣亦志士也，乃皆漫无指据而徒加诋诬，臣何能腼颜就列。"上答曰："大臣之道，重在康济，不专洁身，宜遵前旨，即出以副眷倚，不允辞。"⑤ 遗憾的是，高拱两次上疏求退均无论及"有权略而阴重不泄"⑥ 的徐阶。

---

① 郭正域.合并黄离草·卷二四·太师高文襄公墓志铭［M］//四库禁毁书丛刊·史部第14册.呼和浩特：远方出版社，1999：307.
② 谈迁.国榷：卷六五［M］.北京：中华书局，1958：4053.
③ 谈迁.国榷：卷六五［M］.北京：中华书局，1958：4044.
④ 明穆宗实录：卷三［M］.台北："中研院"史语所影印本，1962.
⑤ 明穆宗实录：卷三［M］.台北："中研院"史语所影印本，1962.
⑥ 张廷玉.明史·卷二一三·徐阶传［M］.北京：中华书局，1974：5631.

第三个回合。言路围攻，王氏丑诋。隆庆元年（1567年）二、三月的暂时沉寂，意味着更大风暴的来临。胡氏外调后，四月言路便展开强势围攻。初四日，南给事岑用宾、御史尹校等"以自陈考察拾遗，劾大学士高拱屡经论列，宜令致仕。上以阁臣无拾遗例，旨下切责用宾等，命拱供职如故。拱上疏求退，上温旨慰留不允。"① 初五日，兵科都给事中欧阳一敬再疏论劾："屡经论列，不思引咎自陈，及指言官为党，欲威制朝绅，擅专国柄，亟宜罢斥。上以拱昔侍藩邸讲读年久，端谨无过，令拱安心供职。"拱因奏辩，言"一敬必欲去臣，臣一日不去，其攻击一日不已，惟上裁察。"上复诏留之。② 初八日，南御史李复聘等劾拱"奸恶五事，请罢之。""上以其言不实，切责复聘等，令拱安心供职。"③ 初十日，拱再疏乞休，上曰："朕素知卿，岂宜再三求退，宜即出以副眷怀。"④ 二十日，工科给事中李贞元劾拱"刚愎褊急，无大臣体。屡劾屡辩，屡留屡出。愿亟赐罢免，或特加优礼以示曲全。"有旨："责贞元渎扰，令拱安心供职。"拱不自安，力请去。上曰："朕屡旨留卿，特出眷知，宜以君命为重，人言不必介意。"⑤ 二十五日，拱再疏求去，上不允。⑥ 可见，在这一围攻浪潮中，高拱五疏求退；穆皇对言者均加以切责，慰留高拱，不允所辞。

对高拱此时的处境，王氏记曰："言路意应嘉谪出拱指，群上疏攻之。上以拱辅臣，且故尝受经，不听归，而言路益攻之不已。拱恚甚，欲阶拟旨杖责。阶从容言：'当先帝时，以谪斥威言者不已而至杖，杖不已而至戍且长系，戍长系不已而至僇，然竟不能杜其口，有如海瑞者出。吾曹人臣耳，宁可以力胜。'拱益不悦，而恃上左右多裕邸中知旧，乘忿抗疏，至与言者辩而交相詈。当是时，内阁凡六人，阶与春芳、朴、拱，而益以陈以勤、张居正……一日方会食，拱忽谓阶曰：'拱尝中夜不寐，按剑而起者数四矣。公在先帝时，导之为斋词以求媚，宫车甫晏驾，而一旦即倍之。今又结言路，而必逐其藩国腹心之臣。何也？'阶良久曰：'公误矣。夫言路口故多，我安能一一而结之？又安能使之攻公？且我能结之，公独不能结之耶？我非倍先帝，欲为先帝收人心，使恩自先帝出耳。公言我导先帝为斋词，固我罪。独不记在礼部时，先帝以密札问我，

---

① 明穆宗实录：卷七 [M]. 台北："中研院"史语所影印本，1962.
② 明穆宗实录：卷七 [M]. 台北："中研院"史语所影印本，1962.
③ 明穆宗实录：卷七 [M]. 台北："中研院"史语所影印本，1962.
④ 明穆宗实录：卷七 [M]. 台北："中研院"史语所影印本，1962.
⑤ 明穆宗实录：卷七 [M]. 台北："中研院"史语所影印本，1962.
⑥ 明穆宗实录：卷七 [M]. 台北："中研院"史语所影印本，1962.

拱有疏愿得效力于醮事，可许否？此札今尚在。'拱乃颊赤语塞。"①

传文上述场景对话的描述，纯系推想虚构。其一，隆庆元年（1567年）正月和四月，言路两次密集论劾高拱，高拱也曾七次上疏求退，均被穆皇慰留，如果有心"杖责"言官，何不乞求宠信于他的穆皇，而偏要去乞求对手呢？高拱深知，言路围攻是徐阶的授意和推手，怎会去乞求推手"拟旨杖责"言官呢。况且上疏求退，说明他无心要求"杖责"言官。由此断定"欲阶拟旨杖责"是子虚乌有之事，徐阶的大段回答，不过是传文对徐的虚美而已。其二，传文所谓"乘忿抗疏，至与言者辩而交相詈"，主要是指欧阳一敬论疏与高拱的答辩。一敬论道："辅臣高拱奸险横恶，无异蔡京，将来必为国巨蠹"；"应嘉前疏，臣实与谋"。高拱疏辩曰："谓臣奸横，比之蔡京，必以某事为证，乃一无所指，而徒曰奸横、曰蔡京，诚何据哉？""乃应嘉去官而一敬论臣则何为乎？盖一敬应嘉之密友，应嘉去，一敬恐不得自安，遂明为此言，挟臣以自固。其言'应嘉所奏，臣实与谋'可知矣。"这就是高"乘忿抗疏""与言者辩"的内容，"至与言者交相詈"，求退七疏查无实据。照传文之意，只许原告论劾诋诬，不许被告据实申辩，这是何等荒谬的逻辑。其三，阁臣会食，高拱面对五位阁臣，竟然口出狂言，中夜"按剑而起者数四"，为何按剑？杀人。高拱绝对不会愚蠢到面对对手"按剑而起"。面对多位阁臣，徐、高互相揭短、互指阴私，皆为悖情悖理、违反常识的无稽之谈。至于徐谓"先帝以密札问我，拱有疏愿得效力于醮事，可许否，此札今尚在"，对此，检索徐阶《奏对》，不载此事，查无实据②。可见，王氏传文的倾向性明显，细节描述离奇。

第四个回合。徐阶因御史齐康弹劾，在疏辩中向穆宗施加压力，一举驱逐高拱。传文说：先帝时，徐阶"多在直，其二子在外不能无干请，舍人子横行乡里间，颇有指。拱故钩得之，缘饰为疏，将以讦指阶。而至是迫，则授其门生御史齐康俾上之。阶乃疏辨乞休，而左都御史王廷等，合九卿及给事御史交章请留阶，而极论拱与齐康罪状。上为谪齐康远外，而许拱养疾，然尚赐金币、驰驿，遣行人导行。"③

---

① 王世贞. 嘉靖以来内阁首辅传·卷六·高拱 [M] //丛书集成初编. 北京：中华书局，1991：78-79.

② 笔者查阅徐阶《世经堂集》，从嘉靖四十四年（1565年）七月至四十五年（1566年）三月高拱任职礼部尚书期间，徐阶与世宗奏对共计16篇次，其中并无所谓高拱密札之奏对。徐阶. 世经堂集·卷三·奏对三 [M] //四库全书存目丛书. 集部第79册. 呼和浩特：远方出版社，1999：409-416.

③ 王世贞. 嘉靖以来内阁首辅传·卷六·高拱 [M] //丛书集成初编. 北京：中华书局，1991：79.

这里需要厘清两点：其一，传文肯定齐疏乃高所撰，使齐上之，史实并非如此。《明穆宗实录》载："康以大学士高拱屡被论劾，意大学士徐阶主之，乃疏论阶险邪贪秽，专权蠹国状。"① 明言齐疏乃自己所撰。另据史书载：徐阶"同里祀祭郎中范惟丕素忌编修陈懿德，往语阶曰：'齐疏乃陈生所授也。'阶甚衔之，己巳京察，谪判光州。"② 据此，齐疏也有陈懿德的授意，陈亦是高的门生，门生为座主鸣不平是当时的士风。由此证实，齐疏乃自己所撰，非高指使，更非高所撰。其二，传文以徐阶"疏辨乞休"一语带过，对疏辨次数、内容全然避而不谈。据徐阶所说是四疏乞休，其第三疏曰："今臣既无佐理万几、表率百僚之具，则其留也徒糜［觅］厚禄已耳，徒妨贤者之路已耳。……奈何留糜［觅］禄妨贤之人，以孤天下更化善治之望乎？……留非其所当留，任非其所当任，或反为初政之累矣。……伏乞早赐罢黜。"③ 此疏名为乞罢，实是以退为进，与高誓不并立。甚至有胁上、逼宫之意，对穆宗施压。同时，言官陈瓒、欧阳一敬、凌儒、张槚等"交章劾康为拱门生，听指授，宜置诸法"；寺丞海瑞言："康乃甘心鹰犬，搏噬善类，其罪又浮于拱"；左都御史王廷、尚书杨博、侍郎迟凤翔、樊深等"各奏康妄言。"④ 穆皇一方面迫于徐阶以退为进、誓不并存的压力，另一方面又迫于九卿言路的劾齐论高，不得不重谪齐康，违心地舍高留徐。这是违背穆皇本意的。

《穆宗实录》总括逐拱出阁之事，言：

自胡应嘉以言事得调，欧阳一敬等数论拱，拱前后疏辨，词旨颇激，言者益众。及齐康论劾徐阶，众籍籍谓拱嗾之，于是九卿大臣及南北科道官纷然论奏，极言丑诋，连章特疏不下数十。其持论稍平者，劝上亟赐拱归，以全大臣体。而其他辞不胜愤，辄目为大凶恶。寺丞何以尚至请上（尚）方剑诛拱，以必去拱为快。御史巡按在远方者，转相仿效，即不言众共辄之，大抵随声附和而已。拱既称病乞休，疏屡上，上为遣医诊视，言谕赐赉，恩礼有加焉。拱终不出，求去益坚。至是言臣实为狗马疾，恐一旦遂填沟壑，惟上幸哀怜，使得生还。上知拱不可复留，乃报许。命驰驿

---

① 明穆宗实录：卷八［M］. 台北："中研院"史语所影印本，1962.
② 谈迁. 国榷：卷六五［M］. 北京：中华书局，1958：4057.
③ 徐阶. 世经堂集·卷十·三乞休［M］//四库全书存目丛书·集部第79册. 呼和浩特：远方出版社，1999：538-539.
④ 明穆宗实录：卷八［M］. 台北："中研院"史语所影印本，1962.

还乡调治，仍赐白金、文绮，遣行人护送。①

至此，徐阶终将高拱逐出内阁，胜出视事。虽然实录与王氏传文一样，对徐以退为进、胁上逼宫一节避而不言，但总体评论大抵近实。

（二）王氏对高拱还阁复政、纠正遗诏遗留问题及对徐阶所谓"报复"等史实的曲解

1. 传文对高拱还阁复政的歪曲

王氏传文言："居正与上左右合起拱于家，使掌吏部。故事：居内阁者不当出理部事，理部事不当复与阁务。拱称'掌'不言'兼'，当为部臣矣。以故不遣行人赍玺书谕，而仅部咨。拱日夜驰至京。而赵贞吉亦谋之春芳，欲掌都察院，春芳不能违。拱既陛见，与贞吉俱免奏事承旨，遂参预阁务。而王廷与刑部尚书毛恺即日归矣。胡应嘉以参议方忧居，一夕自恨死。而最右阶而攻拱者欧阳一敬、陈瓒，皆以给事中为太仆、太常少卿，皆移疾归，一敬至在道忧死。物情汹汹。"② 沈德符亦言，胡应嘉"闻新郑召还阁，兼掌吏部，惊悸而卒，或云其胆已破裂矣"③。

其一，高拱复政，是穆宗"思公不置，诏还内阁兼理吏部事"④。实录载："庚申，起少傅兼太子太傅吏部尚书武英殿大学士高拱以原官，不妨阁务兼掌吏部事。"⑤ 这里指出高拱是阁臣兼掌吏部事，传文所谓"称掌不言兼"云云，不过是王氏咬文嚼字而已。王氏曾对上引《穆宗实录》所载之事做过考证，言："余是时亲睹邸报，高拱以原官掌管吏部事，并无所谓'不妨阁务与掌'字面，以故不遣行人，不赍敕，而吏部仅以咨移兵部，遣一指挥往，高拱颇不乐。至次年二月到任，朦胧与阁务，而与掌都察院大学士赵贞吉俱免奏事承旨，始真为阁臣矣。录殊不实。盖王元驭所撰，尝与余争，以为实兼，不自知其误也。"⑥ 其实，自误者不是王锡爵（字元驭），也不是他所撰的《穆宗实录》，而是王氏本人。高拱《辞免重任疏》首言："隆庆三年十二月二十二日，该司礼监

---

① 明穆宗实录：卷八［M］. 台北："中研院"史语所影印本，1962.
② 王世贞. 嘉靖以来内阁首辅传·卷六·高拱［M］//丛书集成初编. 北京：中华书局，1991：82-83.
③ 沈德符. 万历野获编·卷八·两给事攻时相［M］. 北京：文化艺术出版社，1998：231.
④ 郭正域. 合并黄离草·卷二四·太师高文襄公墓志铭［M］//四库禁毁书丛刊·史部第14册. 呼和浩特：远方出版社，1999：307.
⑤ 明穆宗实录：卷四十［M］. 台北："中研院"史语所影印本，1962.
⑥ 王世贞. 弇山堂别集·卷二七·史乘考误八［M］. 北京：中华书局，1985：493.

太监陈洪等传奉圣谕：'原任大学士高拱着以原官掌管吏部事，便差官取来，吏部知道，钦此。'"这道圣谕大概就是王氏"亲睹邸报"所载，其上确无"不妨阁务与掌"字面，故王氏误解"原任大学士高拱"降为部臣，"颇不乐"。隆庆四年（1570年）正月初五日，高拱接到这道圣谕，立即动身赴京。正月十八日即上疏辞免阁臣、部臣两项重任。奉圣旨："卿辅弼旧臣，德望素著，兹特起用，以副匡赞；铨务暂管，已有成命，不允所辞。"① 所谓"高拱颇不乐""次年二月到任，朦胧与阁务""录殊不实"云云，皆不合乎史实。高拱为纪念此次接旨，曾在新郑故宅"适志园"内建有"接旨亭"。此亭至今仍屹立在新郑老城东街"亭旨胡同"内。其照片载于《高拱全集》扉页。可见，"拱称掌不言兼，当为部臣矣"，是背离穆宗两道谕旨精神的。

其二，高拱昔日背负报复恶名被逐出阁，如今有的朝官担心报复，是可以理解的。葛守礼曾劝勉道："公秉政，人有不自安者，皆观望诸所爱憎。愿皆勿存形迹，惟以扩然大公处之，无疏无密，则人始不得而议矣。"② 张居正言：高"再入政府，众谓是且齮龁诸言者，公悉待之如初，未尝以私喜怒为用舍。"③ 高拱还阁，王廷、毛恺即日归家，确是事实。至谓应嘉"一夕自恨死"、一敬"在道忧死"，纯系无稽之谈。应嘉之死，此说"忧居""自恨"而死，彼说"惊悸""胆破"而亡；到底因何而死，尚无确证。实录载："太常寺少卿欧阳一敬以疾请告，许之。"④ 是"以疾"病死或"在道忧死"，死于何因，亦无证据。嘉隆之交，胡氏与欧阳以徐为后台，以高为政敌。徐被论致仕，二人极为不乐，舆论传闻是已被徐阶赶下台的高拱把徐扳倒的。试问：一个在野匹夫，焉能扳倒位高权重的首辅？如今高拱复起，二人有所不安，害的是政治病、思想病，可能是因抑郁而先后死去的。至谓"破胆"而亡、"在道忧死"云云，不过是浮夸之词。二人号称敢言搏击之士，并无遭到高拱的报复，奈何闻风而死？传文把应嘉、一敬之死归咎于高拱还阁，其用意在于渲染传主报复成性。

其三，高拱复政，对昔日弹击者待之如初，以正直公忠任事。既不"以怨报怨"，也不"以德报怨"，而是"以直报怨"。在高看来，所谓"直"，就是

---

① 高拱. 高拱全集：上卷 [M]. 岳金西，岳天雷，编校. 郑州：中州古籍出版社，2006：157-158.
② 葛守礼. 与高中玄阁老书 [M] //高拱. 高拱全集：附录二. 郑州：中州古籍出版社，2006：1520.
③ 张居正. 张居正集：第三册 [M]. 武汉：湖北人民出版社，1994：433.
④ 明穆宗实录：卷四四 [M]. 台北："中研院"史语所影印本，1962.

"出乎心之公，得乎理之正，斯为直而已矣。"①"人臣修怨者负国；若于所怨者避嫌而不去，或曲意用之，亦负国。何者？人臣当以至公为心，如其贤，不去可也，用之可也；如其不贤，而徒务远己之嫌，沽己之誉，而以不肖之人贻害国家，岂非不忠之甚乎？"② 这已被高拱的政治实践所证明，张居正曾评价道：

> 及相继登政府，则见公虚怀夷气，开诚布公。有所举措，不我贤愚，一因其人；有所可否，不我是非，一准于理；有所彰瘅，不我爱憎，一裁以法；有所罢行，不我张弛，一因于时。无兢兢以贬名，无屑屑以远嫌。身为国相，兼总铨务，二年于兹。其所察举汰黜，不啻数百千人矣。然皆询之师言，协于公议。即贤耶，虽仇必举，亦不以其尝有德于己焉，而嫌于酬之也；即不肖耶，虽亲必斥，亦不以其尝有恶于己，而嫌于恶之也。……盖公向之所言，无一不售者，公信可谓平格之臣已。③

张居正所言并非溢美虚言。如嘉靖末年，高拱长兄、都御史高捷有子不才，屡戒不改，因手刃之。高捷殁后，新郑公举人乡贤祠，河南提学副使杨俊民力持不可，专指杀子一事，乡礼事遂终不行。高拱还阁掌铨，"时以杨此举为难，相公亦不介怀，即擢为本省参政，驯至通显……杨后官一品。"④ 此事确证，高拱升降官员公正无私，绝非那种睚眦必报之人。

2. 王氏把高拱纠正遗诏遗留问题视为对徐阶的报复而大加抨击

传文说：隆庆四年（1570年），"抚按诸臣犹举遗诏请褒进刑部主事唐枢官，而荫杖死者都给事王汝梅（应为王俊民）子。拱特为之寝格，而上疏极论"其非，接着大段引述高疏原文，"得旨：是其言，罢枢及汝梅（俊民）不旌。"⑤"复以遗诏王金、陶世恩等妄进药物损朕躬，而法司当之子杀父律当剐。当朝审，拱复上言。"有旨：复是其言。"前是时有司所论金等杀父律，果未当，拱得以借口，其议亦有可采者。而拱意实欲置阶死，所谓'欺谤先帝，假托诏旨'

---

① 高拱. 高拱全集：下卷 [M]. 岳金西，岳天雷，编校. 郑州：中州古籍出版社，2006：1181.
② 高拱. 高拱全集：下卷 [M]. 岳金西，岳天雷，编校. 郑州：中州古籍出版社，2006：1228.
③ 张居正. 张居正集：第三册 [M]. 武汉：湖北人民出版社，1994：428.
④ 沈德符. 万历野获编·卷二八·果报·戮子 [M]. 北京：文化艺术出版社，1998：764-765.
⑤ 王世贞. 嘉靖以来内阁首辅传·卷六·高拱 [M] //丛书集成初编. 北京：中华书局，1991：83-84.

皆死法也，且因以倾春芳。赖上不甚解，不及阶。法司改减王金等至戍，刑科给事中驳谓金等坐前律固不当，而荧惑先帝，事有指，宜坐斩勿赦。拱怒，遂迁给事中于外。"①

据《穆宗实录》和《明史》相关列传统计，从隆庆元年至三年（1567—1569年）六月，对先朝得罪诸臣起用53人，恤录184人，其中大礼得罪者59人，占恤录的32%。到此，遗诏规定"存者召用，殁者恤录"工作基本结束。但到隆庆四年（1570年）九月，地方有司仍依遗诏陈乞，原刑部主事唐枢在先朝因大狱得罪为民，已奉诏起用原职，但因年76岁，未曾赴任，欲将其升卿寺官致仕。原吏科都给事中已故王俊民，在先朝因大礼得罪，已奉诏赠太常寺少卿，荫一子入监读书，其嫡孙王秉礼陈乞再加承荫。对此等乞恩，高拱上疏"停格不行"。此疏主旨是：在肯定先朝大礼议和善政的基础上，对一切得罪诸臣要据实甄别区处，不宜一再加官晋爵，疏言：

当时议事之臣，不以忠孝事君，务行私臆，乃假托诏旨，于凡先帝所去，如大礼、大狱及建言得罪诸臣，悉起用之，不次超擢，立至公卿；其已死者，悉为赠官荫子。夫大礼，先帝亲定，所以立万世君臣父子之极也。献皇尊号已正，《明伦大典》颁示天下已久矣。而今于议礼得罪者，悉从褒显。将使献皇在庙之灵何以为享？先帝在天之灵何以为心？皇上岁时祭献，何以对越二圣？则岂非欺误皇上之甚者乎？至于大狱及建言得罪诸臣，岂无一人当其罪者？而乃不论有罪无罪、贤与不肖，但系先帝所去，悉褒显之，则无乃以仇视先帝欤？……乃明于皇上前所为如此，是自悖君臣之义，而伤皇上父子之恩，非所以为训于天下也。……臣独痛夫人臣归过先帝，反其所为，以行己之私臆，既多时矣，宜亦有明之者矣。而今当事之臣，尚公然为之，不觉其悖；旁观之人，尚漫然视之，不以为非。……伏望皇上敕下阁臣议行，务将皇上继述之本心，与夫今日群臣所以仰体圣心而敬承先帝之志者，当何如为是，并往日所行之非，明白谕告天下，以醒久迷之人心，以开久涂之耳目。嗣后敢有务行己私，扬先帝之过者，皆以大不敬论。如此则父子之道正，而皇上之大孝足以永垂于万代；君臣之道正，而皇上之大法足以永镇于万方。致理之原，实在于此。

隆庆四年九月初六日具题，初八日奉圣旨："大礼，皇考圣断，可垂万

---

① 王世贞. 嘉靖以来内阁首辅传·卷六·高拱 [M] // 丛书集成初编. 北京：中华书局，1991：84.

世。谏者本属有罪，其他谏言被谴诸臣，亦岂皆无罪者？乃今不加甄别，尽行恤录，何以仰慰在天之灵？览卿奏，具见忠悃。这所陈乞，都不准行。你部里还通行晓谕，以后敢有借例市恩，归过先帝的，重罪不饶。"①

此疏重新肯定和维护了先朝大礼议及其所行善政的合理性和合法性，把遗诏割裂嘉隆两朝的政治基础重新理性对接起来，摆正了隆庆政治的走向。不错，疏内确有"假托诏旨""仇视先帝""归过先帝"等语，但其用意不是要追论前辅，而是要正皇上父子之道和当朝君臣之道。穆皇的批语，对高拱此疏主旨精神的理解和把握也是完全正确的。所谓高疏"实欲置阶死""赖上不甚解，不及阶"云云，完全是作者的主观推断和曲解。

隆庆四年（1570年）九月，高拱以吏部尚书的身份参与审录重囚。他"详阅文卷者月余，乃集刑官于朝房，件件面究者又十余日，又奏请朝审，分为二日，以尽其详。审时各令尽言，面察其情，颇为尽心。是时，重犯凡四百七十起，乃审出冤狱一百三十九人，其余尚有情冤而佐证未甚的者，不敢释也。因知司刑者亦甚草草。"② 在审出的冤狱中，王金等人一案则涉世宗遗诏问题。遗诏曰："方士人等，查照情罪，各正刑章。"③ 穆宗登极诏言：遵奉遗诏，"王金、陶仲文、申世文、刘文彬、高守中、陶世恩妄进药物，致损圣躬，着锦衣卫拿送法司，从重究问。"④ 实录又载："方士王金等下狱论死……遂皆伏法。"⑤ 故刑部将王金等"比依子杀父者律，各凌迟处死，决不待时。"⑥ 但"待时"五年之后，直到高拱参与朝审，王金六人并无伏法。高拱说："岂有子为天子，而杀父之仇五年尚然在录者乎？"⑦ 此案既无人证物证，又用法不当，故高拱上疏曰：

---

① 高拱.高拱全集：上卷 [M].岳金西，岳天雷，编校.郑州：中州古籍出版社，2006：187-188.
② 高拱.高拱全集：下卷 [M].岳金西，岳天雷，编校.郑州：中州古籍出版社，2006：1287.
③ 明世宗实录：卷五六六 [M].台北："中研院"史语所影印本，1962.
④ 明穆宗实录：卷一 [M].台北："中研院"史语所影印本，1962.
⑤ 明穆宗实录：卷二 [M].台北："中研院"史语所影印本，1962.
⑥ 高拱.高拱全集：上卷 [M].岳金西，岳天雷，编校.郑州：中州古籍出版社，2006：189.
⑦ 郭正域.合并黄离草·卷二四·太师高文襄公墓志铭 [M]//四库禁毁书丛刊·史部第14册.呼和浩特：远方出版社，1999：309.

(先帝）保爱圣体，尤极详慎。即用太医院官一剂，亦必有御札与辅臣商榷①。安肯不问可否，轻服方士之药；又安有既服受伤，不以为言，又复服之理？此自陛下所明知也。……先帝圣主也，何乃不自爱重至是耶？果闻之何人、何所证据而云然耶？先帝临御四十五年，享年六十，寿考令终，盖自古所罕有者。末年抱病经岁，从容上宾，曾无暴遽，此亦天下所共闻也。今乃曰"金等又妄进汤药，内有大黄、芒硝等物，遂损圣体"。乃拟王金等比依子杀父之律，谓先帝是王金等所害。……伏望敕下法司，会同多官，将王金等从公再问，务见的确。

隆庆四年九月十七日具题，十九日奉圣旨："这事情重大，着法司会同多官，从实究问，明白来说。"②

于是刑部会同多官重审，言："金等进药无事实，前坐悉妄。"并以"左道惑人"本罪，将王金、陶仿、刘文彬编置口外，将陶世恩、申世文、高守忠发原籍为民。诏如议。而吏科给事中赵奋言：金等荧惑先帝，"罪亦宜诛"。疏入报闻。③ 高拱纠正遗诏造成方士王金等人的错案，是合理合法的。王氏也不得不承认"有司所论金等杀父律果未当"，高拱"其议亦有可采者"，但仍坚持其偏见：谓"拱意实欲置阶死"，是对徐阶的政治报复，遂迁给事中赵奋于外。而事实却是：赵奋不仅没有调外，反而连升二级。据《明穆宗实录》卷五四，隆庆五年（1571年）二月壬寅条载："升吏科给事中赵奋为本科右给事中"；实录卷五六，五年四月辛酉条载："升吏科右给事中赵奋为刑科左给事中"；直至六年高拱罢官，赵奋也无被迁于外。王氏不顾史实，捏造传主睚眦必报，偏见何其深也。

3. 王氏渲染高拱对徐阶的所谓"挟私报复"问题

在传文中，王氏还大肆渲染对徐阶所谓的挟私报复，说：高拱"起其门人前苏州知府蔡国熙丁家，复其官，旋擢为苏松兵备副使，委以阶父子了。而阶之仇复上书诬阶父子事，并下抚按悉以委国熙。""国熙乃穷治其事，且募能言阶

---

① 先帝用药必与辅臣商榷，如方士刘文彬进药，世宗有谕："文彬上一方，言药亦制有，未敢上，可服否？"徐阶对曰："臣惟文彬素不知医，其药又未经试验。圣躬至重，岂宜轻服？……伏愿圣明于此等邪说勿听也。"徐阶. 世经堂集·卷三·答刘文彬进药方谕［M］//四库全书存目丛书. 集部第79册. 呼和浩特：远方出版社，1999：414.
② 高拱. 高拱全集：上卷［M］. 岳金西，岳天雷，编校. 郑州：中州古籍出版社，2006：188-190.
③ 明穆宗实录：卷四九［M］. 台北："中研院"史语所影印本，1962.

三子及家人事者有赏。"于是，"三子皆就系，仅阶留而不堪其咻堵其室矣。""而阶从困中上书拱，其辞哀。拱虽暴戾，颇心动，居正亦婉曲以解。而蔡国熙所具狱，戍其长子璠、次子琨，氓其少子瑛。家人之坐戍者复十余人，没其田六万亩于官。御史闻之朝，拱乃为旨，谓太重，令改谳。而国熙闻而色变曰：'公卖我，使我任怨而自为恩。'"①

蔡国熙报复徐阶三子，并非高拱直接授意指使。原来，蔡国熙攘臂请行，有意报复阶子及其家人。朱国祯言："相传蔡春台守苏时，徐公子有所请，不听，亦不加礼。又因他事杖其家人。蔡以职事走松江，谒兵道还，徐合男妇数百人，皆倮形，逐其舟，大骂，蔡只得隐忍去。果有此，则蔡转臬司而治徐非过，即谓之爱徐可也。"国熙"备兵苏松，性素强直，一番扰攘，自然不免。其归过于高、于蔡，又或归之海忠介"，"皆揣摩之谈，不足信也。"② 蔡氏为报复徐子及其家奴贾于苏等人对其羞辱，"攘臂请行，至吴，即讽郡邑刺华亭苍头不法。文致其三子皆论戍边。"③ 张居正曾致函国熙："吴中上司揣知中玄相公有憾于徐，故为之甘心焉。"④ 揣知即臆测，并非高拱"委以国熙"和"吴中上司"。当高得知徐三子被戍，曾两次致函苏松刘巡按："近乃闻兵道拘提三人，皆已出官，甚为恻然。仆素性质直，语悉由衷，固非内藏怨而外为门面之辞者……心望执事作一宽处。"⑤ "来奏已拟驳另勘，虽与原议有违，然愚心可鉴谅，必不以为罪也。"⑥ 同时，又致函国熙："存老令郎事，仆前已有书巡按，处寝之矣。近闻执事发行追逮甚急，仆意乃不如此"。"此老昔仇仆，而仆今反为之者，非矫情也。仆方为国持衡，天下之事自当以天下公理处之，岂复计其私哉！"⑦ 后来，高拱将刘巡按调离苏松，李巡按接替；又将国熙调山西"提调学校"。⑧

可见，所谓高拱报复徐阶父子，纯系苏松地方官员"揣知"和炒作，并非

---

① 王世贞．嘉靖以来内阁首辅传・卷六・高拱［M］//丛书集成初编．北京：中华书局，1991：86．
② 朱国祯．涌幢小品・卷九・华亭归田［M］．北京：文化艺术出版社，1998：190．
③ 于慎行．谷山笔麈・卷四・相鉴［M］．北京：中华书局，1984：40．
④ 张居正．张居正集：第三册［M］．武汉：湖北人民出版社，1994：1131．
⑤ 高拱．高拱全集：上卷［M］．岳金西，岳天雷，编校．郑州：中州古籍出版社，2006：544．
⑥ 高拱．高拱全集：上卷［M］．岳金西，岳天雷，编校．郑州：中州古籍出版社，2006：544．
⑦ 高拱．高拱全集：上卷［M］．岳金西，岳天雷，编校．郑州：中州古籍出版社，2006：544-545．
⑧ 明穆宗实录：卷六九［M］．台北："中研院"史语所影印本，1962．

事实。这从高拱的信函中可以得到确证：

> 昔徐老之处仆，海内所共知也。暨仆再起，咸谓必且报复；而仆实无报复之意，盖不敢假朝廷威福行其私也。乃有鼓弄其间者，谓仆实未忘情，仆甚恶焉。会其家门有事，勘书且至，仆为驳之，欲从宽处。初执事有苏松之命，仆亦即以此意相告，乃衷情也。丈夫心事，当如青天白日。若阳为平恕而阴致其谋，初示宽和而卒幸其败，则岂所谓丈夫哉？……以德报怨，孔门无取。仆岂敢违道以要誉，盖所顾者国体耳，非所论于德怨之间也。①

> 暨公谢政，仆乃召还，佥谓必且报复也。而仆实无纤芥介怀，遂明告天下以不敢报复之意。……然人情难测，各有攸存。或怨公者，则欲仆阴为报复之实；或怨仆者，则假仆不忘报复之名。或欲收功于仆，则云将甘心于公；或欲收功于公，则云有所调停于仆。然而，皆非也。……比者，地方官奏公家不法事至，仆实恻然。……会其中有于法未合者，仆遂力驳其事，悉从开释，亦既行之矣。则仆不敢报复之意，亦既有征，可取信于天下矣。盖虽未敢废朝廷之法，以德报怨；实未敢借朝廷之法，以怨报怨也。②

徐阶居家受困，曾向高拱求救。但在其文集中不载此函，想必是有伤资深大僚体面，予以删除。而高拱则存真求实，致函徐阶存于书牍之中。函曰："远辱书教，兼惠缛仪，庄读登嘉，感刻无已。仆本无他肠，而人不我释，必假以不相忘之说，心甚苦之。幸公见信，彼此了然。"③ 可见，穷治徐阶三子，纯系地方官所为，绝非高拱有意指使。对此，史家黄景昉有其客观论评："徐华亭晚家居，厄于蔡国熙辈，三子皆系狱论戍。此自群小阿奉政府，为报怨图，未必尽高新郑意。高虽粗褊，而意气颇磊落，观所了吴中当道书可见。"④ 王氏大肆渲染高拱报复徐阶及三子，乃是出于历史偏见所致。

---

① 高拱．高拱全集：上卷［M］．岳金西，岳天雷，编校．郑州：中州古籍出版社，2006：546-547.
② 高拱．高拱全集：上卷［M］．岳金西，岳天雷，编校．郑州：中州古籍出版社，2006：545-546.
③ 高拱．高拱全集：上卷［M］．岳金西，岳天雷，编校．郑州：中州古籍出版社，2006：546.
④ 黄景昉．国史唯疑：卷八［M］．上海：上海古籍出版社，2002：226.

(三) 王世贞虚言浮夸，诬谤高拱

王氏是史学家，又是文学家。他善于联想，巧于虚构，把《高拱传》这一政治性传记撰成了文学性传记，实为传奇或演义。再加上他与高拱政治史观上的严重分歧，便虚言浮夸，诬谤传主。

1. 诬谤高拱贪赃索贿

王氏说："拱初起，强自励，人亦畏之，不敢轻赇纳。而其弟为督府都事者，依拱后第而居。于是韩楫等乃数携壶榼，往为小宴。拱自阁或吏部归，即过其弟，见而悦曰：'若等乃尔欢，吾不如也。'因留酌，自是以为恒。而益以珍馐果饮，食愈畅，乃各进其所私人，欲迁某官得某地。拱时亦且醉，曰：'果欲之耶？'以一琴板书而识之，次日除目上矣。以是其所狎门生及客皆骤富，门如市。而楫、文、之韩辈有所恨于他给事御史，至中夜警门而入，拱出见之，则阳怒若气不属者，曰：'某某乃欲论吾师，吾知而力止之，暂止耳，故不可保也。'拱恚且恐，质明即召文选郎移缺，而出其人于外，亦不更详所由。以是中外益畏恶拱，以为叵测。而拱醉后，时时语客曰：'月用不给，奈何？'其语闻诸抚镇以下，赇纳且麕集矣。"① 从史料考据角度看，这则虚构故事经不起推敲和追问。其一，高恒常"留酌"于其五弟高才家"小宴"，时常畅饮而醉，门生韩楫等乘机"各进其所私人"，高却不问所由，于"次日除目上矣"。试问王氏是否参加过这种"小宴"，是其所见，或别人告知？所进私人姓甚名谁，迁何地得何官？何不指实一二，以证所言有据？空言高拱卖官鬻爵，是不能令人信服的。其二，韩楫等人"中夜警门而入"高宅，进行告密。而高却"恚且恐"，次日便将所恨之人调外。试问作为首辅大员的私第，夜半敲门闯入，这可能吗，真实吗？调外之人是何姓名，调往何地，何不指实？这种诡秘之事又是何人所见、所闻？对此，王氏没有任何事实证据，属于子虚乌有之事。其三，高醉后索贿，语闻抚镇以下，故"赇纳且麕集矣"。试问有此醉言吗？即便有，能作为立论根据吗？为何从诸多文献中找不到相关记载呢？看来这也属于子虚乌有之事。可见，王氏描述高拱结党营私、索贿纳贿为假，诬谤传主是真。

与王氏记述相反，"公正廉直"②"清介如一"③ 恰恰是高拱家族的优良家

---

① 王世贞. 嘉靖以来内阁首辅传·卷六·高拱 [M] //丛书集成初编. 北京：中华书局，1991：87-88.
② 高拱. 高拱全集：上卷 [M]. 岳金西，岳天雷，编校. 郑州：中州古籍出版社，2006：163.
③ 范守己. 险邪大臣阴结奸党渎乱朝政贼害忠直乞加追戮以正法纪疏 [M] //高拱. 高拱全集：附录二. 郑州：中州古籍出版社，2006：1389.

风。其祖高魁为官"刻廉励节"①，其父高尚贤为官"持廉秉公""自奉俭约"②，其兄高捷居官"惠穷摧强"、居家"出谷济众"③。高拱主政时，五弟高才任经历，与其兄一样，为官清廉，两袖清风。归家"恂恂一老布衣然。年饥为粥于路，全活甚多。遇瘟疫大行，则施药以济病者"④。六弟高拣曾以"腴田二百亩，并桩基牛只车辆农器俱全，约百金余"，捐献新郑学田，以济贫生。⑤高拣病危，嘱其使曰："吾箧中无剩物，所余六十金为我治殓具。吾家世守清白，尔告我子若孙，勿变家法也。"⑥ 高拱子孙亦"世守清白""清慎廉明"⑦。

　　高拱继承了这一优良家风。在主政期间，他对老家族人和仆人严加教诲，不得嘱事放债，违法犯纪，并致函新郑知县严加看管。函曰："仆虽世宦，然家素寒约，惟闭门自守，曾无一字入于公门，亦曾无一钱放与乡里。今仆在朝，止留一价在家看守门户，亦每严禁不得指称嘱事，假借放债。然犹恐其欺仆不知而肆也，故特有托于君：倘其违禁，乞即重加惩究。至于族人虽众，仆皆教之以礼，不得生事为非。今脱有生事为非者，亦乞即绳以法，使皆有所畏惮，罔敢放纵。然此有三善焉：一则使仆得以寡过；一则见君持法之正，罔畏于势而无所屈挠；一则小惩大戒，使家族之人知守礼法而罔陷于恶，岂不善欤！"⑧ 这封信函鲜明体现出高拱廉洁自律、两袖清风的可贵品格。高拱不仅严于律己，而且还要求司属反腐倡廉，力破"黩货之习"。如吏部侍郎靳学颜"内行修

---

① 王廷相. 明故工部都水司郎中进阶中宪大夫高公墓志铭［M］//王廷相. 王廷相集：第二册. 北京：中华书局，1989：562.
② 郭朴. 明故光禄寺少卿高公神道碑［M］//新郑县志·卷二十六·艺文志. 郑州：新郑市地方史志编委会标注本，1997：497.
③ 高有闻. 南京右佥都御史提督操江高公讳捷列传［M］//高拱. 高拱全集：附录二. 郑州：中州古籍出版社，2006：1741-1742.
④ 黄本诚，纂修. 新郑县志·卷十六·高才传［M］. 郑州：新郑市地方史志编委会标注本，1997：304.
⑤ 安九域. 创制学田记［M］//新郑县志·卷二十六·艺文志. 郑州：新郑市地方史志编委会标注本，1997：513.
⑥ 黄本诚，纂修. 新郑县志·卷十六·高拣传［M］. 郑州：新郑市地方史志编委会标注本，1997：304.
⑦ 黄本诚，纂修. 新郑县志·卷十六·高务观传［M］. 郑州：新郑市地方史志编委会标注本，1997：305.
⑧ 高拱. 高拱全集：上卷［M］. 岳金西，岳天雷，编校. 郑州：中州古籍出版社，2006：536.

洁"①，魏学曾"操履端方""自处甚约"②，吏科都给事中韩楫曾疏请惩酷与惩贪并重，为官"洁清自好，不轻取予"，致仕后"家徒四壁，躬自耕牧"③，等等。高拱主政期间，惩办贪贿案件64起，惩处知县以上贪贿官员169人。在反腐倡廉中，制定出奖廉与惩贪、却贿与行贿、惩贪与罚酷、贪贿与查勘相结合的惩贪方略，一时仕路肃清。④

高拱廉洁自律，反腐倡廉的优良品格，与前任首辅徐阶放纵子弟横行乡里，聚敛钱财，庄田美屋跨州郡，兼并土地多达24万亩⑤，形成鲜明对比；与后任首辅张居正"在反对别人腐败的同时，自己却也在腐败"，最后拥有良田8万余亩⑥，也形成鲜明反差。故此，高拱这一优良品格，得到了诸多史家的高度评价。海瑞说："存翁为富，中玄守贫"，"中玄是个安贫守清介宰相，是个用血气不能为委曲循人之人。"⑦ 徐学谟说：高拱"在事之日，亦能远杜苞苴"⑧。支大纶说："拱精洁峭直，家如寒士。而言者过为掊击，则言者过也。"⑨ 范守己说：高拱"赞政数年，清介如一；门无苞苴之入，家无阡陌之富"⑩。孙奇逢说：高拱"自辅储至参钧轴历三十年，而田宅不增尺寸"，"中州家范之严，咸称高氏。"⑪ 这些评价符合史实，与王氏记述截然相反。

2. 诬谤高拱失贿而死

王氏说："居正始归葬，道新郑。拱已病若痱，故为笃状，舆诣居正。抚之，乃大哭，谢谓：'往者几死冯珰手，虽赖公活，而珰意尚未已，奈何？'居正笑曰：'珰念不至此，且我在，无忧也。'居正归，而拱意其不即召。使使贿太后父武清伯谋之，武清伯纳其贿不得间。居正既入而知之，诮让良苦。拱既

---

① 张廷玉. 明史·卷二一四·靳学颜传 [M]. 北京：中华书局，1974：5671.
② 郭正域. 大司马总督陕西三边魏确庵学曾墓志铭 [M] // 焦竑. 国朝献征录：卷五七. 上海：上海书店影印本，1986：139.
③ 沈鲤. 亦玉堂稿·卷十·明中议大夫右通政使司元泽韩公墓志铭 [M] // 四库全书·第1288册：343-344.
④ 岳金西. 高拱的惩贪方略及其代价 [J]. 古代文明，2011（1）：98-111，114.
⑤ 伍袁萃. 林居漫录：卷一 [M]. 台北：台湾伟文出版有限公司，1977：31.
⑥ 王春瑜. 中国反贪史：序言 [M]. 成都：四川人民出版社，2000：10-11.
⑦ 海瑞. 乞治党邪言官疏及附录 [M] // 海瑞. 海瑞集：上编. 北京：中华书局，1962：227-228.
⑧ 徐学谟. 世庙识余录：卷二六 [M] // 四库存目丛书·史部第49册：386.
⑨ 谈迁. 国榷：卷六五 [M]. 北京：中华书局，1958：4057-4058.
⑩ 范守己. 险邪大臣阴结奸党渎乱朝政贼害忠直乞加追戮以正法纪疏 [M] // 高拱. 高拱全集：附录二. 郑州：中州古籍出版社，2006：1389.
⑪ 孙奇逢. 高郎中公魁 [M] // 孙奇逢. 孙奇逢集：中册. 郑州：中州古籍出版社，2003：178.

失贿，而知其泄，忧懑发疾死。"① 这是一段无据的虚言。其一，居正归葬，道经新郑，高拱因病并无"舆诣居正"。如于慎行所说："万历戊寅，江陵归葬，过河南，往视新郑。新郑已困卧不能起，延入卧内，相视而泣云。"② 其二，高、张晤面，谈话内容不见史载。高拱归家，不言时政，不可能对张主动谈及"几死冯珰手"之事。高、张面谈内容纯系王氏的编造。其三，居正和冯保担心高拱东山再起，便锻造王大臣案，借以诛拱。高拱受到株连打击，身染痼疾，已无再次复政之可能。"新郑家居，有一江陵客过，乃新郑门人也。取道谒新郑，新郑语之曰：'幸烦寄语太岳，一生相厚，无可仰托，只求为于荆土市一寿具，庶得佳者。'盖示无他志也。"③ 可见，根本不存在高拱行贿武清伯，图谋再次召起之事。所谓"居正既入而知之，诮让良苦"，纯系王氏编造的无有之事。"王元美谓高拱使贿武清伯，乘江陵行，求复入。""暧昧语何凭？肆蔑名辈，徒益张阁威权。王每轻持论类尔。"④

高拱之死，据其夫人张氏讲，是由于王大臣闯宫案，主谋者诬陷高拱行刺，使其"遂成痼疾，驯至不起矣"⑤。居正归葬，途经新郑，第一次相见，高已处于病危状态；张返京途中第二次相见，高已预感到将不久于人世，便拜托张为其立继嗣和身后请求恤典二事⑥。此后一月，高拱"牖下临终以中风，淫口不能言，第与相知者诀，持其手书一'淡'字而殁"⑦。高拱度过了淡泊名利、任达不拘的一生，于万历六年（1578年）七月初二病故。王氏所谓"拱既失贿，而知其泄，忧懑发疾死"，显系污蔑之语。

三、传文偏见之根源

在《高拱传》中，鲜明体现出王世贞的政治史观，把高拱扭曲成哈哈镜中的历史人物，使其背离历史真实面目。王氏对高拱怨之入骨，历史偏见可谓根深蒂固，这不得不从野史弊端上来探寻原因。如前所述，王氏指出"野史之弊

---

① 王世贞. 嘉靖以来内阁首辅传·卷八·张居正下 [M]//丛书集成初编. 北京：中华书局，1991：118.
② 于慎行. 谷山笔麈·卷四·相鉴 [M]. 北京：中华书局，1984：41.
③ 于慎行. 谷山笔麈·卷四·相鉴 [M]. 北京：中华书局，1984：41.
④ 黄景昉. 国史唯疑：卷八 [M]. 上海：上海古籍出版社，2002：248.
⑤ 范守己. 代高少师张夫人乞补恤典疏 [M]//高拱. 高拱全集：附录二. 郑州：中州古籍出版社，2006：1380.
⑥ 张居正言："丞教二事，谨俱只领。"（张居正. 张居正集：第二册 [M]. 武汉：湖北人民出版社，1994：1192.）
⑦ 徐学谟. 世庙识余录：卷二六 [M]//四库存目丛书·史部第49册：386.

三"，即"挟郄而多诬""轻听而多舛""好怪而多诞"，总括之，就是"人臆而善失真"①。包括《高拱传》在内的《首辅传》作为野史，也存在着"三弊""失真"问题。本部分内容就从个人恩怨、政治史观、传记取材等方面追根溯源。

(一) 王氏与高拱结有私怨

王氏在其父王忬罹难和平反过程中对高拱存有误解，积怨颇深。王忬父子步入仕途后，原本与严嵩父子交好，后因杨继盛之死而反目成仇。嘉靖三十二年 (1553年)，"兵部员外郎杨继盛上疏论严嵩十大罪、五奸"。嘉靖三十四年 (1555年)，继盛被杀。"严嵩以忬愍杨继盛死，衔之。忬子世贞又从继盛游，为之经纪其丧，吊以诗。嵩因深憾忬。严世蕃尝求古画于忬，忬有临幅类真者以献。世蕃知之，益怒。会滦河之警，鄢懋卿乃以嵩意为草，授御史方辂，令劾忬。嵩即拟旨逮系。"时在三十八年 (1559年) 五月，"总督侍郎王忬下狱论死"②。当王忬因滦河作战失利，"嵩构之，论死系狱"时，其子世贞闻讯，即解职青州兵备副使赴京，与其弟"世懋日蒲伏嵩门，涕泣求贷"。嵩阳语宽慰，而阴持其狱。兄弟二人"又日囚服跽道旁，遮诸贵人舆"，叩头求救其父，但均因"畏嵩不敢言"。次年，王忬以边吏陷城律被斩于西市。③

王世贞嫌怨高拱，主要有求救其父和平反复官两件事情。先看求救其父。王忬下狱后，世贞兄弟往叩诸多权贵，求救其父，其中也有裕邸讲官高拱其人。高粗直无修饰，表示无力相救，于是王氏怨恨不已。朱国祯言："高中玄粗直无修饰。王思质 (王忬号) 总督，其辛丑 (嘉靖二十年) 同年也。王失事被逮，弇州兄弟往叩，高自知无可用力。且侍裕邸，人皆以长史目之，又与严氏父子无交。而思质贵盛时，相待甚薄。比至有事，意下殊少缱绻。弇州固已衔之矣。"④ 高拱与王忬为辛丑同年进士，但入仕后无甚交往，且文武殊异，官秩悬殊：高为裕邸讲官，目为藩府长史；而王则为封疆大吏，即蓟辽总督、右都御史兼兵部左侍郎。因此高、王平时少有交往，更无深情厚谊。况且高拱与严嵩父子亦无甚交往，自知无可用力。但是高拱其人"粗直无修饰"，不善于花言巧语、客套安抚，结果在不知不觉之中获罪于王氏。而王氏衔怨也毫无道理。当时世贞、世懋往叩的许多达官贵人中，肯定少不了与其父王忬平素交好的次辅

---

① 王世贞. 弇山堂别集·卷二十·史乘考误一 [M]. 北京：中华书局，1985：361.
② 谷应泰. 明史纪事本末·卷五十四·严嵩用事 [M]. 北京：中华书局，1997：818, 827.
③ 张廷玉. 明史·卷二八七·王世贞传 [M]. 北京：中华书局，1974：7380.
④ 朱国祯. 涌幢小品·卷九·中玄定论 [M]. 北京：文化艺术出版社，1998：191-192.

徐阶，但均无效果。那么，求救于一个官品甚低的裕邸讲官能有什么效果呢？即使高拱不善于应酬，甚至缺乏同情心，也不应由此而衔怨高拱。

再说平反复官。王氏衔怨高拱，还因错误地认定高拱曾阻挠其父的平反复官。朱国祯言："比鼎革，上疏求申雪，高在阁中异议，力持其疏不下，弇州怒甚，徐文贞因收之为功。"① 沈德符言："后严败，弇州叩阍陈冤，时华亭当国，次揆新郑已与之水火，正欲坐华亭以暴扬先帝过，为市恩地，因昌言思质罪不可原。终赖徐主持，得复故官，而恤典毫不及沾。"② 这两则史料的笼统记述，留下较大的质疑空间，缺少具体年月日期，是不足为信的。

据《明穆宗实录》载：隆庆元年（1567年）八月，"故总督蓟辽右都御史兼兵部左侍郎王忬子，原任山东按察司副使世贞上书讼父冤，言父皓首边廷，六遏大虏，不幸以事忤大学士严嵩，坐微文论死。伤尧舜知人之明，解豪杰任事之体。乞行辩雪，以伸公论。诏复忬官。"③ 张廷玉《明史》亦载："隆庆元年八月，兄弟伏阙讼父冤，言为嵩所害，大学士徐阶左右之，复忬官。"④ 据此可以推知："世贞上书讼父冤"，时在隆庆元年（1567年）八月丙戌，此前并无上疏。王氏所言"不幸以事忤大学士严嵩，坐微文论死""为嵩所害"，亦不完全符合史实。谈迁说："永陵（世宗）严于边臣，少有失利，斧锧辄随其后。王忬戮力塞上，六遏大虏，虽以才自见，迨其稍挫，咎宁独谴。其毕命西市，实先帝意也。矧夙通严氏，死即归狱。君子恶居下流，谅哉！"⑤ 王忬被斩西市，实先帝之意。虽有严嵩构陷，但不能把忬死尽归严嵩。所谓王忬"恤典毫不及沾"，亦非史实。"穆宗即位，世贞与弟世懋伏阙讼冤，复故官，予恤。"⑥

由上可知，其一，王氏怨恨高拱是时空错位的。王忬平反复官在隆庆元年（1567年）八月丙戌，而高拱早在同年五月丁丑因与徐阶的矛盾而称病归家。时间相距百日之久，空间相距千里之遥，高拱怎会八月在新郑老家阻挠京师内阁对王忬的平反复官呢？其二，高拱"力持其疏不下"是不实之词。如前所述，隆庆元年八月丙戌，"世贞上书讼父冤"，是世贞与其弟世懋亲自"伏阙讼父冤"的，此前并无上疏。所谓高"力持其疏不下""昌言思质罪不可原"云云，

---

① 朱国祯. 涌幢小品·卷九·中玄定论［M］. 北京：文化艺术出版社，1998：192.
② 沈德符. 万历野获编·卷八·严相处王弇州［M］. 北京：文化艺术出版社，1998：221.
③ 明穆宗实录：卷十一［M］. 台北："中研院"史语所影印本，1962.
④ 张廷玉. 明史·卷二八七·王世贞传［M］. 北京：中华书局，1974：7380.
⑤ 谈迁. 国榷·卷六五·谈迁曰［M］. 北京：中华书局，1958：4064.
⑥ 张廷玉. 明史·卷二〇四·王忬传［M］. 北京：中华书局，1974：5399.

纯系史家的误读误解。其三，当时在内阁中持"异议"者或许有之，但并非高拱。从张廷玉《明史·王世贞传》来看，其父平反并非一帆风顺，是"徐阶左右之，复忬官"。左右者，就是操控。倘若王忬平反一案完全合于嘉靖遗诏之规定，那么平反复官无疑会非常顺利，不需要任何人操控。因为遗诏恤录先朝建言得罪诸臣系指文臣，不包括先朝因打败仗而获罪的武将在内。王氏伏阙讼父冤，只言"因事忤严嵩"，完全归咎于"为嵩所害"，讳言滦河失利。因此当时其他阁臣可能会以遗诏为据对王忬平反持有异议，"昌言思质罪不可原"，只是在首辅徐阶的操控下，忬才得以平反复官。退一步说，假如王氏上书讼父冤是在高拱被逐出阁之前，高也不会在阁中持有异议，"持其疏不下"。因为当时高、徐矛盾正处在白热化之中，身处逆境的高拱，弹章不下三十，自顾不暇，自身难保。因此，他无心也无暇去阻止与自己"前世无怨，后世无仇"的同年平反复官。当然，历史是不能假设的。隆庆元年八月，王氏上书讼父冤，高拱被逐归家已有三月之久了。可见，王氏在《高拱传》中秉持历史偏见，是有原因的。

（二）王氏与高拱在政治史观上的对立

这种对立集中表现于对嘉靖这一历史时期的看法上。其一，关于嘉靖初期大礼议观点的对立。高拱主政时期，大礼议虽然已过去半个世纪，但他坚持认为世皇亲定的大礼仍然是正确的。"夫大礼，先帝亲定，所以立万世君臣父子之极也。献皇尊号已正，《明伦大典》颁示天下已久矣。"① 先帝钦定的大礼是完全合理合法的，是嘉、隆两朝君臣父子施政的政治基础、纲领和路线。其中，也蕴含着对张璁、桂萼等主张"继统"而不"继嗣"大礼观的充分肯定，对杨廷和及追随者坚持"继统"必先"继嗣"大礼观的彻底否定。与高拱的观点相反，王氏则对杨廷和集团的大礼观称道不已，并对其以阁权挑战皇权颂扬备至："廷和每召对，上必温旨谕之，而持不可者三，封还御批者四，前后执奏几三十疏"，以大礼议不合而得罪致仕②；而对张璁、桂萼所持大礼观却鞭挞、抨击不遗余力，甚至借言官之口，对其人格玷辱，肆意夸张、渲染张、桂"罔上行私，专权纳贿，擅作威福，广报恩仇"，并认定"桂萼外若宽迂，中实深刻，忮忍之毒发于心，如蝮蛇猛兽，犯者必死"③。如此等等。

---

① 高拱．高拱全集：上卷［M］．岳金西，岳天雷，编校．郑州：中州古籍出版社，2006：187.

② 王世贞．嘉靖以来内阁首辅传·卷一·杨廷和［M］//丛书集成初编．北京：中华书局，1991：6.

③ 王世贞．嘉靖以来内阁首辅传·卷二·张孚敬［M］//丛书集成初编．北京：中华书局，1991：21.

其二，有关嘉靖一朝政绩看法的对立。高拱认定"先帝英主，四十五年所行非尽不善也"①。把世宗评为"英主"，而非庸主暴君；在位四十五年所行善政为多，中兴革新之功不可抹杀。这与史臣、史家的评价基本一致。史臣曰："世宗功德，不可缕指……中兴大业，视之列圣有光焉。"范守己曰：世宗有"正世及之大辨，复四郊之大礼，黜胡主庙祀，革荣国侑享，崇奉先师除象设之陋，厘正诸儒严迪德之选，六奇谟也。革藩镇之诸阉，废畿甸之皇庄，夺外戚之世封，抑司礼之柄用，四伟烈也。正嫔御之数，内无女宠；放鸟兽之玩，外无禽荒；不以隆眷而废刑诛，不以令甲而拘除擢，不以摄生而废化裁，五独行也。五行独至，故六谟显而四烈彰。所以驾二祖，迈百王。帝道之隆，于斯为极矣"。何乔远曰：世宗"其谟猷合圣贤，动作掀天地，真中兴之主矣"。谈迁曰："世庙起正德之衰，厘革积习，诚雄主也。"② 世宗钦定大礼及初年人事大改组，其本身就是一种革新，并为其后推行嘉、隆、万改革整顿奠定了政治基础，创造了历史条件。嘉靖初期革新，举其大者，如强化内阁行政职能，变革科举制度，更新监察条例，裁革冗滥官员，革除镇守中官，除去外戚世封，限革庄田，变革赋役制度和初行一条鞭法，等等。③ 与上述观点相反，王氏则认为，世宗四十五年所行乏善可陈，对其革新功绩持否定态度。通观《首辅传》一书，对嘉靖善政基本没什么肯定，对世宗、张璁推行嘉靖初期的革新活动讳莫如深，避而不谈；对革新举措相对较少的嘉靖中后期更是视为腐败不堪，漆黑一团。

其三，有关嘉靖遗诏看法的对立。高拱复政后提出，徐阶所撰遗诏在程序上是"假托诏旨"，没有得到世宗的首肯；在内容上是"归过先帝""尽反先政"的罪己诏："于凡先帝所去，如大礼、大狱及建言得罪诸臣，悉起用之，不次超擢，立至公卿；其已死者，悉为赠官荫子。""不论有罪无罪，贤与不肖，但系先帝所去，悉褒显之，则无乃仇视先帝欤？"④ 高拱所上该疏的目的，在于把嘉靖时期的政治基础经过三年断裂之后重新理性对接起来，把嘉靖前期革新与隆庆后期改革重新链接起来，从而摆正了隆庆朝的政治走向。与高拱相反，王氏却对徐阶所草遗诏颂扬备至：颂扬遗诏彻底否定先帝钦定的大礼议，凡先

---

① 郭正域.合并黄离草·卷二四·太师高文襄公墓志铭［M］//四库禁毁书丛刊·史部第14册.呼和浩特：远方出版社，1999：306.
② 谈迁.国榷：卷六四［M］.北京：中华书局，1958：4037-4038.
③ 田澍.嘉靖革新研究［M］.北京：中国社会科学出版社，2002：91-213.
④ 高拱.高拱全集：上卷［M］.岳金西，岳天雷，编校.郑州：中州古籍出版社，2006：187.

朝大礼得罪诸臣悉牵复之，平反昭雪，赠官荫子；颂扬遗诏全盘否定包括革新在内的嘉靖诸政，对先朝得罪诸臣，不分是非善恶，有无罪过，不加甄别，悉为平反起用，加官晋爵；颂扬徐阶所草遗诏，得到朝野众多人士的"举手相贺，至有喜极而恸者"，只是遭到同僚郭朴、高拱的批评和反对。不难看出，王氏与高拱在嘉靖遗诏上的立场观点是截然相反的。

总之，由于政治史观上的对立，王氏对高拱便做出了诸多背离历史真相的价值评判。这是王氏《高拱传》中历史偏见形成的思想根源。

（三）传文偏见源于对徐阶的访谈资料

嘉、隆之际，徐阶和王忬两家因乡曲关系而交好。作为先朝次辅的徐阶，无能阻止王忬为严嵩构陷而被杀，而作为当朝首辅的徐阶，为王忬平反复官则可从中收功收誉，笼络人心，收买其子史家王世贞。

史载："当华亭力救弇州时，有问公何必乃尔，则云：'此君他日必操史权，能以毛锥杀人。一曳裾不足锢才士，我是以收之。'人咸服其知人。"① 毛锥是一把双刃剑，既可杀人，亦可媚人；既可毁人，亦可誉人。徐阶极力为王忬平反复官，正是看中王氏"他日必操史权"，日后可以利用此君的毛锥这把双刃剑，诬高媚己，毁高誉己。这是徐阶结好王氏的真正动机和目的。故徐阶致仕乡居、王氏赋闲在家之际，二人过从甚密。万历元年，徐阶不惜屈尊高贵身份登门拜访后辈王世贞，"华亭相公来游小祇园"，即其家"弇山园"②。万历十一年（1583年），徐阶病故之前，王氏前往华亭徐府拜谒故相徐阶更是家常便饭。王氏其人很早便有志于史学，但从政后没能成为国家史臣，掌握大量国朝故典，引为终生遗憾。这种遗憾晚年在徐府那里则得到了补偿。他不无遗憾地说："王子弱冠登朝，即好访问朝家故典与阀阅琬琰之详，盖三十年一日矣。晚而从故相徐公所得尽窥金匮石室之藏，窃亦欲藉薜萝之日，一从事于龙门、兰台遗响，庶几昭代之盛，不至忞忞尔。"③

王氏十年赋闲期间，不断前往并停留于华亭徐府。他在那里一是饱览了徐府所藏各种大量书契；二是通过不断访问徐阶，从而得到大量口授的为高拱作传的活资料。例如，王氏早年所撰《徐文贞公状略》对徐阶草拟嘉靖遗诏写道：

---

① 沈德符. 万历野获编·卷八·严相处王弇州 [M]. 北京：文化艺术出版社，1998：221.
② 钱大昕. 弇州山人年谱 [M] //续修四库全书·史部第553册：81.
③ 王世贞. 弇山堂别集：小序 [M]. 北京：中华书局，1985：4.

196

"夜饮泣,具遗诏草。恐泄之,不敢以语同列。"① 后来在《高拱传》中将徐阶"夜饮泣"更改为"时门人张居正为学士,方授经裕邸,夜召与谋,具遗诏草,不以语同列"②。徐阶夜召门生居正密谋拟定嘉靖遗诏,此等诡秘之事,高拱至死都不知情,当时朝中诸多京官亦无一人知晓。直到高拱死后多年,王氏通过采访当事人徐阶,才在高传中首次将此事揭秘于世。这是王氏采访徐阶的铁证。据此,我们完全有理由确认,高传的取材大都是作者对徐阶的访谈资料。由于徐阶与高拱在大礼议、嘉隆诸多政事和嘉靖遗诏等政治史观上存在着根本分歧,这一分歧便集中反映在徐阶访谈资料中,在王氏笔下便顺理成章地形成了褒徐贬高、美徐丑高的政治偏见。王氏是徐阶的政治代言人,其偏见即来源于徐阶对高拱的政治偏见。王氏在高传中除对高拱才干事功三言两语肯定之外,基本上是全盘否定的,并以其盛名传之后世。从这种意义上说,徐阶实现了"以毛锥杀人"的预言,王氏也达到了借笔报复的目的。王氏以史才自负,以司马迁自居,但他并没有真正继承"龙门、兰台遗响",特别在史德、史识方面与司马迁相距甚远。

王世贞一生留下了大量有价值的史料史著,这是值得肯定的。但他在政治史观和史学思想上却存在着偏颇之见,受到了晚明有些史家的质疑和批评。当时,文史大家归有光对王氏"力相觝排,目为妄庸巨子"③。孙铲与友人书,评论王氏为文短长,言:"非但时套,兼有偏弊:一以今事傅古语,二持论乖僻,三好詑,四纤巧,五零碎。而总之则有二:曰不正大,曰不真。"又言:"足下甚推服弇州,第此公文字,虽俊劲有神,然所可议者,只是不确。不论何事,出弇州手,便令人疑其非真。此岂足当钜家!"④ 今人黄云眉先生对此评论说:"当谀王风盛时,铲独于王多所贬损,要足备异说。其'不真''不确'之语,尤为王文之药石欤!"⑤ "不真""不确"之评语,当然适用于王氏《高拱传》。黄景昉说:"《首辅传》叙高多丑词,至诬以赇贿。即如顺义款贡事,何等大功,仅一二语及之。孙月峰(孙铲号)谓语出弇州,多不足信,信然。文士视名臣

---

① 王世贞. 弇州史料后集·卷九·徐文贞公状略 [M]//四库禁毁书丛刊·史部第49册. 呼和浩特:远方出版社,1999:318.
② 王世贞. 嘉靖以来内阁首辅传·卷六·高拱 [M]//丛书集成初编. 北京:中华书局,1991:78.
③ 张廷玉. 明史·卷二八七·归有光传 [M]. 北京:中华书局,1974:7383.
④ 孙铲. 与佘君房论文书 [M]//黄云眉. 明史考证:七. 北京:中华书局,1985:2265.
⑤ 黄云眉. 明史考证:七 [M]. 北京:中华书局,1985:2266.

分量终别。"① 朱国祯也说："《首辅传》极口诋毁（高拱）。要之，高自有佳处不可及，此书非实录也。"② 等等。总之，王氏《高拱传》叙事"不正大""不真""不确""多不足信""非实录也"。这即是对王氏《高拱传》的价值评判。

（原文刊载于香港浸会大学《人文中国学报》第 24 期，上海古籍出版社 2017 年版，第 341~378 页）

---

① 黄景昉. 国史唯疑：卷八 [M]. 上海：上海古籍出版社，2002：226.
② 朱国祯. 涌幢小品·卷九·中玄定论 [M]. 北京：文化艺术出版社，1998：192.

高拱《病榻遗言》考论

——与赵毅教授商榷

2008年8月初，在河南新郑市召开的明史暨高拱国际学术研讨会上，赵毅教授宣读了他的论文：《〈病榻遗言〉与高新郑政治权谋》（以下简称赵文）。其后，该文又以同题在《古代文明》2009年第1期上公开发表。赵文宣称："一般认为，冯保、张居正是被万历皇帝打倒的。这种认识不错，但不够全面，冯保、张居正、戚继光的倒台原因中包含着高新郑政治权谋的因素。"① 对这一"因素"说，笔者实难苟同。故此，本文拟从高拱《病榻遗言》的撰写刊刻时间、内容真实性、对万历十年以后政局的影响等方面与赵教授进行商榷，就教于赵教授及方家。

一

关于高拱《病榻遗言》的撰写刊刻时间及其同张居正身后罹难的关系问题，赵教授提出的观点是值得商榷的。

其一，《病榻遗言》的撰写时间。高拱这一遗著没有题记或序言来点明完稿成书时间，这就给后人留下了争论空间。赵文认为，"《病榻遗言》是高新郑被驱逐政坛、回籍闲住期间所撰写的政治回忆录，以'病榻遗言'名其书，又像是临终遗嘱"②。赵文把高拱这一遗著定性为"政治回忆录"是没有异议的，但把"病榻遗言"诠释为"临终遗嘱"则是望文生义的误读误解。"病榻遗言"不同于"临终遗嘱"：前者是指病中留下的言辞，后者是指临死前嘱托后人留下的言辞。"病榻"上的病人不一定就要"临终"，"遗言"也不都是"遗嘱"。高

---

① 赵毅.《病榻遗言》与高新郑政治权谋[J]. 古代文明, 2009 (1): 70-71.
② 赵毅.《病榻遗言》与高新郑政治权谋[J]. 古代文明, 2009 (1): 71.

拱将死，卧于病榻，处于昏迷半昏迷状态，绝不可能留下洋洋两万两千余言的"临终遗嘱"，并在其中包含着"政治权谋"，至死不忘报复政敌。

那么，高拱的《病榻遗言》撰写于何时呢？答案是万历元年（1573年）年初在他患病稍愈后不久。是年正月，王大臣闯宫案发，张居正、冯保怨高之恨未消，恐高复起，故借此案件杀高。于是冯保派人教唆王大臣诬陷高拱主使行刺，张居正上疏追查"指使勾引之人"①，并派锦衣缇校赶赴新郑高家逮人。高拱闻之大惊，持鸩步庭自杀，仆人房尧第以手击鸩落地，跪曰："公死，则天下后世此事将归于公矣，谁为公白者？"②由此，高拱"惊怖成疾""忧惧不已，遂成痼疾，驯至不起矣"③。王世贞也说："拱欲自经不得"，遂"以惊忧成疾，后稍愈，不复振"④。经过王大臣之狱，使高拱深刻认识到，他那位自称"香火盟"的政治密友，心狠手辣，卖友求荣，不仅要夺他首辅之位，而且还要诛他九族，斩草除根。险邪忍狠，何其毒也。当他惊怖略定，病情稍愈之后，便毅然执笔写下这一回忆录，故而命名为《病榻遗言》。该书共四卷：卷一《顾命纪事》，卷二《矛盾原由（上）》，卷三《矛盾原由（下）》，卷四《毒害深谋》。最后一卷是记述王大臣一案的，不啻是这一遗著的题记或序言。这一遗著对隆庆六年（1572年）上半年一系列重大政治事件的发生过程、人物对话、场景细节回叙得翔实清晰，充分说明作者当时头脑清醒，对往事记忆犹新，绝非六年之后将死之时所谓"临终遗嘱"所能做到的。

万历元年（1573年）年初，高拱虽由王大臣案"惊怖成疾"，但稍愈之后，并未严重影响其著述活动。如万历元年撰成《病榻遗言》四卷，并整理成《边略》五卷；万历二年七月撰成《春秋正旨》一卷；万历三年五月撰成《问辨录》十卷；万历四年五月撰成《本语》六卷。万历四年下半年到五年年末，他依据历史资料和亲身经历，又撰成《谀书》和《避谀录》，后失传。万历六年伊始，病情逐渐加重，抱疴不起，至万历六年七月初二病故。这半年高拱再没有什么著述活动。

其二，《病榻遗言》的刊刻问世。赵文提出：该书刊刻"有极大的可能在万

---

① 明神宗实录·卷九[M].台北："中研院"史语所影印本，1962.
② 刘青霞.房尧第传[M]//高拱.高拱全集：附录二.郑州：中州古籍出版社，2006：1652.
③ 范守己.代高少师张夫人乞补恤典疏[M]//高拱.高拱全集：附录二.郑州：中州古籍出版社，2006；1380.
④ 王世贞.首辅传·卷六·高拱传[M]//高拱.高拱全集：附录二.郑州：中州古籍出版社，2006；1450.

历十年至十二年之间"①。这是从此时段内张冯遭难的"政治大背景下"加以论证的，但赵教授并没有举出任何一条有价值的史料作为立论的支撑。这种建立在"可能"之上的推设是不能令人信服的。那么，这一遗著何时刊刻问世呢？

万历三年六月至六年初（1575—1578年），高拱亲自主持刊刻自己的著作，《问辨录》居首，包括十三部著作，共四十二册，册中分卷。因为不是全部著作，无定书名，四库馆臣名之曰"初刻四十二册本"②。高拱生前编定的十八部著作没有刊刻完，便病逝了，由此刊刻工作即告中断。高拱无儿无女，临终前夕才确定嗣继为其六弟拣之次子务观③。这时务观不过是20多岁的青年学子，加之刚刚过继，对高拱著作及其家务还不甚了解。他不可能也无力承担起继续刊刻高拱著作的任务。这也是刊刻工作中断的重要原因。

高拱殁后二十四年，即万历三十年（1602年）四月，神宗为高拱平反，赠太师，谥文襄，荫一子尚宝司司丞。嗣子务观承荫。他赴任后，乃敢恳请江夏（武汉）人东宫讲官郭正域为其父撰写墓铭。墓铭写道："公素好读书，作《问辨录》十卷，《春秋正旨》一卷，《本语》六卷，《边略》五卷，《纶扉外稿》四卷，《掌铨题稿》三十四卷，《南宫奏牍》四卷，《政府书答》四卷，《纶扉集》一卷，《程士集》四卷，《外制集》二卷，《日进直讲》十卷，《献忱集》四卷。"④ 郭氏所列书目，与初刻四十二册本的十三部著作完全相同，都是《问辨录》居首，逆时序编订。唯一不同的是改"册"为"卷"（其中三部著作卷数有误）。这一书目不包括《病榻遗言》和《诗文杂著》，这就确证这两部著作在高拱殁后二十四年之间没有刊刻问世。

高务观承荫尚宝司司丞之后，一方面恳请郭正域为其父撰写墓铭，另一方面即着手编纂刊刻《东里高氏家传世恩录》五卷。刻印成书后，手持"兹编示刘子"，恳请时任顺天府尹刘日升撰序。序曰："新郑高文襄公捐馆舍二十五年矣，今上始追公秉揆忠劳，予一切特恩。令子符丞君辑，恭请部覆诸牍及蒙赐纶诰，汇成一编付梓。"⑤ 务观刻印此编时，又续刻了《病榻遗言》和《诗文杂著》两

---

① 赵毅.《病榻遗言》与高新郑政治权谋 [J]. 古代文明, 2009（1）：71.
② 高拱. 高拱全集：前言 [M]. 岳金西，岳天雷，编校. 郑州：中州古籍出版社，2006：9-12.
③ 张居正. 答中玄高相公四、答参军高梅庵 [M] //张居正. 张居正集：第二册. 武汉：湖北人民出版社，1994：1192，1193.
④ 郭正域. 太师高文襄公拱墓志铭 [M] //高拱. 高拱全集：附录二. 郑州：中州古籍出版社，2006：1404.
⑤ 刘日升. 圣恩录序 [M] //高拱. 高拱全集：附录二. 郑州：中州古籍出版社，2006：1704.

部，同时发现《谗书》《避谗录》等三部著作手稿已佚。

万历三十年至三十一年（1602—1603年）之间，高务观续刻《病榻遗言》和《诗文杂著》两部著作，是作为"原本"保存的，故印数很少。长洲戚伯坚获得《病榻遗言》刻本，乘高拱平反之机，又予以翻刻，畅销一时，流传坊间。此前，务观决不会将其珍藏二十多年的继父手稿交给戚伯坚去首次刊刻的。万历四十二年（1614年），马之骏兄弟刊刻《高文襄公集》是以高拱初刻本为底本，变四十二册为四十二卷，加上"长洲戚伯坚校"的《病榻遗言》二卷，即为现存包括十四部著作在内共四十四卷的万历本。清康熙年间，高捷曾孙高有闻刊刻其叔祖《高文襄公文集》八十八卷包括十五部著作的笼春堂本，是以高拱初刻本十三部著作和务观续刻的两部著作作为"遵依原本"，并非以万历本为底本的。

其三，《病榻遗言》与张冯罹难毫无关系。上引史料和考证充分证明，高拱《病榻遗言》的刊刻问世是在万历三十年至三十一年之间，而张冯遭难则是在万历十年至十二年之间，两者相距几近二十年，前者刊刻问世怎会成为后者祸发罹难的"因素"呢？赵文为了论证张冯等人的"倒台原因中包含着高新郑政治权谋的因素"这一预设的政治结论，便推想设定《病榻遗言》刊刻问世"有极大的可能在万历十年至十二年之间"。但是，在此期间，该书是谁刊刻的？底本（或底稿）来自谁手？他与高拱父子有何关系？刊刻的目的何在？对这些重要问题却只字未提，只是硬性锁定在此时段内。不难看出，这只是论者的任意猜想，主观臆断。这从赵文的行文中也可以得到说明："有一点可肯定，或在高新郑病逝的万历六年之后，或在张居正病故的万历十年之后，有极大的可能在万历十年至十二年之间。"① 前文既说"有一点可肯定"，后文理应肯定在一点上，而不应说"或在""或在"和"可能在"；后文既说"或在""或在"和"可能在"三点上，前文就不能说"有一点可肯定"；最后说"有极大的可能在"，即使"可能"程度达到"极大"，仍是"可能"，而绝不是"肯定"。赵文如此既"肯定"又"可能"的推测设定，其原因在于拿不出一条可资证实的史料做证据，其目的在于论证主观预设的结论——张冯等人倒台"包含着高新郑政治权谋的因素"。这种从设定的逻辑前提出发来论证主观预设的结论，是不可取的。

其实，《病榻遗言》刊刻于张居正身后罹祸期间并成为发难的重要"因素"，此说并非赵教授的发明，而是史学家黄仁宇"催化剂"说的翻版。黄先生说："现在张居正已经死后倒台，但皇帝还没有下绝情辣手，这时高拱的遗著

---

① 赵毅.《病榻遗言》与高新郑政治权谋[J]. 古代文明，2009（1）：71.

《病榻遗言》就及时地刊刻问世。""它的出版在朝野都产生了极大的影响,成为最后处理张居正一案的强烈催化剂。"① 可见,赵教授的"因素"说其源盖出于此。不过,二说亦略有不同:前者是以张居正身后罹难、"有仇报仇,有怨报怨"的"政治大背景"立论的;后者则是直接以《病榻遗言》的内容立论的。黄先生在概述此书所载王大臣案之后说:"皇帝听到这一故事",(前已暗示看过此书——引者注)"他满腹狐疑,立即命令有关官员把审讯王大臣的档案送御前查阅。查阅并无结果。""他一度下旨派员彻底追查全案,后来由大学士申时行的劝告而中止。"② 这是偷梁换柱的诡辩。历史事实是神宗追查王大臣一案起因于南京兵部郎中陈希美的奏疏。万历十一年(1583年)二月,陈希美上疏,首论冯保于万历元年正月"乃潜引一男子王大臣,白昼挟刃,直至乾清宫门"行刺,"王大臣既已伏诛,而保系首祸之人,乃夤缘漏网",因此"恳乞圣明,亟加诛戮"③。本来万历十年十二月,御史李植论劾冯保十二大罪,神宗已有旨宽处。但两个月后,他又看到陈希美论劾冯保竟敢"潜引"犯人王大臣谋害自己,于是立即下令刑部查阅王大臣案。对此,《明神宗实录》做了如实记载:"上览刑部录进王大臣招由。传旨:此事如何这么就了?查原问官与冯保质对。大学士张四维等言:事经十年,原问官厂即冯保,卫乃朱希孝。今罪犯已决,希孝又死。陈希美奏王大臣系冯保潜引,亦无的据。若复加根究,恐骇观听。上乃置不问。"④ 张四维讲得一清二楚:神宗追查王大臣案起因于陈希美的奏疏。而黄先生硬把陈希美的奏疏说成是高拱的《病榻遗言》,硬把张四维换成申时行。如此偷换史实的硬伤,竟然出自享誉海内外的史学名家名著,实在令人震惊和遗憾!

二

《病榻遗言》所述重大政治事件,是当事人的第一手资料,具有极大的历史真实性,这些事件在《明穆宗实录》中均有相应的简略记述,就是最明显最确凿的佐证。不过,两者记述的广度深度不同:前者繁、细、深,后者简、粗、

---

① 黄仁宇. 万历十五年 [M]. 北京:中华书局,1982:33,35.
② 黄仁宇. 万历十五年 [M]. 北京:中华书局,1982:35.
③ 陈希美. 罪人既得天讨难容恳乞圣明亟加诛戮以绝乱萌以安宗社疏 [M] //万历疏钞:卷二〇. 续修四库全书·史部469册:6.
④ 明神宗实录:卷一三四 [M]. 台北:"中研院"史语所影印本,1962.

浅；而且两者所持的政治观点和态度是互相对立的。只是由于前者是私人著述的野史，后者是官方钦定的国史，因此某些史家便以实录为坐标、尺度，来质疑、非议甚至全盘否定前者。赵文认为，《病榻遗言》的内容是"真假混杂""多有不实之词"①，并列举四点"质疑"。其"质疑"符合史实吗？今择其要者辩证之。

其一，"执手告语即为顾命说质疑"的辩证。

赵文大段引述《病榻遗言》所载隆庆六年（1572年）闰二月十二日的历史过程之后说："这段文字很妙，高新郑用了8次'执臣手'或'执臣手不释'，突出了他与穆宗君臣相得深厚情谊，而将同样出身裕邸的张居正冷落在一旁。"② 在笔者看来，这是因为：第一，当时阁臣只有二人，高为首辅，张为次辅。按照封建官场礼仪的惯例，穆宗只能执拱手告语，而不会撇开首辅而执次辅之手。第二，高、张的确都出身裕邸，但与穆宗情谊之深厚却不可同日而语。高侍裕邸九年，正是裕王身处逆境之时。高作为首席讲读官，周旋邸中，尽心竭力，百般调护，启王孝谨，王甚倚重之。当高升官告别时，"王赐金缯甚厚，哽咽不能别。公虽去讲幄，府中事无大小，必令中使往问。"③ 高与穆宗的深情厚谊是在共患难中建立起来的。而张侍裕邸二年有余，此时裕王虽无册封太子，但他身处逆境已完全解除。张与穆宗不曾有过共患难的经历。因此，无论从侍裕邸时间之长短，共患难之有无，他们君臣渊源之深、情谊之厚、信任之笃，张都不会超过高。据此可知，穆宗执拱手告语是合情合理、顺理成章的事情。穆宗亲执拱手告语，不仅是高拱自述，而且还有旁证。时人王世贞言："上一日甫视朝，忽驰而下，且蹶于陛间。第云：'国有长君，社稷之福'，语且不了了，居正与拱趋而掖之起，还宫，即不豫者月余矣。群臣日诣阙问安，而上方卧，蹶然兴肩舆至内阁，居正与拱惊出俯伏，上摘之起，而持拱臂仰天，气逆结，久之始云：'祖宗法坏且尽，奈何？'亦复不了了。而持拱袂，步且至乾清宫门，始复谓'第还阁，别有谕'。明日寂然。"④ 世贞所言与高拱自述稍异，但执拱手告语则是确定无疑的史实。至于穆宗对张是否"冷落在一旁"呢？那也未必。穆宗如果对张有意"冷落"，就不会一起召见高张二人。

---

① 赵毅.《病榻遗言》与高新郑政治权谋［J］.古代文明，2009（1）：72.
② 赵毅.《病榻遗言》与高新郑政治权谋［J］.古代文明，2009（1）：73.
③ 郭正域.太师高文襄公拱墓志铭［M］//高拱.高拱全集：附录二.郑州：中州古籍出版社，2006：1395.
④ 王世贞.首辅传·卷七·张居正传上［M］//张居正.张居正集：附录一.武汉：湖北人民出版社，1994：442-443.

赵文为张居正大鸣不平，说："张江陵未被执手告语，始终被穆宗冷落在一旁。"① 对此，张江陵并不领情，也不认同。据查，张江陵在万历初期曾三次上疏回忆穆宗亲执其手告语。一次是万历五年（1577年）八月上疏："先帝不知臣不肖，临终亲握臣手，属以大事"；一次是同年十一月上疏："又昔承先帝执手顾托"；另一次是六年（1578年）四月上疏："先帝临终，亲执臣手，以皇上见托。"② 可惜，三次先帝临终对张执手顾托，在张总裁的《明穆宗实录》中不记载一笔。正史与野史亦无一字记载。看来，这才真正是子虚乌有的不实之词。唯一的旁证是其长子敬修为其父撰写的《行实》，言："一日，先帝视朝，忽起走，语且啜。太师偕司礼监太监冯公扶持还宫。坐稍定，先帝召太师榻前，执太师手，属托甚至。太师饮泣不能止。既出，遂触地号天，几不可生。"③ 这一旁证日月不清，矛盾重重，正史、野史亦无一字之证。

赵文引述《病榻遗言》"上付托之意，乃在执手告语之时，此乃顾命也"一句之后，接着说："看来，早在穆宗病逝前的3个多月，朱载垕就已选定顾命大臣高新郑，而且是唯一的一名"，"这是大不合情理的。况在此3个多月的时间里，穆宗完全有机会单独召见首辅，给其留下手诏，以为凭证。空说'执手告语'即为顾命，显然不能令人信服。"④ 这是断章取义的曲解。引语之下，还有"恸哉！至受顾命时，已不能言，无所告语矣"一句。上下两句联系起来理解，高拱强调"顾命"，是指当面告语之意。因为到隆庆六年五月二十五日，穆宗召见阁臣受顾命时，他已不能讲话，当面告语了。直到穆宗驾崩之后，高拱才意识到闰二月十二日执手告语也算是顾命。这是从当面告语的意义上说的。穆宗此次召见高、张二臣，当面告语对象理所当然包括高张二人。高把此次执手告语当作顾命，并没有把张排斥在外之意。这些都是礼仪和情理中事。穆宗当时也不会意识到三个月之后他会撒手人寰。因而所谓"单独召见""留下手诏"云云，显系论者的无理想象和推论，是不能令人信服的。

其二，"早知冯张结盟排己，不行奏罢，'恐苦先皇心，故宁受吞噬'说质疑"的辩证。

隆庆六年（1572年）三月二十四日，户科给事中曹大埜疏论高拱大不忠十事（赵文说是"十大奸恶"）。二十七日，高拱上疏答辩求退，穆皇慰留，不

---

① 赵毅．《病榻遗言》与高新郑政治权谋［J］．古代文明，2009（1）：73．
② 张居正．张居正集：第一册［M］．武汉：湖北人民出版社，1994：248，290，356．
③ 张敬修．张文忠公行实［M］//张居正．张居正集：附录一．武汉：湖北人民出版社，1994：414．
④ 赵毅．《病榻遗言》与高新郑政治权谋［J］．古代文明，2009（1）：73．

允所辞；二十九日，再疏求退，上仍不允，乃出视事。① 四月初二日，穆皇认为"此曹朋谋诬陷，情罪可恶，宜重治如法"。于是调曹大埜乾州判官。② 在《病榻遗言》中，高拱回叙了曹大埜挑起事端的内幕以及处理的全过程。他根据当时穆皇病笃，内阁只有高张二人的情况，为了不苦圣心，不仅求去非宜，并约请科道言官不得上疏，扩大事态。这一息事宁人的做法是完全合情合理，无可非议的。不意赵文却质疑说："按高新郑的性格，本可堂堂之阵，正正之旗，摆开队伍，与张冯决一死战。而他却秉持息事宁人之作法，不予深究，原因是'上病甚'，'当以君父为急'，这是言不由衷！"又说高为了"'不苦圣心'，宁愿受害，宁愿蒙冤，而不肯拔剑一搏，更不准省台弹劾张江陵。这哪是快意恩仇的高新郑，分明是大慈大悲的观音菩萨！"③

笔者以为，历史事件大都是由客观形势、当事者的主观思想以及对策措施等合力因素决定的。当事人的性格有时会起一些作用，但不是唯一的决定性因素。高拱从维护大局出发，讲述自己的思想动机，说："予自念曰：上病甚，我求去非宜。且屡言不止，徒苦圣怀，更非宜。吾今当以君父为急，乃何有于此辈哉！遂出视事。""上病甚，若闻荆人害我事，必盛怒。兹时也，安可以怒圣怀？且他人事有阁臣处之，荆人害我，则何人为处？必上自处也。今水浆不入口而能处乎，安可以苦圣心？人臣杀身以成其君则为之，今宁吾受人害，事不得白，何足言者，而安可以戚我君？"④ 在这里，一个高层官僚忠君爱君的封建传统思想流于言表。在封建社会里，高层官僚自述其忠君爱君思想，难道是错误的吗？而赵文却无视这一忠君爱君的传统思想，而以其"快意恩仇"的性格推论高拱"以君父为急"是"言不由衷"；嘲讽他"不肯拔剑一搏""与张冯决一死战"是"大慈大悲的观音菩萨"。人们不禁要问：高拱处事都是由其性格决定的吗？"快意恩仇"是高拱的唯一性格吗？历史事件难道都决定于当事者的性格吗？

高拱对曹大埜挑起的政治风波，没有放纵科道言官扩大事态，是无怨无悔的。他归籍后回忆说："我彼时为先皇病笃，恐苦先皇心，故宁受吞噬，而不敢以此戚先皇也。今吾顺以送先皇终，而曾未敢苦其心，则吾本心已遂，求仁而

---

① 明穆宗实录：卷六八 [M]. 台北："中研院"史语所影印本，1962.
② 明穆宗实录：卷六九 [M]. 台北："中研院"史语所影印本，1962.
③ 赵毅. 《病榻遗言》与高新郑政治权谋 [J]. 古代文明，2009（1）：73，74.
④ 高拱. 高拱全集：上卷 [M]. 岳金西，岳天雷，编校. 郑州：中州古籍出版社，2006：637，638.

得仁，又何怨悔之有？"① 赵文引过上述言论后说：从隆庆六年（1572年）闰二月到六月十六日高拱被逐，"他完全可以面觐天颜，请剑尚方，置政敌于死地。可他始终以'恐苦先皇心'为理由，不做大的举动，引颈受戮，'宁受吞噬'。那么，我们便不能理解高新郑这位六旬开外的退休元辅，为何还要写下这篇充满玄机、遍布陷阱，可致政敌于死命的《病榻遗言》？"② 高拱作为此次政争的被逐者、失败者，既然当时不做大的举动，引颈受戮，那么事后就不能再写回忆录了吗？难道历史只能由胜利者撰写，失败者就不能回忆吗？如果要写，就是"政治权谋"，布满"玄机""陷阱"，"致政敌于死命"吗？非常遗憾的是，万历十年至十二年（1582—1584年）张冯遭难期间，《病榻遗言》并未刊刻问世。不知论者对其"玄机""陷阱"做何解释？

其三，"冯张矫诏说献疑"的辩证。

关于冯张矫诏问题，赵文指斥《病榻遗言》所述"冯张的核心罪状是矫诏"，且"不止一次，而是两回"③。既是"两度矫诏"，我们不妨分为两方面辩证之。

（1）先说三阁臣"同司礼监"同受顾命的矫诏。

《病榻遗言》载："隆庆六年五月二十五日，上大渐，未申间有命召内阁。臣拱暨张居正、高仪亟趋入乾清宫，遂入寝殿东偏室，见上已昏沉不省。皇后、皇贵妃拥于榻，皇太子立榻右。拱等跪榻前。于是太监冯保以白纸揭帖授皇太子，称遗诏。又以白纸揭帖授拱，内曰：'朕嗣祖宗大统，今方六年。偶得此疾，遽不能起，有负先皇付托。东宫幼小，朕今付之卿等三臣同司礼监协心辅佐。遵守祖制，保固皇图。卿等功在社稷，万世不泯。'"④

高拱所言"付之卿等三臣同司礼监协心辅佐"，同受顾命，这是千真万确的历史事实，也为其他当事人所认同。冯保于万历七年（1579年）所上《为衰年有疾恳乞天恩容令休致以延残喘》疏云："隆庆六年五月内，圣躬不豫，特召内阁辅臣同受顾命，以遗嘱二本令臣宣读毕，以　本恭奉万岁爷爷，一本投内阁三臣。"疏上，神宗有旨："尔受皇考遗嘱，保护朕躬，永奉两宫圣母。……宜

---

① 高拱. 高拱全集：上卷［M］. 岳金西，岳天雷，编校. 郑州：中州古籍出版社，2006：653.
② 赵毅.《病榻遗言》与高新郑政治权谋［J］. 古代文明，2009（1）：74.
③ 赵毅.《病榻遗言》与高新郑政治权谋［J］. 古代文明，2009（1）：74.
④ 高拱. 高拱全集：上卷［M］. 岳金西，岳天雷，编校. 郑州：中州古籍出版社，2006：629.

207

仰遵皇考付托之意，不准辞。"① 冯保与高拱二人回叙不仅细节相同，而且神宗与冯保都认定冯是与"内阁辅臣同受顾命"的大臣。神宗生母李太后于万历六年（1578年）二月在一道慈谕中也说："司礼冯保，尔等亲受顾命。"② 这是又一确证。万历十年（1582年）年底，御史李植论冯保十二罪，神宗有旨："念系皇考付托"，从宽降处；御史杨四知论张居正十四罪，神宗降旨亦有"念系皇考付托"之句，从宽不究。③ 两处"皇考付托"说的都是张冯同是顾命大臣。由上确证高拱所言真实不虚。

而赵文却否认高拱所言三阁臣"同司礼监"同受顾命的真实性，认为穆宗实录记载"上疾大渐"之日所宣顾命，在"三臣"之后，无"同司礼监"四字，④ 说"这是要害所在，无此四字，冯张矫诏说则难以成立"⑤。接着又举实录同条所载："时上疾已亟，口虽不能言，而熟视诸臣，颔之，属托甚至。"⑥ 认为"穆宗虽在弥留，但一息尚存，意识还清醒，托孤三阁老是其本意也"⑦。是的，"托孤三阁老"是穆宗本意。但在"上疾已亟""昏沉不省"的状态下，不可能对顾命字斟句酌，即有不同意见，已是"口不能言"。顾命由张居正草诏，"卿等三臣同司礼监协心辅佐"，是违背穆宗本意的矫诏。而万历二年（1574年）七月成书的穆宗实录，此段顾命又删掉"同司礼监"四字，也是手握史权的总裁官张居正所为。为何删掉？因为此时司礼监冯保与阁臣同受顾命早已成为公认的既定事实，且又违背祖制，不宜载于实录，故而删之。论者百般为穆宗实录辩解，说它"更具权威性和可信度"；它"是以档案文书、起居注、邸钞为蓝本，是众人商讨编定的"，等等。"权威性"是可信的，因为是十二岁的神宗钦定的；而"可信度"则要大打折扣。隆庆六年（1572年）九月嘉隆两朝实录开馆，总裁官张居正严立限程："每月各馆纂修官务要编成一年之事，送副总裁看详。月终，副总裁务要改完一年之事，送臣等删润。"⑧ 又说，实录"编摩草创，虽皆出于诸臣之手，然实无一字不经臣删润，无一事不经臣讨论"⑨。这虽然是就世宗实录而言，但对他亲历其事的穆宗实录来说则更是如

---

① 王世贞．弇山堂别集·卷一〇〇·中官考十一[M]．北京：中华书局，1985：1914.
② 明神宗实录：卷七二[M]．台北："中研院"史语所影印本，1962.
③ 明神宗实录：卷一三一[M]．台北："中研院"史语所影印本，1962.
④ 明穆宗实录：卷七十[M]．台北："中研院"史语所影印本，1962.
⑤ 赵毅．《病榻遗言》与高新郑政治权谋[J]．古代文明，2009（1）：74.
⑥ 明穆宗实录：卷七十[M]．台北："中研院"史语所影印本，1962.
⑦ 赵毅．《病榻遗言》与高新郑政治权谋[J]．古代文明，2009（1）：74.
⑧ 张居正．张居正集：第一册[M]．武汉：湖北人民出版社，1994：90.
⑨ 张居正．张居正集：第一册[M]．武汉：湖北人民出版社，1994：248.

此。史家王世贞指出：明朝实录的纂修有许多失职之处，有的是"无所考而不得书"；有的是"有所避而不敢书"；更有甚者，是"当笔之士或有私好恶焉，则有所考无所避而不欲书，即书，故无当也"①。从而导致实录有许多不真不实之处。据此确知，"同司礼监"四字只有张居正有权和敢于"删润"。嘉隆两朝实录的文本最后都是由张裁定的。论者所谓"众人商讨编订"云云，不过是一种辩解的遁词。所谓"穆宗起居注"这一蓝本，不知论者为何不加引述？

（2）再说冯保掌司礼监印的矫诏。

《病榻遗言》载："至二十六日卯初刻，上崩。拱等闻报，哭于阁中……是日巳刻，传遗旨：'着冯保掌司礼监印。'盖先帝不省人事已二三日，今又于卯时升遐矣，而巳时传旨，是谁为之？乃保矫诏而居正为之谋也。"② 当事人冯保在万历七年上乞休疏中亦有记述："次日（二十六日）卯时分，先帝强起，臣等俱跪御榻前，两宫亲传懿旨：'孟冲不识字，事体料理不开，冯保掌司礼监印。'蒙先帝首允，臣伏地泣辞。又蒙两宫同万岁俱云：'大事要紧，你不可辞劳，知你好，才用你。'迄今玉音宛然在耳，岂敢一日有忘？"③

赵文根据上述引文指出："高新郑讲的冯张矫诏以冯保掌司礼监印，是在穆宗病逝后的六月（应为五月——引者注）二十六日巳时，而冯保所记则是在六月二十六日卯时，时穆宗强撑病体，与两宫共同嘱托冯保接任司礼监掌印。若冯保所言真实，则冯张矫诏令冯保掌司礼监印，则是子虚乌有的不实之词。"④"若"是"假如"之意。以"若"为前提，其结论可真可假。"若冯保所言真实"，则矫诏为假；反之，则矫诏为真。在我看来，冯保所言是不真不实的。不仅与高拱所言相矛盾，而且与实录所载相抵牾。第一，高拱言，隆庆六年五月二十六日"卯初刻"（早晨5~6点），上崩于乾清宫，内阁闻报，三臣哭于阁中；而冯保所言，二十六日"卯时分"（早晨5~7点），穆宗与两宫在乾清宫内按部就班地诏令冯保掌司礼监印。第二，高拱与实录均言，二十五日阁臣受顾命时，"上疾已亟""口不能言"；而冯保则说，二十六日卯时，穆宗不仅"强起"，而且以"玉音"同两宫告语冯保掌司礼监印。据此，人们不禁要问：二十六日卯时，穆宗究竟是否驾崩？如无驾崩，阁臣怎会闻报，哭于阁中？如已驾崩，穆宗为何还能"强起"，以"玉音"说话？第三，高拱言，上崩于二十六

---

① 王世贞. 弇山堂别集·卷二十·史乘考误一[M]. 北京：中华书局，1985：361.
② 高拱. 高拱全集：上卷[M]. 岳金西，岳天雷，编校. 郑州：中州古籍出版社，2006：629.
③ 王世贞. 弇山堂别集·卷一〇〇·中官考十一[M]. 北京：中华书局，1985：1913.
④ 赵毅.《病榻遗言》与高新郑政治权谋[J]. 古代文明，2009（1）：75.

日"卯初刻",时刻准确,他作为首辅是不敢胡言乱语上崩时刻的;而实录只载二十六日"上崩于乾清宫",不明载驾崩时辰,是有意为后妃宦官矫诏预留回旋余地;而冯保则讳言穆宗驾崩于何日何时,似乎二十六日全天穆宗还活在人间,不曾撒手人寰。上述种种矛盾疑点说明,穆宗二十六日卯时驾崩于乾清宫后,是两宫与冯保共同矫诏令冯保掌司礼监印。这是违背祖制的后妃宦官共同矫诏的典型事件。论者所谓冯保掌司礼监印"属正常人事变动",与张江陵"不谋而合",不过是为两宫与冯张共同矫诏辩解罢了。如谓不信,请看夏燮的考证。《明通鉴》正文载:

> 会帝不豫,居正欲引保为内助。帝疾再作,居正密处分十余事,遣小吏投保。拱知而迹之,吏已入。拱恚甚,面诘居正曰:"密封谓何?天下事不以属我曹,而谋之内竖何也?"居正面赤,谢过而已。帝崩以卯刻,忽巳刻斥司礼监孟冲,而以保代之。盖保言于两宫,遂矫遗诏命之也。礼科给事中陆树德言:先帝甫崩,忽有此诏,果先帝意,何不传示数日前,乃在弥留后?果陛下意,则哀痛方深,万几未御,何暇念中官?疏入,不报。①
>
> [考异]言:
>
> 《明史·冯保传》言:保既掌司礼监,遂矫遗诏命与阁臣同受顾命。其实,大渐诏中已有此语。证之《病榻遗言》,二十五日,拱等同受顾命。冯保以白纸揭帖授皇太子,称遗诏;又以白纸揭帖授拱,其揭帖中已有"付三臣同司礼监协心辅佐"之语,则是次日所传仍承前诏言之。所以然者,《遗诏》系居正所草,时但浑言司礼监,而不著其人。拱不悟其意,而以为孟冲,故不复深诘。及次日传《遗诏》,斥孟冲而以保代,拱始悟居正之奸,因有"宦官安得受顾命"之语。史家言居正之密为处分者以此,盖已豫为冯保地矣。今但书矫诏授冯保司礼监事,余悉略之。②

在夏氏看来,无论是张居正矫诏阁臣同司礼监同受顾命,还是冯保与两宫矫诏令冯保掌司礼监印,其主谋都是张居正为之。赵文所谓"两度矫诏",只不过是张居正一个大权谋的两个组成部分而已。赵文查阅《明神宗实录》卷一三一和卷一五二,都没有查出张冯"两次矫诏之大罪",因为神宗朝实录不载穆宗朝政治大事,当然查不出什么东西来。即使《明穆宗实录》,因其经过手握史权

---

① 夏燮.明通鉴:卷六五[M]//续修四库全书·史部第366册:77.
② 夏燮.明通鉴:卷六五[M]//续修四库全书·史部第366册:77.

总裁官张居正的"删润",那就更查不出他和冯保矫诏的任何踪迹。

三

关于《病榻遗言》一书的性质及其对万历政局的影响问题,赵教授提出该书"可谓高新郑为其身后报复政敌的巧妙政治设计"①,并"对万历十年以后的明代政局影响极深"②。显然,这一观点也是值得商榷的。

首先,《病榻遗言》是否如赵文所说是高新郑"政治权谋的产物"呢?答曰:否。该书是高拱被逐归家后,于万历元年初因王大臣案惊怖成疾,稍愈之后带病写就的,是对隆庆六年(1572年)上半年和万历元年(1573年)正二月所发生的一系列政治事件全面而真实的回忆叙述,其中披露了这些历史事件的内幕、真相,分辨了他与张居正深层的矛盾纠葛,同时也如实记录了他的失误、失策和失败。由于该书是高拱在政治上受到沉重打击、精神上受到严重刺激后写成的,难免有些言辞过于尖刻,有些细节可能会有失实之处。因而遭到某些史家的非议和责难,也是不可避免的。但从总体上说,此书瑕不掩瑜,不失为一部别人无可替代、弥足珍贵的史籍,决不能把它视为高拱"权术+阴谋"的产物。高拱是人不是神,也不是算命先生。他撰写此书时绝不可能卜算到万历十年张居正身后必遭大难,必由此书发难。

其次,《病榻遗言》是否如赵文所说"深深地影响了万历十年之后的政局"呢?答曰:否。如前考证,万历十年至万历十二年(1582—1584年)之间,此书并未刊刻问世,何"影响极深"之有?在追论张冯的急先锋中,如江东之、李植、杨四知、羊可立、王国等,没有一人是根据该书而上章的,神宗朱翊钧也不是看过此书而下决心处置张冯大案的。而赵文不仅把张冯倒台,而且把戚继光、曾省吾、王篆的垮台,一股脑儿归因于该书。这是由果找因,找错了门儿。张冯倒台,其内因应从他们主政时期的失误、失律中去探寻;其外因应从当时弹章中去探寻,应从神宗当时的思想言行中去探寻。戚、曾、王的垮台,其原因应从他们与张冯的交往关系中去探寻。御史杨四知追论张居正十四罪中有两条云:"总理练兵左都督戚继光用万金托尤(游)七拜居正为义父,每年馈送不下数万。居正所进刺绣肃瀍、奇巧花灯,皆继光代造。手握强兵,恩结父

---

① 赵毅.《病榻遗言》与高新郑政治权谋[J]. 古代文明,2009(1):75.
② 赵毅.《病榻遗言》与高新郑政治权谋[J]. 古代文明,2009(1):70.

子，天下为之寒心。边将中即一继光而其余可知，是居正树党之罪二也。吏部左侍郎王篆用万金属尤（游）七结居正为姻亲，不数年由文选而骤升都宪铨曹，天下货赂未登相府而先及王门。身居衡宰，势焰婚媾，天下为之侧目。文臣中即一王篆而其余可知，是居正招权之罪三也。"① 御史王国论劾冯保疏云："原任工部尚书曾省吾、见任吏部左侍郎王篆者，交通于保，相倚为奸。省吾送保金五千两、银三万两，谋为吏部尚书。篆送保玉带十束、银二万两，谋为都察院掌院。臣闻保皆许之矣。"② 对如此等等罪状，神宗未加勘实，即遽行处置。这与《病榻遗言》何与？至于张被抄家藉产，连及曾、王，其原因与该书更是风马牛不相及。受张案牵连的文臣武将，何止戚、曾、王，还有尚书殷正茂、张学颜、吴兑、梁梦龙、潘季驯等。在他们被撤职的弹章中，还连及高拱对他们的提拔和重用。甚至可以说，在追论张居正的浪潮中，高拱也是间接的受害者。由于神宗自我否定政绩，自毁改革成果，从而引起了政局大转向，形势大动荡，高官大改组，思想大混乱。凡此种种，怎能归因于这一遗著"深深地影响了万历十年之后的政局"呢？《病榻遗言》有如此大的能量、如此大的威力吗？

再次，《病榻遗言》这一当事人自述性著作，是否如赵文两次所说"不容你不信"呢？答曰：否。不是"不容你不信"，而是信不信由你。全信、全不信由你，信多信少也由你。信者自信，疑者自疑。这是史家的自由和权利。赵文认为该书"深深地影响了"当时的"明史研究工作"，指斥高新郑在该书中的"叙述和回忆俨然成为信史"，列举朱国祯、傅维麟、张廷玉等十五位史家在其著作中"不同程度地采纳"了该书的"观点和认识"，沈节甫在其《纪录汇编》卷一九八中一字不爽地录用了该书全文。如此等等。看来这种指责和抱怨是完全多余的、不必要的。史家根据各自著述的不同需要、目的和认识，完全有自由、有权利不同程度地采纳该书内容，或完全采纳，或完全否定，或部分采纳和否定，这都是无可厚非的。赵文认为，只有清朝夏燮是该书的质疑者。其实，夏氏在其《明通鉴》卷首书中说得清楚："江陵当国，功过不掩；訾之固非，扬之亦非。……至于结冯保，构新郑，固不能为之词；而至援高拱自撰之《病榻遗言》，则直是死无对证语。高张二人易地为之，仍是一流人物。今但取正史可

---

① 杨四知. 追论党恶权奸欺君误国乞正国法彰天讨疏［M］//万历疏钞：卷十八. 续修四库全书·史部第 468 册：676.
② 王国. 逆恶中珰交通内外包藏祸心恳乞圣明重加究处以正国法疏［M］//万历疏钞：卷二十. 续修四库全书·史部第 469 册：5.

信者书之，而闰月顾命等词，一律删汰，以成信史。"① 夏氏所持观点和态度是明确的，也是公正的。他从历史考据学孤证不立原则出发，认为高拱《病榻遗言》"无对证语"即无旁证以证实其内容的真实性，来质疑或否定此书的。高拱自撰之遗言带有揭秘性质，相关人物不会对证，别人不知内情也不会有旁证。但是，夏氏对高拱并没有做人格污辱，认为高张二人"仍是一流人物"，并对相关之事做了"考异"。其大作取正史立论，对闰月顾命等词"一律删汰"，亦无不可。但"以成信史"则未必然，因为正史实录亦有被总裁官"删润"之处。赵文认为高拱遗言不仅深深地影响了明清史家，还深深地影响了"当代的明史研究工作"②。在他看来，这种影响当然是负面的，可惜没有举出任何例证，故无从商讨。

赵文引过两宫和幼帝驱逐高拱的旨文后，提出将张居正"附保逐拱"应改为"联保逐拱"，因为"形式上是两宫一帝驱逐高拱，深层的玄机是张居正、冯保联合驱逐高拱"③。改得好！举双手赞成。赵文终于道出了逐拱的本质真相，也改得符合历史真实。"联""附"虽然只有一字之差，但却把被颠倒了的主从关系重新改变过来，即以张为主，以冯为从。在隆万交替之际的矫诏和逐拱等政治事件中，张在幕后策划指挥，冯在前台跳梁表演。这是时人的共识。正如高拱所言："凡荆人之谋皆保为之宣也，凡保之为皆荆人为之谋也。"④ "荆谋保宣"，不就是张主冯从吗！

最后，赵教授提出："深入研究，考辨甄别，厘清《病榻遗言》中的诸多史事，仍需明史界诸公继续努力。"⑤ 笔者正是根据这一号召，才写出以上几点粗浅认识，敬请赵教授及明史界诸公批评指正。

（原文刊载于《古代文明》2009年第3期）

---

① 夏燮. 明通鉴·卷首书·与朱莲洋明经论修明通鉴书［M］//续修四库全书·史部第364册：13-14.
② 赵毅.《病榻遗言》与高新郑政治权谋［J］. 古代文明，2009（1）：77.
③ 赵毅.《病榻遗言》与高新郑政治权谋［J］. 古代文明，2009（1）：76.
④ 高拱. 高拱全集：上卷［M］. 岳金西，岳天雷，编校. 郑州：中州古籍出版社，2006：641.
⑤ 赵毅.《病榻遗言》与高新郑政治权谋［J］. 古代文明，2009（1）：77.

高拱缺失相材吗？

——与赵毅教授商榷之二

赵毅教授继发表《〈病榻遗言〉与高新郑政治权谋》[①]一文之后，又推出了高拱研究的第二篇大作——《高新郑相材缺失论》（以下简称赵文）。作为研讨会论文，赵教授于2009年在湖南湘潭召开的第十三届明史国际学术研讨会上只是提交了该文题目，2010年在《哈尔滨师范大学社会科学学报》第一期上提前发表，其后又发表在《第十三届明史国际学术研讨会论文集》[②]中。赵文是以人际关系为基调，以尖刻讥讽为言辞，全盘否定高拱相材的奇文宏论。赵文说：高拱"心胸偏狭，缺少相的气度；快意恩仇，不能和衷同事，缺少表率百官兼容并包的博大胸襟，其为相的素质是有缺憾的"[③]。对这种所谓的"缺失论"，笔者不敢苟同。本文拟从政治哲学的视角，对嘉隆万之际内阁诸臣的政见分歧、高拱被逐出阁的原因及其做官做人之道等方面，与这种观点进行商榷，以确证"相材缺失论"之谬。

一、相材缺失与缺失相材

首先需要讨论的是赵文的论题。赵文抨击高新郑，其立论是"相材缺失"；然而这个命题与"缺失相材"是两个双向互换的同义命题。"高新郑相材缺失论"等同于"论缺失相材高新郑"。这也是赵文所承认的，因为紧接标题之下的"摘要"指出：高新郑入阁，"缺少相的气度""其为相的素质是有缺憾的"[④]。既然高新郑缺少为相的"气度"和"素质"，当然就是"缺失相材"了。其次，按照政治哲学的逻辑规则，赵文得出高新郑"相材缺失"的结论是缺少逻辑大

[①] 赵毅.《病榻遗言》与高新郑政治权谋 [J]. 古代文明，2009（1）.
[②] 中国明史学会编. 第十三届明史国际学术研讨会论文集 [C]. 长沙：湖南人民出版社，2011：827-835.
[③] 赵毅. 高新郑相材缺失论 [J]. 哈尔滨师范大学社会科学学报，2010（1）：106.
[④] 赵毅. 高新郑相材缺失论 [J]. 哈尔滨师范大学社会科学学报，2010（1）：106.

前提的，这就像秤杆没有星子却偏要权称物体重量一样可笑。"气度"虽是相材德行中的条件之一，但不是唯一条件；"素质"似乎是相材的全部条件，但却是一个没有具体标准和条件规定的极其笼统而模糊的概念。赵文无能给出一个全面具体的相材标准条件，却对高新郑扣上一顶"相材缺失"和"缺失相材"作为结论的政治帽子，这未免太过主观随意，太过武断草率了。最后，赵文还抓住高新郑性格方面的某些弱点上纲为"人格缺陷"，以高新郑主政时间短暂为借口，全盘否定高拱的相业功绩，断定其相材缺失。以性格弱点和主政短暂为缺失相材的逻辑前提是不能成立的，反而暴露了抨击者逻辑思想的混乱。我们认为，性格弱点人人皆有，它绝对不是缺失相材的逻辑前提。"性格弱点"也绝对不是"人格缺陷"。性格和人格不能等同，二者是具有本质区别的两个范畴的不同概念。后面详述，此处不赘。主政时间长短也绝不是相材是否缺失的逻辑前提。主政时间长短与相材、与业绩、与事功都不是正比例关系。有的相臣主政时间很长，十年、二十年，但事功不多，而干的坏事却不少，如严嵩；有的主政时间很短，只有二三年，但事功却不少，有些事功其政治、军事、经济、社会的意义重大，影响深远，如高拱。古代有句名言"不以成败论英雄"，愚以为，也不能以主政时间长短论相材、论事功。赵文这种"抓住一点，尽量夸大，不及其余"的研究历史人物的形而上学方法，是为坚持辩证唯物史观的学者所不取的。

在没有全面具体的相材条件这一逻辑前提下，赵文便抨击高新郑缺失相材。但是，抨击主体并不知晓被他抨击的客体高新郑，早在四百多年前就提出并论证过全面而具体的相材条件了。高拱其人不仅不缺失相材，反而是相材条件的发明者、深论者。下面且看他的主张和论述。

首先，高拱提出并阐发了首相在治国中的重要地位及其相应具备的相材条件。他指出："要得天下治，只在用人。用人只在用三个人：一个首相，一个冢宰，一个台长。首相得人，则能平章天下，事务件件停当。……然这三人中，尤以首相为要。"[1] 在简述相材条件时，言："才德兼者，上也；有根本而才气微者，次也；有才气而根本微者，又其次也。然皆不可弃。以才气胜者，用诸理繁治剧；以根本胜者，用诸敦雅镇浮；若夫钧衡宰制之任，必得才德兼备之人，而缺其一者，断不可以为也。"[2] 他对相材"才德兼备"的条件做了进一步

---

[1] 高拱. 高拱全集：下卷 [M]. 岳金西，岳天雷，编校. 郑州：中州古籍出版社，2006：1294.

[2] 高拱. 高拱全集：下卷 [M]. 岳金西，岳天雷，编校. 郑州：中州古籍出版社，2006：1278-1279.

的深化和细化："宰相天下之枢，必得心术正、德行纯、识见高、力量大、学问充、经练熟者，方可为之。若不试以事，徒取文艺；不拣其才，徒俟俸资，则岂能遂为百辟之师，平章军国重事而无舛乎？"① 在这里，高拱规定的相材"才德兼备"的六大条件并经处事实践检验后才能充当首相，是相当完备而严整的体系。

其次，关于出诸翰林相材的选拔条件和培育，高拱亦有明确的主张和论述。明朝有个不成文的规定："非翰林不入内阁。"高拱认为，并非所有翰林官员都可以入阁拜相的。相材选拔，"必择夫心术之正，德行之良，资性之聪明，文理之通达者充之"，反对"才庸德浅""高分低能"的翰林官员充当相材选拔的对象。对相材的培育，高拱概括为八个字："辅德辅政，平章四海"。"一在辅德，则教之以正心修身，以为感动之本；明体达用，以为开导之资。如何潜格于其先，如何维持于其后。不可流于迂腐，不可狃于曲学"，"一在辅政，则教之以国家典章制度必考其详，古今治乱安危必求其故。如何为安常处顺，如何为通变达权，如何以正官邪，如何以定国是。……教之以明解经书，发挥义理，以备进讲；教之以训迪播告之辞，简重庄严之体，以备代言；教之以错综事理，审究异同，以备纂修。"讲论督课，养之既久，"试其所有之浅深，观其行履之实否"，"则又拔其尤者而登用之。如此，庶乎相可得人，相业必有可观者。"高拱反对对相材教之以诗文，"用非所养，养非所用"。他说：相材"其选也以诗文，其教也以诗文，而他无事焉。夫用之为侍从，而以诗文犹之可也。今既用以平章，而犹以诗文，则岂非所用非所养，所养非所用乎？"对相材教之以"应制之诗文，程士之文艺，其在后焉"。然而，"今也止教诗文，更无一言及于君德治道，而又每每送行贺寿以为文，栽花种柳以为诗，群天下英才为此无谓之事，而乃以为养相材，远矣。"②

最后，高拱还主张出身翰林和行政衙门的相材参用互补。他说："阁臣用翰林，而他衙门官不与，既未经历外事，事体固有不能周知者。而他衙门官无辅臣之望，亦复不为辅臣之学，此所以得人为难也。今宜于他衙门官选其德行之纯正，心术之光明，政事之练达，文学之优长者，在阁与翰林参用之。"③ 相材

---

① 高拱．高拱全集：下卷［M］．岳金西，岳天雷，编校．郑州：中州古籍出版社，2006：1276．
② 高拱．高拱全集：下卷［M］．岳金西，岳天雷，编校．郑州：中州古籍出版社，2006：1277．
③ 高拱．高拱全集：下卷［M］．岳金西，岳天雷，编校．郑州：中州古籍出版社，2006：1277．

不论出身翰林或行政，高拱反复强调的是"才德兼备"、以德为先，并经过实验参验的相材条件。

高拱上述关于相材的主张和论述，不是空洞抽象的学术议论，而是他从政任相以来长期观察思考和实践经验的概括和总结。这一完备严整的相材主张和论述，多为后世史家学者所认同、所引证；但却为赵文所无视、所抹杀，这或许是出于历史偏见，对他所抨击对象的著作不屑一顾所致。赵文虽然无能提出自己的相材标准、相材缺失的逻辑前提，但从其全文的整体倾向和观点来看，在其心目中还是有其相材的偶像和标杆的。他们是嘉靖初年反对大礼议的首辅杨廷和及追随者；嘉隆之交，处世圆滑、"四面观音"① "柔和之义胜，直方之德微"的"甘草国老"② 首辅徐阶，"以青词得政，容容充位，无所短长"③ 的首辅李春芳，以及"性气过刚，少大臣之度"④ 的赵贞吉等；当然更包括"功过不掩"⑤ 的万历新政首辅张居正。赵文之所以把他们看成相材的楷模标杆，毫无缺失，是就人论人、就事说事，以片面的而非全面的形而上学观察的结果。肯定一切或否定一切，都是形而上学的，都会背离史实真相。赵文对他心目中的相材楷模，不计缺失，多计功绩，全面肯定；唯独对高拱，只计缺失，不计功绩，全盘否定，未免太过偏颇。从全面观点来看，赵文心目中的那些楷模亦有自己的功过得失，二者不能相掩，不能以其缺失否定其相材；同样，对高拱亦应作如是观。下面我们将从相材的全面观点出发，从政见政纲的高度，来分辨论列隆庆阁臣的是非去留，以及高拱为人为相的历史真相。

二、嘉隆阁臣政见之分歧

嘉靖四十五年（1566年）三月，首辅徐阶推荐高拱入阁。赵文说："新郑一度入阁，以群辅搏首辅，有违做官之道，大失人望，是其一度入阁败北的主要原因。"⑥ 这种责难是表象之见、世俗之论，没有触及高徐之间的政见分歧。而政见政纲的分歧则是徐阶逐高出阁的根本原因。

嘉靖四十一年（1562年）五月，徐阶代权奸严嵩为首辅，书三语悬于直庐

---

① 黄景昉. 国史唯疑: 卷六 [M]. 上海: 上海古籍出版社, 2002: 65.
② 海瑞. 乞治党邪言官疏及"附录"[M] //海瑞. 海瑞集: 上. 北京: 中华书局, 1962: 228.
③ 万斯同. 明史·卷三〇三·论曰 [M] //续修四库全书·史部第329册: 324.
④ 万斯同. 明史·卷三〇三·论曰 [M] //续修四库全书·史部第329册: 324.
⑤ 夏燮. 明通鉴·卷首·与朱莲洋明经论修明通鉴书 [M] //续修四库全书·史部第360册: 13.
⑥ 赵毅. 高新郑相材缺失论 [J]. 哈尔滨师范大学社会科学学报, 2010 (1): 106-107.

曰:"以威福还主上,以政务还诸司,以用舍刑赏还公论。"又邀阁僚共同拟票曰:"事同众则公,公则百美基;专己则私,私则百弊生。"这个三语共票的政见政纲虽然关注的只是内阁运作,不涉及社会弊端的改革,但却使徐阶巧于收功,妙于收誉,大得人心,尤其"自是言者益发舒,无所避忌"①,于是"论者翕然推阶为名相焉"②。在此,且不论三语中前二语毫无实际意义,仅就阁臣共票来说,也没有真正地贯彻执行。如《嘉靖遗诏》这样事关两朝交替的政治文件,徐阶秘密起草,不以语同列,自食其言"同众则公",大行其私,从而挑起内阁风潮与政争。

高拱通过对嘉靖中后期弊政的长期观察思考,在入阁前一年,形成了自己鲜为人知的整顿改革、修举实政的政见政纲。他在乙丑会试的程文中,阐述了通权达变、"合圆会通"的权变新论,提出"事以位异,则易事以当位;法以时迁,则更法以趋时"③的崭新命题,确立了改革变法的理论基础。在入阁前夕,高拱又撰写一道未上奏疏,阐述了当时存在的"坏法""黩货"等八种预习,提出革除八弊的救治方略和"修内攘外,足食足兵"的改革目标。这是其改革变法的纲领性文献。此疏最后提出,君是出令者,臣是行令者;行之善与不善,则又"在于当事之臣焉"④。透露了他对首辅徐阶不思改革的不满和分歧。

由于政见政纲的不同,高拱一入阁,便与徐阶意颇相左,因之二人之间便发生了一系列的矛盾冲突。"阁臣入直西苑,自世皇中年始,有事在直,无事在阁。世皇谕阁臣曰:'阁中政本可轮一人往。'徐文贞竟不往,曰:'不能离陛下也。'……公(高拱)正色问文贞曰:'公元老,常直可矣,不才与李(春芳)、郭(朴)两公愿日轮一人诣阁中习故事。'文贞怫然不乐。"⑤ 接着给事中胡应嘉有所受旨,劾高拱不忠二事,以此激怒皇上,欲逐高出阁。高亦上疏申辩。因皇上病重未加处理。徐阶票拟令"拱供职如故"。⑥ 未几,世宗驾崩,围绕遗诏问题,高徐政见冲突公开化、白热化了。穆宗即位,"又议登极赏军事,公(拱)曰:'祖宗无此,自正统元年始也。先帝以亲藩入继,时尚殷富,遂倍之。

---

① 万斯同. 明史·卷三〇二. 徐阶传 [M] //续修四库全书·史部第329册: 304.
② 万斯同. 明史·卷三〇三. 论曰 [M] //续修四库全书·史部第329册: 305.
③ 高拱. 高拱全集: 下卷 [M]. 岳金西,岳天雷,编校. 郑州: 中州古籍出版社,2006: 1057.
④ 高拱. 高拱全集: 上卷 [M]. 岳金西,岳天雷,编校. 郑州: 中州古籍出版社,2006: 114-117.
⑤ 郭正域. 合并黄离草·卷二四. 太师高文襄公墓志铭 [M] //四库禁毁书丛刊·集部第14册: 306.
⑥ 明世宗实录: 卷五六五 [M]. 台北:"中研院"史语所影印本,1962.

今第如正统事行，则四百万之中可省二百万矣。'当事者竟如嘉靖事行，而司农苦不支。"① 当时，"有言大臣某者，其人实有望，不当拟去。而首揆重违言者意，乃以揭请上裁。公曰：'此端不可开，先帝历年多通达国体，故请上裁。今上即位甫数日，安得遍知群下贤否，而使上自裁，上或难于裁，有所旁寄，天下事去矣。'乃竟请上裁"②。高拱其人有怀即吐，"性素直率，图议政体，即从旁可否，华亭积不能容""因百计逐之"。③ 时因处分胡应嘉违制一事，徐阶把科道言官及六卿之长论奏矛头引向高拱，"凡二十八疏，大略保华亭之功，劾新郑之罪，以为不可一日使处朝廷"④。穆宗无奈批准高拱归家养病。可见，政见分歧，是高拱一度被逐出阁的真正原因。

嘉隆之交，高徐政见分歧聚焦在《嘉靖遗诏》上。"帝崩，阶草遗诏，夜召门生学士张居正谋之，不以语同列"，诏下，虽然"朝野号恸感激""而同列高拱、郭朴皆不乐"⑤，对遗诏提出了一些不同或反对意见。而赵文抓住高拱的所谓"扬言""徐公谤先帝，可斩也"，以时人海瑞、李贽、吴瑞登的言论为论据，对高大加批判抨击。但是，非常可惜，这是移花接木、无的放矢的错位抨击。熟读明史的赵教授不会不知道无论是万斯同的《明史》或是张廷玉的《明史》，都明确记载"徐公谤先帝，可斩也"是郭朴之言，而非高拱之语。万氏《明史》曰："而同列高拱、郭朴皆不乐。朴曰：'阶公谤先帝，可斩也。'"⑥张氏《明史》曰："同列高拱、郭朴以阶不与共谋，不乐。朴曰：'徐公谤先帝，可斩也。'"⑦ 大概赵教授不会把"朴"字误读为"拱"字吧？郭朴此语，万、张明史均源于王世贞的《首辅传》。王言：遗诏下，"同列皆惘惘若失，而朴尤椎，时语人'徐公谤先帝，可斩也'。拱亦与相应和。"⑧ 高拱与郭朴如何"相应和"？王、万、张三人的史著均无下文，隐而不言。但是，时人郭正域则有其明确的记载：

---

① 郭正域. 合并黄离草·卷二四·太师高文襄公墓志铭 [M] //四库禁毁书丛刊·集部第14册：307.
② 郭正域. 合并黄离草·卷二四·太师高文襄公墓志铭 [M] //四库禁毁书丛刊·集部第14册：307.
③ 于慎行. 谷山笔麈·卷四·相鉴 [M]. 北京：中华书局，1984：39；卷5. 臣品. 49.
④ 于慎行. 谷山笔麈·卷五·臣品 [M]. 北京：中华书局，1984：49.
⑤ 万斯同. 明史·卷三〇二·徐阶传 [M] //续修四库全书·史部第329册：305.
⑥ 万斯同. 明史·卷三〇二·徐阶传 [M] //续修四库全书·史部第329册：305.
⑦ 张廷玉. 明史·卷二一三·徐阶传 [M]. 北京：中华书局，1974：5636.
⑧ 王世贞. 首辅传·卷六·高拱传 [M] //丛书集成初编. 北京：中华书局，1981：78.

（世皇）龙驭上宾，华亭公于袖巾出草诏，欲以遗命尽反先政。公（高拱）谓"语太峻"，与安阳公（郭朴）入室对食相向曰："先帝英主，四十五年所行非尽不善也。上亲子，非他人也；三十登庸，非幼小也。乃明于上前扬先帝之罪以示天下，如先帝何？且醮事先帝几欲止矣，紫皇殿事谁为之，而皆为先帝罪乎？土木之事，一丈一尺，皆彼父子视方略，而尽为先帝罪乎？诡随于生前，而诋訾于身后，吾不忍也。"相视泪下。语稍闻外廷，而忌者侧目矣。①

徐阶所拟遗诏，"以遗命尽反先政"，高拱、郭朴反对这种对先帝全盘否定的总体评价。郭言"徐公谤先帝，可斩也"，"谤先帝"确是事实，"可斩也"未免有些过激之嫌。而高则只说"语太峻""吾不忍也"，并非激愤之语；而且高对郭"相应和"的言论，是持之有故，言之成理的。第一，肯定"先帝英主"，绝非昏君庸主，历史罪人；在位四十五年所行"非尽不善也"，意即有善，有不善，善政与弊政应该区别开来。第二，皇上三十岁登极，在其前"扬先帝之罪以示天下"，有伤父子之恩、改父之政，割裂嘉隆两朝的政治联系。第三，斋醮、土木之事，不全是先帝之罪，首辅徐阶也有一份责任。新朝的旧首辅是推卸不掉对前朝弊政应负的责任的。第四，特别是"诡随于生前，而诋訾于身后"的准确概括，使两朝首辅徐阶大为恼火，但却揭露了他对世宗生前死后言行作为的两面人格。赵文既是对高新郑否定遗诏的言行进行批判的，那为什么不针对上述高拱"相应和"的言论一一加以反驳呢？这是研究高拱否定遗诏决不应该遗忘和回避的极为重要的一段言论。

赵文还说："嘉靖中晚期，明世宗大失君德，朝政一团黑暗"，徐阶草诏，"纠正前朝政治违误，昭雪冤假错案"是"当行之事"。② 嘉靖四十五年（1566年），既有"中晚期"，必有"早期"与之相区别或对立。"中晚期"世宗所行是黑政恶政，请问"早期"呢？众所周知，嘉靖早期的大礼议前后持续十八九年，它是世宗以旁支继统，建极创制，使其皇权具有合法性、正统性和至上性的政治基础。而遗诏则彻底否定早期的大礼议，明言："自即位至今，建言得罪诸臣，存者召用，没者恤录，在系者即先释放复职。"③《明史》更是一语道破：

---

① 郭正域.合并黄离草·卷二四·太师高文襄公墓志铭［M］//四库禁毁书丛刊·集部第14册：306-307.
② 赵毅.高新郑相材缺失论［J］.哈尔滨师范大学社会科学学报，2010（1）：107.
③ 明世宗实录：卷五六六［M］.台北："中研院"史语所影印本，1962.

"大礼大狱言事得罪诸臣悉牵复之。"① 这就充分证明遗诏平反先朝言事得罪之臣，是包括早期大礼得罪之臣在内的。赵文一方面坚持赞同遗诏否定早期的大礼议，认为大礼议是"政治违误"，大礼得罪之臣是"冤假错案"，应予"昭雪"；另一方面又把嘉靖"早期"和"中晚期"加以区别和对立，判定"中晚期"是黑政、恶政，讳言"早期"朝政是何种性质，这种自相矛盾的观点是不能自圆其说的。从根本上说，赵文认为"早期"世宗钦定的大礼议亦是黑政、恶政，因此区分"中晚期"和"早期"不过是画蛇添足，没有任何实际价值和意义。高拱与徐阶政治分歧的核心，就在于前者反对遗诏对早期大礼议的根本否定，对早期大礼得罪诸臣同其他言事得罪诸臣一样平反昭雪，从而维护世宗早期钦定的大礼议这一嘉靖朝的政治基础。高拱复出，坚决停行遗诏对大礼得罪诸臣的继续平反，加官荫子。疏言：

迨我先帝以神圣御极，骏烈鸿猷，昭揭宇宙。我皇上嗣登宝位，志隆继述，所谓不改父之政，实本心也。而当时议事之臣，不以忠孝事君，务行私臆，乃假托诏旨，于凡先帝所去，如大礼大狱及建言得罪诸臣，悉起用之，不次超擢，立至公卿；其已死者悉为赠官荫子。夫大礼先帝亲定，所以立万世君臣父子之极也。献皇尊号已正，《明伦大典》颁示天下已久矣。而今于议礼得罪者悉从褒显，将使献皇在庙之灵何以为享？先帝在天之灵何以为心？皇上岁时祭献何以对越二圣？则岂非欺误皇上之甚者乎？至于大狱及建言得罪诸臣，岂无一人当其罪者？而乃不论有罪无罪，贤与不肖，但系先帝所去，悉褒显之，则无乃以仇视先帝欤！则无乃以反商政待皇上欤！……臣独痛夫人臣归过先帝，反其所为，以行己之私臆既多时矣，宜亦有明之者矣。②

疏上，穆宗批示：

大礼，皇考圣断，可垂万世，谏者本属有罪；其他谏言被谴诸臣，亦岂皆无罪者？乃今不加甄别，尽行恤录，何以仰慰在天之灵？……以后敢

---

① 张廷玉. 明史·卷二一三·徐阶传 [M]. 北京：中华书局，1974：5636.
② 高拱. 高拱全集：上卷 [M]. 岳金西，岳天雷，编校. 郑州：中州古籍出版社，2006：187.

有借例市恩，归过先帝的，重罪不饶。①

穆宗和高拱都认为，大礼得罪者绝对不应平反，大狱及其他建言得罪诸臣亦要甄别区处。这样才能区分世宗所行的善政与弊政，才能坚持世宗一以贯之的治国路线和政治基础。田澍先生对此疏的"政治意义"和"独特作用"做了高度评价："高拱被穆宗重用后，充分肯定了世宗钦定的大礼议，旗帜鲜明地坚持世宗朝的政治路线，使隆庆朝在震荡中得以调适，完成了与嘉靖朝的理性对接。这是高拱对隆庆政治的重要贡献，也是高拱在隆庆朝政治中有所建树的基点。"② 这一观点是极有见地和确当的。而赵文却极力坚持遗诏认定的早期大礼议是"政治违误"，对大礼得罪诸臣应该悉加恤录赠官；极力反对高拱维护世宗早期钦定的大礼议，停行遗诏对大礼得罪诸臣的继续平反昭雪。这就充分表明赵文所谓的"早期"同"中晚期"一样，世宗所行均为黑政恶政。把"早期"排除在遗诏之外，足见其思维和逻辑的混乱！

三、隆万阁臣去政之真相

隆庆朝虽然只有短短五年半时间，但阁臣先后却有九人之多。首辅三人：徐阶、李春芳、高拱；阁员六人：郭朴、陈以勤、张居正、赵贞吉、殷士儋、高仪。由于他们在人生经历、文化背景、器识性格、价值取向、学术思想，乃至政见政纲上的不同，使内阁风潮迭起，人事不断变迁，权力不断转移，最后只留下高拱、张居正两人。隆万之交，张"附保逐拱"，内阁只剩张一人为首辅了。"盖隆庆一朝，首尾六年，与江陵同事者凡八人，皆以计次第见逐。新郑公初为刎颈交，究不免严谴。此公才术，故非前后诸公所及。"③ 而赵文却将内阁诸臣之去，完全归结为人际关系、争权夺利、报复怨仇，归过于高拱"恃宠恃权"，驱逐同僚，夺取"首辅之位"。此说不仅有悖史实，而且对高拱也大失公允。

徐阶致仕问题。隆庆元年五月，徐阶将高拱驱逐出阁，九月又将郭朴逐出内阁。赵文说："徐阶为此也付出了惨重代价，失却穆宗的信任，很难在政治上

---

① 高拱. 高拱全集：上卷 [M]. 岳金西，岳天雷，编校. 郑州：中州古籍出版社，2006：188.
② 田澍. 震荡与调适：隆庆政治的走向 [J]. 社会科学辑刊，2011（2）：150.
③ 沈德符. 万历野获编：补遗卷二. 隆庆七相之去 [M]. 北京：文化艺术出版社，1998：893.

继续展布,隆庆二年七月致仕。"① 把徐阶之去归因于高拱,完全背离历史事实!徐阶致仕的根本原因,是给事中张齐论劾其不职,略言:"阶侍世宗皇帝十八年,神仙、土木皆阶所赞成;及世宗崩,乃手草遗诏,历数其过。阶与严嵩处十五年,缔交连姻,曾无一言相忤;及严氏败,卒背而攻之。阶为人臣不忠,与人交不信,大节已久亏矣。比者,各边告急,皇上屡屡宣谕,阶略不省闻,惟务养交固宠,擅作威福。天下惟知有阶,不知有陛下。臣谨昧死以闻。"② 张齐所论三事,前二事众所周知;后一事鲜为人知,史家也鲜有论及。隆庆元年(1567年)九月,"癸亥,俺答陷石州,杀知州王亮采,掠交城、文水。壬申,土蛮犯蓟镇,掠昌平、卢龙,至于滦河"③。穆宗亲自选将调兵,屡有宣谕,加意防守,而具有辅弼职责的徐阶却不闻不问。"时上御经筵毕,而询阶以战守方略,……阶不能答,乃请至阁议","竟无长策登对,殊缺望也。"④ 在穆宗督促下,徐阶召集文武群臣集议,同年十一月呈上老生常谈的防虏之策十三事。⑤ 由上可知,首先是徐阶不展布、不作为,渎职失职,没有尽到首辅平章军国大政的职责,才导致"失却穆宗的信任",绝非赵文倒果为因,先是"失却穆宗的信任",而后才"很难在政治上继续展布"。徐阶持诤"多宫禁事",关心"养交固宠",而忽略军国大政。针对弹章,徐在乞休疏辩中首言:"阁臣之职止是票拟""兵事尽归之兵部",推卸嘉靖以来形成的首辅平章军国大政的职责;二言:"禹汤罪己,其兴勃焉""轮台奉天之诏,亦足以收人心",臣拟遗诏"实代先帝言""盖衍成美",终于坦认遗诏的实质是嘉靖帝的"罪己诏",而他从中"以收人心";三言:严嵩败亡与己无关,而是先帝、法司的主张和明断,把"卒背而攻之"说成是"大义灭亲,以国家为重",等等。徐再疏乞休,上许之。⑥ 徐阶之去,与其归因于高拱,不如归因于其得意门生张居正。徐阶乞休,"居正实言之李芳,谓阶宦久倦政,以是亟报许"⑦。

陈以勤致仕问题。陈于隆庆元年二月入阁。赵文说:陈"因上疏请'慎擢用,酌久任,治赃吏,广用人',诸事涉新郑所掌吏部权,'时高拱掌吏部,恶所言多侵己职',而忌恨以勤"⑧。此言不是史实。隆庆四年(1570年)七月,

---

① 赵毅.高新郑相材缺失论[J].哈尔滨师范大学社会科学学报,2010(1):108.
② 明穆宗实录:卷二二[M].台北:"中研院"史语所影印本,1962.
③ 张廷玉.明史·卷十九·穆宗本纪[M].北京:中华书局,1974:254.
④ 唐鹤征.皇明辅世编·卷五·徐文贞列[M]//续修四库全书·史部第514册:714.
⑤ 明穆宗实录:卷十四[M].台北:"中研院"史语所影印本,1962.
⑥ 明穆宗实录:卷二二[M].台北:"中研院"史语所影印本,1962.
⑦ 万斯同.明史·卷三〇二·张居正传[M]//续修四库全书·史部第329册:310-311.
⑧ 赵毅.高新郑相材缺失论[J].哈尔滨师范大学社会科学学报,2010(1):111.

陈奏时政六条，其中四条与吏部相关。针对"慎擢用"，高专上一疏，提出今后处理意见。① 其他"酌久任"等三条，高在其《掌铨题稿》卷十七、卷十八"条陈急务"的八疏中，都有所论及，并做过政策性规定。怎么能说是"寝其奏"不行呢？高陈二人在裕邸、在内阁，共事关系比较融洽，无甚矛盾衅隙。所谓高"忌恨以勤"，为高"所不容"云云，纯系赵文的主观推测。陈绝不是被逐，而是为保持中立而自动请求致仕的。在隆庆前期的内阁矛盾中，陈一贯保持"中立无所比，亦无私人竟"②。在后期内阁矛盾中，陈考虑到自己"与拱同年，且裕邸旧僚，贞吉其乡人，而居正则所举士也。然以勤度不能解，恐终不为诸人所容，力引疾求罢"③。于四年七月致仕归家。

  赵贞吉致仕问题。隆庆三年（1569）八月，赵贞吉入阁。赵文对其入阁后发生的重大事件做了极其片面的评析和论断。第一，赵文一味吹捧赵贞吉的空言大话，无视赵挑起的内阁政争。赵一入阁，便全面否定朝政，大言不惭地面奏穆宗："近日朝廷纪纲、边防、政务多有废弛。臣欲捐身任事，未免致怨。惟皇上主张于上，臣不敢负任使。"④ 赵文认为，"这表明贞吉对当时的社会问题有较清醒的认识，且勇于任事，愿意负起责任的。"⑤ 但是，赵入阁一年，并无太大政绩可言，反而不断挑起内阁政争。他以资深大佬自居，尤其藐视年轻有为、力主变革的张居正。"大学士赵贞吉入，其位居居正下，然自负长辈而材，间呼居正'张子'，有所语朝事，则曰'唉，非尔少年辈所解'。居正内恨，不复答。"⑥ 张在内阁甚感孤立，视赵贞吉、李春芳为其推行政纲、仕途干进的最大障碍。于是，"居正与故所善掌司礼者李芳谋，召用拱，俾领吏部，以扼贞吉，而夺春芳政"⑦。隆庆四年正月，高拱至京上任，因与张在政见上志同道合，二人相处益密。赵见高兼掌吏部，于是"言于李春芳，亦得掌都察院"⑧。这时内阁五人，除陈以勤中立外，两派力量对比基本达到平衡，李赵与高张双方阵线分明，旗鼓相当，其矛盾冲突是不可避免的。第二，赵文坚认李春芳、

---

① 高拱．高拱全集：上卷［M］．岳金西，岳天雷，编校．郑州：中州古籍出版社，2006：294-295.
② 万斯同．明史．卷三〇三·陈以勤传［M］//续修四库全书·史部第329册：320.
③ 万斯同．明史．卷三〇三·陈以勤传［M］//续修四库全书·史部第329册：320.
④ 明穆宗实录：卷三六［M］．台北："中研院"史语所影印本，1962.
⑤ 赵毅．高新郑相材缺失论［J］．哈尔滨师范大学社会科学学报，2010（1）：108.
⑥ 王世贞．首辅传．卷七·张居正传［M］//丛书集成初编．北京：中华书局，1981：94.
⑦ 张廷玉．明史．卷二一三·张居正传［M］．北京：中华书局，1974：5644.
⑧ 万斯同．明史．卷三〇三·赵贞吉传［M］//续修四库全书·史部第329册：321.

赵贞吉是俺答封贡的力主者和主持者，极力抹杀高拱的主导和决策作用，从而颠倒决策封贡的主次关系。赵文引证万氏《明史》曰：隆庆四年俺答款塞求封，朝议多以为不可，"贞吉力主其议，封事遂成"；"春芳以为当许，而众议纷然，乃偕拱、居正即帝前决之，封事遂成"①。而对高、张则加以并列，不分主次。又引证张氏《明史》曰："拱与居正力主之，遂排众议请于上，而封贡以成。"②李、赵、高、张四人平列，都是"力主"者，但其主旨本意则认定李、赵是力主者和主持者，并说"封把汉那吉指挥使之诏书，是春芳商贞吉草拟的"③。赵文对史料的取舍态度是：对己之偏见有利则用之，无利则弃之。赵文征引最多的万氏明史，明确指出：俺答求贡，"朝议多以为不可。拱独力主之，春芳与居正亦如拱指，遂排众议请于上，而封贡竟成。""居正佐拱等力请许之，贡市遂定，边患以宁。"④ 这两条关键史料，确证高拱是俺答贡市的主持者和决策者，因与作者偏见相悖，故弃而不用。居正言：俺答"款关求贡。中外相顾骇愕，莫敢发。公（高拱）独决策，纳其贡献，许为外臣"⑤。俺答贡市，"拱独力主""独决策"，也为史实所证实。从受降、遣还、处叛、封贡、互市各个环节，再到事竣提出修举边政八事，以及辞免加恩奖赏，无一不是高拱的主谋和决策。只因当时李春芳为首辅，故而"偕拱与居正即帝前决之"，其时决策与赵无关，因他已致仕。至于李赵相商草拟诏书之事，国史正史查无实据，不可详考。第三，赵文借赵贞吉的激愤之言，把高拱定性为"一代横臣"。高赵之间的直接冲突起因于御史叶梦熊上疏反对朝廷受降把汉那吉的正确决策。穆宗怒叶妄言摇乱，命降级外调，并面谕高拱考察："朝觐在迩，纠劾宜公。自朕即位四年，科道官放肆，欺乱朝纲，其有奸邪不职，卿等严加考察，详实以闻。"⑥ 当赵得知圣谕，因无自己参与其事，便疏止考察，曰：顷因叶梦熊考察科道并及四年以前，"众心汹汹，人人自危""今一概以放肆欺乱，奸邪不职罪之""未免忠邪并斥，玉石俱焚"。"未闻群数百人而尽加考察，一网打尽。"要求皇上"收回成命"。疏入，"上报有谕"⑦。曲解圣谕，指斥朝政，理所当然遭到拒绝。高请

---

① 万斯同. 明史·卷三〇三·赵贞吉传，李春芳传 [M] //续修四库全书·史部第 329 册：321, 317.
② 张廷玉. 明史·卷二一三·高拱传 [M]. 北京：中华书局，1974：5641.
③ 赵毅. 高新郑相材缺失论 [J]. 哈尔滨师范大学社会科学学报，2010（1）：108.
④ 万斯同. 明史·卷三〇二·高拱，张居正传 [M] //续修四库全书·史部第 329 册：309, 310.
⑤ 张居正. 张居正集：第三册 [M]. 武汉：湖北人民出版社，1994：432.
⑥ 明穆宗实录：卷五〇 [M]. 台北："中研院"史语所影印本，1962.
⑦ 明穆宗实录：卷五〇 [M]. 台北："中研院"史语所影印本，1962.

与都察院共同考察，上是之。在考察中，高赵难免一番争论，结果二十七人降斥如例。吏科都给事中韩楫劾赵庸横，请罢之。赵疏辩曰："人臣庸则不能横，横非庸臣之所能也。"无端指责高"籍手圣谕，以报复私愤，以张大威权""其他坏乱选法，纵肆大恶，昭然在人耳目者，尚嗫口不能一言""臣真庸臣"。然后反咬一口，"若拱者斯可谓横也已""愿令拱复还内阁，毋久擅大权，以树众党""助成横臣之势，以至于摩天横海而不可制"。疏入，"上手诏令贞吉致仕，赐驰驿以归"①。赵归家未久，闭户追思，又致书于高曰："今之世，惟公能知我，惟公能护我，亦惟公能恕我。""一旦乖隔，即成参商，是仆之罪过，薄德甚矣。""仆自谢事别来，终不敢以纤芥有憾于公。"② 从赵前后矛盾心态的变化来看，指高为"横臣"不过是一时一事的激愤之言，并未真正认定高就是"横臣"。而赵文却借贞吉指高为"横臣"的激愤之言，得出所谓的定性结论："高新郑也给我们提供了一个缺失某些相材的一代横臣形象。"③ "一代横臣"不仅是高拱缺失相材的重要论据，而且也是高拱被永远钉在历史耻辱柱上的全部罪行。显然，这种以偏概全的研究手法，是为严谨的学者所不取的。

李春芳致仕问题。李擅长青词，为人宽厚，议论持平，素有"青词宰相""太平宰相"④ 之称。赵文评他"无太大的才具，亦无明显的过失"。⑤ 徐阶致仕，升为首辅，其同年张居正"恃才傲物，视春芳蔑如也"。阶去，"春芳叹曰：'徐公尚尔，我安能久，容计旦夕起身耳！'居正遽曰：'如此，庶保令名！'春芳愕然。未几，遂三疏乞休，帝不允。"⑥ 时在隆庆三年三月乙卯、戊午间。八月，赵贞吉入阁。次年正月，高拱复起，以次辅掌铨。赵文说高"握有实权，似可大有展布，侃侃行志了。然而，他的面前还横着一个首辅李春芳"，目标是夺取李的"首辅位置"。⑦ 其实，李虽为首辅，并无妨碍高的展布和行志："用人行政，皆自拱出。"⑧ "出理部事，入参阁务。兴化为首揆，受成而已。遇大事立决，高下在心，应机合节，人服其才，比与排山倒海未有过也。"⑨ 至于李

---

① 明穆宗实录：卷五一 [M]. 台北："中研院"史语所影印本，1962.
② 赵贞吉. 赵文肃公全集·卷二二·与高中玄阁老书 [M] //四库全书存目丛书·集部第100册：580-581.
③ 赵毅. 高新郑相材缺失论 [J]. 哈尔滨师范大学社会科学学报，2010（1）：111.
④ 张廷玉. 明史·卷一九三·袁炜传 [M]. 北京：中华书局，1974：5118.
⑤ 赵毅. 高新郑相材缺失论 [J]. 哈尔滨师范大学社会科学学报，2010（1）：108.
⑥ 万斯同. 明史·卷三〇三·李春芳传 [M] //续修四库全书·史部第329册：317.
⑦ 赵毅. 高新郑相材缺失论 [J]. 哈尔滨师范大学社会科学学报，2010（1）：107-108.
⑧ 万斯同. 明史·卷三〇二·高拱传 [M] //续修四库全书·史部第329册：308.
⑨ 朱国祯. 皇明大事记·卷三八·阁臣 [M] //续修四库全书·史部第431册：61-62.

之去位，则是形势所迫，绝非高的有意驱逐。高拱再次入阁一年有余，即取得重大政绩。"高决策定贡市，合七镇为一，岁省边费百余万。招安国亨出就理，尽平两广诸蛮。一时经略，慷慨直任，皆有成功。然兴化不胜迫，辞位去，高居首。"① 五年二月壬寅，李以疾乞休未允。四月庚申，南京给事中王祯疏诋春芳，李疏辩求退，仍未应允。五月壬戌、辛未、戊寅，又三疏求退，帝见其求退诚恳，乃许之。可见，李五疏求退，与高无关。而赵文却故意颠倒五疏求退时序，搅浑视听，把李之致仕归过于高。他说："王祯希拱意疏诋春芳，春芳疏辩求去，帝允其请。""高新郑如愿以偿，登上内阁首辅宝座。"② 王祯"疏诋"确是事实，而"希拱意"则是揣摩之谈。"希"者，迎合也。言官迎合，或许有之；但绝非高的指使。穆宗允准李之致仕，并非王祯的疏诋，这是《明穆宗实录》卷五四、卷五六、卷五七所证实了的。

隆庆内阁，谁主沉浮？一言以蔽之曰：张居正。高拱复政二年，同列李春芳、陈以勤、赵贞吉、殷士儋的致仕或"见逐"，"虽发之高拱，而其机皆出居正"。③ 其实，隆庆阁臣之去，张居正无不插手其间。元年，高拱与徐阶矛盾激化，"张故徐门生，为之调停其间，怂恿高避位"。郭朴与高"同乡厚善，亦非徐所喜，张亦佐徐逐之"。二年，首揆徐阶被论，"张又与大珰李芳谋令归里"。三年，因张为赵所轻，"乃市恩于高，起之家，且兼掌吏部"。四年七月，陈为"张与高所厌，相继逐矣"。十一月，因"赵亦与高争权，张合策排之行"。五年五月，李"益为张所轻""相继逐矣"。十一月，殷在张下，"且与高隙，张既乘间排去"。六年四月高仪入阁，"不两月，悒悒不得志，卒于位"。④ 隆庆阁臣被逐，基本上是张居正一人所为。其中，李、陈、赵、殷之见逐，与其归因于高，不如归因于张，归因于高被张弄于股掌。"高之过刚，入江陵度中不觉也"。⑤ 大凡政治家，无一没有权力欲。张的权力欲比高更大更强更盛，其登进目标是"谋高位，当大官，掌全权"。最后，高亦不免被张所逐。赵文把"老斗士""权谋"的帽子加在高的头上，不如戴在张的头上更为合适。

高拱被逐问题。隆庆末，内阁虽有三人，而左右政局的是首辅高拱和次辅

---

① 朱国祯. 皇明大事记·卷三八·阁臣 [M] //续修四库全书·史部第431册：63.
② 赵毅. 高新郑相材缺失论 [J]. 哈尔滨师范大学社会科学学报，2010（1）：109.
③ 王世贞. 首辅传·卷七·张居正传 [M] //丛书集成初编. 北京：中华书局，1981：95.
④ 沈德符. 万历野获编：补遗卷二 [M]. 北京：文化艺术出版社，1998：892-893.
⑤ 朱国祯. 皇明大事记·卷三八·阁臣·附录 [M] //续修四库全书·史部第431册：72.

张居正两人。高张原本是"香火盟""相期以相业"的政治盟友，但当高代李为首辅后，张耻居高下，与之争功、争权、争位，渐行渐远，以至水火不容。穆宗驾崩，神宗即位。其时皇上幼冲，必然受成于两宫；两宫一帝又多听信于身边大珰。"权不自制，惟恐外廷之擅"①。而高失去靠山后，不惟不去争宠固位，反而错估当时形势，失言失策：急惩中官专政，条奏五事，请夺司礼权，还之内阁，又命言官合疏攻冯（保），而已拟旨逐之②。高性急机浅，输诚同列，把逐冯之计使人全盘告知早已背叛盟友而投靠冯保的张居正。张阴泄于冯，冯得为备。冯保其人善于进谗言、造谣言、散流言。把高言"十岁太子，如何治天下"，谬改为"拱斥太子为十岁孩子，如何作人主"③；把"安有十岁天子而能自裁乎"，谬改为"高先生云，十岁儿安能决事"④，向两宫一帝进谗。并造谣说："拱欺太子幼冲，欲迎立其乡周王以为功，而已得国公爵矣。""又多布金于两宫近侍，俾言之"⑤，使其散布流言。进谗和造谣骤移两宫一帝之意，决定以"专权擅政"罪名，令高拱"回籍闲住，不许停留"⑥。正如赵先生坦认的那样："形式上是两宫一帝驱逐高拱，深层玄机是张居正、冯保联合驱逐高拱。"⑦ 张居正"附保逐拱"的成功，使他终于夺取了内阁首辅的高位。

　　高拱被逐，这使赵教授大快其心，兴奋之余，屈指算月说："高新郑两次在阁的时间达44个月，任内阁首辅的时间达13个月，历史已经给足了新郑机会。"⑧ 在赵文看来，44个月（赵的历法无闰月之说，故不含两个闰月）不惟历史太长，简直是历史误会，因为高新郑压根就缺失相材。其实，对高拱建功立业来说，并不需要44个月，30个月就足够了。高拱主持隆庆后期的改革开放，只有短短二年半时间，在政治、军事、法治、经济、减少财政赤字和开放边贸（边禁）、开通海运（海禁）等方面，都颇有建树。真可谓"期月而已可也，三年有成"⑨。其相业在明代中后期社会开始转型过程中，具有开创性、标志性、划时代的历史意义。高拱二年半以改革为主的功绩，其历史意义不亚于其后张居正十年以整顿为主的万历新政。隆庆后期，历史选择了高拱，高拱也

---

① 明神宗实录：卷一［M］．台北："中研院"史语所影印本，1962.
② 万斯同．明史．卷三〇二·高拱传［M］//续修四库全书·史部第329册：310.
③ 张廷玉．明史．卷三〇五·冯保传［M］．北京：中华书局，1974：7801.
④ 谈迁．国榷．卷六八［M］．北京：中华书局，1958：4190.
⑤ 王世贞．首辅传·卷六·高拱传［M］//丛书集成初编．北京：中华书局，1981：89.
⑥ 明神宗实录：卷一［M］．台北："中研院"史语所影印本，1962.
⑦ 赵毅．《病榻遗言》与高新郑政治权谋［J］．古代文明，2009（1）：76.
⑧ 赵毅．高新郑相材缺失论［J］．哈尔滨师范大学社会科学学报，2010（1）：110.
⑨ 论语译注·子路［M］．杨伯峻，译注．北京：中华书局，1980：137.

四、公正廉直的为官之道

赵文说：高新郑"其兴也忽，其败也速，个中原委很有探讨之必要"①。探讨之结果，"发现高新郑被驱逐与其做官做人的人格弱点有某种必然的关联。高新郑的相材是缺失的。"② 看来，赵文已把论者所谓高拱的"性格缺陷"提升为"人格弱点"，把"性格决定命运"上纲为"人格决定被逐"的高度，来抨击高拱是缺失相材的。赵文的关键词之一就是"人格"。何谓人格、性格？赵文没有界定。我们认为，人格与性格是既有联系又有严格区别的两个不同的概念。性格是指一个人心理素质和潜意识的个性反映，表现为待人接物处事的稳定性、习惯性的言行作风和态度，带有先天生理性的特质；而人格则是指一个人的尊严、价值和道德品质的总和，常被称为品德节操，具有后天社会性的特征。赵文是如何从人格高度、道德层面来论证高拱被逐的必然性和缺失相材的呢？

赵文"从为官之道、为相之道考察"，认为"新郑似非相材也"，其一是因其"刚偏太甚，缺少气度""屡与徐阶抗衡"③。首先，高被徐荐入阁，责难高对徐"始终不买账""不思图报"④。其实，徐之荐高入阁，有其自己的谋算：一是"欣赏其才华，有意延纳之以为臂助"；二是因"高拱与载垕之间的长远渊源和深厚情谊""及时延用高拱，实亦为结好于储君"⑤，有利于新君即位后邀宠固位。按照世俗观点，高入阁本应对徐感恩戴德，巴结逢迎，即如赵文为高设计的那样："他本应隐忍自持，韬光养晦，与同列尤其是与如日中天影响巨大的首辅徐阶处理好关系，诚如是，那么作为'有才略'的政治新星，终有光辉灿烂的前程。"⑥ 但是，高拱不是那种善用韬晦之计，具有两面人格的政客。他有自己的独立政见、人格尊严，坚持政治家应有的职业道德。"既跻政府，不为折节"⑦。时人沈节甫言："新郑不能夺也。上交不谄，下交不渎，谅哉！"⑧ 不媚不谄，守节如竹，这就是高拱的品德操守，独立人格。其次，赵文不厌其烦地指责高新郑"全面否定""根本否定"徐阶所拟遗诏。其实，高并无全面根

---

① 赵毅.高新郑相材缺失论［J］.哈尔滨师范大学社会科学学报，2010（1）：110.
② 赵毅.高新郑相材缺失论［J］.哈尔滨师范大学社会科学学报，2010（1）：106.
③ 赵毅.高新郑相材缺失论［J］.哈尔滨师范大学社会科学学报，2010（1）：110.
④ 赵毅.高新郑相材缺失论［J］.哈尔滨师范大学社会科学学报，2010（1）：110.
⑤ 韦庆远.张居正和明代中后期政局［M］.广州：广东高等教育出版社，1999：217.
⑥ 赵毅.高新郑相材缺失论［J］.哈尔滨师范大学社会科学学报，2010（1）：107.
⑦ 明神宗实录：卷八四［M］.台北："中研院"史语所影印本，1962.
⑧ 黄景昉.国史唯疑：卷七［M］.上海：上海古籍出版社，2002：208.

本否定遗诏，而是否定遗诏对大礼得罪诸臣悉加平反，对方士王金等六人不据罪依法量刑而悉加论死；否定遗诏对嘉靖善政和革新的根本否定；否定徐阶对嘉靖皇帝"诡随于生前，诋罟于身后"的双重人格。徐拟遗诏"尽反先政"，而高"尽反阶所为"，来个否定之否定，这是完全顺理成章、合乎逻辑的事情。

其三，赵文赞颂徐阶"休休有容"，是"同样为相的高新郑所不具备的"。何谓"休休有容"？只有那种能够团结反对过自己、并且实践证明是反对错了的人一道合作共事的人，才能称为"休休有容"。以此标准衡量，高拱为相确实没能做到与己政见不合的人一道共事，做到"休休有容"。不过，我们倒要质疑："休休有容""有气度、有包容""一味甘草"，能够"折中调剂，煮于一锅"的首辅徐阶，为什么要把与己政见不合的高拱、郭朴都驱逐出阁呢？不唯如此，而且据赵文所说与徐"关系源远流长""仕途发展颇得徐阶提携"的赵贞吉①，为什么也一度被逐出京师呢？史载：隆庆元年九月，俺答、土蛮入寇，京师震动，形势紧张。穆宗"经筵毕，而询阶以战守方略，掌詹赵贞吉条对甚详，阶不能答，乃请至阁议。及议，贞吉首言，宜用首相巡边。阶不怿，竟以漫语上覆……不久，贞吉出而南矣"②。政见稍有不合，即把贞吉逐往南京。这就是徐阶"休休有容"的最好注脚。

赵文提出"高新郑缺失相材"，其二还因"颇快恩仇，不能和衷"。赵文没有发现李、陈、赵、殷"做人做官有大的失德之处"，但"四人皆为新郑所不容""依次被逐出庙堂"③。关于四人致仕或"被逐"，已如上节所述是高张二人所为。这里还需补充的是，"不能和衷"不是高拱单方面一人之事。孔子曰："道不同，不相为谋。"④ 中国历史上的高官，因治国之"道不同"而不能和衷、互相排逐的事例，多不胜举。即如隆庆朝而言，历时虽短，但内阁诸臣亦存在着治国之道的不同。徐阶、李春芳、赵贞吉的治道是拨乱反正，恢复旧制，而高拱、张居正的治道则是除弊创制，整顿改革。正是因为他们的治国之道（包括学术、理念、方略、政纲）不同，所以不能和衷同事而互相排逐。徐阶、李春芳排逐高拱、郭朴出阁，因治道不同；高拱、张居正排逐李春芳、赵贞吉、殷士儋出阁，亦因治道不同。甚至后来张居正排逐高拱出阁，也是由于二人在整顿改革治国之道上的侧重点不同：高以改革为主，伴有整顿；张以整顿为主，伴有改革。赵文把陈、赵、李、殷四人"依次被逐"说成是高拱一人所为，竭

---

① 赵毅. 高新郑相材缺失论 [J]. 哈尔滨师范大学社会科学学报, 2010 (1)：110.
② 唐鹤征. 皇明辅世编·卷五·徐文贞阶 [M] //续修四库全书·史部第514册：714.
③ 赵毅. 高新郑相材缺失论 [J]. 哈尔滨师范大学社会科学学报, 2010 (1)：110.
④ 论语译注·卫灵公 [M]. 杨伯峻, 译注. 北京：中华书局, 1980：170.

尽全力为张居正开脱，不过是旧史学"祖文忠则绌文襄"① "进江陵则退新郑"② 的历史偏见而已。

明清史家几乎众口一词批评高拱"颇快恩怨"，专修报复。这也为赵文指斥高新郑"做官做人的人格弱点""缺失相材"提供了资料和口实。隆庆之初，内阁处理胡应嘉违制事件，"智老而猾"的徐阶"阴饵拱于丛棘之上"③，不仅使高背上报复怨仇的黑锅，而且将其逐出内阁。高拱复政，人谓必且报复。面对舆论压力，他不避嫌怨，公忠任事，如说："恩非不可结，其如害公；怨非不可远，其如亏法。苟有益于国，则嫌何足避？苟无益于国，则名何足图？"④ "人臣修怨者，负国；若于所怨者避嫌而不去，或曲意用之，亦负国。何者？人臣当以至公为心。如其贤，不去可也，用之可也；如其不贤，而徒务远己之嫌，沽己之誉，而以不肖之人贻害国家，岂非不忠之甚乎？"⑤ 对弹劾过他的官员，既不"以怨报怨"，也不"以德报怨"，而是"以直报怨"。在他看来，"直者，情理之无所曲者也"，就是"出乎心之公，得乎理之正，斯为直而已矣"⑥。张居正评价高拱曰："再入政府，众谓是且齮龁诸言者，公悉待之如初，未尝以私喜怒为用舍。"⑦ 又曰："有所举措，不我贤愚，一因其人；有所可否，不我是非，一准于理；有所彰瘅，不我爱憎，一裁于法；有所罢行，不我张弛，一因于时。"其掌吏部所察举汰黜，"皆询之师言，协于公议。即贤耶，虽仇必举……即不肖耶，虽亲必斥。"⑧ 在此，张言并非溢美之词，高之举仇斥亲不乏事例。

高拱背负"颇快恩怨"的报复恶名，大都是时人和史家深知高徐矛盾而揣摩臆测的结果。诚如高致徐书所言："暨公谢政，仆乃召还，佥谓必且报复也。而仆实无纤芥介怀，遂明告天下以不敢报复之意。天下之人固亦有谅之者。然

---

① 马之骏. 高文襄公集序 [M]//高拱. 高拱全集：附录二. 郑州：中州古籍出版社，2006：1702.
② 李永庚　重修文襄高公祠堂记 [M]//高拱. 高拱全集：附录二. 郑州：中州古籍出版社，2006：1699.
③ 谈迁. 国榷·卷六五·谈迁曰 [M]. 北京：中华书局，1958：4044.
④ 高拱. 高拱全集：上卷 [M]. 岳金西，岳天雷，编校. 郑州：中州古籍出版社，2006：185.
⑤ 高拱. 高拱全集：下卷 [M]. 岳金西，岳天雷，编校. 郑州：中州古籍出版社，2006：1288.
⑥ 高拱. 高拱全集：下卷 [M]. 岳金西，岳天雷，编校. 郑州：中州古籍出版社，2006：1181.
⑦ 张居正. 张居正集：第三册 [M]. 武汉：湖北人民出版社，1994：433.
⑧ 张居正. 张居正集：第三册 [M]. 武汉：湖北人民出版社，1994：428.

人情难测，各有攸存。或怨公者，则欲仆阴为报复之实；或怨仆者，则假仆不忘报复之名。或欲收功于仆，则云将甘心于公；或欲收功于公，则云有所调停于仆。然而皆非也。"① 又致书苏松李巡按言："暨仆再起，胥谓必且报复；而仆实无报复之意，盖不敢假朝廷威福行其私也。乃有鼓弄其间者，谓仆实未忘情，仆甚恶焉。"② 高拱对徐阶以及弹劾过他的官员实无报复之意，而时人却揣摩鼓弄其间，谓高实无忘情报复。史家跟着揣摩炒作，谓高"颇快恩怨""睚眦必报"。赵文人云亦云，并加发挥，谓高"缺失相材"。但是，这些酷评并不切合高拱"公忠任事"的实际，也丝毫无损于高拱为相做人的光辉形象。

"公正廉直"是高拱为相做人之道。所谓公正，就是心公理正，公而忘私，国而忘家，忠勤辅政，不顾自身；所谓廉直，就是清廉方正，廉洁持己，直道事人，操履刚方，守正不阿。简言之，即正直。正直，是儒家规范从政者的政治道德。孔子曰："政者，正也。"③ 这是儒家对政治的经典定义。人类社会为什么需要政治？因为人事不齐，性有善恶之分，事有曲直之殊，理有是非之别，行有邪正之辨。必须有正直者出来以正治邪，以直治曲，即以正直管理社会，管理国家，才会使人过上有序、安定、公正、文明的政治生活。所谓行政就是要行正道，行直道。《左传》说："恤民为德，正直为正，正曲为直，参和为仁。"④ 高拱这种正直的人格特征，在当时弊俗成风、贿赂公行的形势下是非常难能可贵的。高拱其人性格确有弱点，而其人格则无亏欠，无瑕疵。"金无足赤，人无完人。"高拱是伟人而非"完人"。其性格弱点主要是"性急寡容"⑤"性直而傲"⑥"强直自遂""负才自恣"⑦"性刚而机浅"⑧，等等。海瑞说："以'戾'病中玄最当。其他大抵出私见党同，不然也。"⑨ 戾者，暴也。高拱这种粗暴高傲、性急机浅的性格缺点，比其为相功业、为人品格而言是第二位

---

① 高拱. 高拱全集：上卷 [M]. 岳金西，岳天雷，编校. 郑州：中州古籍出版社，2006：545.
② 高拱. 高拱全集：上卷 [M]. 岳金西，岳天雷，编校. 郑州：中州古籍出版社，2006：546.
③ 论语译注·颜渊 [M]. 杨伯峻，译注. 北京：中华书局，1980：129.
④ 左传全译：襄公七年 [M]. 王守谦，译注. 贵阳：贵州人民出版社，1990：783.
⑤ 明神宗实录：卷八四 [M]. 台北："中研院"史语所影印本，1962.
⑥ 万斯同. 明史·卷三〇二·高拱传 [M]//续修四库全书·史部第329册：309.
⑦ 张廷玉. 明史·卷二一三·高拱传，郭朴传 [M]. 北京：中华书局，1974：5639，5643.
⑧ 明神宗实录：卷三七〇 [M]. 台北："中研院"史语所影印本，1962.
⑨ 海瑞. 乞治党邪言官疏及附录 [M]//海瑞. 海瑞集：上. 北京：中华书局，1962：226.

的，是十个指头中的一个指头。

　　高拱做官做人"公正廉直"，不是下属的溢美，而是官方的论定。明世宗评曰："慷慨立朝，公忠奉职""光明正大""直节劲气"①。明穆宗评曰："公正廉直""秉公持正""辅政忠勤，掌铨公正"②，又曰："精忠贯日，贞介绝尘""鞠尽瘁以不辞，当嫌怨而弗避"③。明神宗为高拱平反，追赠"特进光禄大夫"的诰命亦言："锐志匡时，宏才赞理""位重多危，功高取忌""慷慨有为，公忠任事""经纶伟业，社稷名臣""虽谗人之罔极，旋公道之孔昭"④。嘉隆万三朝皇帝的高度评价，是对高拱做官做人之道的真实概括和充分肯定。高拱对其"公正廉直"的做官做人之道也曾做过自我明释，屡言："惟清惟直，夙夜在公；曰慎曰勤，寅恭率属"⑤；"奋砺赤忠，坚守素节"；"不敢自顾身家而有亏于守，徒务形迹而有欺于心"；"国尔忘家，公尔忘私"⑥；"必其至正，乃不夺于干托之私；必其至公，乃不狃于爱憎之素"⑦。高拱对其"公正廉直"的自我明释和解读，亦为其正心、修身、齐家、治国的实践所证实。

　　人格具有可比性。高拱"公正廉直"为相为人的品格，比其前任首辅徐阶和后任首辅张居正，均有过之而无不及。海瑞论徐"和柔之义胜，直方之德微""存翁为富，中玄守贫"⑧。此为至理实言。万斯同也认为，"高拱制行远胜于阶""其为人贤于居正远矣"⑨。此评深中肯綮。高拱一身正气，两袖清风，廉洁自律的高尚品格更是徐、张二人所不及的。徐氏为相十七年，放纵子弟横行

---

① 高务观．东里高氏家传世恩录［M］//高拱．高拱全集：附录一．郑州：中州古籍出版社，2006：1314．
② 高拱．高拱全集：上卷［M］．岳金西，岳天雷，编校．郑州：中州古籍出版社，2006：63，165，162．
③ 高务观．东里高氏家传世恩录［M］//高拱．高拱全集：附录一．郑州：中州古籍出版社，2006：1321．
④ 高务观．东里高氏家传世恩录［M］//高拱．高拱全集：附录一．郑州：中州古籍出版社，2006：1352、1353．
⑤ 高拱．高拱全集：上卷［M］．岳金西，岳天雷，编校．郑州：中州古籍出版社，2006：86．
⑥ 高拱．高拱全集：上卷［M］．岳金西，岳天雷，编校．郑州：中州古籍出版社，2006：92-94．
⑦ 高拱．高拱全集：上卷［M］．岳金西，岳天雷，编校．郑州：中州古籍出版社，2006：157．
⑧ 海瑞．乞治党邪言官疏及附录［M］//海瑞．海瑞集：上．北京：中华书局，1962：228．
⑨ 万斯同．明史·卷三〇二·论曰［M］//续修四库全书·史部第329册：316．

乡里，聚敛钱财，家有土地多达 24 万亩。① 张氏从政前家有土地不过几十亩，入阁拜相十六年，"在反对别人腐败的同时，自己却也在腐败"，最后拥有良田 8 万余亩。② 而高拱"自辅储至参钧轴，历三十年而田宅不增尺寸""中州家范之严，咸称高氏"③。嘉隆万交会之际，论为相功业，高不亚于徐张；论人格品德，高比徐张高尚。奈何赵文对徐张为相为人赞颂有加，而偏偏对高拱却百倍苛责，论其"相材缺失"呢？这只有用历史传统的政治偏见来解释。

著名学者牟钟鉴先生说："做学问求是，做事情求实，做人求诚。这就是高拱的真精神。"④ 这是对高拱做官做人之道最精湛的哲学概括和总结。

（原文刊载于《哈尔滨师范大学社会科学学报》2012 年第 2 期）

---

① 伍袁萃. 林居漫录：卷一 [M]. 台北：台湾伟文出版有限公司，1977：31.
② 王春瑜. 中国反贪史：序言 [M]. 成都：四川人民出版社，2000：10-11.
③ 孙奇逢. 中州人物考·卷五·高郎中公魁 [M] //孙奇逢. 孙奇逢集：中册. 郑州：中州古籍出版社，2003：178.
④ 牟钟鉴. 论高拱 [J]. 中州学刊，1988（5）：109.

综述与书评

高拱研究述评

高拱,字肃卿,号中玄,谥文襄,河南新郑人。生于明正德七年十二月十三日(1512年1月19日),卒于万历六年七月初二日(1578年8月4日),享年66岁。高拱于嘉靖二十年(1541年)登进士第,选庶吉士,由此从政32年,提职14次,官至内阁首辅。他是明代中后期杰出的政治家和思想家,是隆庆后期改革的创始人,万历初期改革的奠基者,也是理学的批判者和实学的倡导者。但是,自他去世后,其事功为史学家所略笔,其思想为哲学家所忽视。这位历史明星被埋没了370年之久,直到20世纪40年代才为中国科学院已故学部委员、著名史学家和哲学家嵇文甫先生所发现,由此揭开了高拱研究的序幕。

一、开创性研究

20世纪50年代中期以后,嵇老任郑州大学校长期间,曾经做过多次学术报告,他几乎每次都说,我一辈子研究了两个人物:一个是王船山,一个是高拱。其实,从先秦到清末、从孔夫子到孙中山,嵇老研究过许多历史人物及其思想。高拱其人则是他发现的历史人物并进行了开创性研究。1944年,嵇老在《晚明思想史论》第四章"张居正的学术"中,用近1/4篇幅专论高拱学术,并与张居正的学术思想做了比较研究。由此得出结论说,张居正"有这样一位学侣,互相切磋了好几年,当然不能不受很大影响。这是论江陵学术渊源和进学历程者所不可不注意的"[1]。可见,他是在张居正研究中发现高拱的。

1946年10月25日至11月1日,《河南民报》连载嵇文甫的开山之作:《张居正的学侣和政敌——高拱的学术》。他把高拱的学术特质概括为"尚通"和"尚实",即平正通达,实用贵今。他指出,高张同在翰林、同在太学、同入内阁,"以学问相切磋,以事功相期许"。后来权位相逼,高被逐而张独柄政,于是张成为近古史上特出的大政治家,而高则被人渐渐遗忘了。这是很不公正的。

---

[1] 嵇文甫. 嵇文甫文集:中册[M]. 郑州:河南人民出版社,1990:195.

"其实新郑于江陵还是先进，江陵的学术和事功有许多地方实在可说是渊源于新郑。""有许多事情江陵似乎还是继承他抄袭他的。他是一个在政治上和学术上都有特别表现的人物，是一位站在时代前面开风气的人物。"①

1962年和1963年，嵇老在《哲学研究》（1962年第3期）和《光明日报》（1963年4月5日）上发表两论《高拱的学术思想》。两论一方面肯定高拱的诸多事功，如整饬吏治、严格考察、整顿军事、建立边功、留心理财、关注民生等，认为他是一位很有干略的宰相②。另一方面，主要就《本语》《问辨录》《春秋正旨》等著作，剖析了高拱的学术思想，在理气之辨、心性之辨、经权之辨、义利之辨、义力之辨等方面做了深入探讨。他认为高拱是满可以配得上王廷相的一位唯物主义思想家。③嵇老对高拱政治上的定位和思想上的定性是非常准确的。本来，他还准备就张居正"其整齐操纵，大略用高公之学"（明郭正域语）再著文论说，但不幸过早辞世了。这是高拱研究的重大损失。

二、哲学研究

在嵇先生的引领下，高拱哲学思想成为学术界研究的一个重要方面。特别是改革开放以来，随着中国哲学研究的全面展开，高拱哲学研究也取得了许多重要成果。

李慎仪提出，高拱具有"求是"精神，这正是经世致用派的"务实"态度在认识论上的表现。把感觉经验作为认识的来源，是一种直观反映论。高拱通过对程朱"理先气后"和"性即理"说的批判，阐发了"气即是理，理即是气"和"气质之性"的气一元论观点；通过对"天人感应"和"五德终始"说的批判，阐发了他的无神论思想；通过辨析"义"和"利"，"义"和"力"的关系，论证了他的直观辩证法思想。李慎仪认为，高拱不仅是杰出的政治家，也是卓越的哲学家。但是，"明清两代的史书作者，囿于封建史学的偏见，对当时'党派'斗争，不能为持平之论，不但将高拱的事功说得面目全非，对于他批判程朱的哲学著作，也横加非难，或弃置不顾。这是他在中国哲学史上长期被埋没的主要原因。"④

葛荣晋论述了高拱的气学思想体系，揭示了他在明代气论学派中的地位和

---

① 嵇文甫. 嵇文甫文集：中册 [M]. 郑州：河南人民出版社，1990：420-434.
② 嵇文甫. 嵇文甫文集：下册 [M]. 郑州：河南人民出版社，1990：450-461.
③ 嵇文甫. 嵇文甫文集：下册 [M]. 郑州：河南人民出版社，1990：680-691.
④ 李慎仪. 试论高拱的哲学思想（上、下）[J]. 中州学刊，1981（1、2）：43-49，100-109.

作用。葛先生在《高拱的唯物论思想》中提出：在宇宙观上，高拱主张"理与气俱"，同王廷相的基本观点是一致的；在天人观上，高拱集中揭批天人感应论，对神学迷信的社会根源做了精辟分析，继承发展了王廷相的无神论思想；在历史辩证法上，高拱无论在广度或深度上都比王廷相前进了一大步，在中国唯物论史上做出了重大理论贡献①。后来，葛先生又提出许多重要观点，在理气关系上，高拱把程朱"理先气后"说颠倒过来，提出气先理后，气是理的基础，气是物质，理是规律，把理气关系改造成物质论与规律论相统一的唯物论；在人性问题上，高拱反对宋儒的人性二元论，认为人之天性由形气所构成，人只是一个性，不存在所谓"气质之性"和"义理之性"；在理欲问题上，高拱提出"理欲不两立，人心无二用""人情即天理"的观点，从而揭露了封建伦理道德的虚伪性和欺骗性，给人的情欲以合理的道德地位。②

牟钟鉴指出，高拱不仅是一位能干的有谋略的政治家，而且也是一位博学精虑的思想家。这是徐阶和张居正都不及的。他大力批判程朱理学及其末流，建立起一套具有一定深度的哲学理论，并从八方面论列了高拱的哲学思想，即"气即是理""理即是气"的气本论；"圣人以人情为天理"的理欲论；"人只是一个性"的性一元论；"灾异本不可以事应言"的无神论；批评"知行合一"的"致良知"说；"义利之分，惟在公私之判"的义利观；"以义用其力，以力成其义"的军事辩证法；"经乃有定之权，权乃无定之经"的经权统一论。最后提出："做人求诚，做学问求是，做事情求实，这就是高拱的真精神。"③

台湾学者钟彩钧先生撰有《高拱的经学思想》一文，对高拱的经学思想做了全面深刻的研究④。林怡伶撰有《高拱理学思想之研究》硕士论文，该文在论述高拱进学历程及时代思潮之后，从"气先理后"的本体论、心性根源于形气的心性论、格物致知的知识论、"明善""诚身"的修养论、"权变之道"的方法论等方面，探究了高拱理学思想的内涵及特色，指出了其价值与贡献，充分肯定了他的学术地位。⑤

对高拱的经权思想，学者们则有不同的诠释和解读。嵇文甫认为，高拱认

---

① 张岱年．中国唯物论史［M］．郑州：河南人民出版社，1994：625-635.
② 葛荣晋．中国实学文化导论［M］．北京：中共中央党校出版社，2003：185-187.
③ 牟钟鉴．高拱的实政论及其理论基础［M］//陈鼓应，辛冠洁，葛荣晋．明清实学思潮史：上．济南：齐鲁书社，1989：269-281.
④ 钟彩钧．高拱的经学思想［C］//王俊义．明代经学国际研讨会论文集．台北："中研院"中国文哲研究所筹备处，1996：463-483.
⑤ 林怡伶．高拱理学思想之研究［D］．台北：中国文化大学，1990.

定经与权的关系犹之乎"衡"与"锤"的关系,对汉宋儒家的"各种异说条分缕析,一一加以批判",都是正确的。高拱总结的"经乃有定之权,权乃无定之经""这个道理,通于大《易》,通于《中庸》,和后来王船山所谓'其不定者皆一定者也',真有异曲同工之妙"①。"高拱很得力于这个'权'字,所以他讲道理都很切合人情事变,平正通达,和那班迂滞偏执的道学家大异其趣。"② 赵纪彬认为,高拱权说"既有直观辩证法因素,又有形而上学渣滓"。在他看来,高拱不分"居常""处变",均需"用权",以"权"作为一个普遍性的方法论范畴,此点"颇有特识""自有其正确的意义"。高拱"权说中的直观辩证法因素,颇为鲜明和丰富""在破立双行中,成其一家之言"。但高拱对于"锤""衡"关系,只见其相成而不见其相反,亦即只见量变(经)而不见质变(权),终至以"反经合道"为不可能,自陷于形而上学。③ 张立文从对待统一的视角,对高拱经权相互为用而不相离的思想进行了深刻阐述,提出高拱的经权论,使中国的历史哲学、道德哲学进入辩证思维的殿堂④。但也有论者把高拱的"权说"诠释为"权术"。邓志峰认为,时人"批评高拱'任权术'并没有说错",大凡政治人物没有不玩弄权术的,高拱就"曾专门撰文讨论过权术问题",并在注"按"中说:高拱的经权论"与传统的经权论颇有不同,反而与王守仁、耿定向等的观点大致无异"。⑤ 其实,高拱在以权策士的程文中,对"权术""变诈"早已有所批判。

三、实学研究

20世纪80年代中期以后,随着明清实学研究热潮的兴起,高拱的实学思想也被许多学者所关注。高拱的实学思想是以"尚实"为特质的经世致用的治国理念,集中体现在他的吏治思想、法治思想、经济思想和军事思想等方面。这方面的研究成果亦为不少。

关于高拱的吏治思想。王宗虞认为,高拱主张"修举务实之政",反映在他的用人思想上,就是要用有真才实学的人,不要单凭学历和资历。进士举人并

---

① 嵇文甫. 嵇文甫文集:下册 [M]. 郑州:河南人民出版社,1990:453-454.
② 嵇文甫. 嵇文甫文集:下册 [M]. 郑州:河南人民出版社,1990:425.
③ 赵纪彬. 困知二录 [M]. 北京:中华书局,1991:282-302.
④ 张立文. 中国哲学范畴发展史(人道篇)[M]. 北京:中国人民大学出版社,1995:733-735.
⑤ 邓志峰. 王学与晚明的师道复兴运动 [M]. 北京:社会科学文献出版社,2004:341,256.

用,"但系贤能,一例升取";授官之后,惟考政绩,不问出身。高拱特别重视边疆地区州县正官的选拔与任用,认为"国家用人,不当为官择地,只当为地择官"。边地官员不仅有刑政民事之责,还有保卫国家安全的军事之任,因此"必择年力精强,才气超迈兼通武事者除补"。高拱这种具有政治远见的人才思想已大大地高出了历代名君贤相的用人思想。① 王兴亚认为,高拱的吏治思想非常丰富。针对嘉隆之交吏治方面存在的弊端,他提出的用人思想是:发现人才,广求贤能;培养在先,使用在后;储备人才,建立梯队;选用贤能,不论资历;因人授职,人尽其用;选好要害部门正官;等等。在当时条件下,高拱的人才思想是高出于时人、难能可贵的,唯一的缺失是没有论及科技人才。②

关于高拱的法治思想。张鸣芳从吏治考察的视角,把高拱的法治思想总结为四条:一是要求考核时综核名实。"但问其政之美恶,勿论其名之有无",最终达到"官修实政而民受实惠"的目的。二是要求明确考核的目的。为破除数十年来惩汰官员循以定数之弊,高拱提出"果不肖者多,不妨多去;果不肖者少,不妨少去。惟求至当,不得因袭故常"。三是应加强平时考核,不必等到岁终再行。如此才能使官吏既避免放纵,又避免苛刻,提高行政效率。四是强调考察从严,分清是非,具体问题具体处置,不能因循旧例。考察之后,还要劝善惩恶,奖勤罚懒,惩酷罚贪。③

关于高拱的经济思想。牟钟鉴指出,当时理学末流,坐而论道,侈谈心性,口不言功利,造成空疏不实的学风。有鉴于此,高拱不得不从理论上批判超功利主义,重新诠释"义利"之说。高拱"以公私辨义利,确是一种高见",对历史上的"功利主义思想又有所发展,把义利之辨提高了一个层次"。高拱的功利思想对后世思想界产生过重要影响。④

关于高拱的军事思想。葛荣晋认为,高拱针对程朱分割"义"与"力"的形而上学观点,提出了"以义用其力,以力成其义"的著名论断。二者的关系是相辅相成,不可分割的。⑤ 李慎仪认为,高拱在边略上是"以力行义"。其"具体战略思想是'南剿北抚'。但不论剿抚,他都坚持'以力行其义'的原则"。他说"以实为声",就是"以力行义"。⑥

---

① 王宗虞. 高拱的用人思想 [J]. 中州学刊, 1986 (5):112-114, 123.
② 王兴亚. 高拱振兴吏治的主张与实践 [J]. 领导科学, 2003 (15):44-45.
③ 张鸣芳. 高拱整顿吏治的理论和实践 [J]. 法学杂志, 2007 (1):101-104.
④ 牟钟鉴. 论高拱 [J]. 中州学刊, 1988 (5):103-109.
⑤ 葛荣晋. 中国实学文化导论 [M]. 北京:中共中央党校出版社,2003:185-187.
⑥ 李慎仪. 试论高拱的哲学思想(下)[J]. 中州学刊, 1981 (2):100-109, 95.

对于高拱的实学思想，岳天雷提出在人才观上，高拱阐发了"用人必先养人"的育才思想，"人有当用之才"的识才思想，"有才皆得其用"的用才思想，"推贤让能"、知人善任的爱才思想。在法治观上，高拱论述了"本之以公，祥刑之经"的立法价值论，"法必贵当""罪必责实"的司法原则论，"宥过刑故"，反对大赦的执法实践论，"礼乐驯服，法度绳约"的礼法并用论。在义利观上，高拱阐发了"义者，利之和"的功利主义思想；主张"义利之分，惟在公私之判"，提倡公利，反对私利；提出"理财，王政之要务"的观点，力倡生财之说、理财之道。在军事观上，高拱阐发了"以义用其力，以力成其义"的正义战争论；提出了寓战于守，寓守于战的防御战略论；论述了实力与声势，两手互用的灵活策略论。①

四、改革研究

隆庆三年至六年（1569—1572年），高拱复政兼掌吏部事继又提任内阁首辅期间，针对明王朝内外交困、弊端丛生的局面，在吏治、边政、法治、理财、漕政等方面大刀阔斧地进行了一系列改革，并取得了显赫成就。在其相关著作中，史学家对高拱的改革问题做了深入研究和论述，当然也存有争议。

高拱主持的改革绝不是权宜之计，而是有其改革纲领作为理论指南的。韦庆远首次把高拱的《除八弊疏》和张居正的《陈六事疏》这两个纲领性文件做了对比研究，指出高、张两疏的基本精神是高度一致的，都是立足于除旧布新，将国家的前途寄托于改革上。两疏提出的时间、背景不同，立论也略有不同，"但都起到前呼后应，振聋发聩，统筹全局的作用"，对隆庆后期和万历前期的大改革，一直起着指导性的积极作用。② 也有论者持有不同声音。刘志琴认为，高疏"只停留在具体的是非论断上，缺少理论的提升，更缺乏张居正那样高屋建瓴，全局在胸的气势"③。

许多学者对高拱的改革政绩都给予了肯定性评价。许敏在其《高拱传》中提出，高拱复政后，尽心国事，办事操切，又不迹常规，在吏治、筹边、行政等方面多所建树。高拱在主持接受俺答孙把汉那吉求降以及对俺答封贡互市中，"把蒙古与中原看成一个整体的观念，比仅图边安的想法又高一筹"。高拱在两

---

① 岳天雷. 高拱实学实政论纲 [M]. 长春：吉林大学出版社, 2006：120-219.
② 韦庆远. 隆庆皇帝大传 [M]. 沈阳：辽宁教育出版社, 1997：225.
③ 刘志琴. 张居正评传 [M]. 南京：南京大学出版社, 2006：127.

广、云贵边事上亦颇多建树。其结论是高拱"重为台辅，政绩斐然"。① 黄仁宇认为，高拱复政后就成为支配性的人物，高张合作把内阁、各部、科道、教育结合起来，置于他们的控制之下。高拱性急而有闯劲，他藐视官场的惯技和程式化的守旧作风，竭力教导各级官僚具有一种管理意识，善于选拔任用官员，如任命张学颜巡抚辽东，王崇古总督宣大，殷正茂提督两广，等等。兵部高级职位必选有军事经验的官员，中央政府派人定期视察边防。② 毛佩琦、刘利平认为高拱通晓政务，勇于任事，负经世之才，在整顿吏治、选储人才、安边强兵等方面颇有建树。在高拱主持、张居正赞助下，俺答封贡互市成功，使北方边境保持了三十年之久的和平安定局面。③ 李良品通过对贵州安国亨之乱的研究，认为高拱对此事件的定性是很准确的：这是安氏不同宗派的互相仇杀，属于彝族内部的内乱，而不是地方土司政权对抗中央政权的叛乱。据此，高拱处置此事的对策也是正确的：不能派兵镇压剿灭，只能和平解决。果然，当他派人公开声言前往贵州勘察实情，行进半途就得到了妥善解决，从而避免了一场战乱。这是处理少数民族问题一个极为成功的范例。④

牟钟鉴认为，隆庆四年到六年，在穆宗信任与重托下，高拱大刀阔斧地进行了洗刷颓风、振兴朝政的一系列改革，在清整吏治、选储人才、安边强兵等方面都颇有建树，使明朝多年因袭虚浮、积弊丛生的内政外交，有所改观，出现一股清明刚健之新风。张居正虽有辅助之功，但主要决策，谋划施行，首赖高拱。在整顿吏治上，其大者有：改革官吏考察升降制度；精简机构编制，裁革冗员，充实弱项；储养人才，爱才护才。在定策安边上，他力排众议，圆满解决了俺答封贡和安国亨之乱，由此看出他的边略思想是以抚为主，不轻用兵；据实定策，不为危言所动。这一时期的边政，西北、东北、西南、南方等地的整顿、改良和巩固，都与高拱决策正确、用人得当、施行坚毅有极大关系。高拱可以说是位人才难得、文武兼备的政治家。⑤

韦庆远强调隆庆改革与万历改革的渊源关系，指出高拱改革是全面的并取得过显著实效，它为万历改革奠定了基础，确定了政策走向，万历改革只是其

---

① 许敏. 高拱传 [M] //白寿彝. 中国通史：第九卷. 上海：上海人民出版社，1999：1590-1596.
② 黄仁宇. 隆庆和万历时期 [M] //牟夏礼，崔瑞德. 剑桥中国明代史. 北京：中国社会科学出版社，1992：562-564.
③ 毛佩琦，刘利平. 明朝顶级文臣 [M]. 石家庄：花山文艺出版社，2007：168-173.
④ 李良品. 明代贵州水西"安氏之乱"的起因、性质与处置 [J]. 贵州社会科学，2008 (2)：132-136.
⑤ 牟钟鉴. 论高拱 [J]. 中州学刊，1988 (5)：103-109.

合理的延续和发展，故总称为"隆万大改革"。韦先生认为，"高拱是有明一代最有魄力、最有识见、最敢于改革旧制，而又能妥慎制定符合实际需要新规制的吏部尚书"。他所"推行的新法实为明代人事制度掀开新的一页"。一是对军事领导体制和边防将官选任制度做出了突破性改革；二是以政绩而不以资格作为任官的主要依据；三是加强对官员的考察，扩大到佐贰层次；等等。对俺答纳降、封贡、互市的各个环节，高拱进行了妥善处置并获得成功，还取得了擒斩汉奸赵全和瓦解板升叛乱势力的胜利。[①]

关于高拱促成俺答封贡问题的研究论文较多。颜广文针对俺答封贡决策者不同的观点，提出俺答封贡的主持者和决策人既不是隆庆帝，也不是张居正。他从受降、封贡、开市三个阶段进行研究，结论是"高拱主导了俺答封贡事件的全过程，高拱是解决该事件的真正决策人"。张居正主持修撰的《明穆宗实录》，刻意隐瞒高拱这一功绩，导致学界对高拱研究的忽略。[②] 李勤奎也认为："促成俺答封贡的首功当属高拱。"[③] 王天有认为，俺答封贡在明史上占有重要地位：结束了蒙古各部与中原王朝近二百年兵戈相加的对立局面；促进了蒙汉两族人民经济文化的交流；再次确立了蒙古政权与中央政权的从属关系，对我国多民族统一与巩固有重要意义。[④] 赵世明就高拱的军备边防建设及其历史地位也做了论述。[⑤]

对于高拱的改革功绩，笔者做了简明概括。吏治方面：改革旧制度，如细化官员惩处条例，打破惩汰官吏循以定数，规定考察举劾必实，恢复举人进士三途并用制度；创设新制度，如增加吏部提升官员透明度，建立人事档案制度，州县正官年轻化，地方杂官本省异地化，等等。军事方面：改革传统兵部体制，兵部司属官员专业化，对边防军事官员特示优厚，实行边关总督轮流休假制度，边防设立兵部司属，划定边防之地。同时，高拱正确处理了俺答封贡、辽东镇守、安国亨之乱、韦银豹之叛以及两广倭盗侵扰问题。法治方面：观政进士和州县正官讲求法律，刑部司官专业化，大力惩汰贪酷之官。高拱还亲自参加问

---

① 韦庆远. 张居正和明代中后期政局 [M]. 广州：广东高等教育出版社，1999：352-392.
② 颜广文. 高拱与"俺答封贡" [J]. 广东教育学院学报，2004 (1)：104-110.
③ 李勤奎. 促成"俺答封贡"的首功当属高拱 [J]. 驻马店师专学报（社会科学版），1992 (1)：42-47.
④ 王天有. 试论穆宗大阅与俺答封贡 [J]. 北京大学学报（哲学社会科学版），1987 (1)：94-102.
⑤ 赵世明. 高拱军备边防建设及其历史地位 [J]. 哈尔滨学院学报，2007 (12)：103-107.

理刑名实践,平反冤狱错案。经济方面:加强理财官吏选用,完善税粮征收措施,大力支持丈田均粮和推广一条鞭法,整顿货币制度,推行恤商惠商政策,疏通漕运、开通新河、破除海禁、计通海运,等等。总之,高拱通过一系列改革,取得了"官修实政而民受实惠"的显著效果。①

五、宦海浮沉

在嘉、隆、万三朝相交之际,高拱入阁,两起两落,在徐阶、高拱、张居正之间存在着复杂微妙的政治斗争。论者对此都做过或多或少的论述,且在是非功过界定上存在较大差异。

高拱与阁僚特别是与徐阶之间的政治纷争,学者多从性格、恩怨、争权等方面论定。刘志琴指出,徐阶起草遗诏,高拱全盘否定,这就"势必要毁掉以平反冤狱为前导的改革。高拱把兴利除弊的正确政策,说成是为先帝抹黑,以此迫使徐阶罢相"。"在嘉靖秽政之后要更化改制,必须力纠前朝弊政,这是革新的起点",但"高拱没有胆识和度量摆脱一己的私仇""高拱要想有所作为又丢不开个人恩怨,这就失去了改革的重要前提,再也不可能迈出前进的步伐"②。樊树志认为,高拱"一向以精明强干自诩,傲视同僚,先后赶走阁臣陈以勤、李春芳、赵贞吉、殷士儋"③。战继发认为,高拱如同好斗的雄狮,横冲直撞,迫使徐阶、陈以勤、赵贞吉、李春芳、殷士儋等先后辞官④。姜德成认为,高拱初入阁,即负气冲撞徐阶,不满首辅独尊的现状。以遗诏谤先帝,攻击首辅徐阶,刻意制造不同政见,落入政客哗众取宠的套路,完全出于政客怀私图谋之手段;反对徐阶放宽言路,反招科道攻击,自己付出沉重代价,留下一个永远的污迹;后来徐阶去政,也是高拱贿赂李芳(按,是宦官李芳,非首辅李春芳)所致⑤。

但对高、徐政争,也有另一种说法。吴晗在《论海瑞》一文中指出:"在徐阶和高拱的斗争中,他没搞清楚,对徐阶只看到好的一面,不知道他坏的一面,对高拱只知道他的缺点,没有弄明白他的政治品质好的一面,做了错误的支持和抨击。但是,几年以后,弄清楚了,就自己检查。""海瑞自编文集,在骂高

---

① 高拱.高拱全集:前言[M].岳金西,岳天雷,编校.郑州:中州古籍出版社,2006:41-59.
② 刘志琴.张居正评传[M].南京:南京大学出版社,2006:83.
③ 樊树志.万历传[M].北京:人民出版社,1993:19.
④ 战继发.万历初政治格局探析[J].学习与探索,1999(6):133-137.
⑤ 姜德成.徐阶与嘉隆政治[M].天津:天津古籍出版社,2002:288-302,332-334.

拱的信（疏）后附记：'一时误听人言，说二公心事俱未的确。'改变了对两人的看法，也承认了自己的错误。"① 张宪博指出，高拱入阁一年多，于隆庆元年（1567年）五月，便被迫离去。徐阶于隆庆二年（1568年）七月致仕，其时高拱仍闲居在家，直到隆庆三年（1569年）十二月底才被召还。"因此徐阶致仕与高拱没有直接的关系。一个在野失意之臣，如何能撼动日值中天的首辅徐阶。"② 赵世明提出，高拱复出后，力反徐阶所为，力行改革，重新评价世宗，停止不加澄辨的平反、改判方士王金等，从而创造了良好的君臣关系和政治氛围，为进一步改革找到了支点和依据。高拱复出"尽反阶政"，这是符合历史事实的。如果仅从修怨的角度进行解释显得失之偏颇。③

关于隆庆阁臣之间的矛盾，过去史学家视为争夺权力的"混斗"。韦庆远认为，内阁成员之间固然存在着争权夺位问题，但更重要的在于他们在政纲上的严重分歧、在意识形态和学术思想上的对垒。时代进入隆庆以后，朝野有识之士已不满足于补漏纠偏，而是迫切要求更新改制。徐阶、李春芳对此呼声抱有反感，仍然坚持"恢复祖宗成法"的老套，无法接受急剧的变革而前进。而高拱、张居正则截然相反，在《除八弊疏》和《陈六事疏》中分别提出一系列打破常格、立足于变的方案，坚持变通改革，适应了时代潮流。两种政见的对峙，根源于学术门户的对立和理论上的分野。韦先生指出，徐、李、赵（贞吉）遵从陆王"心学"，属于"阳明学派"；而高、张则服膺和推行的是法家学说，立足于变法革新。④ 把隆庆内阁的矛盾定性为守旧与革新的矛盾，是对明代中后期历史研究的重大突破和贡献。内阁矛盾还表现在讲学与反讲学上。陈时龙指出，徐阶倡讲学，李春芳助讲学；高拱反讲学，张居正禁讲学。讲学与反讲学的斗争，实际上是政治斗争的表现形式，而不是学术倾向的差异所引起的，所谓徐、李与高、张两大阵营的对立实际是不存在的。⑤

关于高拱与张居正的关系，也是史学界颇有争议的问题。牟钟鉴指出，正当高拱才气横溢、英锐勃发、大有作为之时，不幸穆宗去世，失去靠山。神宗即位后，他又不懂得如何重新取宠固位，反而开罪于权势宦官。于是觊觎相位的张居正趁机与宦官冯保勾结，取得太后支持，采取突然袭击，宣诏驱逐高拱，

---

① 吴晗. 论海瑞[N]. 人民日报，1959-09-17（4）.
② 张显清，林金树. 明代政治史：上[M]. 桂林：广西师范大学出版社，2003：353.
③ 赵世明. 高拱"尽反阶政"浅析[J]. 殷都学刊，2008（1）：50-53.
④ 韦庆远. 张居正和明代中后期政局[M]. 广州：广东高等教育出版社，1999：352-393.
⑤ 陈时龙. 明代中晚期讲学运动[M]. 上海：复旦大学出版社，2007：101-147.

内阁大权遂归于张居正。高张才识相当，而沉机默运高不如张，张胜高败，实属难免。高去位后，张担心高东山再起，曾利用王大臣闯宫一案，欲诛灭高氏一门，后因群议鼎沸而罢手。① 韦庆远认为，张居正"附保逐拱"和王大臣一案，明清史评几有定论，但到了现代，论点大变，主要倾向是为张辩释，有的干脆否认张有"附保逐拱"之事。如陈翊林的《张居正评传》（1936年），朱东润的《张居正大传》（1946年），唐新的《张江陵新传》（1968年），不是说张冯密谋"与时空不合"、二人"没有什么渊源"，就是认为"附保逐拱"是"捏造"、是"臆测"、是"穿凿"。"律以朋友之道，则高拱负江陵，江陵并没有负高拱。"他们主要是为了维护传主作为一代伟人而兼"完人"的形象，如果承认其有过失误失律失德之处，便会动摇其辉煌的历史地位。其实这样的担心是多余的。② 至于王大臣一案，刘志琴则说："尤其是诬陷高拱的王大臣案件，更是真真假假，云笼雾罩。""张居正是否参与密谋，没有确证，要说全不知情，那也未必。""张居正有没有参与其事，参与程度有多深，已成为难解的历史之谜。"③

还有论者把高张对立推到了极致。黄仁宇在《万历十五年》中提出："现在张居正已经死后倒台，但皇帝还没有下绝情辣手，这时高拱的遗著《病榻遗言》就及时地刊刻问世。""高拱遗著的出现，在彻底解决张居正问题中起了重要的作用。""它的出版在朝野产生了极大的影响，成为最后处理张居正一案的强烈催化剂。"并认为这一遗著"是否出自他的手笔还大可研究。即使确系他的手笔或他的口述，其中情节的真实性也难于判断"。④ 笔者提出，这里对高拱这一遗著由何人于何时、何地、为何刊刻问世，没有提供任何有价值的史料作为真凭实据，只是毫无根据地指责这一遗著在处理张居正一案中所起的重大作用，强调张的身后悲剧，高及其遗著难辞其咎。传统偏见何其根深蒂固！至于这一遗著"大可研究"云云，纯系臆断猜想的无据之谈。⑤

更有甚者，还有篡改高拱被逐的史实。马振方指出，历史小说《张居正》第一卷写穆宗驾崩前后的朝廷纷争，最后高拱被斥逐回家，张居正升任首辅。

---

① 牟钟鉴. 论高拱 [J]. 中州学刊, 1988 (5): 103-109.
② 韦庆远. 张居正和明代中后期政局 [M]. 广州: 广东高等教育出版社, 1999: 5-14, 21-25.
③ 刘志琴. 张居正评传 [M]. 南京: 南京大学出版社, 2006: 152, 153, 156.
④ 黄仁宇. 万历十五年 [M]. 北京: 中华书局, 1982: 33-35.
⑤ 高拱. 高拱全集: 前言 [M]. 岳金西, 岳天雷, 编校. 郑州: 中州古籍出版社, 2006: 14-16.

这结果是不错的。但把高拱写成反面人物，其行事不仅多无所据，且与某些史料大相径庭。高拱复政后，于铨选人才、强军安边、俺答封贡、发展商业等方面都有所建树，是张居正后来改革的先声。高视张为副手，偶有摩擦，但并未成心排张出阁。直到他参劾冯保时，还想与副相合作，特意"使人报居正，居正阳诺之，而私以语保"，从而加速了他的失败。而小说中的高拱与此相反，其行为中心就是打击张的势力，"一定要把张居正赶出内阁""越快越好"（小说语）。上述论断是不符合历史的。其一，重用殷正茂本是高拱的美点，而小说却写成高拨银20万两给"性贪"的殷正茂，作为打击排挤张的阴谋诡计。颠倒了历史和美丑。其二，高拱信任的两广总督李迁，本是廉吏，也非其门生，小说把他改名为李延，写成巨贪和行贿狂。此人吃两万军卒的空额饷粮，对"上百位"京官大行其贿，多至二万、三万、五万两不等。还用赃银购买五千亩良田，以三张田契行贿给"座主"高拱，使高成为巨贪和众多贪官的保护伞。其三，写安庆兵变，滥造高拱袒护"贪墨"门生。其四，穆宗本不崇道，编造高拱支持皇上崇道炼丹，是一位曲意逢迎的势利小人。其五，妄诬高拱不顾国库空虚（仅存银30万两），拨银20万两给后宫，作为嫔妃打制头面首饰之用，"讨好李贵妃"，是一位只知拍马争权的首辅。这一切都没有史实基础，是对历史的悖逆和颠倒，是对高拱的厚诬，完全歪曲了高拱被逐的历史。马先生认为，历史小说必须受基本史实的制约，不能无中生有地丑化历史人物。[①]

总之，自从20世纪40年代嵇文甫先生开启高拱研究之先河以来，学术界对高拱的哲学思想、实学思想、改革功绩、边疆治理、著作版本等方面做了较为全面的探讨，成果丰硕，可归纳为四点：（1）学术思想研究较为充分。学术界对高拱的哲学、教育、人才、军事、法治、经济等方面做了系统发掘和研究，这对丰富中原文化乃至中国传统文化具有重要意义。（2）政治改革研究有所突破。诸多学者通过对高拱吏治、军事、边政、法治、经济等改革的研究，认定高拱是明代政治家和改革家，并提出隆万大改革的观点。这既是对高拱改革功绩及历史地位的肯定，也是明史研究的重大突破。（3）边疆治理功绩得到肯定。高拱执政期间，在西北、东北、西南、南方边疆治理方面，都取得了显赫功绩，在一定程度上遏制了明王朝的颓势，史学界予以充分肯定。（4）著作校勘整理成果丰厚。20世纪90年代以来，出版高拱文献资料3部：《高拱全集》《〈问辨录〉校注》《高拱论著四种》；专著2部：《高拱实学实政论纲》《高拱研究文集》。这些成果不仅为研究高拱乃至明史提供了丰富史料，为历史文献学增添了

---

① 马振方. 在历史与虚构之间 [M]. 北京：北京大学出版社，2006：64-85.

新内容,而且也把高拱的学术研究提升到了新高度。

高拱研究尽管取得了上述成绩,但如果从学术发展和深化的角度来展望,不可否认其中还存在着许多有争议的问题,或者说是学术难点,仍然需要进一步研究和探讨。

其一,一些有争议的问题需要澄清。诸如,高拱自身的贪廉、品格问题,高拱"尽反阶政"及对徐阶等人所谓的"报复"问题,高拱的性格和作风对其政治业绩的影响问题,高拱的改革纲领《除八弊疏》的评价和定位问题,"俺答封贡"的主持者和决策人问题,张居正是否参与了"附保逐拱"问题,张、冯构杀高拱的"王大臣案"问题,海瑞对高拱先贬后褒评价变化的原因问题,明清以来对高拱的评价问题等。只有进一步研究和澄清这些问题,才能恢复高拱的历史原貌,也才能对张居正有一个全面的认识和评价。

其二,与隆庆阁臣的关系问题需要探讨。有学者肯定隆庆内阁存在着以徐阶为首的保守派和以高拱为首的改革派的对立,两派无论是在政见政纲还是在意识形态上有着根本分歧;有学者从讲学与反讲学的角度,否认隆庆内阁有其改革和保守两大营垒的存在;还有学者主张徐阶、高拱和张居正同属改革家,张居正改革既继承了徐阶改革朝政的元素,又继承了高拱改革朝政的元素。① 可以说只有解决这些问题,才能厘清万历新政的源头,从而深入认识和把握隆万大改革的传承和衔接关系。

其三,《病榻遗言》的刊刻时间、内容真实性和政治影响力问题需要解决。有学者认为高拱遗著的刊刻问世,成为最后处理张居正一案的强烈催化剂,其中情节的真实性也难于判断②;有学者提出该书有极大的可能刊刻于万历十年至十二年(1582—1584)之间,故张居正的倒台原因中包含着高新郑政治权谋的因素,其内容虚虚实实,真假难辨③;笔者认为该书刊刻问世于万历三十年至三十一年(1602—1603)之间,故与张居正身后罹难无涉,该书是高拱对隆万交替之际发生的诸多政治事件的真实记录,并非不实之词,该书是当事人的回忆录,绝不是"为其身后报复政敌"的所谓"政治权谋",因而不可能影响到万历十年(1582年)以后的明代政局④。显然,研究这一问题既有助于正确评价《病榻遗言》一书,也有助于探寻张居正身后罹难的真实原因。

---

① 许敏. 关于高拱研究的几个问题[J]. 中国史研究, 2010 (4): 157-166.
② 黄仁宇. 万历十五年[M]. 北京: 中华书局, 1982: 33, 35.
③ 赵毅.《病榻遗言》与高新郑政治权谋[J]. 古代文明, 2009 (1): 70-77, 113.
④ 岳金西. 高拱《病榻遗言》考论——与赵毅教授商榷[J]. 古代文明, 2009 (3): 84-93, 114.

其四，高拱学术研究应该秉持客观公正的态度。如有些学者或囿于门户之见，或存有历史偏见，或固守狭隘地域观念，竭力贬损乃至丑诋、厚诬高拱，完全抹杀其改革功绩和历史贡献，甚至将高拱改革事功和边防功绩完全戴到张居正头上，由此形成"高冠张戴""褒张贬高"的历史偏见。显然，这不是客观公正的态度。因此，笔者认为，勿为狭隘的南北乡曲地域观念所支配，勿为旧史学传统所束缚，勿为情绪化倾向所左右。对有关明清史料要认真辨析扬弃，去伪存真，去粗取精。取舍史料要接近、符合历史真实，事不实则非夸即诬。不然，将会出现更多的无谓争论。

总之，我们相信随着上述有争议问题的解决，学术难点的克服，高拱的历史功绩和学术贡献一定会被更多的人所认识和承认，高拱的学术研究也能够得到进一步深入展开，从而为中原文化乃至中国传统文化增添新内容。

（原文刊载于《河南教育学院学报》2011年第2期）

《高拱论著四种》点校举疑

高拱（1512—1578），字肃卿，号中玄，河南新郑人，明代中后期著名的政治家和思想家。他一生从政，著作甚丰。他的著作生前没有刊刻过。明万历四十二年（1614年），新野进士户部主事马之骏及其兄马之骐首次刊刻，书名《高文襄公集》，四十四卷。经过明末变乱，万历本的板籍化为灰烬。及至清康熙二十八年（1689年），高拱胞侄曾孙高有闻卖田500亩，历时4年多，在万历本的基础上又增加一倍书稿，重新刊刻，书名为《高文襄公文集》，共计八十八卷，是为笼春堂本。从清康熙到民国年间，有些大型丛书和类书曾分别刊印过万历本和笼春堂本中的某些篇卷。如《四库全书》曾收录有《春秋正旨》《问辨录》《本语》等，存目有《日进直讲》。中华人民共和国成立后，高拱全集没有出版过。1993年，中华书局首次出版了流水点校的《高拱论著四种》。这个点校本的出版，无疑为研究高拱思想提供了一些资料和方便。但是，我们在阅读和使用这本书的过程中，却发现其中有许多点校方面的问题。

一是标点和断句错误，如该书208页：

不曰五霸、三王之罪人乎？

此语原出《孟子·告子下》："五霸者，三王之罪人也。"其意十分明白：五霸是三王的罪人。而点校者在"五霸"之后，却加上了顿号，这里虽然只有"顿""逗"一点之差，却严重歪曲了原意，把五霸开脱为不是三王的罪人了。又如186页：

巧言，孔壬、尧、舜犹畏之，而况于他乎？

点校者把"孔壬"当作人名与尧、舜并列，实在令人啼笑皆非。此话原出《尚书·皋陶谟》："何畏乎巧言令色孔壬。"孔，很也，甚也；《尔雅·释诂》："壬，佞也。"孔壬，指谄佞不正的坏人，犹言大奸佞也。这句话正确的标点应该是："巧言孔壬，尧、舜犹畏之，而况于他乎？"又如97页：

人心本虚无物，则正喜、怒、忧、惧，皆心之用……

根据上下文义，标点显然是错误的。正确的标点应该是："人心本虚，无物则正，喜怒忧惧，皆心之用……"再如126页：

  曰：天是个甚命？又是个甚知命？即是知天，不言知命，所乐谓何？

  标点也是错误的。正确的标点应该是："曰：天是个甚？命又是个甚？知命即是知天，不言知命，所乐谓何？"又如106页：

  若夫"遁世不见，知而不悔"。

  引语原出《中庸》第十一章。这里的"见"字作"被"字解；"知"字作了解或任用解。句意是：埋没在世上不被人了解（或任用）也不后悔。这句话"见"字之后是不应断开的，而点校却画蛇添足，在"见"字之后硬是加了逗号。结果使原话变得十分费解。高拱在四种论著中引用此话不下五六处之多，而点校都做了如上的错误处理，足见点校者对这句古语并不理解。又如99页：

  夫洪范八政，首诸食货；禹谟三事，终于厚生理财，王政之要务也。

  在这里，高拱是以"《洪范》八政，首诸食货；《禹谟》三事，终于厚生"作为论据，来论证他的观点"理财，王政之要务"的重要性与正确性的。因此，"厚生"之后应该断开，添加句号。然而点校却把"终于厚生"与"理财"二字联结在一起，不予断句，结果使作者的观点与《尚书》的原文、论点与论据混淆在一起，弄得层次不清，从而歪曲了作者的原意。

  类似上述因标点断句错误导致原著语句支离破碎，甚至歪曲、颠倒了原著句意的地方，粗略统计，全书不下40余处。

  二是对引文处理不当，体例不一。点校本对引文该加引号的不加，不该加引号的却加上引号，甚至错加引号，随处可见。例如111页：

  知、仁、勇三者，天下之达德也，所以行之者一也。

此句是《中庸》第二十章的经文，本应加引号而不加引号。又如209页：

  奋乎百世之上，百世之下，闻者莫不兴起也。

语出《孟子·尽心下》，也是当引而不引。全书类似这样的漏引还有多处。

  点校本对有些引文本应分开加引，但却合并在一起加引。如165页：

  孟子云："所恶于智者，为其凿也。如智者行其所无事，则智亦大矣。"

在《孟子·离娄下》中，引号中的两句话并不连接，而且原文"行"字前有一"亦"字。对此，本应加注分引，而点校本却合并引在一起。又如199页：

  问："取之而燕民不悦，则勿取。古之人有行之者，文王是也。取之而燕民悦，则取之。古之人有行之者，武王是也。"其说何如？

在《孟子·梁惠王下》的原文中，引号中的前两句话在后，后两句话在前。对此，本应分开加引号，而点校本却合并引在一起，这也是不妥当的。

  点校本中也有不该加引，却错加引号的例子，如163页：

> 故程子曰:"权即是经。自汉以来,无人识权字为此也。"

引号中的最后三个字"为此也",并非程颐的原文,而是作者高拱的话。把"为此也"放入引号内,是错误的。再如188页:

> 方言"修己忽及动民",义殊不贯。

这里不仅把根本不是书名的"方言"二字错误地加上书名号,而且还把根本不应加引的文字错加引号。根据上下文义,正确的标点应该是:"方言修己,忽及动民,义殊不贯。"

应该说明,高拱在四种论著中对四书五经及其以后儒学文献的引用,只有很少一部分是原文,绝大部分的节录和意引,或对原文顺序略加改变,对文句略加减字添字而引用的。点校中如不认真检索经典文献,很容易出现上述诸多类型的引号错误。

点校本对问答体著作使用引号比较混乱,造成全书体例不统一。如《本语》六卷,前四卷都是问答体,点校把问和答均加上引号,但在答文中却又有16处、56段、179行没有加引号。卷五不是问答体,当然不加引号。但卷六之中又夹杂有问答,点校又是有的加引号,有的不加引号。再加点校本不分卷次,使《本语》这一论著标注的引号极其混乱。《本语》这种时而加引,时而不引的做法,使人莫名其妙,徒增怀疑。这就不禁使人产生疑问:到底问答体中没有加引号的究属谁的文字呢?如属高拱的,那么加引号的又属谁的文字呢?如果都属高拱的,那为什么有的加引,有的又不加引呢?除《本语》体例不一外,全书同属问答体的还有《春秋正旨》和《问辨录》,二者点校本都没有加引号,这样又导致全书体例不统一。笔者认为,问答体论著一律不加引号,反倒更清楚些。当然对作者引用经典文献和古人原话还是应加引号的。

三是当校而不校,或者校勘不当。例如77页:

> 韩宣子适楚,见易象与鲁春秋。曰:"周礼尽在鲁矣。"

明眼人一看便知,这句话前后矛盾:韩宣子"适楚",即到了楚国,怎么会看到《易象》与《鲁春秋》,并说"周礼尽在鲁"呢?可以断定,"适楚"是"适鲁"之误。笔者查阅晋杜预的《左传序》,原文确是韩宣子"适鲁",而不是"适楚"。又如82页:

> 曰:获麟之事何如?或曰感麟而作,故文止于所起;或曰文成而麟至,以为瑞应。孰是?

这里的两个"或曰"之后,是高拱节录晋杜预、范宁两人不同的观点,原话出自《春秋三传序》,本应出注却遗漏了。

另如165页:

诚身在于克己，克己则气顺，则德弘。

此话是高拱在《问辨录》中引用他在《程士集》中的原文。笔者查阅点校底本即笼春堂本《问辨录》卷六，以及《程士集》卷四，原文均是："诚身在于克己，己克则气顺，气顺则德弘。"而点校本不仅把第二句的"己克"颠倒篡改为"克己"，而且还把第三句中递进的"气顺"二字无故删去了。这里的颠倒和删字，很难用印刷校对错误和粗心大意来解释，只能说明点校态度是很不严肃的。再如161页的旁注：

〔一〕"孔子"上原有"问"字，据上下文义删。

其实，根据上下文义，是绝对不应删掉这个"问"字的。因为上文交代很清楚："予尝典试春官，以权策士，而为文以明其说。今录于左。"下面便是引证《程士集》卷四中以权策问和作者自己的"为文"。下文也说得十分明白："孔子云"之后，一连串提出七个策问权说的问题，提问之后便是作者自己根据提问对权说的论述。明代科举考试的策问，题目前一般都冠以"问"字。笔者查阅高拱《程士集》卷四，开头便是一个"策"字，其后五个命题之前分别冠有五个"问"字，其中第四个便是"问：孔子云……"。由此可见，根据上下文义和《程士集》中的原文原貌，都是不应该删去这个"问"字的。而点校本把"问"字随意删掉，完全是出于主观的想当然。

点校本在校勘方面还有更为严重的错误。例如154页：

帝典曰："放勋，光被四表，格于上下，以亲九族。九族既睦，平章百姓，百姓昭明，协和万邦，黎民于变时雍。"

此段语出《尚书·尧典》。从《尚书》目录来看，全书并无《帝典》一篇，可以断定"帝典"不是篇名，因而加书名号是错误的。根据《尧典》原文来看，"帝典"显系"帝尧"之误，此句原文是："帝尧曰放勋"，意思是帝尧名叫放勋。"放勋"之后，高拱在引文中删节了"钦明文思安安，允恭克让"十个字；在"以亲九族"之前，删节了"克明俊德"四个字。对此，点校本均未校勘审定，而是想当然地随意加上了一些错误的标点符号。又如93页：

司徒"以乡三物教万民"。

这里不仅把"司徒"这个官名误作书名，又把并非《礼记·王制》中的原文错误地加上引号。笼春堂本中的这句话是："司徒以乡三物教万民"，而《四库全书》本的这句话则是："司徒总政令以教万民"。点校本既以《四库全书》本为主要参校本之一，理应出校，但令人遗憾的是，点校本却漏而不校。

同时，点校本对底本的处理也欠妥当。笼春堂本除《春秋正旨》为一卷外，其他三种论著均分卷次。点校既以笼春堂本为底本，但不知出于何种考虑却一律取消了卷次，这不但模糊了原著的本来面貌，而且也给使用者增添了查阅原著卷次的麻烦。

点校古籍是专门学问，是一件细致的工作，很难说不出一点差错，但是，只要勤于查考，是可以把差错减少到最低限度的。可惜的是，《高拱论著四种》一书的点校，没有能够做到这一点，以致差错百出，硬伤叠见。这就无形中造成了对读者的误导，从而降低了该书的理论价值和使用价值。

（原文刊载于《古籍整理出版情况简报》1998年第10期）

《看了明朝不明白》所述史实考辨
——与熊召政先生商榷

2006年,熊召政先生出版了他的力作《看了明朝不明白》(以下简称《不明白》)。此书是以"明史札记"① 的形式出版的。他说:"这部书的出版,实乃我的长篇历史小说《张居正》的副产品""说是副产品,是指运用的史料而言"②。既然该书是"明史札记",那么其内容本应与史实相符合,但通读全书,存在问题甚多,与史实出入很大。因此,本文仅就同张居正有关的史实、史料问题与熊先生进行商榷,以求教于熊先生及方家。

一

熊先生称:"我开始长篇历史小说《张居正》的构思、写作,便静下心来,做了五年明史研究。首先是研究嘉靖、隆庆、万历三个时代的断代史,且由政治而旁及其他"③"我便开始搜求张居正的著作,不久,便买到了著名历史学家张舜徽主编的皇皇巨著《张居正集》……这便是我研究张居正的发端"④"我曾对张居正及嘉隆万三朝的历史做了数年的研究。自认为占据了丰富翔实的史料"⑤。熊先生已经占有了丰富翔实的史料,笔者对此并不怀疑,但他对张居正生年、政治活动年代的表述与史实却有很大出入。作为小说《张居正》可以虚构,但作为"明史札记"这种学术性著作则是不能虚构的,否则,将会失去"明史札记"的真实性。

---

① 熊召政. 看了明朝不明白 [M]. 广州:广东人民出版社,2006:1.
② 熊召政. 看了明朝不明白 [M]. 广州:广东人民出版社,2006:1.
③ 熊召政. 看了明朝不明白 [M]. 广州:广东人民出版社,2006:5-6.
④ 熊召政. 看了明朝不明白 [M]. 广州:广东人民出版社,2006:102.
⑤ 熊召政. 看了明朝不明白 [M]. 广州:广东人民出版社,2006:187.

综述与书评

先说张居正生年与考中进士的年代问题。熊先生说："张居正生于1524年……他26岁考中进士。"① 这里张的生年有误。居正之子敬修言："以嘉靖四年乙酉五月三日生太师。"② 这就出现了张居正两个"生年"：敬修说其父生于"嘉靖四年乙酉"，即公元1525年；而熊先生说是"生于1524年"，即嘉靖三年甲申。到底谁对谁错呢？考之多种史籍，皆言张生于嘉靖四年，即公元1525年。

熊先生在书中说："他（指张居正）感觉自己二十六岁考中进士以后……"③ "他二十六岁考中进士的时候……"④ 张居正是26岁考中进士吗？否。其子张敬修言："二十六年丁未，太师举进士，选庶吉士，读中秘书。"⑤ 王世贞云：张"登进士高第，改翰林院选庶吉士，是时为嘉靖之丁未、戊申间"⑥。张廷玉《明史·张居正传》亦云："二十六年丁未，居正成进士，改庶吉士。"这些史料都证实张考中的是嘉靖二十六年丁未科进士，而嘉靖二十六年距张居正生于嘉靖四年，恰是23岁。

张居正23岁中进士，入翰林院读书，其教习为徐阶。《不明白》说："徐阶是松江人，是状元出身，是张居正的政治导师"⑦ "这位徐阶是松江人，状元出身"⑧。徐阶是状元出身吗？否。王世贞《首辅传·徐阶传》有言，徐阶中举后，"明年对策，遂为第三人及第"。张廷玉《明史·徐阶传》也称徐阶是"嘉靖二年进士第三人"。这些史料都确认徐阶是嘉靖二年一甲进士及第的第三人，即"探花"而非"状元"。

二

关于张居正入阁时间问题。《不明白》说："嘉靖四十五年三月，由于得到首辅徐阶的赏识，张居正被任命为东阁大学士而参赞入阁。"又说："从他入阁

---

① 熊召政. 张居正评论集［M］. 武汉：长江文艺出版社，2004：255.
② 张居正. 张居正集：第四册［M］. 武汉：湖北人民出版社，1994：409.
③ 熊召政. 看了明朝不明白［M］. 广州：广东人民出版社，2006：166.
④ 熊召政. 看了明朝不明白［M］. 广州：广东人民出版社，2006：170.
⑤ 张居正. 张居正集：第四册［M］. 武汉：湖北人民出版社，1994：411.
⑥ 王世贞. 首辅传·卷七·张居正传［M］//张居正. 张居正集：附录一. 武汉：湖北人民出版社，1994：439.
⑦ 熊召政. 看了明朝不明白［M］. 广州：广东人民出版社，2006：77.
⑧ 熊召政. 看了明朝不明白［M］. 广州：广东人民出版社，2006：149.

到去世，他一共在内阁呆了十六年，六年次辅，十年首辅。"① 显然，前后两说自相矛盾。

隆庆六年至万历十年，即到张居正去世，整整16年。如果张是"嘉靖四十五年三月"入阁，则应是17年，何来16年？如果张"一共在内阁呆了十六年"，则"嘉靖四十五年三月"入阁显系谬误。张的入阁时日，国史有确切记载："上（穆宗）以登极加恩，提调讲读及侍从藩邸诸臣。……吏部左侍郎兼翰林院学士掌詹事府事陈以勤为礼部尚书兼文渊阁大学士；礼部右侍郎兼翰林院学士张居正为吏部左侍郎兼东阁大学士，俱内阁办事。"② 这道敕谕除对徐阶、李春芳、郭朴、高拱四阁臣分别恩进外，又命陈以勤和张居正同时入阁办事。为此，张居正于"隆庆元年二月初九日"③呈上《辞免恩命疏》。熊先生怎能把张的入阁时间提前到嘉靖四十五年三月呢？

不仅如此，《不明白》还说："嘉靖四十四年，严嵩倒台，徐阶当了首辅。由于他的推荐和支持，张居正从此青云直上，仅三年时间就从五品官晋升为文渊阁大学士，并入阁当了辅臣。由于这个勋职，张居正成了炙手可热的一品大臣。这一年，是隆庆元年，张居正四十二岁。"④ 这里的"三年时间"是徐任首辅并支持张入阁的时段。如按"嘉靖四十四年，严嵩倒台，徐阶当了首辅"，由于徐的推荐和支持，"仅三年时间"，张就"晋升为文渊阁大学士"，那么张入阁应在隆庆二年，为什么会是"隆庆元年"呢？其实，严嵩倒台，徐阶任首辅的年份，不是"嘉靖四十四年"，而是嘉靖四十一年五月⑤。如按嘉靖四十一年算起再加三年，张应在嘉靖四十四年入阁，也不会是在"嘉靖四十五年三月"或"隆庆元年"。所谓张"晋升为文渊阁大学士"也系谬误，张入阁及其以后从未受此阁衔。

三

关于张居正的《陈六事疏》问题。张在推行改革之前曾提出过纲领性的政治主张，即《陈六事疏》。此疏何时上奏？《不明白》说："隆庆元年，他入阁

---

① 熊召政. 看了明朝不明白 [M]. 广州：广东人民出版社，2006：104.
② 明穆宗实录：卷四 [M]. 台北："中研院"史语所影印本，1962.
③ 张居正. 张居正集：第一册 [M]. 武汉：湖北人民出版社，1994：518.
④ 熊召政. 看了明朝不明白 [M]. 广州：广东人民出版社，2006：166.
⑤ 张廷玉：明史·卷一一〇·宰辅年表二 [M]. 北京：中华书局，1974：3361.

之初，就向新登帝位的穆宗上过一道《陈六事疏》，从六方面提出了自己改革的主张。"① 此外，该书还再三确证上疏时间为"隆庆元年"②。史实果真如此吗？否。国史记载是隆庆二年八月："少保兼太子太保礼部尚书武英殿大学士张居正上疏（《陈六事疏》）……疏入，上曰：览卿奏，深切时弊，具见谋国忠恳。该部院看议以闻。"③

张疏呈上时间选择在其"政治导师"徐阶于同年七月十九日致仕后的八月二十九日，不是偶然的巧合，反映了张、徐长期的政见分歧。尽管徐器重张，一再引荐提拔，但在政治上并不支持张的改革主张。因此，张居正不得不向"相期以相业"、志同道合的高拱方面倾斜，寻求支助。张居正对师相徐阶于隆庆元年五月驱逐高拱出阁归家极为不满。史载："居正素善拱，见其状，不平。往请于阶，不听。一日，阶咨事，居正曰：'某今日进一语，明日为中玄（高拱号）矣。'"④ 次年七月，徐阶被劾乞休，张则顺水推舟："当阶乞休，张居正以阶柄久，密报芳：阶欲不任矣。遂许之。"⑤ 徐阶去位四十天内，张居正拟定了《陈六事疏》，并立即呈上。这就避免了徐张师生之间的公开分歧和对抗。如果不是这样，而是在徐执政的隆庆元年，张就把《陈六事疏》呈上，那么他们的政治分歧将会不可避免地发生冲突。

《不明白》不仅说"隆庆元年，张居正……便虔敬地向穆宗献上了一道洋洋万余言的《陈六事疏》"，而且还认为"张居正作此试探，知道时机并未成熟，于是继续耐心等待，六年后他的这一份完备的改革文件，终于成了他实施'万历新政'的政治纲领"⑥。"也就是说，他四十二岁时的思想，一直到四十八岁才付诸实现。……张居正等了整整六年。"⑦ 这里所说，张的《陈六事疏》从"隆庆元年"呈上，等到万历元年才付诸实施，不符合历史事实。其史实是：穆宗对张疏批示后，户部、兵部、都察院及各省督抚大臣，都按照张疏的内容和精神，结合本部院的具体情况，提出了贯彻执行的意见，不过都是泛泛之论，缺乏具体措施。笔者认为，张疏没有真正推行，其原因在内阁。此时首辅李春芳、次辅陈以勤、末辅赵贞吉的政治思想倾向于保守。在这种形势下，张的改

---

① 熊召政.看了明朝不明白[M].广州：广东人民出版社，2006：104.
② 熊召政.看了明朝不明白[M].广州：广东人民出版社，2006：166，170，184.
③ 明穆宗实录：卷二三[M].台北："中研院"史语所影印本，1962.
④ 谈迁.国榷：卷六五[M].北京：中华书局，1958：4057.
⑤ 谈迁.国榷：卷六五[M].北京：中华书局，1958：4090.
⑥ 熊召政.看了明朝不明白[M].广州：广东人民出版社，2006：184.
⑦ 熊召政.看了明朝不明白[M].广州：广东人民出版社，2006：170.

革主张当然不可能得到推行。但到隆庆三年（1569年）年底，形势有了转机。一方面，穆宗对高拱去政后"思公不置"，欲召其复政；另一方面，张居正亦促使高拱复政，"俾领吏部，以扼贞吉，而夺春芳政。拱至，益与居正善"①。高拱复政，使隆庆政局呈现出改革的走向。高拱既有其"通权达变"的改革理论，还有其《除八弊疏》的改革纲领。高疏与张疏是改革纲领的姊妹篇。高拱复政后任次辅兼掌吏部事，联手张居正，于隆庆四年初开启了大改革帷幕。诚如韦庆远先生所言："准确地说，明中叶的改革实际上是从隆庆三年（1569年）高拱复出，其后任内阁首辅，张居正任重要阁员时期开始的。隆庆时期实为大改革的始创期，实为其后万历朝进一步的改革奠立基础和确定政策走向的关键性时期。由张居正总揽大权以主持的万历十年改革，基本上是隆庆时期推行改革方案的合理延续和发展。两者之间的承传和衔接关系是非常明显的。"② 可见，张居正《陈六事疏》的实施并非万历元年，而是隆庆三年十二月；并非等待六年，而是等待了一年半。

四

关于俺答封贡互市问题。《不明白》将促成俺答贡市的功绩完全记在张居正头上③，而对高拱则只字不提，这与历史事实是不符的。

隆庆四年（1570年）九月，"俺答孙把汉那吉来降，总督王崇古受之，请于朝，乞授以官。朝议多以为不可，拱与张居正力主之。遂排众议请于上，而封贡以成"④。"拱主封俺答，居正亦赞之，授王崇古等以方略。"⑤ 王世贞说："拱奋身主其事，张居正亦和之。所以区画颇当，亡何而贡成。"⑥ 这里对高、张的主次作用说得很清楚。对此事从处降、纳叛、遣还到封贡、开市的各个环节中，张的作用和功绩是应该肯定的，但比较而言，高的作用和功绩更大一些。清人魏源说："高拱、张居正、王崇古，张弛驾驭，因势推移，不独明塞息五十

---

① 张廷玉. 明史·卷二一三·张居正传 [M]. 北京：中华书局，1974：5644.
② 韦庆远. 张居正和明代中后期政局 [M]. 广州：广东高等教育出版社，1999：4-5.
③ 熊召政. 看了明朝不明白 [M]. 广州：广东人民出版社，2006：168-170.
④ 张廷玉. 明史·卷二一三·高拱传 [M]. 北京：中华书局，1974：5641.
⑤ 张廷玉. 明史·卷二一三·张居正传 [M]. 北京：中华书局，1974：5644.
⑥ 王世贞. 首辅传·卷六·高拱传 [M] //高拱. 高拱全集：附录二. 郑州：中州古籍出版社，2006：1447.

年之烽燧,且为本朝开二百年之太平。"① 近人邓之诚先生也评价说:"高拱以招致俺答一事为最有功,虽成于王崇古,而主持者,则拱也。"② 笔者不知熊先生为何将俺答贡市之功全归于张居正,将高的功绩一笔勾销。

《不明白》又说:"这一次张居正摸清俺答确实有和好之意,于是不畏风险再次向皇上建言,力主把边关打开,让蒙汉之间做生意。……皇上同意了张居正的建议,在口外开发了一个板升城做贸易地。"③ 在这里,我们就隆庆后期明蒙贡市与开市之地谈点看法。

第一,"向皇上建言,力主把边关打开,让蒙汉之间做生意"的不是张居正,而是王崇古。据史料载,隆庆五年(1571年)二月初八,总督王崇古上疏以为封贡便,并条为八议。其第四款为"议立互市":"北虏散处漠北,人不耕织,地无他产,锅釜衣缯之具咸仰给中国。今既誓绝侵犯,故虏使即求互市,庶免盗窃,非谓求开马市也。其互市之规,宜如弘治初北虏三贡例。虏以金银、牛马、皮张、马尾等物,商贩以缎绸、布匹、锅釜等物,择日开市。令虏首以三百人驻边外,我兵五百驻市场,以次贸易,期尽一月而止……上览其疏,令兵部议奏。兵部请以崇古八议义,刊示廷臣,会议可否,请自上裁。从之。"④ 三月初三,给事中章端甫等五人上疏反对贡市,诏下廷议。"于是兵部集府部科道诸臣廷议。定国公徐文璧、吏部左侍郎张四维等二十二人,皆以为可许;英国公张溶、户部尚书张守直等十七人,以为不可许;工部尚书朱衡等五人,以为封贡便,互市不便;独都察院佥都御史李棠极言宜许状。兵部尚书郭乾淆于群议,不知所裁,姑条为数事,以塞崇古之请,大抵皆持两端。""疏上,上以为未当,令部臣更议以闻。"⑤ 高拱对这些种种怪论,逐一驳斥,力主贡市,张居正表示赞同,言:"仆与玄老当备闻于上,请旨行之。浮议虽多,不足恤也。"⑥ 由上可知,首先是俺答求贡互市,王崇古由此上疏八议;而后高、张上层决策,力排众议;最后由首辅李春芳与高、张等面奏封贡互市事宜。"上曰:卿等既议允当,其即行之。"次日,兵部乃如王崇古议覆上,提出贡市具体意见,得旨允行⑦。于是,三月二十八日,封俺答为顺义王;四月二十日,又授俺

---

① 魏源. 圣武记・附录卷一二・武事余纪 [M]. 长沙:岳麓书社,2010:519.
② 邓之诚. 中华二千年史・卷五・明代之政治 [M]. 北京:东方出版社,2012:147.
③ 熊召政. 看了明朝不明白 [M]. 广州:广东人民出版社,2006:169.
④ 明穆宗实录:卷五四 [M]. 台北:"中研院"史语所影印本,1962.
⑤ 明穆宗实录:卷五五 [M]. 台北:"中研院"史语所影印本,1962.
⑥ 张居正. 张居正集:第二册 [M]. 武汉:湖北人民出版社,1994:184-185,192-193.
⑦ 明穆宗实录:卷五五 [M]. 台北:"中研院"史语所影印本,1962.

答各部61位官员以都督同知、指挥同知、佥事、千百户①。可见,《不明白》所言是与史实相悖的。

第二,"皇上同意了张居正的建议,在口外开发了一个板升城做贸易地",这一说法也值得商榷。板升城是今内蒙古呼和浩特市,但当时板升不在明辖区之内。叛逆赵全等人投降俺答后,一直驻在板升。他率众数万,"尊俺答为帝",经常犯边。当时俺答虽执汉奸赵全等九人献给明廷,但板升并无割让给明廷,仍在俺答辖区。张居正怎么会建议开发板升做贸易地呢?据史料记载,当时明蒙开市地点并不在板升,而是在明蒙沿边地带。隆庆五年秋,宣大总督王崇古报告,北房互市事竣:大同得胜堡、新平堡,宣府张家口堡,山西水泉营等地,自五月以来相继规定期限开市,官市、私市交易金额及抚赏之费,市皆无忧。疏入得旨,对有关边臣及兵部官员升赏。八月,三边总督戴才上奏,于延绥、宁夏互市。至此互市事竣。据载,开市地点并无板升城。小说家是否把想象编造为历史,把板升"这个地方算是明代的第一个经济特区"②呢?

五

关于张居正身后的悲剧问题。张死后不久,遭到清算,否定其改革功绩,指斥为专权乱政,并追夺官秩,抄家籍产,甚至还要剖棺戮尸。其原因,《不明白》提出两点:一是万历皇帝"极权统治的寡恩与残忍"③;二是张"做事不计后果得罪人太多"④。这种分析一般来说没错,但具有片面性。笔者认为,造成张居正的悲剧既有客观原因,也有主观原因。

第一,神宗背信弃义,自毁改革成果。张居正的权力是神宗及生母李太后授予的,其改革政策和措施也是他们母子谕允的。但在张死后,神宗却背信弃义,制造冤案悲剧,这完全是神宗出于逆反心理而对张实行的打击报复。封建皇权是不受任何制约、至高无上的权力。小皇帝朱翊钧随着年龄的增长,其权力欲不断膨胀,其生活追求和心理状态也不断地向贪财享乐方面下滑。这样皇权与相权的矛盾不断地潜滋暗长。可惜张没有注意到这一点。如朱翊钧不断索

---

① 明穆宗实录:卷五五[M]. 台北:"中研院"史语所影印本,1962.
② 熊召政. 看了明朝不明白[M]. 广州:广东人民出版社,2006:169.
③ 熊召政. 看了明朝不明白[M]. 广州:广东人民出版社,2006:185.
④ 熊召政. 看了明朝不明白[M]. 广州:广东人民出版社,2006:173.

要巨额金银以供挥霍,这就不可避免地与张居正发生碰撞。朱翊钧绝不愿意做傀儡皇帝,处于被侵权、受督责的地位,因而朱翊钧对张的不满逐渐升级为厌恶。又如,万历八年(1580年)十一月,万历皇帝偕同太监孙海、客用,"夜游别宫,小衣窄袖,走马持刀",甚至醉后杖人。李太后得知,"召帝切责",令其"长跪受教",并令张代拟罪己诏。而《明史·冯保传》却认为罪己诏"词过抱损,帝年已十八,览之内惭,然迫于太后,不得不下"。不仅如此,张还主动要求重处孙海、客用①。万历迫于压力,只好表示"悔过,并去奸邪"。这些都严重伤害了万历帝的自尊心。于是,万历对张的厌恶又升级为大恨。再如,万历五年(1577年),皇帝经筵时把《论语》中"色勃如也"的"勃"误读为"背"字,张居正"忽从旁厉声曰:当作'勃'字。上怵然而警,同列皆失色。上由此惮之"②。于慎行言:"此一字不足深辨,独记江陵震主之威,有参乘之萌而不自觉也。"③张居正自负为"帝师",精心编纂《帝鉴图说》《通鉴直解》,教之以治国之道,企盼万历成为圣君英主。但是,他并不懂得万历帝的心理变化,动之以情,晓之以理,而只是板起面孔一味地切责教诲。从心理学角度讲,张不是成功的帝师,而是失败者。以至于在他身后,万历帝的逆反心理大发作,残酷地打击报复,这既葬送了改革成果,也酿成了自己的悲剧。"江陵之所以败,惟在操弄主之权,钤制太过耳。"④

第二,反对势力的反攻倒算。张居正独揽大权的改革,是对政治权力、经济利益的大调整、大变革。朝野之间那些保守派,为了维护既得权益,乘机向改革派大肆反扑、反攻倒算,这种势力是进行改革的最大阻力。因此,改革自始至终都存在着改革与反改革的斗争。由此可知,改革势必得罪保守派,不得罪人的改革是没有的。问题的关键不在于张"得罪人太多",而在于对被得罪的人如何处置。可惜的是,张对保守派的处置采取的是打、压、杀的方针,不是采取分化瓦解的策略,这是导致张居正悲剧的重要原因。如万历四年(1576年),巡按辽东御使刘台劾张一案,其奏章否定张的改革功绩,逼张下台。最后张拟旨将刘逮入诏狱,廷杖一百,夺官削籍,后张又派人到刘的家乡嗾使仇家计奏,致书巡抚王宗载毒苦凌虐。株连其父、弟,使刘远戍暴死。再如,万历五年(1577年),张父死后,朝官围绕夺情问题展开了一场反张夺权的斗争。应该说夺情是必要的,因为当时张主持的改革已经出台,尚需巩固。在这种形

---

① 张居正.张居正集:第一册[M].武汉:湖北人民出版社,1994:430-434.
② 谷应泰.明史纪事本末·卷六一·江陵柄政[M].北京:中华书局,1977:959.
③ 于慎行.谷山笔麈·卷二·纪述二[M].北京:中华书局,1984:19.
④ 于慎行.谷山笔麈·卷四·相鉴[M].北京:中华书局,1984:42.

势下，如果使张回籍守制，势必使改革夭折，半途而废。但是，有些朝官则硬要逼张回籍守制，其真实目的是借机反张夺权，迫使改革夭折。张与宦官冯保商议，对反对派采取镇压的方针，如对其心腹吏部尚书张瀚，因反对夺情，被勒令致仕，革职回籍；对抗章上奏要求张奔丧守制的编修吴中行、检讨赵用贤、主事艾穆、沈思孝及观政进士邹元标等人，均被廷杖、谪戍，永不叙用，如此等等。"平心论之，居正为相，于国事不为无功；诸人论之，不无过当。然闻谤而不知惧。忿戾怨毒，务快己意。亏盈好还，祸酿身后"①。张身后罹祸，夺情已蓄端倪。数年之后，李植、江东之、羊可立这些保守势力和思潮的朝中代表人物，对张死后的极力追论，不过是反夺情的继续和反弹而已。

第三，张居正失德失律，授人以柄。张是政治家，其功绩彪炳史册。对张的评价应该根据其改革事功，但亦不能忽略其道德评判，这也是《不明白》所承认的。它认为张是"宰相之杰"②，并规定成为"精英人物的三个前提：道德自律、忧患意识和担当精神"③。然而，对张的"精神品质"则只肯定忧患意识和担当精神两方面④，而对其道德自律则讳莫如深，只字不提。如说："我不是清流，无意对张居正做道德上的评判。"⑤《不明白》一方面声称对张不做道德评判，而另一方面又说："他一切以改革为目的，绝不徇私情。他的管家游七背着他收了一些银子，他把游七的腿打断了。张居正就是这样一个人，铁面铁到了极致。"⑥ "他绝不是那种以权谋私的人。"⑦ 难道这不是道德评判吗？只不过都是好的评判，不做失德失律的评判罢了。其实，张骄盈专权，刚愎自用，失德失律之处亦为不少。如万历六年（1578年），张回籍葬父，一路炫耀权威，勋贵臣僚无不送上吊唁祭奠之礼，湖广文武大员俱来江陵会葬送殡，而巡按赵应元因病路远未去，被革职为民。葬亲与改革毫无关系，张为一己之脸面尊荣，竟将巡按除名为民，这难道不是"徇私情"吗？此外，张倚仗权势，打通各种关节，为诸子猎取功名。史载，万历五年，长子张敬修中进士，次子张嗣修为榜眼；万历八年，三子张懋修高中状元。这难道不是"以权谋私"吗？更有甚者，还有涉及苞苴馈遗之事。宦官冯保是张的盟友靠山，此人贪财好货，张命

---

① 张廷玉．明史・卷二二九・赞曰［M］．北京：中华书局，1974：6008．
② 熊召政．看了明朝不明白［M］．广州：广东人民出版社，2006：185．
③ 熊召政．看了明朝不明白［M］．广州：广东人民出版社，2006：7．
④ 熊召政．张居正评论集［M］．武汉：长江文艺出版社，2004：170-171．
⑤ 熊召政．看了明朝不明白［M］．广州：广东人民出版社，2006：188．
⑥ 熊召政．看了明朝不明白［M］．广州：广东人民出版社，2006：173．
⑦ 熊召政．看了明朝不明白［M］．广州：广东人民出版社，2006：109．

其子简修馈送冯保名琴七张,夜明珠九颗,珍珠帘五副,金三万两,银十万两,其他珍玩尤多。张登仕之时,"家中有田数十亩……但至死时却也拥有肥田八万一千余亩"①。王春瑜说:"张居正悲剧的主要教训是……在反对别人腐败的同时,自己却未能洁身自好。""张居正的这种腐败行为,不但给自己抹黑,更重要的,是给改革事业抹黑。"② 张居正自身失德失律的腐败行为,授人以柄,也是他身后悲剧的重要原因之一。

六

关于张居正为何不起用海瑞的问题。首先,是海瑞坐狱时间的正误。《不明白》说:"海瑞在诏狱里坐了整整两年。"③ 然而,《明史》说:嘉靖"四十五年二月,瑞独上疏"即《治安疏》。帝得疏,大怒,"遂逮瑞下诏狱,究主使者。寻移刑部,论死"。"帝崩,穆宗立……获释"④。史载,嘉靖帝崩于四十五年(1566年)十一月十四日,隆庆帝于同月二十六日即位,即"释户部主事海瑞于狱中,瑞先以谏玄修事被杖下狱论死。上在潜邸素闻其戆直,故亟释之,士论称庆"⑤。嘉靖四十五年二月到同年十二月二十六日,再加上当年闰十月,海瑞坐狱不足一年,何来"整整两年"之有?

《不明白》又说:"海瑞这一次在江南的开府,不到两年就干不下去了,他自己提出辞职。隆庆四年二月,朝廷将他改任为南京粮储督官,未及一年,又因与同僚相处不谐产生剧烈冲突,再次提出辞职。……他是在隆庆四年末辞职归里的。"⑥ 这里所说两任时间和两次辞职都不是事实。隆庆三年六月二十四日,海瑞由南京右通政升为"右佥都御使总理粮储提督军务兼巡抚应天等处"⑦,四年二月十七日,穆宗批示吏科给事中戴凤翔论列海瑞去职,如"遇有两京相应员缺,酌量推用"⑧。其任职时间不过九个月,怎能说海瑞任职"不到

---

① 张显清,林金树. 明代政治史:上册[M]. 南宁:广西师范大学出版社,2003:94.
② 王春瑜. 看了明朝就明白[M]. 广州:广东人民出版社,2006:48,52.
③ 熊召政. 看了明朝不明白[M]. 广州:广东人民出版社,2006:91.
④ 张廷玉. 明史·卷二二六·海瑞传[M]. 北京:中华书局,1974:5930-5931.
⑤ 明穆宗实录:卷一[M]. 台北:"中研院"史语所影印本,1962.
⑥ 熊召政. 看了明朝不明白[M]. 广州:广东人民出版社,2006:94-95.
⑦ 明穆宗实录:卷三三[M]. 台北:"中研院"史语所影印本,1962.
⑧ 高拱. 高拱全集:上卷[M]. 岳金西,岳天雷,编校. 郑州:中州古籍出版社,2006:353-356.

两年"就"自己提出辞职"呢？穆宗批示后不久，即改任海瑞以原官总督南京粮储，到同年三月二十五日穆宗又批示"将新升南京户部右侍郎徐贡元带管提督粮储""见任总督南京粮储都御史海瑞依议裁革"①，其任职时间不过一个月左右。怎能说海瑞任此职"未及一年""再次提出辞职"呢？海瑞被裁革后，即上《告养病疏》，痛骂"今举朝之士皆妇人也"②，从而引起都给事中光懋、御史成守节等的联名纠劾。吏部指出："本官已奉钦依，照旧候用，无容别议"，穆宗批示同意，时在四年四月十五日至二十五日③。海瑞固执己见，在四五月之间便借口养病告归，怎能说"他是在隆庆四年末辞职归里"呢？

其次，是海瑞官职的正误。《不明白》说："海瑞挂职在都察院，官衔是四品的御史中丞，出使应天府。"又说："古戏中所说的'八府巡按'，就是海瑞这个角色。"④ 这是混乱概念。海瑞挂职都察院的官衔不是"御史中丞"，而是右佥都御史。海瑞也不是"出使应天府"，而是出使"应天等处地方"，包括应天、苏州、徽州等十府一州，还兼理浙西的杭、嘉、湖三府的税粮。海瑞更不是"八府巡按"，而是应天巡抚。巡抚在巡按之上，巡抚是皇帝派遣到地方，治理一个政区的行政长官；巡按则是都察院派驻在外的监察御史，是负责一个地区纪检风宪的长官。

《不明白》还说："当年隆庆皇帝给他（指海瑞）平反以后，给了他天下最富的一个府，苏州府，让他去当知府。""他当了三年的知府，苏州的赋税降低了差不多一半。"⑤ 人们不禁要问：堂堂应天巡抚怎么会突然之间又降为"苏州知府"了呢？莫非是因为应天巡抚驻地在苏州，就把巡抚降为知府，或是因为海瑞在任上犯了错误而被降职为知府。这大概只有作者知道。从史料记载来看，海瑞"当了三年的知府"，更是无据之谈。作者对海瑞任应天巡抚的官职、地点和时间的表述随意性很强，这不是对历史、对古人、对读者负责任的表现。

再次，是对海瑞的总体评价。《不明白》说："我们通常都把'清官'当作好官的典型。笔者个人认为，这是一种偏见。清官之廉洁，是品行的优良，这是一种道德的评判。……若仅有好的品行，则只能算是好人""海瑞便属于品行

---

① 高拱. 高拱全集：上卷［M］. 岳金西，岳天雷，编校. 郑州：中州古籍出版社，2006：270.
② 海瑞. 海瑞集：上编［M］. 陈仲仪，点校. 北京：中华书局，1981：242.
③ 高拱. 高拱全集：上卷［M］. 岳金西，岳天雷，编校. 郑州：中州古籍出版社，2006：357-358.
④ 熊召政. 看了明朝不明白［M］. 广州：广东人民出版社，2006：91.
⑤ 熊召政. 看了明朝不明白［M］. 广州：广东人民出版社，2006：172.

优良的好人"①。《不明白》说海瑞只是好人，不是好官，这种观点值得商榷。清官之廉洁，不仅是指不损公利己，不贪污受贿，也是指问刑理政没有私心，正直公平。封建官吏也是讲究德才兼备的，清官与好官是不能绝对对立起来的。清官不仅是道德评判，也包含着事功评判。那种把海瑞说成是好人而不是好官的观点，是缺乏说服力的。明史专家吴晗曾评价说，海瑞是我国16世纪有名的好官、清官，是深深得到广大人民爱戴的言行一致的政治家。他为了巩固封建统治阶级的长远统治，减轻农民和市民的负担，向贪婪腐朽的封建官僚、大地主斗争了一生②。吴晗的这个评价到现在并不过时。

《不明白》说海瑞不是好官，因为"若论他当官的政绩，则乏善可陈"，"海大人没有能力发展经济，让老百姓获得福祉"③。这不符合历史事实。据史书记载，海瑞巡抚应天"锐意兴革，请浚吴淞、白茆，通流入海，民赖其利。素疾大户兼并，力摧豪强，抚穷弱。贫民田入于富室者，率夺还之。……又裁节邮传冗费。士大夫出其境率不得供顿，由是怨颇兴。……故自为县以至巡抚，所至力行清丈，颁一条鞭法。意主于利民，而行事不能无偏云"④。当然，海瑞在锐意兴革过程中，难免会有更张太骤、不近人情的缺失，但其改革弊政的方向是正确的，其改革政绩是不能抹杀的。时任内阁次辅兼掌吏部事的高拱，对此有过中肯的分析："都御史海瑞自抚应天以来，裁省浮费，厘革宿弊，振肃吏治，矫正靡习，似有倦倦为国为民之意，但其求治过急，更张太骤，人情不无少拂。"⑤ 可见，海瑞作为改革家，其政绩是第一位的，缺失是第二位的。

最后，张居正执政十年，为何始终不用海瑞？《不明白》说：在张看来，"海瑞只是一个好人，但并非一个好官。他对海瑞个人的操守表示欣赏，他认为海瑞并非'循吏'，就是说海大人没有能力发展经济，让老百姓获得福祉，所以弃而不用"⑥。"做人和做官不一样。做人可以讲品德、讲情操。做官除了讲品德之外，还要做到两点：第一要让皇上放心，皇上把这个地方交给你，你别乱来；第二你要让当地的老百姓得到好处，要为官一任，造福一方。"于是，"我若给他个闲官当，天下读书人还会骂我，说你看看，他把人家当花瓶用。我若

---

① 熊召政. 看了明朝不明白 [M]. 广州：广东人民出版社，2006：94.
② 吴晗. 论海瑞 [M]//海瑞. 海瑞集：代序. 北京：中华书局，1981：1-26.
③ 熊召政. 看了明朝不明白 [M]. 广州：广东人民出版社，2006：94，95.
④ 张廷玉. 明史·卷二二六·海瑞传 [M]. 北京：中华书局，1974：5931-5933.
⑤ 高拱. 高拱全集：上卷 [M]. 岳金西，岳天雷，编校. 郑州：中州古籍出版社，2006：355-356.
⑥ 熊召政. 看了明朝不明白 [M]. 广州：广东人民出版社，2006：95.

重用他，又坏事了。干脆我给后代留下一个楷模：你是一个做人的典型，但不能做官"。因此张"坚决不再起用他"①。张居正对海瑞的评价是"只是好人，不是好官""没有能力发展经济"，因此"坚决不再起用他"。这些观点究竟是张居正的，还是熊先生的，很难分清。由于《不明白》引用上述史料均无出处，因此无从确证。不过，张为何始终不用海瑞，正史有所说明："万历初，张居正当国，亦不乐瑞，令巡按御史廉察之。御史至山中视。瑞设鸡黍相对食，居舍萧然，御史叹息去。居正惮瑞峭直，中外交荐，卒不召。"②张居正害怕海瑞严峻刚直，不便行私，是他不用海瑞的重要原因。

有人可能会说，上述商榷都是些细枝末节问题。否。正是在细微处可以窥见一个作家的治史态度和治学精神。自称"首先是史学家"，更应该以实事求是、科学严谨的态度来撰写明史札记。

（原文刊载于《黄河科技学院学报》2009年第4期）

---

① 熊召政. 看了明朝不明白 [M]. 广州：广东人民出版社，2006：173.
② 张廷玉. 明史·卷二二六·海瑞传 [M]. 北京：中华书局，1974：5932.

附录

<<< 附录

《高拱全集》评价（五篇）

说明：岳金西等编校的《高拱全集》，系全国古籍整理"十一五"规划项目，由中州古籍出版社2006年出版。该书荣获2006年度全国古籍整理优秀图书一等奖，2006—2007年度河南省优秀图书一等奖。这里收录五位著名专家对该书的推荐和评价，排序不分先后。

（一）

高拱是明代杰出的政治家。学术界对高拱虽有一些研究，但很不充分，而且对其历史地位缺乏应有的认识。而若改变这种状况，则需从全面、准确地掌握高拱本人著述及高拱相关资料入手。岳金西、岳天雷同志编校的《高拱全集》恰好满足了这一需求，为高拱及相关历史研究提供了史料基础，具有重要学术价值。

该书是迄今搜集高拱著作最全的集子，堪称"全集"。在篇章安排上，内容分类与时间顺序相结合，纠正了明清时期所编旧集之欠缺；在校勘上，底本与参校本相对照，改补了错漏，凡原本泛引之经书及诸子著作，皆校出原文及出处，用力颇深；编校者还编撰了《高拱生平文献》《高拱大事年谱》附于书中，并在《前言》中对高拱生平事迹及实学思想等做了全面论述，从而使该书具有较强的研究性。综上所述，该书实为一部优秀的古籍整理之作，特此推荐。

中国社会科学院研究员、中国明史学会会长　张显清
2007年7月4日

（二）

由岳金西、岳天雷编校，中州古籍出版社于2006年12月出版的《高拱全集》（上下册），是迄今收集资料最为齐备、编校工作最为用心的关于高拱的原典文献资料汇编，它为人们深入研究高拱提供了坚实的基础和极大的方便。

高拱是明代后期一流的大政治家和思想家，他对推动社会改革和实学发展

做出了卓越的贡献。但由于种种原因，后世研究者较少，这是非常可惜的。高拱的著作历史上刊刻过三次，而错漏较多，且分散在各地，不易查找。岳氏父子在中州古籍出版社大力支持下，用了近二十年时间，到北京和各地收集资料，甚至争取到台湾图书馆的帮助，终于将高拱著作收集齐备，并认真加以校勘、标点、注释，纠正了前人许多错误，还编辑了三份附录，其附录三《高拱大事年谱》为首创。他们用力之勤、运思之精，都是令人钦佩的。在出版方面，书的校对、印刷、装帧都做得较好，是一部高质量的出版物。

《高拱全集》的出版，会有力推动高拱及明代史的研究，而这种研究对于今天有重要借鉴意义。我诚心推荐该书参加出版系统的评奖活动。

中央民族大学教授　牟钟鉴
2007 年 6 月 22 日

（三）

岳金西和岳天雷同志编校的《高拱全集》具有很高的学术价值，是编校古籍的上乘佳作。突出的特点有以下几方面：第一，它是明清两代刊刻过的高拱文集中收集最全，校勘最精，加工最细的版本。存世的高氏著作俱已收载，可以作为研究高拱及其时代最好的资料。第二，它的史料价值是很高的。数百年来对高氏的褒贬不一，对高氏的事功、学术思想以至人品，总的倾向是比较低估。特别是关于高张（居正）的关系前因后果，恩仇中变，不少论述有失公正。由于《全集》编校本的出版印行，便于依据确凿的史料以澄清混乱，还原历史人物以及历史事件的真实。第三，《全集》的出版印行，对明代中后期（从隆庆至万历初年）社会经济政治的演变，由高氏首创，张居正加以发展弘扬，蔚成大改革的高潮，旁及当时的学术论争、社会思潮以至边防海运、人事制度和法制等方面的演变，都可供参考。我认为，将《全集》推荐为重大的学术成果是适宜的。

中国人民大学教授　韦庆远
2007 年 6 月 26 日

（四）

由岳金西、岳天雷两先生编校，中州古籍出版社出版的《高拱全集》是古籍整理一项值得称誉和奖励的成果。第一，它不仅收入原高拱文集固有之文，还搜集、补入了新发现的高拱之文，使它成为迄今收录高文最全之书，是名副其实的《全集》。第二，依政治与学术将高氏十五种著作分为上下两册，再各以时间顺序排列先后，甚有条理，亦颇科学，富于创意。第三，文字校勘确当，出校明晰，一丝不苟。第四，所收三种"附录"，对了解与研究高拱各有其用，甚为重要。二、三两种花费了编者大量心力，而"年谱"本身就是系统把握材料的研究成果，同时又为别种研究提供了诸多便利。

高拱是隆万改革的先驱，也是批判宋明理学的实学家。在关于他的深入研究尚在起步之时，编校、出版这样一部资料完备的《高拱全集》，价值和意义不言而喻。特此推荐。

北京大学教授　马振方
2007 年 6 月 22 日

（五）

由岳金西、岳天雷编校的《高拱全集》，是一部高质量的历史文献，其优点如下：第一，搜罗齐全。编校者费了大量的人力、物力，用时十余年之久，将高拱不同时期著作的不同刻本，搜集起来，进行校勘整理，使失落的文献得以重见，以显高拱著作的全貌。第二，编纂得当、校勘精细、注释详明。对高拱的著作既按照时代先后、又按不同类别编纂，使读者翻阅一目了然。而用力尤勤者是对重要文字之不同版本与有关历史事实，进行了详细注释，这是一般整理前人文集工作中少有的，也是很难做的，是此书一大特点。第三，专心研究，质量较高。由于编校者是在对高拱研究的基础上进行工作的，所以对文集中的内容有正确的理解，故而编校质量较高。本文集除了高拱本人的文字之外，还搜集到与高拱本人有关人物的文字资料，以及高拱辞世之后明清两代有关高拱的各种记述和评论。编者还特地撰写了高拱年谱，这是本文集的又一大特点。它不仅为读者提供了高拱本人著作的全貌，还提供了历史上对高拱其人的评价，这对进一步研究高拱提供了准确而全面的资料。

高拱是明朝后期的重要人物。他的活动关系到隆庆万历之际一些重大的历史事件，所以《高拱全集》的整理与出版，对开展这一时期的历史研究有很大的学术价值。本书印刷精良，可说是《高拱全集》的最良版本。

南开大学教授　陈生玺
2007 年 7 月 5 日

高拱研究的奠基者

——追忆家父岳金西教授

岳天雷

2021年11月21日,家父岳金西教授因医治无效而病逝,他生于1928年8月27日,享年94岁。家父是河南省新郑市西南吕庄村人,他生于新郑,长于新郑,少年求学于新郑。1947年县立初中毕业后,考入省立开封高中。因家庭经济困难,1948年10月肄业。后经过银行学校短暂培训,于1949年2月参加工作。1955年加入中国共产党。曾在郑州市中原银行、中共郑州市委宣传部、郑州市委讲师团、郑州郊区委员会、郑州市委党校等单位工作。1984年4月调到郑州煤田地质学院,后合并到河南工程学院。1989年8月离休。家父生前任教授,曾多次被评为优秀共产党员,优秀科技干部,并参加中国马克思主义哲学史学会、中国历史唯物主义学会和中国明史学会。

回顾家父的一生,虽然工作单位频繁调动,但始终没有离开过理论宣讲和学术研究活动。就其学术研究而言,主要涉及两个人物:一是西方德国的马克思,一是中国明代的高拱。这是家父研究的主要对象或领域。大致来说,1989年离休之前,侧重于马克思早期哲学思想的研究;离休之后,偏重于高拱的文献整理和学术研究。关于前者,将另文撰述,本文仅就家父有关高拱文献整理和学术研究的概况加以简要追述。

一、眷恋乡贤,研究高拱

家父专注于高拱研究有着多种因素,主要有二。一是同乡情结。溱洧之滨,具茨山下,轩辕黄帝故里的所在地、黄帝文化的发祥地——河南新郑,是一块人杰地灵、文化底蕴深厚的风水宝地。自古以来,人才辈出,代有英贤。其中,明代内阁首辅高拱就诞生于新郑,是中原名人之一。有幸的是,家父也出生于新郑,与高拱是名副其实的同乡。尽管生活的时代不同,时间跨越亦长达四百多年之久,但却有着浓厚的乡土情结,同乡之谊。家父少年时代,常听到村里的老人们谈起高阁老的许多动人故事和美妙传说,如"高阁老的秤没星""八卦桐没梁""高阁老中牟娶妻""高阁老贡枣"等。这些美妙传奇的民间故事,在家父童年心里留下了高拱的智慧形象、为民形象,也成为家父少年时代美好的记忆。后来家父关注和研究高拱,正是这一乡土情结、同乡之谊使然。

二是名家启发。20世纪50年代中后期,家父从中原银行调到郑州市委宣传部工作,任中共郑州市委讲师团副团长。为增强自己的理论基础,也为适应理论宣讲工作,家父每周两次到郑州大学听课,主要是聆听中科院学部委员、郑州大学首任校长嵇文甫先生有关中国思想史的学术报告。嵇先生在课堂上多次提到,他一辈子主要研究了两个历史人物,一个是湖南衡阳人王船山,一个是河南新郑人高阁老。受其影响,家父常想高拱可能很有学问,肯定也留下了许多著作。这是促使家父后来研究高拱的重要机缘。

另外,1944年郑州沦陷后,家父由新郑县(今新郑市)立初中二年级下学期辍学,便跟随前清秀才刘清玉读过半年私塾,如《论语》《孟子》等,由此奠定了家父的古文基础,这也为其后整理高拱文献提供了重要条件。

二、全面整理高拱文献

正是基于上述因素,高拱研究便成为家父后半生的重要学术事业。要展开对高拱的研究,首先必须搜集、整理高拱的文献资料。这是高拱研究的基础和前提。因此,家父对高拱的研究,便是从搜集和整理文献资料开始的。这个过程大致分为两步:

第一步,从事高拱选集的点校和注释工作。家父首先搜集到的是高拱晚年所著的三部学术著作,即《春秋正旨》《问辨录》《本语》。家父以清康熙"笼春堂"本为底本,并参校四库全书版本,花费多年时间,进行点校和注释,我也帮助誊抄了部分书稿,最终我们完成了《〈问辨录〉校注》(外二种)一书,由中州古籍出版社于1998年出版。书中,高拱原文约15万字,注释多达24万字,全书凡39万字。该书的出版,为研究高拱晚年的学术思想提供了极大的便利和重要条件。

第二步,从事高拱全集的资料搜集和编校工作。《〈问辨录〉校注》一书出版后,家父又投入了相当大的精力和财力,多次到国家图书馆、国子监图书馆、中国科学院文献情报中心、中国社科院图书馆、北京大学图书馆、河南省图书馆等单位收集资料,直到2000年才把高拱现存15种著作和大量相关研究文献收集齐备。特别是收集明清时期有关高拱的文献,不知跑了多少路,遇到了不少意想不到的困难。例如,最后一次在北京国家图书馆招待所住了一个多月,有几天在中科院文献情报中心查抄高拱文献资料,古籍专家张建辉先生被家父这个垂垂老者孜孜不倦查抄资料的精神所感动，他主动给家父介绍高拱嗣子高务观编纂的《东里高氏世恩录》。他说这是孤本，不轻易示人，此书对研究高拱或许会有用。家父看到此书，如获至宝。张先生并以优惠价格帮助复印了全书120多页。又如，家父在查询隆万时期张一桂的《漱秋堂文集》时，费了很大周折才得知此书大陆无馆藏。于是贸然写信同台北"中央图书馆"特藏组联系，出乎意料的是，该图书馆很快寄来张一桂为高拱撰写的一篇寿文和一篇祭文的原版复印件。至此，终于把高拱的八篇六十岁寿文和两篇祭文收集齐全了。

搜集高拱文献颇为不易，对高拱文献的点校和注释更为不易，这是一项非常庞大且复杂的工程。在这一方面，更是耗费了家父的大量精力和时间。记得家父说过，在点校过程中，发现高拱著作对经、史、子、集等经典语句的引述，颇为复杂，有"摘引""断引""合引""意引"等情况。这就给点校工作带来了很大困难。有时为查找一句经典原文语句，大费周章，费了好半天工夫，才能正确地加上点号、引号或句号，把差错率尽量降到最低。为了给学界研究提供方便，家父还坚持把繁体字的高拱文献全部简化为简体字，这又是一项相当复杂的工程。众所周知，繁体字含义颇丰，要将其转化为哪个简体字，何种简体字，必须查阅工具书，反复琢磨和推敲，不然就会出现差错。另外，这时他没有电脑，硬是工工整整、一字一字地誊抄在方格稿纸上，书稿摞起来就有两尺多高，多达155万字。这对年近80岁的家父来说，又是多大的工作量啊！其中的甘苦实在是难以言表。

高拱是长期被埋没的历史人物，也是被曲解和厚诬最多的历史人物。为了厘清是非，正本清源，家父为《高拱全集》撰写了5万多字的长篇序言，全面介绍了高拱的生平身世、著作版本、实学思想、改革功绩和历史评价，并撰写了约10万字的《高拱大事年谱》。《高拱全集》上册按时序编排10种政治性著作，下册编排5种学术性著作，还包括三个附录。附录一是高务观编纂的《东里高氏家传世恩录》，此书最为珍贵之处，是载有四朝（正德至万历）皇帝赐予高拱及其祖父、父亲和长兄的敕诰原文，这是评价高拱的重要依据。附录二是高拱生平研究文献，载有明清时期60多人170余篇高拱研究文献，包括褒贬毁誉的不同评价。附录三是《高拱大事年谱》，历史上高拱没有年谱，这是第一个年谱。此谱是根据正德、嘉靖、隆庆和万历四朝《实录》、高拱著作以及其他相关文献编纂而成的。

持续多年的点校工作，也终于得到回报。书稿提交到中州古籍出版社后，出版社依据书稿申请到国家"十一·五"古籍整理出版规划重点项目。在出版社又经过四年的校对工作，终于在2006年12月由中州古籍出版社出版发行。

《高拱全集》出版后，也得到多位著名专家如中国社会科学院研究员张显清先生、中央民族大学教授牟钟鉴先生、中国人民大学教授韦庆远先生、北京大学教授马振方先生和南开大学教授陈生玺先生的推荐和评价，并荣获2006年度全国古籍整理优秀古籍图书一等奖，河南省2006—2007年度优秀图书一等奖。可以说，这既是对家父多年辛勤耕耘的肯定，也是对其精益求精而呈现上乘佳作的褒奖。

三、家父晚年的高拱研究

家父不仅全面系统地整理高拱的文献资料，而且还对高拱学术做了诸多研究，发表了多篇学术论文。

家父提出高拱逝世后，最早为其作传的是万历时期的王世贞和郭正域。两传相比较，郭氏的《高拱墓志铭》基本符合历史事实，而王氏的《高拱传》则大多背离历史事实，多有丑诋、厚诬之辞。因此，家父在香港浸会大学《人文中国学报》（2017年总第24期）发表《王世贞〈高拱传〉史实探析》一文，提出在徐阶逐拱出阁、高拱复政原因、嘉靖遗诏纷争、隆庆阁臣去政之真相以及所谓传主报复徐阶、贪污受贿等问题上表现出甚为明显的历史偏见。有学者提出高拱晚年所撰《病榻遗言》多有不实之词，是导致张居正冤案的"强烈催化剂"和"政治权谋"。对此，家父撰写《高拱〈病榻遗言〉考论》（载《古代文明》2009年第3期）一文进行商榷，认为该书刊刻于万历三十年左右，不在万历十年左右张居正罹难期间，故与张居正身后罹难无涉；该书是对隆、万之交发生的政治事件的真实记录，并非不实之词；该书是当事人真实回忆录，绝非"为其身后报复政敌"的所谓"政治权谋"，因而不可能影响到万历十年以后的明代政局。还有学者提出高拱缺失为相素质和才能的观点，对此，家父撰写《高拱缺失相材吗?》（载《哈尔滨师范大学社会科学学报》2012年第2期）一文进行商榷，提出高拱于嘉靖末年入阁，由于与首辅徐阶政见政纲之分歧而被徐阶逐出内阁，绝非所谓"有违做官之道，大失人望"所致，隆庆三年十二月高拱复政后，内阁诸臣之去政，也是由于政见政纲之不同，决不能归咎于高拱一人，实际上均是权欲极强的张居正一人所为。高拱为相"公正廉直"，论相业功绩不亚于徐、张，论人格品德又比徐、张高尚。所谓"相材缺失论"有失公平公正，也有悖于历史事实。另外，家父还撰有《高拱的惩贪方略及其代价》《〈看了明朝不明白〉所述史实考辨》《有关张居正的两本观点对立的史著》《高拱研究述评》等多篇论文。由此可见，家父发表的多为商榷性、争鸣性的论文，这对厘清是非，辩诬正名，进而还原高拱的历史真相，无疑具有重要的学术价值和意义。

家父晚年病重期间，对高拱仍然是念兹在兹，恋恋不舍。有一次，他在与我交谈中提到《高拱全集》有不完善之处，特别是在附录二《高拱生平文献》中遗漏了一些重要文献资料，因此他设想再出一本《〈高拱全集〉补编》，并用颤抖的手列出如下详细的纲目：

卷一：高拱佚言轶事补编；卷二：高拱抗辩及致仕补编；卷三：《高文襄公文集》补编（陈子龙《明经世文编》上）；卷四：《高文襄公文集》补编（陈子龙《明经世文编》下）；卷五：《病榻遗言》补编（《纪录汇编》卷一九八，载《四库全书存目丛书》子部240册）；卷六：高拱传记补编（李振裕的《高拱传》，万斯同的《高拱传》）；卷七：高拱研究成果选辑（嵇文甫、赵纪彬、牟钟鉴、葛荣晋等先生相关论文和书稿）；卷八：《高拱全集》评价（五篇）。

需要说明，家父在临终前几天还嘱咐我一定要完成此书的选辑和编校，尽量为学界提供一部完整系统的高拱文献资料，为全面深入地研究高拱，推动高拱学术发展尽到绵薄之力。

众所周知，研究历史人物是从搜集文献资料开始的，只有全面掌握文献资料，才能谈得上对历史人物的全面系统的研究。就此而言，家父耗费大半生的时间和精力，对高拱文献资料的搜集、整理、编校以及相关论文的发表，不仅在高拱学术史上留下了浓墨重彩的一笔，而且也为促进高拱及明代中后期历史的研究做出了应有的贡献。因此，将其视为高拱研究的奠基者恰如其分。

总之，家父在高拱研究过程中，形成了两种精神品质：一是严肃认真、一丝不苟的精神；二是持之以恒、决不罢休的精神。这两种精神品格，既是家父做人为学的风范，也是留给后代的宝贵精神财富，我们应当继承和发扬。

（原文刊载于《华夏源》2022年第1期）

主要参考文献

一、经典文献

（一）马恩全集和选集

［1］中共中央马克思恩格斯列宁斯大林著作编译局. 马克思恩格斯全集：第1卷［M］. 北京：人民出版社，1956.

［2］中共中央马克思恩格斯列宁斯大林著作编译局. 马克思恩格斯全集：第2卷［M］. 北京：人民出版社，1957.

［3］中共中央马克思恩格斯列宁斯大林著作编译局. 马克思恩格斯全集：第3卷［M］. 北京：人民出版社，1960.

［4］中共中央马克思恩格斯列宁斯大林著作编译局. 马克思恩格斯全集：第4卷［M］. 北京：人民出版社，1958.

［5］中共中央马克思恩格斯列宁斯大林著作编译局. 马克思恩格斯全集：第16卷［M］. 北京：人民出版社，1964.

［6］中共中央马克思恩格斯列宁斯大林著作编译局. 马克思恩格斯全集：第21卷［M］. 北京：人民出版社，1965.

［7］中共中央马克思恩格斯列宁斯大林著作编译局. 马克思恩格斯全集：第27卷［M］. 北京：人民出版社，1972.

［8］中共中央马克思恩格斯列宁斯大林著作编译局. 马克思恩格斯全集：第29卷［M］. 北京：人民出版社，1972.

［9］中共中央马克思恩格斯列宁斯大林著作编译局. 马克思恩格斯全集：第31卷［M］. 北京：人民出版社，1972.

［10］中共中央马克思恩格斯列宁斯大林著作编译局. 马克思恩格斯全集：第40卷［M］. 北京：人民出版社，1982.

［11］中共中央马克思恩格斯列宁斯大林著作编译局. 马克思恩格斯全集：第41卷［M］. 北京：人民出版社，1982.

[12] 中共中央马克思恩格斯列宁斯大林著作编译局. 马克思恩格斯全集: 第42卷 [M]. 北京: 人民出版社, 1979.

[13] 中共中央马克思恩格斯列宁斯大林著作编译局. 马克思恩格斯选集: 第1卷 [M]. 北京: 人民出版社, 1972.

[14] 中共中央马克思恩格斯列宁斯大林著作编译局. 马克思恩格斯选集: 第2卷 [M]. 北京: 人民出版社, 1972.

[15] 中共中央马克思恩格斯列宁斯大林著作编译局. 马克思恩格斯选集: 第4卷 [M]. 北京: 人民出版社, 1972.

(二) 列宁全集和选集

[1] 中共中央马克思恩格斯列宁斯大林著作编译局. 列宁全集: 第17卷 [M]. 北京: 人民出版社, 1988.

[2] 中共中央马克思恩格斯列宁斯大林著作编译局. 列宁全集: 第21卷 [M]. 北京: 人民出版社, 1992.

[3] 中共中央马克思恩格斯列宁斯大林著作编译局. 列宁全集: 第38卷 [M]. 北京: 人民出版社, 1986.

[4] 中共中央马克思恩格斯列宁斯大林著作编译局. 列宁选集: 第1卷 [M]. 北京: 人民出版社, 1976.

[5] 中共中央马克思恩格斯列宁斯大林著作编译局. 列宁选集: 第2卷 [M]. 北京: 人民出版社, 1976.

二、古籍文献

[1] 高拱. 高拱全集 [M]. 岳金西, 岳天雷, 编校. 郑州: 中州古籍出版社, 2006.

[2] 高拱. 问辨录 [M]. 郑州: 中州古籍出版社, 1998.

[3] 高拱. 高拱论著四种 [M]. 北京: 中华书局, 1993.

[4] 明穆宗实录 [M]. 台北: "中研院"史语所影印本, 1962.

[5] 明神宗实录 [M]. 台北: "中研院"史语所影印本, 1962.

[6] 明世宗实录 [M]. 台北: "中研院"史语所影印本, 1962.

[7] 张廷玉. 明史 [M]. 北京: 中华书局, 1974.

[8] 于慎行. 谷山笔麈 [M]. 北京: 中华书局, 1984.

[9] 张舜徽, 主编. 张居正集 [M]. 武汉: 湖北人民出版社, 1994.

[10] 海瑞. 海瑞集 [M]. 陈仲仪, 点校. 北京: 中华书局, 1962.

[11] 谈迁. 国榷 [M]. 北京：中华书局，1958.

[12] 王世贞. 嘉靖以来内阁首辅传 [M]. 丛书集成初编. 北京：中华书局，1991.

[13] 王世贞. 弇山堂别集 [M]. 北京：中华书局，1985.

[14] 沈德符. 万历野获编 [M]. 北京：文化艺术出版社，1998.

[15] 朱国祯. 涌幢小品 [M]. 北京：文化艺术出版社，1998.

[16] 黄景昉. 国史唯疑 [M]. 上海：上海古籍出版社，2002.

[17] 王廷相. 王廷相集 [M]. 北京：中华书局，1989.

[18] 清乾隆. 新郑县志 [M]. 郑州：新郑市地方史志编委会标注本，1997.

[19] 焦竑. 国朝献征录 [M]. 上海：上海书店影印本，1986.

[20] 孙奇逢. 孙奇逢集 [M]. 郑州：中州古籍出版社，2003.

[21] 伍袁萃. 林居漫录 [M]. 台北：伟文出版有限公司，1977.

[22] 谷应泰. 明史纪事本末 [M]. 北京：中华书局，1997.

[23] 魏源. 圣武记 [M]. 长沙：岳麓书社，2010.

三、专著和论文

（一）专著和论文集

[1] 黄仁宇. 万历十五年 [M]. 北京：中华书局，1982.

[2] 牟复礼，崔瑞德. 剑桥中国明代史 [M]. 北京：中国社会科学出版社，1992.

[3] 梁方仲. 梁方仲经济史论文集 [C]. 北京：中华书局，1989.

[4] 樊树志. 万历传 [M]. 北京：人民出版社，1993.

[5] 王春瑜. 中国反贪史 [M]. 成都：四川人民出版社，2000.

[6] 韦庆远. 张居正和明代中后期政局 [M]. 广州：广东高等教育出版社，1999.

[7] 刘志琴. 张居正评传 [M]. 南京：南京大学出版社，2006.

[8] 刘梦溪，主编. 中国现代学术经典·梁启超卷 [M]. 石家庄：河北教育出版社，1996.

[9] 田澍. 嘉靖革新研究 [M]. 北京：中国社会科学出版社，2002.

[10] 黄云眉. 明史考证 [M]. 北京：中华书局，1985.

[11] 中国明史学会编. 第十三届明史国际学术研讨会论文集 [C]. 长沙：

湖南人民出版社，2011.

[12] 嵇文甫．嵇文甫文集［C］．郑州：河南人民出版社，1990.

[13] 张岱年，主编．中国唯物论史［M］．郑州：河南人民出版社，1994.

[14] 葛荣晋．中国实学文化导论［M］．北京：中共中央党校出版社，2003.

[15] 陈鼓应等，主编．明清实学思潮史［M］．济南：齐鲁书社，1989.

[16] 赵纪彬．困知二录［C］．北京：中华书局，1991.

[17] 张立文．中国哲学范畴发展史（人道篇）［M］．北京：中国人民大学出版社，1995.

[18] 邓志峰．王学与晚明的师道复兴运动［M］．北京：社会科学文献出版社，2004.

[19] 韦庆远．隆庆皇帝大传［M］．沈阳：辽宁教育出版社，1997.

[20] 毛佩琦，刘利平．明朝顶级文臣［M］．石家庄：花山文艺出版社，2007.

[21] 白寿彝．中国通史［M］．上海：上海人民出版社，1999.

[22] 姜德成．徐阶与嘉隆政治［M］．天津：天津古籍出版社，2002.

[23] 张显清，林金树．明代政治史［M］．桂林：广西师范大学出版社，2003.

[24] 陈时龙．明代中晚期讲学运动［M］．上海：复旦大学出版社，2007.

[25] 马振方．在历史与虚构之间［M］．北京：北京大学出版社，2006.

[26] 熊召政．看了明朝不明白［M］．广州：广东人民出版社，2006.

（二）期刊论文

[1] 王宗虞．高拱的用人思想［J］．中州学刊，1986（5）．

[2] 赵毅．《病榻遗言》与高新郑政治权谋［J］．古代文明，2009（1）．

[3] 赵毅．高新郑相材缺失论［J］．哈尔滨师范大学社会科学学报，2010（1）．

[4] 田澍．震荡与调适：隆庆政治的走向［J］．社会科学辑刊，2011（2）．

[5] 牟钟鉴．论高拱［J］．中州学刊，1988（5）．

[6] 李慎仪．试论高拱的哲学思想［J］．中州学刊，1981（1）．

[7] 张鸣芳．高拱整顿吏治的理论和实践［J］．法学杂志，2007（1）．

[8] 李良品．明代贵州水西"安氏之乱"的起因、性质与处置［J］．贵州

社会科学，2008（2）．

［9］王天有．试论穆宗大阅与俺答封贡［J］．北京大学学报，1987（1）．

［10］许敏．关于高拱研究的几个问题［J］．中国史研究，2010（4）．

编 后

　　2021年11月21日，家父岳金西教授因病医治无效，溘然长逝，享年94岁。家父生前曾多次表示，想把他发表过的论文和书稿汇集整理成册，予以出版，但由于种种原因，在他生前没能实现。家父逝世后，为帮助他实现这一心愿，我们编校了这本文集。

　　回望家父的一生，他尽管没有取得过显著业绩，更没有声名远播，但却以毕生精力，持之以恒地执着于两个人物的研究，即西方德国的马克思和中国明代的高拱。可以说，"一马一高"是他研究的主要对象或领域。大致来说，他的前半生偏重于马克思早期哲学思想的研究，在《马克思主义来源研究论丛》《文史哲》《河南大学学报》等刊物上发表多篇论文，并与人合著《马克思主义哲学发展简史》一书。他的后半生，特别是离休以后，不顾年高体弱，毅然转向了明代高拱著作及相关古籍文献的收集、点校和整理，花费二十多年时间，编校成《〈问辨录〉校注》和《高拱全集》。特别是《高拱全集》一书，荣获2006年度全国古籍整理优秀图书一等奖，2006—2007年度河南省优秀图书一等奖。另外，家父还针对有些学者关于高拱研究的观点，在《古代文明》《人文中国学报》等刊物上发表多篇论文予以商榷和争鸣。无疑，这对于推动高拱学术研究的深入展开具有重要意义。

　　这本文集收录的篇章，主要是从1978年以后发表的论文和出版的书稿中精选出来的，偏重于哲学和历史领域。另外，他也发表了多篇政治、经济、教育等方面的论文，将另行汇编成册。编校这本文集，既是对家父的深情缅怀和纪念，也是为挖掘和拓展中国传统文化资源添砖加瓦。

　　编校这本文集，得到了著名明史专家毛佩琦先生的大力支持和鼎力相助。毛先生与家父交谊深厚，友情甚笃。他们不仅在学术会议上相谈甚欢，交往颇多，而且毛先生还多次馈赠明史大作和书法条幅，家父将其视为宝贝而予以珍藏。由此之故，这本文集编成后，我们邀请毛先生题写书名，惠赐序言。毛先生不顾年迈，慷慨应允。这使我们深受感动，也为这本文集增光添彩。在此，我们特向毛先生表示最衷心的感谢!

在书稿付梓之际,还需要特别感谢家母张明芳女士!父母感情深厚,携手渡过了七十多年的风风雨雨。父亲去世后,母亲不仅催促我们编写这本遗著,而且还慷慨解囊,资助出版。对父母的养育之恩和无私奉献精神,我们要铭记在心,也要表达最深情的敬佩和谢意!

编者

2023 年 9 月 20 日